Staatspolitisches Handbuch
Herausgegeben von Erik Lehnert und Karlheinz Weißmann

Band 4   Deutsche Orte

Verlag Antaios

© 2014 Verlag Antaios · Schnellroda
www.antaios.de

Buchgestaltung und Satz: Oktavo, Hohen Wangelin
Druck: Koppdruck, Heidenheim

*Das Institut für Staatspolitik (IfS) fördert die
Erarbeitung und den Druck des Staatspolitischen Handbuchs.
Informationen unter www.staatspolitik.de oder über den Verlag.*

Staatspolitisches Handbuch
Herausgegeben von Erik Lehnert und Karlheinz Weißmann
Band 4: Deutsche Orte
Zweite Auflage
Verlag Antaios, Schnellroda, 2018

ISBN 978-3-935063-57-9

Vorbemerkung

Der Aufbau der Artikel: Im Artikelkopf wird der geographische Ort genannt. Sofern es sich um einen besonderen Ort innerhalb einer Stadt bzw. Ortschaft handelt, folgt nach einem Bindestrich die entsprechende Bezeichnung. Weiterhin gibt es, wo es notwendig erschien, eine Beschreibung der Lage des Ortes, um insbesondere bei kleineren Ortschaften eine bessere Auffindbarkeit zu gewährleisten. Dann folgt der Haupttext, an den sich Literaturhinweise zum behandelten Ort anschließen.

Im Vor- und Nachsatz des Buches sind zwei Karten abgebildet, auf denen die »Deutschen Orte« durch einen schwarzen Punkt mit roter Seitenzahl markiert sind. Vorn findet sich die Karte des Deutschen Reiches in den Grenzen von 1914 und der angrenzenden Gebiete, hinten eine Welt- und Europakarte mit den restlichen Orten.

Innerhalb der Texte der alphabetisch geordneten Orte verweist ein Pfeil (→) auf einen anderen Ort, etwa wenn es zwischen beiden einen Zusammenhang gibt.

STAATSPOLITISCHES HANDBUCH
DEUTSCHE ORTE

Vorwort

Der vierte Band des *Staatspolitischen Handbuchs* fällt etwas aus dem Rahmen der bislang vorliegenden Bände. Begriffe, Bücher und Personen sind ein gewohnter Bestandteil politischer Bildung. Positiv zeichnet sie eine allgemeine Anwendbarkeit aus, negativ ist die mangelnde Anschaulichkeit, die jeder theoretischen Arbeit anhaftet. Orte sind dagegen »anschaubar«. Sie sind vielleicht oft verändert worden und in die Bedeutungslosigkeit zurückgesunken; aber sie sind vorhanden, man kann sie aufsuchen und die historischen Ereignisse unmittelbar zu sich sprechen lassen. Wie wichtig solch ein konkreter Zugang zu Geschichte und Politik ist, läßt sich an den Kämpfen ablesen, die um die Deutung einzelner Orte geführt wurden und werden. Letztendlich entscheidet sich auch an der Deutungshoheit über die Orte unserer Geschichte, und damit unserer Heimat, das Schicksal unserer Nation als sinnstiftende Gemeinschaft.

Heimat war lange ein unschuldiger Begriff, der etwas heilen sollte, nämlich den Verlust derselben in den politischen und wirtschaftlichen Umbrüchen des 18. Jahrhunderts, denen Konservative und Romantiker die Rückbindung und Erinnerung an etwas entgegensetzten, was Heimat war. Heimat war und ist insofern etwas spezifisch Deutsches, wenn Heimat als Ersatz für etwas galt, was der Deutsche lange vermißte: ein einiges und freies Vaterland. Aber auch andere Völker haben sich durch die Erinnerung und die gemeinsame Sprache über Zeiten gerettet, in denen sie keine unabhängige staatliche Form hatten. Die politische Brisanz der Heimat ist universell.

Politisch ist Heimat erst durch die Verknüpfung mit der Nation geworden, weil diese Ausdruck politischen Wollens ist, das sich auf einen bestimmten Raum mit den entsprechenden Menschen bezieht. Das bedeutet im Umkehrschluß nicht, daß Heimat eigentlich etwas Unpolitisches ist. In bezug auf die Heimatkunde ist sie es nie gewesen, weil diese nicht als Selbstzweck betrieben wird.

In den geistigen Grundlagen der Heimatkunde liegt die Gewähr, »daß das tiefe Verbundenheitsgefühl mit dem eigenen Volke nicht bloß das Vorurteil einer Epoche von besonderer politischer Richtung ist. Wehe dem Menschen, der nirgends wurzelt! ... Wir alle küssen den Boden unserer Muttererde, wenn wir Könige werden wollen, Könige nicht über die anderen, sondern im eigenen Reich«. (Eduard Spranger)

Was für den einzelnen gilt, ist ebenso Voraussetzung für die Gemeinschaft, der er angehört. Zum richtigen Verständnis der Heimat und damit des Ortes muß der Mensch als geschichtliches Wesen begriffen werden. Das bedeutet, daß sich der einzelne als geschichtlich bedingt versteht und die Gemeinschaft als eine historisch gewachsene Schicksalsgemeinschaft. Martin Heidegger knüpft an den »Wesensaufenthalt des geschichtlichen Menschen« das Wissen über den Menschen überhaupt. Der geschichtslose Mensch ist dann kein Mensch im eigentlichen Sinne.

Diesen Prozeß des Heimatverlustes kann man als Entortung des Menschen bezeichnen. Die geistigen Prozesse beziehen sich dabei nicht nur auf die Entfremdung vom Ort, sondern auch auf die von seiner Geschichte und seiner Gemeinschaft. Nietzsche spricht von der Vernichtung allen Daseins im Sinne einer radikalen Ablehnung von Wert, Sinn und Wünschbarkeit. Deshalb hat er seinem Zarathustra auch die Mahnung an die Jünger in den Mund gelegt: »Bleibt mir der Erde treu.«

Diese Forderung ist von konservativer Seite immer wieder aufgegriffen worden, ohne die Entortung aufhalten zu können; vielleicht weil das doch alles noch zu wenig konkret war. Am Konkreten werden all diese Dinge sichtbar. Warum der Ort, die Ortsgebundenheit, die Verwurzelung so etwas wie eine Garantie gegen den Nihilismus sind, hat Carl Schmitt deutlich gemacht, als er in seinem *Nomos der Erde* den Zusammenhang von Ordnung und Ortung als Ausgangspunkt des Rechtsdenkens beschrieben hat: »Das Recht ist erdhaft und auf die Erde bezogen.« Wenn dieser Zusammenhang nicht mehr existiert, bleibt nur der Nihilismus.

Da heute die Bedrohung durch den Nihilismus so mächtig geworden ist, bedarf es einer politischen Wiederverwurzelung, einer Einpflanzung des geschichtlichen Sinnes in die Seelen. Dazu bietet sich der Mythos an, der ohne Ort aber im luftleeren Raum bleibt. Es muß daher um den mythischen Ort gehen, an dem die geschichtlichen Mythen konkret werden.

Von aufklärerischer Seite ist immer wieder mit Verwunderung bemerkt worden, wie hartnäckig sich der Mythos am Leben erhalten hat und der Weg alles andere als geradlinig zum Logos verläuft. Die Entzauberung erreicht zwar immer mehr Bereiche, es spricht aber einiges dafür, daß der Mythos zum Menschen gehört, der sich verliert, wenn dieser nicht mehr existiert. Daß der Mythos notwendig ist, dürfte unbestritten sein: »Die Kraft zum Handeln und zu einem großen Heroismus, alle große geschichtliche Aktivität, liegt in der Fähigkeit zum Mythos.« (Georges Sorel)

Diesen Mythos hat es 1813 ganz sicher gegeben. Und auch noch 1871 und 1914 war davon etwas zu spüren. Es ist daher nur konsequent gewesen, daß man diesen Zustand konservieren wollte, indem man möglichst eindrucksvolle Erinnerungsstätten und Wallfahrtsorte schuf, die diesen Moment der Größe und Geschlossenheit wachhalten sollten. Da uns heute diese Möglichkeit fehlt und diejenigen, die über die Möglichkeiten verfügen, Schandmale bevorzugen, bleibt uns der Hinweis auf die geschichtlichen Orte, die weiterhin existieren und, guten Willen vorausgesetzt, immer noch den Mythos in sich tragen.

Wir haben uns aus Platzgründen auf 100 deutsche Orte beschränkt. Die Listen, die wir im Laufe der Vorarbeiten erstellt haben, umfaßten wesentlich mehr Orte, so daß jeder einzelne Ort in seiner Bedeutung gegen andere abgewogen werden mußte. Wenn manche Leser auch den einen oder anderen Ort vermissen werden, so denken wir doch, die wesentlichen behandelt zu haben. Wichtig ist der Hinweis, daß es uns nicht um eine Liste der Schlachtfelder deutscher Geschichte ging (auch wenn diese ihren angemessenen Platz gefunden haben), sondern um ein Gesamtpanorama, in dem die Orte, an denen sich geistig-weltanschauliche Ereignisse vollzogen haben, ebenso wichtig sind. Wir haben uns sowohl um geographische als auch chronologische Gerechtigkeit bemüht und konnten dennoch den mitteldeutschen Schwerpunkt nicht verleugnen. Es finden sich auch einige wenige Orte, die nie in Deutschland lagen und die dennoch ihre Aufnahme in dieses Buch verdient haben.

Folgende Autoren, deren Namen unter den jeweils von ihnen verfaßten Beiträgen zu finden sind, haben an den *Deutschen Orten* mitgearbeitet: Norbert Borrmann, Alexander Dauenhauer, Steffen Dietzsch, Felix Dirsch, Jan von Flokken, Gerald Franz, Martin Grundweg, Thorsten Hinz, Arvid Jakobson, Götz Kubitschek, Martin Lichtmesz, Frank Lisson, Dirk Reitz, André Richter und Wulf D. Wagner. Ihnen gilt unser Dank.

Erik Lehnert & Karlheinz Weißmann
April 2014

Aachen · Agnetendorf · Annaberg

Aachen – Kaiserpfalz und Dom

Einhard, der Biograph Karls des Großen, schwärmte vom »Wunderwerk der Kirche zu Aachen«, die nördlich der Alpen einzigartig ist und noch heute durch das hochaufragende Oktogon Bewunderung hervorruft. Sie krönt den Ort, den Karl zum Mittelpunkt des fränkischen Reiches und damit zur obersten Reichspfalz erhob. Diese herausragende Relevanz zeigt sich auch in der Pfalzkirche, heute Bestandteil des Doms, die über lange Zeit als Krönungsstätte der deutschen Herrscher fungierte. Das Urteil, die Aachener Pfalz sei die »nach geschichtlicher Bedeutung und Bauformen wichtigste deutsche Königspfalz« (Günther Binding), ist nicht strittig.

Ausmaße und Umfang der Aachener Königspfalz sind nicht leicht zu ermitteln. Bis ins 20. Jahrhundert hinein galt nur die Königshalle als Pfalz. Heute nimmt man üblicherweise einen Pfalzbezirk an, zu dem folgende Bestandteile gehörten: Pfalzkirche, Königshalle (in späterer Zeit oft als »Aula« bezeichnet), Atrium, Querbau, von dem zwei Verbindungsgänge nach Norden (zur Aula) und nach Süden (zum Atrium) führen. Dazu kommen einige Annexbauten wie der Granusturm, der mit der Königshalle in einem Bauverbund steht, dazu der nördliche Annexbau und der südliche, die beide an die Pfalzkapelle anschließen.

Schwierigkeiten bereiten der Forschung Funktion und Lage einiger der Gebäude. Manche lassen sich nachweisen, die Funktion ist aber nicht bekannt. Manche Gebäude sind dem Namen nach überliefert, aber ihre Lage ist schwer zu bestimmen.

Vorläufer der Bauwerke gab es schon im römischen Reich, als man hier in Aachen die Thermalbäder außerordentlich schätzte. Es existierten ältere Reste einer Hofanlage. Sie haben sich bisher nicht zuordnen lassen, boten aber eine Grundlage für die neuerrichteten Bauten unter der Herrschaft Karls. Umstritten ist der Beginn der Bauarbeiten zur karolingischen Pfalz. Ein Kenner der Materie wie Günther Binding nimmt die 780er Jahre an (entgegen der früher häufig geäußerten Lehrmeinung von einem Jahrzehnt später). Die Dauer der Bauzeit ist unbekannt. Wesentlicher Grund für die Errichtung der Anlage dürfte im Aufenthalt König Pippins des Jüngeren liegen. Er hat nach Maßgabe der Quellen in Aquis villa und Aquisgranum Weihnachten und Ostern gefeiert. Später wird der Ort als *palatium* bezeichnet. Die beiden Söhne, Karl und Karlmann, setzten diese Tradition kurz nach dem Tod des Vaters fort. Jedoch erst nach zwanzigjähriger Unterbrechung ließ sich Kaiser Karl, nach einigen Aufenthalten im Winter, dauerhaft in Aachen nieder. Gründe für die Bevorzugung der Seßhaftigkeit lagen auf der Hand: Die Feldzüge wurden weniger oder hörten gar auf, Rivalen konnten ausgeschaltet werden, innerer und äußerer Friede stellte sich ein.

AACHEN

Die baulichen Tätigkeiten aus der Zeit Karls lassen eine wichtige Voraussetzung erkennen, die Notker von St. Gallen überliefert hat. Er erwähnt die Pflicht der weltlichen und kirchlichen Großen während der Regierung Karls, sich an der Errichtung und Erhaltung von öffentlichen Bauten zu beteiligen. In dieser Mitwirkung, auch aus anderen Quellen belegt, ist einer der Gründe für die außergewöhnliche Größe der Anlage zu suchen.

Wesentlicher Bestandteil des Pfalzbezirks ist neben der Königshalle die Pfalzkirche (Marienkirche). Diese ist der Kern des heutigen Domes. Als wesentliches Vorbild für sie diente San Vitale in Ravenna. Der spätantike Zentralbau wurde nach dem Formverständnis der frühmittelalterlichen Baumeister abgewandelt. Die Anknüpfung an spätantikes Kulturerbe macht die Pfalzkirche zu einem herausragenden Beispiel der karolingischen *renovatio*. Die Pfalzkirche besteht aus einem achteckigen, überkuppelten Raum und einem niedrigeren zweigeschossigen Umgang mit sechzehneckiger Umfassungsmauer. Ein Gesims trennt klar Ober- und Untergeschoß voneinander. Das Untergeschoß ist gegenüber dem Obergeschoß wuchtig und gedrungen, da die Rundbogenöffnungen nur halb so hoch sind wie im Obergeschoß.

Die Königshalle liegt auf der höchsten Stelle des Pfalzbezirks. Ihre Architektur steht in der Überlieferung römischer Bauten. Die Fundamente der Königshalle gingen in das im 14. Jahrhundert von der Bürgerschaft erbaute gotische Rathaus ein. Man kann ein Rechteck mit einer Länge von ca. 47 Metern und einer Breite von ca. 21 Metern annehmen. Die Aula diente zu repräsentativen Zwecken. Es wurden Versammlungen, Bankette und Empfänge abgehalten. Unsicher ist dagegen die Nutzung zu Reichsversammlungen.

Welche Bedeutung die Königshalle für das Reich der Karolinger hatte, wird in der historiographischen Einschätzung deutlich, nach der dieses Bauwerk vermochte, mit seinen »großen Ausmaßen wahrhaftig Mittelpunkt eines gewaltigen Reiches« zu sein. Das wird besonders klar, wenn man ein außerordentliches Gebäude wie die antike Palastaula in Trier zum Vergleich heranzieht.

Die Bedeutung der Pfalz konnte unter dem Sohn Karls des Großen, Ludwig dem Frommen, aufrechterhalten werden. Danach aber, vor allem bedingt durch andauernde Kriege unter den Erben, war der Niedergang der Residenz fast unvermeidbar. Von den Söhnen Ludwigs des Frommen (Karlmann, Ludwig der Deutsche und Karl der Dicke) sind nicht einmal die Krönungen in Aachen überliefert. Diese Entwicklung setzte sich fort. Die Teilung des Reiches marginalisierte die Lage Aachens. Konrad, der letzte Karolinger, erwählte seinen Gegner Heinrich von Sachsen zu seinem Nachfolger, weil er von ihm die Festigung der Reichseinheit erwartete. Dieser ließ sich ebenfalls nicht in Aachen krönen (→Quedlinburg). Weder diverse Aufenthalte in der Pfalz noch die Einsetzung von Pfalzgrafen, die als oberste Stellvertreter des Kaisers bezüglich der richterlichen Gewalt fungierten und in Aachen residierten, änderten etwas am Rangverlust Aachens.

Die Zerstörungen, die ein Normanneneinfall im Jahre 881 angerichtet haben dürfte, werden wohl überschaubar gewesen sein. Otto I. (→Lechfeld), Sohn Heinrichs I., intendierte, das Werk Karls des Großen wieder aufzugreifen und zu einer Einigung der wichtigen deutschen Stämme zu kommen. Er wollte die Einrichtung des Stammesherzogtums überwinden und ließ sich wieder in Aachen krönen. Bemerkenswert ist, daß auch in der Liturgie des Krönungsaktes Ottos Absicht der Restauration des karolingisch-germanischen Reiches zum Vorschein kommt.

Wenngleich Aachen noch manche Krönungsfeier erlebte, war diejenige Ottos eine der prunkvollsten. 1531 fand mit der Krönung Ferdinands I. die letzte Krönung zum römisch-deutschen König in Aachen statt. Die Geschichte der alten Königshalle, die stets neben der Marienkirche einen Mittelpunkt der Pfalz bildete, endete mit ihrem Abriß und einem Bau des Rathauses der Stadt Aachen an ihrer Stelle.

Literatur: Hans-Erich Kubach/Albert Verbeek: *Romanische Baukunst an Rhein und Maas*, Bd. 1, Berlin 1976, S. 1–13; Bd. 4, Berlin 1989, S. 21–29; Günther Binding: Die Aachener Pfalz Karls des Großen als archäologisch-baugeschichtliches Problem, in: *Zeitschrift für Archäologie des Mittelalters* 25/26 (1997/98), S. 63–85; Ludwig Falkenstein: Pfalz und vicus Aachen, in: Caspar Ehlers (Hrsg.): *Orte der Herrschaft. Mittelalterliche Königspfalzen*, Göttingen 2002, S. 131–181.

Felix Dirsch

Agnetendorf – Haus Wiesenstein
Niederschlesien, ca. 15 km südwestlich von Hirschberg

Malerisch am Fuße des Riesengebirges (das durch seinen Rübezahl selbst ein mythischer Ort ist) gelegen, von wo aus man sowohl die Schneekoppe als auch die Schneegruben sehen kann, wählte der spätere Nobelpreisträger Gerhart Hauptmann (1862-1946) im November 1899 den kleinen Ort Agnetendorf (polnisch: Jagniatków) für sein zukünftiges Domizil aus und kaufte sich das unbebaute Grundstück um den am Dorfrand gelegenen Hemmhübel.

Hauptmann war zu jener Zeit bereits einer der erfolgreichsten Theaterschriftsteller der jüngeren Generation, lebte in Berlin von seiner Frau Marie und den drei Söhnen getrennt und wollte das Verhältnis zu seiner Geliebten Margarete Marschalk, die ein Kind von ihm erwartete, in geordnete Bahnen lenken. Hauptmann verstand sich ausdrücklich als schlesischer Dichter (er stammte aus Obersalzbrunn), der sein Werk »in Heimaterde verwurzelt« sah und daher heimkehren wollte, weil er es für sein Schaffen brauchte: »Nüchtern betrachtet, gewann ich hier ... für meine künstlerische Tätigkeit und das erregende Scheinwesen des Theaters das gesunde Gegengewicht.« Bereits 1891 hatte er gemeinsam mit seinem Bruder Carl ein Sommerhaus in Mittelschreiberhau bezogen und im Zuge der Ehekrise verlassen.

Am 25. Juni 1900 wurde der Grundstein zum Haus Wiesenstein gelegt. Seit 1901 wohnte Hauptmann in Agnetendorf in einem Bauernhaus, um schließlich am 12. August 1901 erstmals gemeinsam mit seinem Sohn Ivo in dem Neubau übernachten zu können. Das Haus hat eine Grundfläche von 150 Quadratmetern und kostete Hauptmann etwa 200 000 Reichsmark. »Ein runder, gedrungener Turm gab dem Gebäude etwas Burgartiges« – »symbolischer Ausdruck der Gemütslage seines Bauherrn«, als »eine Abwehr der Gegenwart und zugleich eine Abkehr von ihr«, so Hauptmann über sein neues Domizil.

Die Grundidee zu dem Haus stammte wohl von Hauptmann selbst, für die Ausführung beauftragte er den bekannten Architekten Hans Grisebach, der auch das erste Haus der Berliner Sezession entworfen hatte. Hauptmann gefiel die von Grisebach bevorzugte Formensprache des Eklektizismus, insbesondere die der Neorenaissance. Dementsprechend ist auch das heute als Hauptmann-Museum dienende Haus angelegt. Äußerlich erinnert es an eine kleine Burg, die frei auf einem Felssporn steht und die Umgebung überragt. Erreicht wird dieser Eindruck vor allem durch den angedeuteten Bergfried, weitere Türmchen und eine Art Wehrgang. Hauptmann spricht in seinem *Buch der Leidenschaft* von der »Burg«: »Sie steht auf einem Granitrücken zwischen Gletscherbächen. Die Schneegruben über uns, wo sie entspringen, und das ganze Tal sind altes Gletschergebiet. Im Garten sind alte Granitblöcke von mächtigen Ausmaßen stehengeblieben.«

Im Innern ist es wie ein klassisches Bürgerhaus angelegt, dominiert von einer großen Eingangshalle, von der alle Zimmer abgehen und die Hauptmann 1922 von Johannes Maximilian Avenarius ausmalen ließ. Diese Malereien, die Variationen aus Hauptmanns Werken zeigen, sind auch heute noch zu sehen. So schuf sich Hauptmann eine repräsentative Dichterresidenz, die in dieser Form einzigartig in Deutschland sein dürfte und von dem künstlerischen Selbstbewußtsein ihres Erbauers zeugt. Um Hauptmann zu besuchen, kamen vielen Persönlichkeiten nach Agnetendorf, das dadurch zu einem Bestandteil der Riesengebirgsbegeisterung am Anfang des 20. Jahrhunderts wurde.

Die Größe – und dies macht das Haus schließlich zu einem Ort, der über die Bedeutung Hauptmanns hinausgeht – liegt darin, daß Hauptmann in diesem Haus bis zu seinem Tod am 6. Juni 1946 ausgeharrt hat. Dadurch gab es im Ort und in der Umgebung die Hoffnung, daß man die Heimat nach der Eroberung durch die Russen nicht würde verlassen müssen. Außerdem wurde bei russischen Übergriffen auf die Dorfbewohner vom Turm aus Alarm geschlagen. Den Wiesenstein rührten die Russen nicht an, vielmehr versuchten sie, Hauptmann für ein sozialistisches Deutschland zu gewinnen. Hauptmanns Sarg verließ dann mit Witwe, Archiv und Einrichtung sowie zahlreichen Bewohnern Schlesien mit einem Sonderzug in die Sowjetische Besatzungszone, wo Hauptmann schließlich auf Hiddensee beerdigt wurde.

Nach der Nutzung des Hauses als Kinder- und Ferienheim wurde es seit 1999 saniert und 2001 als Museum »Gerhart Hauptmann Haus« eröffnet, in dem es außer dem Haus selbst kaum Originales zu besichtigen gibt. Allerdings kann man auch heute noch erahnen, welche Ausstrahlung das Haus einmal hatte. Im Park wurde die Skulptur »Hannerle« von Josef Thorak, die Hauptmann 1942 zum 80. Geburtstag geschenk bekam, wieder aufgestellt – nachdem sie Jahrzehnte im Freibad von Hirschberg überdauert hatte und dabei zwei Unterarme einbüßte.

Literatur: Wolfgang de Bruyn/Antje Johanning: *Gerhart Hauptmann und seine Häuser*, Kunersdorf 2007, S. 159–197; Gerhart Hauptmann: *Buch der Leidenschaft*, 2 Bde., Berlin 1930; Walter Schmitz: *Das Haus am Wiesenstein. Gerhart Hauptmanns dichterisches Wohnen*, Dresden 2006; Peter Sprengel: *Gerhart Hauptmann. Bürgerlichkeit und großer Traum. Eine Biographie*, München 2012, S. 315–330; Felix A. Voigt: *Gerhart Hauptmann der Schlesier*, Goslar 1947.

Erik Lehnert

Annaberg
Oberschlesien, ca. 40 km südöstlich von Oppeln

Auch wenn der Annaberg aus dem bundesdeutschen Gedächtnis weitgehend gelöscht ist, hatte dieses Stück umstrittener Erde einst deutsche und polnische Herzen heiß entflammt. Dabei spielte sich die Geschichte auf und um diesen in ländlicher Umgebung gelegenen Inselberg zunächst betont friedfertig ab.

Der Sankt Annaberg (poln. Góra Świetej Anny) liegt oberhalb der gleichnamigen Ortschaft auf dem Gebiet der Gemeinde Leschnitz. Im 15. Jahrhundert wurde auf dem Annaberg eine Kirche errichtet, die, besonders nachdem man dort die Reliquien der heiligen Anna aufgebahrt hatte, bald Ziel vieler Wallfahrten wurde. 1657 bis 1659 baute man ein Franziskanerkloster aus Holz, das in den Jahren 1733 bis 1759 von einem gemauerten, noch heute existierenden Bau ersetzt wurde. Zusammen mit der Kirche entstand eine barockgotische Anlage. Von da an war der St. Annaberg das Zentrum des religiösen Lebens in Oberschlesien.

Das Gebiet Oberschlesiens war deutsch (eine deutsche Minderheit lebt dort immer noch) und polnisch besiedelt. Es gehörte nacheinander zur polnischen, habsburgischen und preußischen Krone und wurde 1871 in das neuerstandene Deutsche Reich eingegliedert. Nach dem Ersten Weltkrieg und der Wiedererrichtung eines polnischen Staates geriet Oberschlesien zum Zankapfel zwischen Polen und Deutschland. Bevor es im März 1921 zu einer Volksabstimmung über die staatliche Zugehörigkeit der Region kam, brachen 1919 und 1920 zwei, von polnischer Seite ausgelöste, Aufstände aus. Der erste Aufstand konnte von der Schwarzen Reichswehr niedergeschlagen werden, der zweite wurde auf Drängen einer internationalen Kommission beendet. Die Lage beruhigte sich jedoch auch nicht nach dem Plebiszit vom 20. März 1921, bei dem 59,6 Prozent der Wähler für ein Verbleiben Oberschlesiens beim Deutschen Reich votierten und lediglich 40,4 Prozent für einen Anschluß an Polen. In der Gemeinde Annaberg stimmten sogar knapp 82 Prozent für den Verbleib im Deutschen Reich.

Die Spannungen zwischen beiden Volksgruppen mündeten schließlich in einen dritten Aufstand, der in der Nacht vom zweiten auf den dritten Mai 1921 ausbrach, wobei polnische Freischärler den strategisch wichtigen Annaberg besetzten. Deutsche Freikorps schlossen sich daraufhin im Selbstschutz Oberschlesien (SSOS) zusammen und rüsteten zur Gegenwehr. Bereits am 21. Mai gelang es ihnen, den Annaberg zu erobern, während die Kämpfe im Umland des Berges noch bis zum 27. Mai dauerten. Offiziell endete der Aufstand am 5. Juli 1921, als auf Druck der Alliierten ein Waffenstillstandsabkommen unterzeichnet wurde.

Trotz der sowohl militärischen als auch abstimmungsmäßigen Niederlage Polens konnte der 1922 in Genf unterzeichnete Teilungsvorschlag für Oberschlesien (2/3 Deutschland, 1/3 Polen) als polnischer Erfolg verbucht werden. Der flächen- und bevölkerungsmäßig größere Teil verblieb zwar beim Deutschen Reich, das wichtigere oberschlesische Industriegebiet ging jedoch an Polen. – In gewisser Weise ein Menetekel: Obgleich Polen im 20. Jahrhundert sämtliche militärischen Konflikte mit Deutschland verloren hatte, erfüllte sich letztendlich sein Traum vom »Lebensraum im Westen« weitgehend.

Die Kämpfe der Freikorps um den Annaberg – ein Eingreifen der Reichswehr wurde dem Deutschen Reich von alliierter Seite untersagt, während die polnischen Freischärler von französischen Truppen unterstützt wurden – fanden auch literarisch ihren Niederschlag. Besonders Kurt Eggers, der als fünfzehnjähriger Schüler vom Gymnasium weggelaufen war, um in einem Freikorps an dem Sturm auf den Annaberg teilzunehmen, hat dieses Ereignis von seiner Warte aus mehrmals verarbeitet: In dem Hörspiel *Annaberg* (1933), in dem Roman *Berg der Rebellen* (1937) und in dem Schauspiel *Das Kreuz der Freiheit* (1937).

In den Jahren 1936 bis 1938 errichtete der Architekt Robert Tischler im Auftrag des Volksbundes Deutsche Kriegsgräberfürsorge ein Freikorps-Ehrenmal auf dem Annaberg. Tischler galt als ein Spezialist für die Erbauung von Kriegerdenkmä-

ANNABERG

lern und Soldatenfriedhöfen. Fast ein Leben lang arbeitete er für den Volksbund, in dessen Auftrag er u.a. die Ehrenmale und Soldatenfriedhöfe in Liny-devant-Dun (→Verdun) in Frankreich, Waldenburg in Schlesien und Bitola im damaligen Jugoslawien (heute Mazedonien) errichtete. Das Ehrenmal auf dem Annaberg darf als Tischlers reifste Schöpfung angesehen werden. Seine Formensprache, die verwendeten Materialien sowie die Lage auf dem Berg bildeten eine überzeugende Einheit. Das fast kreisrunde Bauwerk erhob sich, weithin sichtbar, genau dort, wo der Berg infolge eines ehemaligen Steinbruches fast senkrecht in die Tiefe stürzt. Die Totenburg wuchs förmlich aus der Felsenwand hervor und bildete ihren krönenden Abschluß. Zwölf Pilaster, auf denen sich Feuerschalen befanden, verstärkten die Außenmauern. Der Zugang zum Ehrenmal erfolgte von der Berginnenseite. Durch eine wuchtige Metalltür führte ein Gang in eine mit farbigen Keramikmosaiken gestaltete Kuppelhalle, die von einem Oberlicht erhellt wurde. Rings um die Kuppelhalle waren die 51 Särge der bei der Erstürmung des Annabergs gefallenen Freikorpsmänner aufgebahrt. Zu Füßen von Berg und Totenburg hatte Franz Böhmer in Zusammenarbeit mit Georg Petrich von 1934 bis 1938 einen noch heute erhaltenen Thingplatz errichtet, der 7000 Sitz- und 20000 Stehplätze umfaßt und mit den Nebenanlagen bis zu 50000 Personen aufnehmen konnte. In unmittelbarer Nähe dazu bauten Böhmer und Petrich noch eine Jugendherberge, die 1937 von Baldur von Schirach eingeweiht wurde.

1945, unmittelbar nach der gewaltsamen Vertreibung der Deutschen, sprengten polnische Soldaten das Freikorps-Ehrenmal mitsamt den Sarkophagen in die Luft – kein pietätvoller Akt, zumal wenn man bedenkt, daß der St. Annaberg ein »heiliger Berg« ist und als Wallfahrtsort dient. 1946 wurde ein Wettbewerb für ein neues, jetzt polnisches Denkmal ausgeschrieben. Der polnische Bildhauer Xawery Dunikowski gewann den Wettbewerb. Das nach seinen Plänen errichtete Denkmal wurde 1955 von dem damaligen polnischen Staatsratsvorsitzenden Aleksander Zawadzki eingeweiht. An der Außenseite des Denkmals sind Szenen eingemeißelt, in denen die schlesische Geschichte sehr verzerrt widergespiegelt wird. So werden die einstigen deutschen Bewohner ausschließlich als Aggressoren gegen die »Schlesier« dargestellt, die hier nur als Polen zu verstehen sind. Ebenso verquer wie die darauf wiedergegebene Geschichte ist auch das Bauwerk selbst. Da dieses polnische Denkmal sich sowohl von seiner Lage als auch von seiner Formgebung her deutlich von dem äußerst gelungenen deutschen Vorgängerbau unterscheiden sollte, konnte es eigentlich nur mißlingen. Es entstand ein seltsam verrutschter Bau, der mit der »Architektur des Berges« keinerlei Einheit bildet. Das Bauwerk selbst, vier massige Pfeiler, die mit einem Architrav verbunden sind, stellt eine Art Triumphbogen dar, der von seiner Formgebung jedoch wenig überzeugt.

Am Weg vom Annaberg nach Leschnitz liegt das »Museum der Schlesischen Aufstände«. Es zeigt in einer Dauerausstellung ein Panorama der Aufstände und behandelt die Geschichte von Leschnitz und des St. Annabergs.

Literatur: Camillus Bolczyk: *St. Annaberg. Geschichte des berühmten Wallfahrtsortes im Herzen Oberschlesiens*, Breslau ²1937; Mortimer G. Davidson: *Kunst in Deutschland 1933-1945*. Bd. 3 Architektur, Tübingen 1995, Abb. 57, Abb. 890-904, S. 473, S. 571-572; Erich Mende: *Der Annaberg und das deutsch-polnische Verhältnis*, Bonn 1991; Kai Struwe (Hrsg.): *Oberschlesien nach dem Ersten Weltkrieg. Studien zu einem nationalen Konflikt und seiner Erinnerung*, Marburg 2003.

Norbert Borrmann

Bad Frankenhausen · Bamberg · Bautzen · Bayreuth · Berlin: Bendlerblock, Berliner Mauer, Brandenburger Tor, Invalidenfriedhof, Plötzensee, Stalinallee, Zeughaus · Bern · Bismarck · Bozen · Bremen · Brocken

Bad Frankenhausen – Bauernkriegspanorama

Der silbrig schimmernde Rundbau thront über Bad Frankenhausen, als ob dort ein Ufo gelandet wäre. Völlig unorganisch fügt sich das Gebäude in die Landschaft ein und bezieht doch gerade daher seinen Reiz. Von Ferne wirkt es befremdlich und monumental, wie es da auf dem Schlachtberg steht. Daß eine solche Erscheinung für Spott sorgen muß, liegt nahe (die Bewohner nannten das Gebäude angeblich »Elefantenklo«), Ergriffenheit will sich zunächst nicht einstellen. Steht man unmittelbar davor, bleiben die Ausmaße beeindruckend und der stalinistisch anmutende Unterbau fügt sich nahtlos ins Bild.

Im Innern geht es zunächst nüchtern zu; auch das Bauernkriegspanorama hat seinen Museumsshop und ein Restaurant. In die Rotunde mit dem eigentlichen Panorama, der das Gebäude seine Form verdankt, führen zwei breite Treppen. 123 Meter lang und 14 Meter hoch ist die Leinwand, die den Besucher umgibt und auf der sich das Bauernkriegspanorama abspielt. Geschaffen hat es der Leipziger Maler Werner Tübke in den Jahren 1976 bis 1987 im Auftrag der DDR, die damit einen zentralen Ort ihrer sozialistisch-deutschen Identität schaffen wollte und dazu den Deutschen Bauernkrieg in die Pflicht nahm. Der Ort wurde dabei ganz bewußt gewählt, da auf dem Weißen Berg bei Frankenhausen die letzte Schlacht dieses Krieges geschlagen wurde.

Seit 1524 war es vor allem in Südwestdeutschland zu verschiedenen Bauernaufständen gekommen, die sich hauptsächlich auf soziale Mißstände bezogen und bald auch auf andere Landesteile, u. a. Thüringen, übergriffen. Durch die Reformation hatten die Kämpfe eine religiöse bzw. weltanschauliche Dimension. Die Bauern stritten nicht nur für die Verbesserung ihrer Lage, sondern auch gegen den falschen Glauben der Amtskirche, was sich in zahlreichen Plünderungen von Klöstern und Kirchen niederschlug. Da die Kirche auch als weltlicher Lehnsherr fungierte, kam es zu einer Überschneidung der Motive, die sich insbesondere mit der Person Thomas Müntzers in Verbindung bringen läßt. Dieser war Pfarrer in Mühlhausen und ursprünglich ein Anhänger Luthers (→Wartburg, Wittenberg), sagte sich von diesem aber am Beginn der Bauernkriege los und setzte sich für die gewaltsame Befreiung der Bauern ein.

Ende April 1525 hatte sich Frankenhausen zu einem Zentrum der thüringischen Bauernerhebung entwickelt. Zahlreiche aufständische Bauernhaufen hatten sich dort versammelt und wurden durch einen Aufstand in der Stadt unterstützt. Müntzer motivierte die Ansammlung zusätzlich, indem er mit seinem Haufen dazustoßen wollte. Seine Absicht verbreitete sich bis zum Gegner, den mitteldeutschen Anführern der Söldnerheere des Adels, der seine Armee ebenfalls bei Frankenhausen versammelte. Müntzer hielt durch drakonische Strafen für Abweichler die Moral der Truppe aufrecht und sah, als in seiner letzten Predigt ein Regenbogen erschien, sein Handeln (Müntzers Haufen führte die Regenbogenfahne) durch Gottes Fingerzeig gerechtfertigt. Am 15. Mai 1525 kam es auf dem Weißen Berg bei Frankenhausen zur Entscheidungsschlacht des Bauernkrieges, welche mit der totalen Niederlage der Bauern endete, die einen extrem hohen Blutzoll zahlen mußten. Müntzer wurde hingerichtet, und der Bauernkrieg war in Mitteldeutschland beendet. Der Berg wird seitdem Schlachtberg genannt.

Die Bauernkriege gehörten lange nicht zum offiziellen Geschichtsbild der Deutschen. Mit dem Aufkommen der Sozialdemokratie und ihrer Vorläufer gab es allerdings Bedarf an alternativen Geschichtsmythen, die eine eigene Tradition gegenüber staatlich-offiziellen begründen konnten. Der Theologe und Literat Wilhelm Zimmermann stellte den Bauernkrieg in den 1840er Jahren ins Zentrum einer dreibändigen Arbeit und interpretierte ihn als Freiheitskampf. Von Marx und Engels dankbar aufgenommen, gehört der Bauernkrieg seitdem zum festen Repertoire sozialistischer Geschichtsschreibung und hat als Teil der »frühbürgerlichen Revolution« seinen Platz in der Geschichte der Umsturzversuche.

Die DDR hatte als künstlicher deutscher Reststaat ein besonderes Interesse, geschichtliche Ereignisse mythologisch zu überhöhen, um daraus eine sozialistisch-deutsche Identität formen zu können. Als das 450. Jubiläum der Schlacht bei Frankenhausen anstand, beschloß man daher, dort eine zentrale Erinnerungsstätte zu schaffen, die zum 500. Geburtstag Thomas Müntzers eröffnet werden sollte. Es ist dem Maler Werner Tübke zu verdanken, daß daraus kein Ort des sozialistischen Realismus wurde, sondern ein einmaliges und über das Ende der DDR hinaus gültiges Kunstwerk. Er hatte sich vertraglich völlige Freiheit bei der Auftragsausführung seines Gemäldes »Frühbürgerliche Revolution« zusichern lassen. Unterstützt von zahlreichen Helfern, brauchte Tübke über fünf Jahre, um das Werk auf die Leinwand (der größten jemals in einem Stück gewebten) zu bringen. Das rundumlaufende und somit anfang- und endlose Gemälde hat eine Größe von 1722 Quadratmetern.

Das Bild ist im Stil der Alten Meister gehalten und stellt mehr eine Gesamtschau der Renaissance als ein Schlachtgemälde dar. Die Schlacht von Frankenhausen bildet zwar ein zentrales Motiv, auf welches man zuerst blickt (wenn man die linke Treppe nimmt), ist aber umgeben von Ereignissen und Personen (es sollen etwa 3000 zu sehen sein) der Zeit. So entsteht ein einmaliger Kosmos, der durch die Detailfreude an die Bilder von Hieronymus Bosch erinnert und stilistisch an das Werk Albrecht Dürers angelehnt ist. Weltanschaulich hat man in dem Bild oft einen Zug ins Pessimistische oder Fatalistische ausgemacht, was so gar nicht zu der Absicht der Auftraggeber passen wollte. Insofern ist es vielleicht kein Zufall, daß die DDR wenige Wochen nach der feierlichen Eröffnung des Panoramas am 14. September 1989 unterging. Dennoch muß man der DDR für diese Leistung dankbar sein, die sich unter freiheitlich-demokratischen Grundsätzen in diesen Ausmaßen an Zeit und Raum kaum hätte verwirklichen lassen.

Literatur: Günther Franz: *Der deutsche Bauernkrieg*, Darmstadt 1984 (EA 1933); Gerd Lindner: *Vision und Wirklichkeit. Das Frankenhausener Geschichtspanorama von Werner Tübke*, Bad Frankenhausen 2006;

Günter Meissner: *Werner Tübke – Bauernkrieg und Weltgericht. Das Frankenhausener Monumentalbild einer Wendezeit*, Leipzig 1995.

Erik Lehnert

Bamberg – Dom, Bamberger Reiter

Die Stadt Bamberg wirbt seit einigen Jahren mit einem Logo, das die leicht verfremdete Silhouette eines gekrönten Reiters zeigt. Ob das Signet tatsächlich den Wiedererkennungswert hat, den man erwartet, steht dahin, aber sicher haben die Auftraggeber auf das bekannteste Wahrzeichen der Stadt zurückgegriffen: den »Bamberger Reiter«.

Name wie Bekanntheit sind verhältnismäßig jungen Datums. Beides geht vor allem zurück auf Wilhelm Pinder, der auch dafür gesorgt hat, daß die Stifterfiguren des →Naumburger Doms in ihrem Rang erkannt wurden. Hier wie dort erreichte er, daß seine kunsthistorische Betrachtung nationale Ikonen schuf, und das, obwohl die Werke in eher abgelegenen Orten Deutschlands standen und keine bedeutenden Gestalten der Geschichte repräsentierten. Das gilt für den Bamberger Reiter sogar in noch höherem Maß als für die Stifterfiguren, denn im Grunde ist bis heute umstritten, wen die zwischen 1225 und 1237 geschaffene Arbeit überhaupt darstellen soll und welche Funktion sie ursprünglich im Bildprogramm des Doms besaß. Läßt man die aufgrund mittelalterlicher Vorstellungen unmögliche Annahme außer acht, hier seien Philipp von Schwaben oder Friedrich II. (→Castel del Monte, Kyffhäuser, Palermo) dargestellt, bleiben immer noch als denkbare Urbilder der apokalyptische Christus, der in der Offenbarung als Reiter auf einem weißen

BAMBERG – DOM, BAMBERGER REITER

Pferd angekündigt wird, vor allem aber die heiliggesprochenen Herrscher Konstantin, Heinrich II. oder Stephan von Ungarn. Die meisten Forscher nehmen mittlerweile an, daß die Verknüpfung mit Stephan wahrscheinlich ist, der zur Ehre der Altäre erhoben wurde, weil er sein Volk zum Christentum führte, da das Bistum Bamberg während des Dombaus in der Hand des Hauses Andechs-Meranien war, das enge Verbindungen zur ungarischen Dynastie unterhielt.

Zu betonen bleibt aber, daß auch diese Zuordnung spekulativ bleibt. Was an der außerordentlichen Wirkung der Darstellung nichts ändert. Wer den Dom betritt und vom Mittelschiff aus den Nordpfeiler des Georgenchors findet, an dem die Figur angebracht wurde, wird beeindruckt sein von der Schönheit und Ausgewogenheit, die zwar an antike Vorbilder erinnern, aber doch so deutlich anders aufgefaßt sind: ein Mann, gekrönt, halblanges Haar, etwa lebensgroß, zu Pferd, den sichtbaren Fuß im Steigbügel ruhend, im Turniersattel leicht zurückgelehnt, bekleidet mit einem langen einfachen und schmucklosen Gewand, das Gesicht dem Betrachter zugewandt, mit einem versonnenen Ausdruck, die rechte Hand den Riemen seines Mantels in höfischer Geste lässig nach vorn ziehend.

Schon die Kunstgeschichte des 19. Jahrhunderts erkannte die Ähnlichkeit des Bamberger Reiters und anderer Skulpturen des Doms mit Arbeiten, die zeitgleich in Frankreich, vor allem bei der Ausgestaltung der Krönungskathedrale von Reims, entstanden waren. Naheliegend ist ein Vergleich mit der Figur eines alttestamentlichen Königs in Reims, die aber vielleicht auf Philipp II. Augustus als Modell zurückgriff. In bezug auf die Haartracht – den »Pagenschnitt« – wie die Krone und einige Details gibt es deutliche Parallelen. Auffallend ist aber der eklatante Unterschied in der Physiognomie: Das Gesicht in Reims ist schärfer konturiert, das Kinn fast spitz zulaufend, die Brauen zusammengezogen, was mit dem leicht spöttischen Verziehen des Mundes den Eindruck von Machtbewußtsein und einer gewissen Härte hinterläßt, die dem politischen Praktiker sicher zukam; dagegen wirkt das Gesicht des Bamberger Reiters jugendlich, offen, die Lippen leicht geöffnet, die angehobenen Brauen sprechen hier für eine Überraschung, die er in einiger Entfernung sieht. Man hat in Zeiten, in denen solche Assoziationen noch offen angesprochen wurden und nationale Charaktere als Selbstverständlichkeit galten, einen Vergleich mit Parzival – dem »reinen Toren« – angestellt und selbstverständlich auch auf die Vorstellung gezielt, daß der Bamberger Reiter den idealen Deutschen repräsentieren sollte.

Diese Vorstellung stand schon hinter der Entscheidung der Weimarer Zeit, die Figur aktiv als nationales Symbol zu nutzen (der Kopf erschien etwa auf Banknoten der 1920er Jahre), wurde dann aber vor allem in der NS-Zeit genutzt, die den Bamberger Reiter sogar als eine Art »Nationalheiligtum« betrachten wollte. Ein Vorgang, der wie bei so vielen anderen Teilen der deutschen Ikonographie zu einer nachhaltigen Beschädigung führte – wenngleich davon in der unmittelbaren Zeit nach dem Zusammenbruch noch nichts zu merken war. In der Adenauerzeit jedenfalls wurden der Reiter oder sein Kopf ganz selbstverständlich verwendet, um das deutsche Mittelalter zu repräsentieren. Soweit ist man noch nicht wieder, obwohl sich feststellen läßt, daß das Verhältnis zu der Figur neuerdings viel gelassener ist als in der jüngeren Vergangenheit.

Ein Faktor spielt dabei bedauerlicherweise keine Rolle: die Verknüpfung der Figur mit der Person Claus von Stauffenbergs (→Berlin: Bendlerblock), der 1926 als Fahnenjunker in das in Bamberg stationierte Kavallerieregiment 17 eingetreten war, das man umgangssprachlich »die Bamberger Reiter« nannte. Wichtiger als das ist, daß Stauffenbergs Vorstellung von Ritterlichkeit bestimmt war durch ein von der Dichtung Georges geprägtes Bewußtsein der Form, die ihren Ausdruck auch in diesem außergewöhnlichen Monument fand:

Du Fremdester brichst noch als echter spross
Zur guten kehr aus deines volkes flanke.
Zeigt dieser dom dich nicht: herab vom ross
Streitbar und stolz als königlicher franke!
Dann bist du leibhaft in der kemenat
Gemeisselt – nicht mehr Waibling oder Welfe –
Nur stiller künstler der sein bestes tat.
Versonnen wartend bis der himmel helfe.

Literatur: Carsten Busch: *Der Bamberger Reiter*, Bamberg o. J.; Heinz Gockel: Der Bamberger Reiter: Stephan von Ungarn oder Endzeitkaiser?, in: *Historischer Verein Bamberg* 143 (2007), S. 39–57; Hannes Möhring: *König der Könige. Der Bamberger Reiter in neuer Interpretation*, Königstein im Taunus 2004; Wilhelm Pinder: *Der Bamberger Dom*, zuletzt Berlin (West) 1964.

Karlheinz Weißmann

Bautzen – Gefängnis

Mit der Landesstrafanstalt Bautzen wurde im Jahr 1904 am nördlichen Rand der Kleinstadt die damals modernste Strafvollzugsanstalt Sachsens ihrer Bestimmung übergeben. Bereits in dieser Zeit erhielt das aus gelben Klinkern errichtete Gebäude den berüchtigten Beinamen »Gelbes Elend«. In den dreißiger Jahren gehörte »Bautzen I« zu den sieben größten Gefängnissen in Deutschland. Auch politische Gefangene inhaftierte man hier, u. a.

den Kommunistenführer Ernst Thälmann von 1943 bis 1944.

Zwischen 1902 und 1906 entstand an der Lessingstraße in der Bautzener Ostvorstadt ein weiterer Vollzugskomplex, der ursprünglich 134 Einzel-, 23 Dreimann-, zwei Durchgangs-, vier Kranken- und fünf Arrestzellen umfaßte. Diese Haftanstalt »Bautzen II« wurde im Jahr 1933 offiziell zur Zweigstelle von »Bautzen I«.

»Bautzen II« diente zwischen 1933 und 1945 als Gerichtsgefängnis und zur Unterbringung sogenannter Schutzhäftlinge der SA. Nach dem Kriegsende 1945 unterhielt die sowjetische Militärverwaltung dort bis 1949 ein Untersuchungsgefängnis. Ab 1949 unterstand die Haftanstalt als Untersuchungsgefängnis »Bautzen II« dem Justizministerium der DDR, wurde 1951 der Verwaltung des Innenministeriums übergeben und unterstand seit 1956 faktisch der Kontrolle des Ministeriums für Staatssicherheit (MfS). Die Stasi war im »Sonderobjekt für Staatsfeinde«, wie die Haftanstalt intern genannt wurde, mit besonderen Zugriffs- und Aufsichtsrechten ausgestattet.

Der offizielle Sprachgebrauch der DDR kannte keine politischen Häftlinge. Das wurde vom Justizministerium im Jahr 1951 untersagt: »Wer unsere antifaschistisch-demokratische Ordnung angreift ... begeht eine strafbare Handlung ... Die Strafgefangenen dieser Art sind deshalb auch keine ›politischen Gefangenen‹, sondern kriminelle Verbrecher. Die Bezeichnung dieser Strafgefangenen als politische Häftlinge wird daher hiermit untersagt.«

»Ab nach Bautzen!« galt umgangssprachlich als schlimmste Drohung für den, der sich dem SED-Staat verweigerte. »Bautzen II« war die meistgefürchtete Haftanstalt der DDR, berüchtigt als der »Stasi-Knast« und damit Symbol des sozialistischen Regimes. Im Hochsicherheitstrakt mit rund 200 Plätzen wurden insbesondere prominente oder dem Staatsapparat gefährliche Häftlinge – Regimegegner, Fluchthelfer, Spione, ehemalige NSDAP-Funktionäre, »Republikflüchtlinge« – inhaftiert. Am Klingelschild stand »Volkspolizeikreisamt« und »Staatsanwaltschaft«. Das Strafmaß der »Politischen« wurde zwischen Justiz, MfS und SED-Organen abgestimmt. Nach dem Urteil und der Einlieferung nach Bautzen war der Häftling der Willkür der Staatssicherheit ausgeliefert.

Einzelzellen und ein eigener Isolationstrakt, spezielle Arbeitszellen für Einzelpersonen und separierte Gefängnishöfe bildeten das äußere System der totalen Isolation. Häftlingen drohte die Arrestzelle mit wegschließbarer Toilette. Die Häftlinge in »Bautzen II« wurden systematisch ihrer Persönlichkeit beraubt. Vielen Gefangenen war jeglicher Kontakt zur Außenwelt verboten.

Isolation war Haftprinzip in »Bautzen II«. Zellenfenster wurden bis auf einen kleinen Schlitz zugemauert, wobei es weder Tisch noch Stuhl oder eine Pritsche in den 2,50 Meter mal 1,50 Meter kleinen, nicht beheizbaren Zellen gab. An der Zimmerdecke war eine Lampe angebracht, die alle halbe Stunde eingeschaltet wurde, wenn die Aufseher die Zellen durch einen »Spion« kontrollierten. Zweimal am Tag wurde ein Notdurftkübel in den Raum gestellt, am Abend eine Holzpritsche in die Zelle gegeben. Gefangene im Stasi-Knast »Bautzen II« durften unaufgefordert weder sprechen noch singen, nicht pfeifen. Schreibsachen in der Zelle waren zumindest bis in die siebziger Jahre hinein weitgehend verboten.

Zur Überwachung der Häftlinge setzte das MfS versteckte Kameras und Mikrophone sogar im Isolationstrakt ein. Hinter Putz und mehreren Farbschichten versteckt, wurden auf diese Weise die seltenen Gespräche der Häftlinge in der sogenannten »Verbotenen Zone« kontrolliert. Verbindungsoffiziere des MfS überwachten das Personal, den Haftalltag sowie die Außenkontakte der Gefangenen. In der MfS-Kreisdienststelle, die sich in unmittelbarer Nähe zum Gefängnistrakt befand, konnten die verwanzten Zellen und Besprechungsräume abgehört werden. Zur Überwachung setzte die Stasi Spitzel beim Gefängnispersonal wie auch unter den Inhaftierten ein.

In »Bautzen II«, wo auf zwei Gefangene ein Bediensteter kam, wurden zahlreiche Prominente in Haft gehalten: vom ersten Außenminister der DDR, Georg Dertinger, über den Schriftsteller Erich Loest bis zu den Opfern der politischen Säuberung von 1956 wie Walter Janka und Wolfgang Harich. Für Rudolf Bahro, den profiliertesten Dissidenten und intellektuellen Kopf der DDR-Opposition, wurde 1979 ein eigener Isolationstrakt hergerichtet.

Im öffentlichen Bewußtsein wurde zwischen »Bautzen« I und II vielfach nicht unterschieden; teilweise war es in der Öffentlichkeit nicht bekannt, daß es in Bautzen zwei verschiedene Strafvollzugseinrichtungen gab. Bis zum Jahr 1989 waren insgesamt 2 350 Gefangene in »Bautzen II« inhaftiert. Mit der friedlichen Revolution und der Absetzung von Honecker und Mielke stellte die Stasi ihre Arbeit im Gefängnis ein. Von Oktober bis Dezember 1989 wurden die politischen Gefangenen durch die neue DDR-Regierung amnestiert. Zwischen 1990 und 1992 diente »Bautzen II« als Außenstelle der JVA Bautzen dem neugeschaffenen Justizministerium des Freistaates Sachsen. Im Januar 1992 wurde die Anstalt endgültig geschlossen. Die Stiftung Sächsische Gedenkstätten übernahm mit ihrer Gründung im Februar 1994 den Auf- und Ausbau der Gedenkstätte Bautzen.

Literatur: Gedenkstätte Bautzen (Hrsg.): *Der historische Ort. Stasi-Gefängnis Bautzen II. Die Ortsstelen in der Gedenkstätte Bautzen*, Bautzen 2005; Karl Wilhelm Fricke/Silke Klewin: *Bautzen II. Sonderhaftanstalt unter MfS-Kontrolle 1956 bis 1989. Bericht und Dokumentation*, Dresden 2007; *Wege nach Bautzen II. Biographische und autobiographische Porträts*, eingeleitet von Silke Klewin und Kirsten Wenzel, Dresden 1999.

Arvid Jakobson

Bayreuth – Festspielhaus

Bayreuth ist ein Ort, der erst durch die Ansiedlung Richard Wagners 1872 wirklich relevant geworden ist. Vorher hatte das erstmals Ende des 12. Jahrhunderts erwähnte fränkische Fleckchen, das bis 1806 unter der Herrschaft der Hohenzollern (→Hechingen) stand und erst infolge der napoleonischen Besetzung an Bayern abgetreten wurde, nicht viel Besonderes an sich. Lediglich einen gewissen Ruf als Stadt der Kultur hatte Bayreuth sich seit dem 18. Jahrhundert erworben, als eine ganze Reihe repräsentativer Bauten entstand und auch die Bayreuther Universität gegründet wurde. Die Entscheidung Wagners für Bayreuth als Stätte der von ihm geplanten Festspiele fiel aber letztlich gerade aufgrund der relativen Bedeutungslosigkeit und vor allem wegen der Abgeschiedenheit der Stadt. Mit Wagners Umzug nach Bayreuth, dem Bau von Haus Wahnfried und dem 1876 fertiggestellten, etwas außerhalb der Stadt gelegenen Festspielhaus wurde Bayreuth zum Synonym für Wagner, für seine Kunst und seine Weltanschauung.

Die Musik Wagners war von Anfang an umstritten, und bis heute ist die Einordnung Wagners in die Musikgeschichte des Abendlandes schwierig, innerhalb derer er manchen geradezu als Fremdkörper erscheint. Diese Auffassung mag man für übertrieben halten – ein Beispiel für die auf mitunter verschlungenen Wegen ablaufende Wagnerrezeption ist die Nutzung der Leitmotivtechnik in der Filmmusik des 20. Jahrhunderts –, aber tatsächlich sind die Wagneropern schon allein ihres ausladenden Umfangs wegen nur mit Mühe in den allgemeinen Gang des kulturindustriellen Musikbetriebs zu integrieren. Und auch wenn die Musik Mozarts, Beethovens und anderer sowohl Anhänger als auch Gegner gefunden hat, so ist das doch kaum vergleichbar mit dem Grad an Intensität, ja an Bekenntniszwang, der mit Richard Wagners musikalischem Schaffen verbunden ist. Das hängt wiederum vor allem mit dem Wagnerschen Konzept des Gesamtkunstwerks zusammen, das es verbietet, die Musik von dem durch sie transportierten Inhalt zu trennen.

Wagners Werk kann daher auch nicht ohne die Weltanschauung verstanden werden, die in Bayreuth ihre praktische Anwendung fand. Politisch war Wagner seit den 1830er Jahren revolutionär-liberaler »Jungdeutscher« und 1848 Anhänger der Märzrevolution (→Frankfurt). Ein privat wie öffentlich verwickeltes Leben brachte ihn schließlich nach Bayern, wo er neben der Unterstützung König Ludwigs II. (→Neuschwanstein) auch diejenige des 1871 gegründeten deutschen Kaiserreichs gewann. Allerdings beobachtete Wagner die politische Entwicklung Deutschlands weiterhin mit ausgesprochener Skepsis. Seine Kulturkritik machte gerade bei Preußen und den Hohenzollern nicht halt; was dem später der »Deutschtümelei« Verdächtigten vorschwebte, war keine politische Weltherrschaft Deutschlands, sondern ein Weltreich des deutschen Geistes, wie es interessanterweise nach Wagners Tod 1883 auch der nachhaltig von dem berühmten Wagnerianer Houston Stewart Chamberlain beeinflußte Kaiser Wilhelm II. (→Doorn, Jerusalem) propagierte.

Wagner ging aber noch weiter und vertrat die Auffassung, daß der deutsche Geist in besonderer Weise berufen sei, die kulturzerstörenden Tendenzen der Moderne zu bekämpfen. Vor allem der im Niedergang begriffenen Religion wollte er mit Hilfe seiner Kunst zu einer umfassenden »Regeneration« verhelfen. In seinem berühmten, 1880 veröffentlichten Aufsatz über »Religion und Kunst« faßte er sein Anliegen prägnant zusammen: »Man könnte sagen, daß da, wo die Religion künstlich wird, der Kunst es vorbehalten sei, den Kern der Religion zu retten, indem sie die mythischen Symbole, welche die erstere im eigentlichen Sinne als wahr geglaubt wissen will, ihrem sinnbildlichen Werte nach erfaßt, um durch ideale Darstellung derselben die in ihnen verborgene tiefe Wahrheit erkennen zu lassen.« Wagner knüpfte damit an – im weitesten Sinne romantische – Bestrebungen an, die seit dem Ende des 18. Jahrhunderts von der »Deutschen Bewegung« (Herman Nohl) verfolgt wurden und die auf eine umfassende politische, kulturelle und religiöse Erneuerung Deutschlands abzielten. Das Mittel dazu sollte eine Synthese aus Deutschtum und Christentum sein, und vieles spricht dafür, gerade die späteren Werke Richard Wagners unter diesem Aspekt zu verstehen: den *Ring* als Tradierung germanischer Mythologie, die Bearbeitung des Gralsmotivs in *Parsifal* und *Lohengrin* als deutschchristlichen Syntheseversuch.

Eine solche Interpretation wurde jedenfalls von den Anhängern des Meisters propagiert, die sich schon zu dessen Lebzeiten zum »Bayreuther Kreis« formierten und die nach Wagners Tod dessen Sendung weiterverfolgten. Im Zentrum standen Wagners Witwe Cosima sowie Hans von Wolzogen; die größte Verbreitung aber fand die Wagnersche Lehre durch deren eigenwillige Systematisierung in den *Grundlagen des XIX. Jahrhunderts* von Houston Stewart Chamberlain. Dieses Buch prägte eine ganze Generation von Jugendbewegten, bei denen protestantische Ernsthaftigkeit sich mit einer zunehmenden Kirchenferne verband. Die Vorstellungen des Bayreuther Kreises waren relativ heterogen, gingen etwa von einem deutschen, aber traditionell geprägten Christentum bis hin zu völkischen Entwürfen. Es waren daher auch nicht so sehr die explizit weltanschaulichen Vorgaben, die eine gewisse Breitenwirkung entfalteten, sondern eher eine durch Wagners Musik und die von ihm bearbeiteten thematischen Stoffe infizierte Atmosphäre.

Daß auch Hitler (→München: Feldherrnhalle) sich zu den Wagnerianern zählte, ist natürlich kein Zufall, zumal nicht nur Chamberlain, sondern auch Wagner selbst im Antisemitismus ein Element ihrer Weltanschauung sahen. Thomas Manns Ausspruch, es stecke »viel Hitler in Wagner«, ist aber unvollständig, wenn man unterschlägt, wie sehr Mann selbst von Wagner fasziniert war, dessen Kunst er als »die sensationellste Selbstdarstellung und Selbstkritik deutschen Wesens, die sich erdenken läßt«, betrachtete, die angetan sei, »selbst einem Esel von Ausländer das Deutschtum interessant zu machen«. Die Bayreuther Festspiele wurden daher auch zu Recht nach 1945 nicht abgeschafft, Wagner nicht aus den Spielplänen gestrichen, und alle Versuche in Richtung einer leichteren Konsumierbarkeit oder einer ideologisch motivierten »Dekonstruktion« durch neuere Inszenierungen ändern doch nichts daran, daß in Wagners Kunst ein Stück deutschen Geistes unzerstörbar weiterlebt.

Literatur: Siegfried Gerlich: *Richard Wagner - die Frage nach dem Deutschen. Philosophie, Geschichtsdenken, Kulturkritik*, Wien 2013; Thomas Mann: *Wagner und unsere Zeit*, Frankfurt a. M. 1963; Winfried Schüler: *Der Bayreuther Kreis von seiner Entstehung bis zum Ausgang der wilhelminischen Ära. Wagnerkult und Kulturreform im Geiste völkischer Weltanschauung*, Münster 1971; Richard Wagner: Religion und Kunst [1880], in: ders.: *Dichtungen und Schriften*, Bd. 10, Frankfurt a. M. 1983, S. 117-163.

Martin Grundweg

Berlin - Bendlerblock

Der wohlhabende Berliner Ratsbaumeister und Kommunalpolitiker Johann Christoph Bendler kaufte im Jahre 1837 ein Areal zwischen dem Tiergarten und dem Floß- oder Schafgraben, dem späteren Landwehrkanal. Dort errichtete der gelernte Maurer mehrere komfortable Villen, und nach Bendlers Tod 1873 wurde die hier entstandene Straße seinem Namen gewidmet.

In dieser Bendlerstraße, inzwischen nicht mehr am Rande Berlins gelegen, erbauten die Architekten Heinrich Reinhardt und Georg Süßenguth zwischen 1911 und 1914 einen Gebäudekomplex für die Nutzung durch die obersten Marinedienststellen des Deutschen Reiches. Reinhardt und Süßenguth hatten sich in Preußen ein großes Renommee durch den Bau von Rathäusern in Charlottenburg, Spandau, Steglitz und Treptow erworben. Auf dem Grundstück an der Königin-Augusta-Straße 38 bis 43 (später Tirpitzufer, heute Reichpietschufer) entstand eine fünfgeschossige Baugruppe mit mehreren begrünten Innenhöfen. Ihre Hauptfront am Landwehrkanal entsprach mit einer strengen Gestaltung im Stil des Neoklassizismus dem Wunsch des Bauherrn nach einer »einfachen, vornehmen, möglichst schmucklosen, aber doch anspruchsvollen Architektur«.

BERLIN – BENDLERBLOCK

Die Marinebehörden erhielten zur Jahrhundertwende auf Wunsch Kaiser Wilhelms II. (→Doorn, Jerusalem) immer wichtigere Befugnisse, so daß sie ein eigenes Dienstgebäude benötigten. Das Haupthaus am Landwehrkanal war als Dienstsitz für den Staatssekretär im Reichsmarineamt vorgesehen, bis 1916 war das der legendäre Großadmiral Alfred von Tirpitz, Schöpfer der deutschen Kriegsflotte. Die Richtung Osten liegende Gebäudeseite bezog der Admiralstab der Kaiserlichen Marine und den Ostflügel an der Bendlerstraße 14 (heute Stauffenbergstraße) das sogenannte Marinekabinett. Letzteres war dem Kaiser als persönliches Sekretariat für Angelegenheiten der Flotte direkt unterstellt.

Auf den Nachbargrundstücken der Bendlerstraße 10 bis 13, die 1926 vom Staat erworben wurden, entstanden bis 1938 zusätzliche An- und Neubauten nach Entwürfen des Architekten Wilhelm Kreis. Das Oberkommando der Wehrmacht ließ 1938 nach Plänen von Richard Bielenberg und Josef Moser einen zusätzlichen Erweiterungsbau anlegen. Zu jener Zeit erhielt der kastenartige Gebäudekomplex seinen inoffiziellen, aber allgemein gebräuchlichen Namen: »Bendlerblock«.

Den größten Teil des Bendlerblocks an der gleichnamigen Straße nutzten der Befehlshaber des Ersatzheeres und Chef der Heeresrüstung, General Friedrich Fromm, sowie das Allgemeine Heeresamt im Oberkommando des Heeres unter Führung von General Friedrich Olbricht. Dessen Stabschef wurde im Juni 1944 Oberst Claus Schenk Graf von Stauffenberg (→Bamberg). Im Bendlerblock waren auch Teile der Seekriegsleitung im Oberkommando der Kriegsmarine sowie die wichtigsten Dienststellen des für Spionage zuständigen Amtes Ausland/Abwehr unter Admiral Wilhelm Canaris untergebracht.

Im Amt Ausland/Abwehr entstand 1938 die erste militärische Widerstandszentrale. Eine Gruppe um General Hans Oster plante den Sturz des NS-Regimes. Sie schreckte dabei auch nicht vor eklatantem Landesverrat zurück, indem sie etwa 1940 den Westalliierten die deutschen Kriegspläne gegen Frankreich zuspielte. Oster wurde dafür noch im April 1945 hingerichtet.

Davon unabhängig bildete sich im Ostflügel des Bendlerblocks eine weitere Gruppe von Widerständlern um General Friedrich Olbricht. Sie manipulierte einen Geheimplan mit dem Decknamen »Walküre«, der für die Niederschlagung innerer Aufstände gedacht war. Ihr Ziel bestand darin, nach einer Ermordung Adolf Hitlers (→München: Feldherrnhalle) eine sofortige Besetzung aller militärischen und zivilen Schaltstellen durch die Putschisten zu ermöglichen. Am 20. Juli 1944 versammelten sich im Bendlerblock nach dem Stauffenberg-Attentat die führenden Männer des Aufstandsversuches, darunter der ehemalige Generalstabschef Ludwig Beck und der entlassene Generaloberst Erich Hoepner. Bereits am Abend scheiterte das Unternehmen an der Unentschlossenheit vieler Verschwörer und an der ablehnenden Haltung der einzelnen Wehrmachtteile. In der Nacht zum 21. Juli ließ General Fromm Stauffenberg und drei seiner Mittäter erschießen, Beck wurde zum Selbstmord genötigt (→Berlin: Plötzensee).

Zum Gedenken an die Widerständler des 20. Juli wurde 1953 im großen Innenhof des Bendlerblocks ein Ehrenmal errichtet. Es handelt sich um eine von dem schon zu NS-Zeiten hochgeschätzten Bildhauer Richard Scheibe entworfene Bronzefigur, die einen jungen Mann mit gefesselten Händen darstellt. Dazu gehört auch die Inschrift: »Ihr trugt die Schande nicht, Ihr wehrtet Euch, Ihr gabt das große ewig wache Zeichen der Umkehr, opfernd Euer heißes Leben für Freiheit, Recht und Ehre!«

1955 erfolgte die Umbenennung der Bendlerstraße in Stauffenbergstraße, und fünf Jahre später wurde im Ehrenhof eine Gedenktafel angebracht, welche die Namen der 1944 hier erschossenen vier Offiziere trägt. Nach der Entscheidung des Bundestages für Berlin als deutsche Hauptstadt nutzt das Verteidigungsministerium den Bendlerblock seit September 1993 als zweiten Dienstsitz. Hier befindet sich auch eine 2009 eingeweihte zentrale Gedenkstätte für die Gefallenen der Bundeswehr.

Literatur: *Der Bendlerblock*, hrsg. von der Gedenkstätte Deutscher Widerstand, Berlin 2011; *Denkmale in Berlin. Reichsmarineamt mit Gedenkstätte für die Opfer des 20. Juli 1944 und Ehrenmal im Hof & Bendlerblock*, hrsg. von der Senatsverwaltung für Stadtentwicklung und Umwelt, Berlin o. J.

Jan von Flocken

Berlin – Berliner Mauer

Die Berliner Mauer war Teil der innerdeutschen Grenze, die Deutschland infolge der militärischen Niederlage der Wehrmacht seit 1945 zuerst in vier Besatzungszonen, später in zwei Staaten teilte. Für Berlin war ein Sonderstatus vereinbart, der die Stadt in vier militärische Verwaltungssektoren teilte. Beschlossen wurde die Aufteilung allerdings bereits Ende 1944 in zwei sogenannten Zonenprotokollen.

Die politische und ökonomische Sowjetisierung sowie die schlechten wirtschaftlichen Bedingungen in der Sowjetischen Besatzungszone (SBZ) ließen bereits in den ersten Nachkriegsjahren Millionen Menschen in die drei Westzonen fliehen. In Berlin wurden erstmals im Juni 1946 die Übergänge der SBZ zu den Westsektoren für vier Monate geschlossen. Um den Exodus zu stoppen und die Zonengrenzen zu überwachen, entstand im selben Jahr in der SBZ eine »deutsche Grenzpolizei«.

1948 wurde auf Weisung der Sowjetischen Militäradministration (SMAD) eine Polizeiformation »Ring um Berlin« gebildet, durch die um die gesamte Stadt herum Kontrollen durchgeführt wurden, was vor allem die Abwanderung aus dem sowjetischen Einflußbereich verhindern sollte.

Zum endgültigen Bruch zwischen den Alliierten kam es im Juni 1948. Als Reaktion auf die in den Westzonen durchgeführte Währungsreform sperrten die Sowjets sämtliche Zugangswege nach West-Berlin, so daß die Versorgung über die »Luftbrücke« sichergestellt werden mußte. Als mit dem Deutschlandvertrag vom 26. Mai 1952 offiziell die Besatzungsherrschaft der drei Westalliierten endete, befahl die sowjetische Besatzungsmacht die umgehende Schließung der innerdeutschen Grenze seitens der SBZ/DDR. Auf einer Länge von 1 393 Kilometern zog sich die Demarkationslinie durch Deutschland und um den westalliierten Teil Berlins.

Das DDR-Paßgesetz von 1954 stellte die sogenannte Republikflucht unter Strafe. Das Strafmaß umfaßte eine Haftstrafe (→Bautzen) von bis zu drei Jahren. Im Jahr 1957 erfolgte eine weitere Verschärfung der Bestimmungen, wodurch bereits die Vorbereitung oder der Versuch der Republikflucht strafbar wurden. Dennoch stieg die Zahl der Flüchtlinge weiter, und die meisten von ihnen suchten ihren Weg über die weiterhin offenen Sektorengrenzen in Berlin.

»Niemand hat die Absicht, eine Mauer zu errichten!« erklärte Walter Ulbricht am 15. Juni 1961 auf einer Pressekonferenz. Doch vom 3. bis 5. August 1961 fand in Moskau eine Konferenz der Parteiführer der Warschauer-Pakt-Staaten statt. Das Politbüro der SED unter Ulbricht erhielt hier die

Vorgaben zur Grenzabriegelung. Das Ziel war die Stabilisierung der DDR. Der Haupteinsatzstab stand unter Leitung des ZK-Sekretärs Erich Honecker, der die Grenzschließung koordinierte.

Am Sonntag, den 13. August begann um ein Uhr nachts die systematische Abriegelung der Grenze um West-Berlin. Mitglieder der sogenannten Volks- und Grenzpolizei sowie Angehörige von Betriebskampfgruppen der DDR blockierten die 81 Straßenübergänge und besetzten die Zonengrenzbahnhöfe. Der Nahverkehr zwischen den beiden Stadthälften wurde dauerhaft unterbrochen. Lediglich der Bahnhof Friedrichstraße blieb als Umsteigebahnhof für den Intersektorenverkehr nutzbar.

In der Nacht vom 17. auf den 18. August begannen Bautrupps die Stacheldrahtsperren durch eine Mauer aus Hohlblocksteinen und Betonplatten zu ersetzen. Im September und Oktober wurden unmittelbar an der Grenze gelegene Häuser zwangsgeräumt und mehr als 2000 Bewohner aus ihren Wohnungen vertrieben. Im Ergebnis entstand eine Grenze mit 63 Kilometern bebautem, 32 Kilometern bewaldetem und 22 Kilometern offenem Gelände sowie 37 Kilometern Wassergrenze.

Entlang der Grenze entstand auf knapp 42 Kilometern die sogenannte Grenzmauer 75, weitere 59 Kilometer bestanden aus der Mauer der dritten Generation in Plattenbauweise, und 68 Kilometer wurden durch Streckmetallzaun begrenzt. Ein 15 bis 150 Meter breiter »Todesstreifen« wurde angelegt. In kurzer Entfernung von einer Hinterlandsmauer folgte ein Signalzaun mit mehreren unter elektrischer Spannung stehenden Drähten, an denen bei Berührung Alarm ausgelöst wurde. Es folgten Abschnitte mit Erdbunkern, Beobachtungstürmen und Hundelaufanlagen, ein lichttrassengesäumter Kolonnenweg, ein geharkter Sandstreifen und ein KfZ-Sperrgraben vor der weißgestrichenen Grenzmauer. Auf der Mauerkrone lag eine Rohrauflage, die das Überklettern verhindern sollte.

Am 15. August 1961 war der 19jährige Grenzpolizist Conrad Schumann über den Stacheldraht in den Westen geflüchtet. Er war der erste von über 2500 Grenzsoldaten, die sich durch eine Flucht in den Westen dem Grenzdienst entzogen.

Am 24. August 1961 versuchte der 24jährige Günter Litfin, über die nahe der Charité gelegene S-Bahntrasse nach West-Berlin zu flüchten. Er wurde dabei von Grenzpolizisten erschossen und damit das erste Todesopfer von allein an der Berliner Mauer 136 Menschen, die zumeist durch den Einsatz von Schußwaffen zu Tode kamen.

Überall wurde nach Schlupflöchern in der Mauer gesucht. Im Interzonenzug fuhren Flüchtlinge als getarnte Ausländer, Autos wurden umgebaut, Menschen in Koffern versteckt, Diplomaten als Fluchthelfer gewonnen, Ballons gebaut und Fluchttunnel unter den Grenzanlagen gegraben. Trotz der tödlichen Bedrohung und vieler gescheiterter Fluchtversuche gelang es in den 28 Jahren der Teilung Deutschlands 40101 Menschen, aus der DDR in den Westen zu fliehen. 5075 der Flüchtlinge überwanden die Sperranlagen in Berlin.

Ende der 1980er Jahre geriet die DDR durch wirtschaftliche Schwierigkeiten, oppositionelle Gruppen und den Reformkurs der Sowjetunion zunehmend unter Druck. Um dem enormen Flüchtlingsstrom Herr zu werden, wurde eine neue Reiseverordnung entworfen. Am 9. November 1989 gab das SED-Politbüromitglied Günter Schabowski auf einer internationalen Pressekonferenz die neuen Regelungen bekannt, wonach DDR-Bürgern ohne Vorliegen von Gründen die Ausreise aus der DDR ermöglicht werden sollte. Auf die Frage eines

Journalisten, ab wann diese Regelung gelte, war Schabowski nicht vorbereitet und antwortete: »Sofort, unverzüglich.« Als wenig später westliche Nachrichten meldeten, die Mauer sei offen, strömten Zehntausende Berliner an die Grenze und überquerten diese erstmals von Ost nach West und von West nach Ost.

Heute ist die Berliner Mauer, deren Reste als Eastside Gallery zu besichtigen sind und deren Verlauf durch eine Doppelreihe von Pflastersteinen nachvollzogen werden kann, ein Symbol für die staatliche Teilung der deutschen Nation im 20. Jahrhundert. Auf der ganzen Welt stehen Mauerteile, die an die glückliche Fügung der Wiedervereinigung erinnern.

Literatur: Gabriele Camphausen/Maria Nooke: *Die Berliner Mauer.* Ausstellungskatalog, Dokumentationszentrum Berliner Mauer, Dresden 2002; Deutsches Nationalkomitee für Denkmalschutz (Hrsg.): *Die Berliner Mauer. Vom Sperrwall zum Denkmal,* Bonn 2009; Kai Diekmann: *Die Mauer. Fakten, Bilder, Schicksale,* München 2011.

Arvid Jakobson

Berlin – Brandenburger Tor

So bedeutsam sollte es eigentlich gar nicht werden – das Brandenburger Tor. Nur das größte Stadttor von Berlin sollte es sein und damit die gewachsene Bedeutung Preußens seit den Siegen Friedrichs des Großen (→Leuthen) widerspiegeln. Doch die Geschichte machte weit mehr daraus. Es ist neben Schloß →Neuschwanstein sicherlich das bekannteste deutsche Bauwerk. Aber während sich die Symbolik Neuschwansteins weitgehend darin erschöpft, das »Märchenschloß« vom bayerischen »Märchenkönig« Ludwig II. zu sein, ist die Symbolvielfalt des Brandenburger Tores außergewöhnlich: Es symbolisiert den Aufstieg Preußens zur europäischen Großmacht, aber auch die Niederlage Preußens gegen Napoleon, der 1806 durch das Tor in die Stadt einrückte. Auf diese Niederlage folgten viele Triumphe: 1815 (→Waterloo), 1864, 1866 (→Königgrätz) und 1871 (→Versailles) paradierten die siegreichen preußischen Truppen durch das Tor und erhoben es damit zum Wahrzeichen Berlins. 1918 zogen die Truppen des im Felde ungeschlagenen, aber gleichwohl besiegten Deutschlands durch das Portal. 1933 marschierte dort im Fackelzug, die nationalsozialistische Machtergreifung feiernd, SA hindurch und 1940, nach dem Sieg über Frankreich, die großdeutsche Wehrmacht. 1945 hißten die Sowjets auf dem zerschossenen Wahrzeichen die rote Fahne und 1953 zogen beim Volksaufstand die Ostberliner Arbeiter durch das Tor. 1961, im Jahr des Mauerbaus, wurde das Brandenburger Tor zum Symbol der Teilung Berlins (→Berliner Mauer), der Teilung Deutschlands, der Teilung der Welt in Ost und West. Nach dem Mauerfall verwandelte sich das Symbol der Teilung zum Symbol der neugewonnenen Einheit.

Der Vorgängerbau des Berliner Brandenburger Tores war 1734 zusammen mit der Zoll- bzw. Akzisemauer errichtet worden. Es bestand aus zwei von Trophäen gekrönten Pfeilern, einem schlichten Wachlokal auf der linken und einem Haus für den Torschreiber sowie einem Spritzenhaus auf der rechten Seite. Ein halbes Jahrhundert später genügte das erste Brandenburger Tor, das die Prachtstraße Unter den Linden nach Westen abschließt, den gewachsenen Ansprüchen für die königliche Residenzstadt Berlin nicht mehr. Von 1788 bis 1791 ließ der preußische König Friedrich Wilhelm II. das heutige Brandenburger Tor von Carl Gotthard Langhans im frühklassizistischen Stil errichten.

War die Architektur früherer Torbauten an römischen Triumphbögen orientiert, so zeigt sich beim Brandenburger Tor ein neuer Antikenbezug. Langhans nahm die griechische Architektur zum Vorbild, genauer die Propyläen auf der Akropolis, die er irrtümlicherweise für das Stadttor von Athen hielt. Er kopierte das Bauwerk allerdings nicht, sondern ahmte dessen »Geist« nach und versuchte diesen auf die Berliner Situation zu übertragen. Der monumentale Sandsteinbau des Brandenburger Tores (es war der erste klassizistische Bau Berlins) mißt mit der sie abschließenden Skulpturengruppe der Quadriga eine Höhe von 26 Metern, eine Breite von 65,50 Metern und eine Tiefe von 11 Metern. Die fünf Durchfahrten des Tores werden durch Mauern voneinander getrennt, deren Stirnseiten je sechs dorische Säulen vorgelagert sind. Das 5,65 Meter breite Mitteltor war für die Hofequipagen der königlichen Familie reserviert, die vier jeweils 3,80 Meter breiten Seitentore waren für den öffentlichen Verkehr bestimmt. Über dem Gesims lagert eine wuchtige Attika, deren Stufen giebelartig zur Quadriga emporführen. Die südlich und nördlich zum Pariser Platz hin angelagerten Flügelbauten, die als Unterkunft für Steuereinnehmer, wachhabende Soldaten und Offiziere dienten, erhielten an den Stirnseiten dorische Tempelfronten.

1793 wurde das Brandenburger Tor mit der von Johann Gottfried Schadow in Kupfer gefertigten Quadriga gekrönt. Sie zeigte ursprünglich die im Wagen stehende, von vier Pferden gezogene Friedensgöttin Eirene, eine Tochter des Zeus. Unterhalb der Figurengruppe befindet sich daher das Attikarelief »Zug des Friedens«. Nach dem Sieg Napoleons in der Schlacht bei Jena und Auerstedt, wurde die Quadriga 1806 nach Paris gebracht. Nach den Befreiungskriegen (→Schill-Gedenkstätten) und der französischen Niederlage in der Völkerschlacht bei →Leipzig (1813) sorgte Feldmarschall Blücher dafür, daß sie nach Berlin zurückkehrte. Hier nahm sie unter großem Jubel der Berliner Bevölkerung wieder ihren angestammten Platz ein. Auf Befehl Friedrich Wilhelms III. erhielt die Friedensgöttin von dem Architekten Karl Friedrich Schinkel eine neue Trophäe: einen das Eiserne Kreuz umschließenden Eichenkranz, gekrönt vom preußischen Adler – und aus der Friedensgöttin wurde jetzt die Siegesgöttin Viktoria. Die erste Trophäe war ein an einem Speer befestigter Helm gewesen sowie ein Brustpanzer und zwei Schilde.

In den Jahren 1861 bis 1868 erfuhr das Brandenburger Tor einige Änderungen: Johann Heinrich Strack errichtete zwischen dem Tor und den Torhäusern neue Durchgänge, und die Häuser selbst wurden mit offenen Säulenhallen versehen. Fast gleichzeitig, 1865, wurde die Zollmauer am Brandenburger Tor abgetragen, und der den Linden westlich vorgelagerte Pariser Platz erhielt 1880 seine von dem Gartenbaudirektor Hermann Mächtig entworfene – und 1992 wiedergeschaffene – Gestaltung. Bis 1869 war, infolge des rasanten Wachstums der Stadt, die gesamte Zollmauer, einschließlich ihrer Tore, gefallen. Nur das Brandenburger Tor überdauerte diesen Modernisierungsschub.

Wenn siegreiche preußische Truppen durch das Brandenburger Tor zogen, wurde Berlins Wahrzeichen festlich geschmückt. Das geschah besonders eindrucksvoll nach dem Deutsch-Französischen Krieg und der Gründung des zweiten Deutschen Reiches 1871 (→Bismarck, Versailles), mit der Berlin zugleich zur Reichshauptstadt aufstieg. Tor und Quadriga wurden mit Girlanden versehen und auf die Dächer der umliegenden Häuser installierte man Tribünen. Unter allgemeinen Jubelrufen zog der neugekrönte deutsche

Kaiser, Wilhelm I. (→Kyffhäuser, Versailles), an der Spitze seiner Truppen durch das Brandenburger Tor ein. Ehrenjungfern überreichten ihm Blumen. Weniger festlich war das Brandenburger Tor nach dem Ende des Ersten Weltkrieges »geschmückt«: Während der Januarkämpfe 1919 besetzten es Regierungstruppen und brachten an der Quadriga ein Maschinengewehr in Stellung. Auch beim Kapp-Putsch 1920 stand das Tor im Brennpunkt der Auseinandersetzungen. Munition wurde dort gelagert, und Dutzende Einschußlöcher »zierten« die Quadriga. Doch am fürchterlichsten gezeichnet war Berlins Wahrzeichen am Ende des Zweiten Weltkrieges: Tausende von Einschußlöchern, Inschriften der Sieger, ein großes Einschußloch in der Attika und eine völlig zerfetzte Quadriga boten ein trostloses Bild.

Am 21. September 1956 wurde vom Ostberliner Magistrat beschlossen, das Brandenburger Tor wieder instand zu setzen. Ein gutes Jahr später war der Neuaufbau – nicht zuletzt dank Westberliner Hilfe – abgeschlossen. Von der Quadriga hatte man 1942 glücklicherweise einen Gipsabguß angefertigt, so daß seit 1958 ein neugegossenes Vierergespann das Tor wieder krönt – zu DDR-Zeiten allerdings ohne Preußenadler und Eisernes Kreuz. 1961, im Jahr des Mauerbaus (→Berliner Mauer), verschwand Berlins Wahrzeichen im Niemandsland. Vom Westen aus unerreichbar, vom Osten aus unerreichbar für die Bevölkerung, lag das Tor einsam inmitten von Mauern und Minenfeld, nur für ausgewählte Staatsgäste Ost-Berlins zu besuchen.

»Open this gate!« – »Tear down this wall«, forderte am 12. Juni 1987 der damalige US-Präsident Ronald Reagan anläßlich seines Berlinbesuchs vor dem Brandenburger Tor. Gut zwei Jahre später war es dann soweit: Am 9. November 1989 fiel die Mauer und seit dem 22. Dezember 1989 ist das Tor wieder passierbar. Zur Jahrtausendwende wurde das Wahrzeichen aufwendig saniert. Seit 1994 befindet sich ein »Raum der Stille« im nördlichen Torhaus. Der Pariser Platz ist unter Beibehaltung seiner Grundform und der Wiederherstellung seiner Grünanlagen neu bebaut worden. Platz und Tor wurden für den motorisierten Verkehr gesperrt. Seitdem ist der während der Teilung am meisten verödete Ort Berlins wieder ein beliebter Treffpunkt und begehrter Veranstaltungsort geworden – nicht mehr für stolze Siegesparaden, sondern vornehmlich für bundesdeutsche »Events«.

Literatur: Willmuth Arenhövel/Rolf Bothe (Hrsg.): *Das Brandenburger Tor*, Berlin 1991; Laurenz Demps: *Das Brandenburger Tor. Ein Symbol im Wandel*, Berlin 2003; Peter Feist: *Das Brandenburger Tor*, Berlin ²2000; Rainer Laabs: *Das Brandenburger Tor. Brennpunkt deutscher Geschichte*, Berlin ²2001.

Norbert Borrmann

Berlin – Invalidenfriedhof

Friedrich der Große (→Leuthen, Oderbruch, Potsdam) befahl unter dem Eindruck der hohen Verwundetenzahlen aus den ersten beiden Schlesischen Kriegen die Einrichtung eines Hauses für Kriegsversehrte. Bis zu dessen Eröffnung am 15. November 1748 wurden weitere königliche Instruktionen für den Dienstbetrieb dieser militärischen Einrichtung für die »lahmen Kriegsleut« erlassen. Sie bestimmten die Selbstversorgung der Anstalt auf einem Stück Land im öden und unbewohnten Norden Berlins vor dem Oranienburger Tor mittels Landwirtschaft, regelten den Kirchenbetrieb sowohl für eine reformierte als auch eine katholische Kirche und sahen die Anlage eines unmittelbar am Invalidenhaus befindlichen Kirchhofs vor. Am 20. Dezember 1748 erfolgte auf dem Invalidenfriedhof die erste Grablegung: die des katholischen Unteroffiziers Hans Michael Neumann aus Bamberg.

Wurden anfänglich nur verstorbene Einwohner des Invalidenhauses dort beerdigt, kamen bald die zugezogenen Anwohner der »Invalidenhaus-Civilgemeinde« dazu, zog der Betrieb des Invalidenhauses doch viele Handwerker und Händler an, die sich in der Nähe niederließen.

Im Jahre 1824 ordnete der preußische König Friedrich Wilhelm III. an, die »Nobilitäten der Armee« auf dem Invalidenfriedhof beizusetzen. Damit war der Grundstein für »eine Stätte preußisch-deutschen Ruhmes« gelegt, vergleichbar dem Pariser Invalidendom oder der Londoner St. Pauls-Kathedrale.

Bis 1872 gab es etwa 18 000 Beerdigungen, in der gesamten Friedhofsgeschichte waren es rund 30 000. Seit 1850 erhielten auch Staatsbeamte, Theologen, Gelehrte, Unternehmer und Künstler hier eine exponierte Beisetzungsstätte. Der Invalidenfriedhof in Berlin wurde zur letzten Ruhestätte der preußischen Militärelite: Generalleutnant Karl Leopold von Köckritz und von General Friedrich Bogislav Emanuel Tauentzien von Wittenberg, von Generalleutnant Karl Ernst Job Wilhelm von Witzleben und Hermann von Boyen waren bzw. sind hier bestattet.

Zum eindrucksvollsten Zeugnis preußisch-deutscher Sepulkralkultur wurde das 1834 von Christian Daniel Rauch nach einem Entwurf Karl Friedrich Schinkels (→Berlin: Brandenburger Tor) errichtete Grabmal für Gerhard von Scharnhorst. »Schinkels reifste Leistung im Bereich des Grabmalbaues«, ein auf zwei Sockeln ruhender Marmorsarkophag mit Relieffries, Szenen aus dem Leben Scharnhorsts darstellend, hat die Zerstörungen während der DDR-Zeit überdauert. Das 1990 restaurierte gußeiserne Kreuz des Turners und glühenden Patrioten Karl Friedrich Friesen beeindruckt dagegen durch seine Schlichtheit.

Im Ersten Weltkrieg (→Laboe, Langemarck, Tannenberg, Verdun) und in den Nachkriegsjahren festigte sich die Stellung des Invalidenfriedhofes als »Ehrenhain preußisch-deutscher Geschichte«. Aber nicht nur Generäle, auch gefallene Soldaten niederer Dienstgrade wurden im Laufe des Krieges beigesetzt. Ein besonders berührendes Denkmal dieser Zeit war der Stein des Leutnant John: »Mutter Erde nimmt ihren Sohn auf.«

119 gefallene oder in Berliner Lazaretten verstorbene Soldaten sind während des Ersten Weltkrigs auf dem Invalidenfriedhof bestattet worden, unter ihnen die Jagdflieger Hans Joachim Buddecke, Erich Bahr und Oliver Freiherr von Beaulieu-Marconnay. Zahlreiche Träger des Pour le mérite ruhten auf dem Invalidenfriedhof, so auch Manfred von Richthofen, der als Held verehrte Jagdflieger, dessen sterbliche Überreste am 20. November 1925 aus Frankreich nach Berlin überführt wurden.

War das Invalidenhaus bis 1918 geschlossener Truppenteil der preußischen Armee, übernahm nach der Novemberrevolte das Reichsarbeitsministerium die Verantwortung, da es auch für die Versorgung der Kriegsopfer zuständig war.

Im Februar 1933 fand auf dem Invalidenfriedhof die Beerdigung des SA-Mannes Hans Maikowski statt. Er war auf dem Rückmarsch vom Fackelzug am 30. Januar 1933 von Kommunisten erschossen worden. Joseph Goebbels inszenierte dazu eine Großveranstaltung. Unter der Anteilnahme von rund 600 000 Berlinern hielten der Invalidenhauspfarrer, Reichstagspräsident Hermann Göring und Goebbels die

Trauerreden am Grab, die der Rundfunk im ganzen Reich verbreitete.

1937 wurde die Anlage des Invalidenhauses wieder der Verantwortung des Reichskriegsministeriums unterstellt und 1939 die »Stiftung Invalidenhaus« nach Berlin-Frohnau verlegt, wo noch heute die Invalidensiedlung besteht.

Für die geplante Umgestaltung Berlins durch Albert Speer wurde eine Einebnung des Invalidenfriedhofes erwogen, wofür die Überführung der bedeutendsten Soldatengräber vom Invalidenfriedhof in die von Wilhelm Kreis entworfene Soldatenhalle geplant war. Der Zweite Weltkrieg (→Halbe, Kreta, Laboe, Seelower Höhen, Stalingrad) führte zur Einstellung der Projektierung. Die Beisetzungen prominenter Soldaten wie Ernst Udet oder Werner Mölders gehörten weiterhin zum propagandistischen Ritual. Auch für Reinhard Heydrich wurde ein monumentales Grabmal auf dem Invalidenfriedhof geplant. Das Vorhaben konnte wegen des Krieges nicht verwirklicht werden.

Neben führenden Vertretern des NS-Staates liegen auch Widerstandskämpfer auf dem Invalidenfriedhof, so Oberstleutnant Fritz von der Lancken, der für konspirative Treffen seine Potsdamer Villa zur Verfügung gestellt und dort auch den Sprengstoff für Stauffenberg (→Bamberg, Berlin – Bendlerblock) versteckt hatte.

Mit dem Ende des Zweiten Weltkrieges wurde der Invalidenfriedhof durch alliierten Kontrollratsbeschluß als militärisches Objekt beschlagnahmt. Der Friedhofsbetrieb blieb davon zunächst unberührt. In einem Befehl vom 17. Mai 1946 verlangten die Alliierten die Entfernung aller »militaristischen und nationalsozialistischen Denkmäler« auf den Begräbnisplätzen. Im Juni 1950 begann mit einer Verfügung zur »Rekonstruktion« die erste Abräumaktion. Erste Grabstellen wurden eingeebnet.

Im Mai 1951 wurde der Invalidenfriedhof auf Beschluß des Magistrats von Groß-Berlin geschlossen und der Ablauf der Ruhefrist aller vor 1925 belegten Grabstellen verkündet. Die Besuchszeiten wurden auf jeweils vier Stunden an vier Wochentagen eingeschränkt. Bis in die sechziger Jahre fanden jedoch noch Beerdigungen statt.

Die systematische Zerstörung des Invalidenfriedhofes begann mit dem Mauerbau 1961 (→Berliner Mauer). Zu dieser Zeit befanden sich auf dem Friedhof etwa 3000 Grabstellen. Aufgrund seiner direkten Mauerlage erklärte das DDR-Regime große Bereiche der Anlage zum Grenzgebiet: Die Grabfelder E, F und G gehörten zum sogenannten Todesstreifen. Wachtürme, Scheinwerfer, Schießanlagen, eine Laufanlage für Wachhunde entstanden – und es wurde eine Betonstraße über Gräber gelegt. Eine Abteilung »Abräumung« beim Ostberliner Bezirksamt Mitte verzeichnete den Abbau von 94 Tonnen Grabdenkmalen sowie 26,5 Tonnen Grabsteinen; drei Tonnen Grabgitter wurden Altmetall.

Die Abtragung der Grabmale wurde nicht dokumentiert. 1967 war etwa ein Drittel des Friedhofes eingeebnet. Einzig die Gräber der Militärreformer Scharnhorst und Boyen, denen sich die DDR mit ihrer »Volksarmee« verpflichtet fühlte, verhinderten die Gesamtzerstörung des Invalidenfriedhofes. Die wohl einzige Umbettung der Nachkriegszeit war die des berühmten Jagdfliegers Manfred von Richthofen, der 1976 von Ost-Berlin auf den Heldenfriedhof nach Wiesbaden überführt wurde.

Die »Königslinde« auf dem Invalidenfriedhof – unter der Friedrich der Große gerastet haben soll – wurde im Zuge des Ausbaus der Grenzanlagen gefällt.

Am 23. Mai 1962 versuchte der 14jährige Schüler Wilfried Tews, über den Invalidenfriedhof in den Westen zu fliehen. Grenzsoldaten schossen auf ihn, Westberliner Polizisten erwiderten das Feuer. Letztere bargen schließlich den durch Schüsse verletzten Flüchtling am westlichen Ufer des Berlin-Spandauer Schiffahrtskanals. Der DDR-Grenzsoldat Peter Göring starb bei dem Schußwechsel. Zwei Jahre später, am 22. Juni 1964, wurde der 29jährige Ostberliner Maurergehilfe Walter Heike bei einem Fluchtversuch auf dem Invalidenfriedhof erschossen.

Trotz schwerer Verwüstungen während der DDR-Zeit bot der Invalidenfriedhof nach der Maueröffnung im Jahre 1990 nicht zuletzt dank der Erhaltungsbemühungen des Institutes für Denkmalpflege der DDR mit seinen etwa 200 erhaltenen Grabmalen ein umfassendes Bild der Berliner Sepulkralkultur der letzten 200 Jahre. Zur Erhaltung dieses erstrangigen Nationaldenkmals gründete im November 1992 ein Kreis ehrenamtlicher Denkmalpfleger den »Förderverein Invalidenfriedhof e.V.«, der die Arbeiten der städtischen Behörden unterstützend begleitet.

Literatur: Laurenz Demps: *Der Invaliden-Friedhof. Denkmal preußisch-deutscher Geschichte in Berlin*, Berlin 1996; ders.: *Zwischen Mars und Minerva. Wegweiser über den Invalidenfriedhof*, Berlin 1998; Förderverein Invalidenfriedhof e.V. (Hrsg.): *Der Invalidenfriedhof. Rettung eines Nationaldenkmals*, Berlin/Hamburg 2003.

Arvid Jakobson

Berlin – Plötzensee

Wenn man die Gedenkstätte Plötzensee besucht und vor den Hinrichtungsraum tritt, muß man unwillkürlich an die Anweisung denken, die Adolf Hitler (→München: Feldherrnhalle) für das Verfahren mit den Verschwörern des 20. Juli 1944 gab: »Ich will, daß sie gehängt werden, aufgehängt wie Schlachtvieh!« Die nackten Wände und vor allem die an einem Stahlträger befestigten Fleischerhaken, an denen seit Ende 1942 die Todeskandidaten in Plötzensee aufgehängt wurden, erwecken tatsächlich den beklemmenden Eindruck, sich in einer Art Schlachthof zu befinden. Der Verzicht auf die sonst übliche gedenkstättenpädagogische Überfrachtung mit Texten und Bildern – in diesem Raum befinden sich lediglich zum Gedenken niedergelegte Kränze – verstärkt diesen Eindruck noch.

Mit besonders schönen Erinnerungen ist Plötzensee wohl noch nie assoziiert worden. Der Bezirk im Norden Berlins gehört heute zu Charlottenburg; der namensgebende See liegt im Wedding. Ende des 19. Jahrhunderts wurde hier bereits ein großes Strafgefängnis errichtet, das 1933 vom nationalsozialistischen Staat übernommen wurde, wobei man sofort den Haftvollzug verschärfte. Abgesehen von gewöhnlichen Häftlingen, saßen nun in Plötzensee auch politische Untersuchungsgefangene und während des Zweiten Weltkrieges zudem noch ausländische Zwangsarbeiter ein. Sehr früh ging man außerdem dazu über, zum Tode Verurteilte in Plötzensee zu inhaftieren und vor Ort hinzurichten. Schon in der Weimarer Republik wurden hier Todesurteile vollstreckt, doch stieg deren Zahl nach 1933 kontinuierlich, nach Kriegsausbruch sprunghaft an.

Oft ist darauf hingewiesen worden, daß die politische Verortung des Nationalsozialismus bei der Rechten dessen revolutionären Charakter ausblendet; sogar Max Horkheimer meinte 1939: »Die Ordnung, die 1789 als fortschrittlich ihren Weg antrat, trug vom Beginn an die Tendenz zum Nationalsozialismus in sich.« Plötzensee ist in gewisser Weise ein Sinnbild des Zusammenhangs zwischen Französischer Revolution und Nationalsozialismus, da hier seit 1936 auf Anordnung Hitlers die Todesurteile nach französischem Vorbild mit der Guillotine vollstreckt wurden. Erst als im Dezember 1942 die Hinrichtung von Mitgliedern der kommunistischen Widerstandsgruppe »Rote Kapelle« in Plötzensee anstand, befahl Hitler die Erhängung an den Fleischerhaken als besonders entehrende Hinrichtungsart.

Plötzensee ist außerdem ein geeigneter Symbolort für den gesamten Widerstand gegen den Nationalsozialismus, weil hier außer der »Roten Kapelle« auch zahlreiche Verschwörer des 20. Juli 1944 hingerichtet wurden, zudem noch Angehörige des »Kreisauer Kreises« um Helmuth James Graf von Moltke, zu dem kurioserweise auch der u. a. für Plötzensee zuständige Gefängnispfarrer Harald Poelchau gehörte, dessen Beteiligung dem NS-Regime verborgen blieb. Die sich aus den noch relativ geschlossenen Sozialmilieus ergebenden klassischen drei »K« des antinationalsozialistischen Widerstandes – Konservative, Katholiken und Kommunisten (nennenswerten liberalen Widerstand gegen Hitler hat es bezeichnenderweise nicht gegeben) – waren hier also in der Todeszelle versammelt. Während der kommunistische Widerstand seine Motivation aus der Auffassung zog, daß sich in Deutschland lediglich die falsche Diktatur durchgesetzt habe – bekannt ist die Aussage Hermann Görings vor dem Nürnberger Tribunal, der KPD-Führer Ernst Thälmann habe ihm 1934 im Gefängnis erklärt, im Falle eines kommunistischen Sieges wäre die NS-Führung nicht erst inhaftiert, sondern sofort liquidiert worden –, so ging es dem katholischen wie dem konservativen Widerstand um die Verpflichtung gegenüber einem höheren Gut, das der Nationalsozialismus ignorierte oder verriet. Die Verschwörer des 20. Juli 1944 um Claus Schenk Graf von Stauffenberg (→Bamberg, Berlin – Bendlerblock) entschlossen sich zum Hochverrat, weil sie dies der Ehre wie der Zukunft der deutschen Nation schuldig zu sein glaubten.

Diese Motivation erklärt auch die Schwierigkeiten, die die Bundesrepublik im Grunde von Anfang an mit dem Erbe des 20. Juli hatte – zuerst, weil man in (ungewollter) Anlehnung an Hitlers Wort von der »Clique ehrgeiziger, gewissenloser und zugleich verbrecherischer, dummer Offiziere« den Putschversuch mitten im Krieg für Landesverrat erklärte; später, weil man unter dem Einfluß des »Kampfes gegen rechts« gar keinen wesentlichen Unterschied mehr zwischen der Weltanschauung der Verschwörer und dem Nationalsozialismus zu erkennen in der Lage war. Plötzensee kommt vor diesem Hintergrund eine besondere Bedeutung zu, gerade weil hier mehr oder weniger alle Widerstandskreise zusammenkamen und man die Erinnerung nicht auf den »rechten« Widerstand beschränken muß.

Jedenfalls hat Plötzensee einen festen Platz in der staatlichen Geschichtspolitik und der offiziösen Gedenkstättenkultur. Das hängt natürlich mit der alles andere überdeckenden Konzentration auf den Nationalsozialismus im staatlich verordneten Geschichtsbild zusammen, die dazu führt, daß von den Helden der deutschen Nation eben nur noch der Widerstand gegen Hitler übriggeblieben ist. Bis heute veranstaltet die Bundesrepublik Deutschland jedes Jahr am 20. Juli eine offizielle Gedenkfeier im Bendlerblock – wo Stauffenberg erschossen wurde – mit anschließender Kranzniederlegung an der Gedenkstätte Plötzensee. Daran sowie an der Fülle von staatlicherseits bereitgestellten Informationen und überhaupt der Sorgfalt der Erinnerungspflege auf diesem Sektor kann man erkennen, was bei einer angemessenen Geschichtspolitik prinzipiell auch an anderer Stelle möglich wäre.

Literatur: Joachim Fest: *Staatsstreich. Der lange Weg zum 20. Juli*, Berlin 1994; Victor von Gostomski/ Walter Loch: *Der Tod von Plötzensee. Erinnerungen – Ereignisse – Dokumente 1942-1944*, Frankfurt a. M. 1993; Karlheinz Weißmann: *Der Weg in den Abgrund. Deutschland unter Hitler 1933 bis 1945*, München ²1997; Eberhard Zeller: *Geist der Freiheit. Der 20. Juli*, Berlin ²2008.

Martin Grundweg

Berlin – Stalinallee

Am 3. Februar 1952, genau sieben Jahre nach dem schwersten Bombenangriff auf Berlin, legte der damalige DDR-Ministerpräsident Otto Grotewohl in Berlin-Friedrichshain – dieser traditionelle Arbeiterbezirk war besonders schwer getroffen worden – den Grundstein für das Projekt Stalinallee. Von Anfang an war der Bau dieser Straße mit der großen Politik verbunden. Das äußerte sich sowohl in ihrer Benennung nach dem sowjetischen Diktator als auch in dem Datum der Grundsteinlegung; denn anders als im westdeutschen Rumpfstaat durfte der mörderische Bombenkrieg der »anglo-amerikanischen Kulturbarbaren« gegen die deutsche Zivilbevölkerung durchaus in aller Deutlichkeit so benannt werden – im Gegensatz zu den von der Roten Armee begangenen Kriegsgreueln, einschließlich der Vertreibungsverbrechen, über die man den »eisernen Vorhang« des Schweigens legte. Das Hauptpolitikum der als Prachtboulevard gebauten Stalinallee bestand aber in der Ambition, die Überlegenheit des marxistisch-leninistischen Gesellschaftsmodells gegenüber dem westlich-kapitalistischen zu demonstrieren.

Nach »sozialistischen Prinzipien« und in deutlicher Zurückweisung amerikanischer Einflüsse und westlicher Planungskonzeptionen, sowie mit der Verheißung, daß bald alle Arbeiter in derartigen Prachtstraßen leben sollten, wurde 1952 mit dem Bau begonnen. Bereits am 21. Dezember 1948 – dem 70. Geburtstag Stalins – hatte man die Große Frankfurter Straße und die Frankfurter Allee in Stalinallee umbenannt. Anläßlich der III. Weltfestspiele der Jugend und Studenten in Berlin 1951 wurde dort überdies ein bronzenes Stalindenkmal aufgestellt. Aufbauend auf dem neuen Bodenrecht der DDR, das private Interessen ausschaltete, fand ein Wettbewerb für die erste Teilbebauung, vom Strausberger Platz bis zum Frankfurter Tor, statt, der am 29. August 1951 entschieden wurde. Die meisten eingereichten Entwürfe wurden wegen ihrer siedlungsartigen Konzeption abgelehnt. Preise erhielten insgesamt fünf Architektenkollektive, deren Arbeiten man in einer unter der Leitung von Hermann Henselmann erstellten Studie zusammenfügte. Diese bildete schließlich die Grundlage des endgültigen Bebauungsplanes vom 12. September 1951.

Auf einer Länge von 1 850 Metern und einer Breite von 90 Metern entstand von 1952 bis 1958 ein repräsentativer, reichlich begrünter Straßenzug mit über 3 000 Wohnungen und über 100 Verkaufsläden sowie mit Gaststätten, Verwaltungsbüros und Einrichtungen des Gesundheitswesens. Die sieben- bis zehngeschossigen Häuser gliedern sich durch vor- und zurückspringende Baukörpergruppen. An seinen Enden – nämlich am Strausberger Platz und am Frankfurter Tor – wird der Straßenzug von je zwei Hochhauspaaren eingefaßt. Die Wohnungen in der Stalinallee waren für das Nachkriegsberlin außergewöhnlich luxuriös: Nicht nur daß sie groß und hell waren, sie verfügten zudem über Fernheizung, Warmwasser, Einbauschränke, geflieste Bäder und Müllschlucker. Etwa zwei Drittel aller Wohnungen gingen an Bauarbeiter, Aufbauhelfer und Trümmerfrauen, der Rest an Angestellte und Akademiker.

Aber nicht nur Luxuswohnungen für Arbeiter stellten ein Politikum dar. Das Politische war – wie so häufig – auch eine Stilfrage. Allein daß die Stalinallee als gerade Achse mit geschlossener Bebauung errichtet wurde, hebt sie deutlich von der siegreichen Nachkriegsmoderne im Westen ab. Das wird überdeutlich, wenn man sie mit dem »Schaufenster des Westens«, dem zur Internationalen Bauausstellung 1957 – der »Interbau« – fertiggestellten Hansaviertel vergleicht. Hier verwirklichten namhafte Architekten der Moderne, so Walter Gropius, Max Taut, Alvar Aalto oder Oscar Niemeyer im zerstörten, innenstadtnahen Hansaviertel das Konzept eines locker gegliederten, durchgrünten Wohnungsbaus, in dem die Prinzipien des klassischen Städtebaus aufgehoben wurden. So standen sich »Wohnen auf der grünen Wiese« im Westteil der Stadt und repräsentative Großstadtachse im Osten schroff gegenüber.

Doch nicht nur stadtplanerisch vertraten Ost und West unterschiedliche Prinzipien. Während sich die Moderne von tradierten Ornamentformen verabschiedet hatte, griff man im Osten bei der Hausgestaltung auf überlieferte Schmuckformen zurück. So zeigen die Häuser der Stalinallee bei der Gliederung ihrer Baukörper, der Anordnung der Fenster, bei der Gestaltung ihrer von Säulen getragenen Ein- und Durchgänge durchaus klassizistische Einflüsse. Bei einzelnen Schmuckformen wurde auch direkt auf die Berliner Bautradition des 18. und frühen 19. Jahrhunderts zurückgegriffen. Der Berlinbezug macht dabei deutlich, daß die Architektur der Stalinallee keineswegs als Vorlage für einen DDR-Einheitsstil gedacht war, und in der Tat weist die DDR-Architektur dieser Zeit lokale Färbungen auf: So wurde z. B. in Neubrandenburg die norddeutsche Renaissance beschworen, in Rostock die Backsteingotik und in Dresden, am Altmarkt, belebte man das barocke Erbe wieder. Die DDR-Architektur sollte die wertvollen Bautraditionen der Vergangenheit aufgreifen und daraus eine Baukunst entwickeln, die vom Volk verstanden und angenommen wird. Der »Internationale Stil« der Moderne wurde im Gegensatz dazu als »formalistisch«, »kosmopolitisch« und »amerikanisch« gebrandmarkt. Unmittelbar vor Baubeginn der Stalinallee führte Walter Ulbricht – der ansonsten recht rabiat Kirchen und Schlösser in die Luft sprengen ließ – auf dem III. Parteitag der SED zu diesem Thema aus: »Der grundsätzliche Fehler dieser (westlichen und modernen) Architekten besteht darin, daß sie nicht an die Gliederung und Architektur Berlins anknüpfen, sondern in ihrer kosmopolitischen Phantasie glauben, daß man in Berlin Häuser bauen kann, die ebensogut in die südafrikanische Landschaft passen.«

Tendenziell weist die Architektur der Stalinallee eine größere Nähe zu den Planungen Albert Speers für Berlin auf als zu denen der Moderne. Ein Tatbestand, der aber geflissentlich verschwiegen wurde. Der nicht zuletzt von der »Schuhkartonfraktion« der Moderne vorgebrachte Einwand, bei der Architektur der Stalinära handle es sich um einen »Zuckerbäckerstil«, läßt sich allenfalls auf einige spektakuläre Bauten innerhalb des Ostblocks anwenden – auf die in der DDR entstandene Architektur trifft dies aber nicht zu. So erinnert kein in der Stalinallee errichtetes Bauwerk ernsthaft an die Kreationen eines »Zuckerbäckers«. Doch als 1958 der erste Abschnitt der Stalinallee fertiggestellt war, neigte sich der ganz große Systemgegensatz in der Architektur ohnehin seinem Ende zu, denn es war deutlich geworden, daß in einer permanent schwächelnden Wirtschaft wie derjenigen des »real existierenden Sozialismus« keine aufwendige Baukunst als Massenstandard realisierbar war. Spätestens zu diesem Zeitpunkt war der Traum von den Arbeiterpalästen ausgeträumt, und die Devise hieß jetzt schneller und billiger, möglichst verbunden mit einer weitgehenden Industrialisierung des Bausektors. Das führte zwangsläufig zur »Platte«. Mit dem Plattenbau verlor die Architektur aber nicht nur ihren künstlerischen Auftrag, sondern wurde zugleich radikal entortet. Vorbei war es mit dem Anspruch, eine genuin deutsche, überdies regional aufgefächerte Architektur zu schaffen.

Als von 1959 bis 1965 der zweite Abschnitt der Stalinallee gebaut wurde – vom Strausberger Platz bis zum Alexanderplatz –, geschah dies bereits in Plattenbauweise und in der Sprache der Moderne. In diesem Teil der Allee (700 Meter lang, 125 Meter breit) befand sich bis zum Ende der DDR auch der Standort für die Funktionärstribünen zu den alljährlichen zentralen Großdemonstrationen. 1961 wurde die Allee überdies in Karl-Marx-Allee umbenannt, wie sie heute auch noch heißt. Gleichzeitig wurde die Frankfurter Allee wieder unter ihrem alten Namen abgetrennt. Mit der Namensänderung verschwand in einer Nacht- und Nebelaktion auch das Stalindenkmal.

Ungewollt und für die DDR-Machthaber äußerst unangenehm, hat sich die Stalinallee noch unter einem anderen Aspekt mit der großen Politik verbunden – nämlich mit dem Volksaufstand vom 17. Juni 1953. Genaugenommen begann dieser bereits einen Tag zuvor, am 16. Juni. An diesem Tag hatten die Arbeiter an der Stalinallee ihre Arbeit niedergelegt und protestierten, weil ihnen die Regierung den Lohn gekürzt und höhere Arbeitsnormen aufgezwungen hatte. Tags darauf weiteten sich die Streiks auf die ganze DDR aus.

Nach der Wiedervereinigung wurden die Prunkbauten der ehemaligen Stalinallee an unterschiedliche Investoren verkauft und meist aufwendig saniert. Die Wohnungen erfreuen sich großer Beliebtheit – wegen ihrer Architektur auch bei vielen Konservativen. Ein Paradox? Keineswegs, da diese Bauten, ähnlich den anderen mitteldeutschen dieser Zeit, Traditionen neu belebten und regional verortet sind, greifen sie genuin rechte Werte auf. Der US-amerikanische Stararchitekt Philip Johnson nannte die Stalinallee »das Schönste«, was es überhaupt in Berlin gebe: Was hätte er wohl gesagt, wenn Albert Speer seine Pläne für diese Stadt hätte verwirklichen können? Doch es kam bekanntlich anders, was für Berlin zugleich bedeutet: Viel banale Nachkriegsmoderne und einige Ausnahmen – wie z.B. die Stalinallee.

Literatur: Tilo Köhler: *Unser die Straße – Unser der Sieg. Die Stalinallee*, Berlin 1993; Thomas Michael Krüger: *Architekturführer Karl-Marx-Allee Berlin*, Berlin 2008; Herbert Nicolaus/Alexander Obeth: *Die Stalinallee. Geschichte einer deutschen Straße.* Berlin 1997; Andreas Schätzker: *Zwischen Bauhaus und Stalinallee. Architekturdiskussion im östlichen Deutschland 1945-1955*, Braunschweig 1991.

Norbert Borrmann

Berlin – Zeughaus

Das Zeughaus erhebt sich an der Straße Unter den Linden, zwischen Schloßbrücke und dem geplanten Forum Fridericianum, gegenüber der ehemaligen Schloßanlage, an prominenter Stelle im brandenburgisch-preußischen Berlin. Mit dessen Geschichte war es über mehr als zwei Jahrhunderte eng verknüpft. Schon der Große Kurfürst hatte den Entschluß gefaßt, ein entsprechendes Gebäude zur Aufbewahrung von Waffen und Ausrüstung einerseits, zu Repräsentationszwecken andererseits zu errichten. Aber erst unter seinem Sohn Friedrich III. - als König in Preußen Friedrich I. - kam das Projekt zur Ausführung. Sehr stockend, muß man hinzufügen, behindert durch den raschen Wechsel der Baumeister, die notorische Finanzknappheit des Staates und die Fehler, die bei der Errichtung gemacht worden waren und die immer wieder zu Unterbrechungen zwangen. Erst 1736, unter dem Soldatenkönig Friedrich Wilhelm I., konnte das Zeughaus seiner Bestimmung übergeben werden. Dem Geist dieses Herrschers entsprechend, war das Innere nur noch einfach und zweckmäßig gestaltet worden, im deutlichen Kontrast zur Pracht der äußeren Fassade, die sich dem Geschmack seines Vaters verdankt.

Seine eigentliche Funktion erfüllte das Zeughaus im Grunde nur bis zur Revolution von 1848 (→Frankfurt), als es von Aufständischen gestürmt wurde. Unter Wilhelm I. (→Kyffhäuser) fand die Umwandlung in ein Museum der preußischen Geschichte statt, dem eine bedeutende militärhistorische Sammlung angegliedert war. Zwar änderte sich der weltanschauliche Akzent in der Folge mehrfach, aber bei dieser Art von Nutzung blieb es. Die DDR machte das Zeughaus sogar zum Sitz des zentralen »Museums der deutschen Geschichte«, und nach der Wiedervereinigung führte man diese Linie fort, wobei die Art und Aussagetendenz der Sammlung selbstverständlich deutlich verändert wurden.

Moeller van den Bruck geht in seinem Buch *Der preußische Stil* nur kurz auf das Zeughaus ein, eben weil es noch nicht »preußischer Stil« war, sondern zu dessen Vorbereitungsphase gehörte: ein fast quadratischer Bau von etwa neunzig Metern Seitenlänge, über zwei Stockwerke mit strenggegliederter Fassade in einem an französischen und englischen Vorbildern orientierten, klassizistischen Barock errichtet. Wenn Moeller überhaupt darauf zu sprechen kommt, dann weil Andreas Schlüter eine gewisse Bedeutung als Baumeister des Zeughauses hatte, und der gab dem Haus »diesen leidenschaftlichen Schmuck von Fabelhelmen und Kriegerköpfen, in denen die Träume der Furia adormenta wie über einem nordischen Schlachtfelde zu mythischen Visionen versteinten und auf bärtigen und blutenden Gesichtern, Antlitzen von Römerkämpfern, Völkerwanderungsstürmern und Landsknechten, in schrecklicher Wahrheit zum entwesten Gleichnis wurden.«

Die »schreckliche Wahrheit«, von der da die Rede ist, bezieht sich auf die Köpfe (manchmal fälschlich »Masken«) der sterbenden Krieger im Innenhof des Zeughauses. Schlüter hat hier im Gegensatz zu den phantastischen Prunkhelmen an der Außenfassade insgesamt zweiundzwanzig Reliefs entworfen, die als Schlußsteine der Rundbogenfenster dienen und die Gesichter von Männern im Todeskampf zeigen. Neuerdings wird behauptet, daß es sich ebenfalls um Trophäen handele, also die besiegten Feinde, die bezogen werden sollten auf ein Reiterstandbild Friedrichs I., das ursprünglich in der Mitte des Innenhofes aufgestellt werden sollte - ein Projekt, das allerdings nie zur Ausführung kam. Überzeugend wirkt diese Interpretation allerdings nicht, denn zu offensichtlich spiegeln sich Angst, Schmerz, Verzweiflung oder stumme Ergebung auf den Gesichtern, als daß der Betrachter mit der gebotenen Eindeutigkeit auf die Vorstellung von einem gerechten Triumph hingelenkt werden könnte.

Literatur: Isolde Dautel: *Andreas Schlüter und das Zeughaus in Berlin*, Petersberg 2001; [Arthur] Moeller van den Bruck: *Der preußische Stil*, München 1922; Heinrich Müller: *Das Berliner Zeughaus. Vom Arsenal zum Museum*, Berlin 1994.

Karlheinz Weißmann

Bern – Fußballfeld

Auschwitz mag der negative »Gründungsmythos« (Joschka Fischer) der Bundesrepublik Deutschland sein; es gibt aber auch einen positiven, nämlich das »Wunder von Bern«: Aus den Trümmern des Zusammenbruchs von 1945 erstanden neun Jahre später stellvertretend für die deutsche Nation elf Mann unter der Führung von Trainer Sepp Herberger, um in der Schweiz der Welt vom Fußballplatz aus zu beweisen, daß Deutschland seinen Lebenswillen nicht aufgegeben hatte. Als krasser Außenseiter im Endspiel gegen Ungarn gelang der deutschen Mannschaft ein Sieg, der in der ganzen Nation Begeisterung auslöste und Zukunftshoffnung verbreitete – man »war wieder wer.« Mit der Mannschaft von Bern hatte die junge Bundesrepublik ihre ersten Helden.

Der Ort des Triumphes, das Stadion Wankdorf, existiert heute allerdings nicht mehr. 2001 wurde es abgerissen und vier Jahre später durch das Stade de Suisse ersetzt, das den Anforderungen der UEFA an ein »Elitestadion« als Austragungsort der Fußballeuropameisterschaft 2008 genügen mußte. Der Abriß erfolgte damit zwei Jahre vor dem Kinostart von Sönke Wortmanns *Das Wunder von Bern*, der die Ereignisse um die Weltmeistermannschaft mit dem Schicksal einer Essener Bergarbeiterfamilie geschickt miteinander verknüpft und so dem Gründungsmythos einen filmischen Ausdruck verleiht. Kriegsheimkehrerschaft, schwierige Wirtschaftslage, Generationenkonflikt, sogar die Teilung der Nation werden thematisiert; mit dem deutschen Sieg in Bern treten die Probleme aber in den Hintergrund, und die kollektive Begeisterung über den Erfolg der Nation tritt hervor. Das alles ist möglich, weil sich der Fußball als klassenübergreifender Volkssport durchgesetzt hat.

Dabei ist Fußball erst relativ spät in Deutschland populär geworden. Wenn es im 19. Jahrhundert einen deutschen Volkssport gab, dann war dies das Turnen, dessen auch politisch-militärischer Nutzen seit den Befreiungskriegen (→Leipzig, Schill-Gedenkstätten) außer Frage stand. Im heraufziehenden Massenzeitalter allerdings lagen die Vorteile des Fußballs auf der Hand, der nicht nur dem menschlichen Bedürfnis nach Wettstreit besser entsprach als das Turnen, sondern der auch als Mannschaftssport einen besseren Ausgleich zwischen individueller Leistung und Einfügung in die Gemeinschaft gewährleistete. Die relative Einfachheit der Regeln und die Erlaubnis auch härteren Körpereinsatzes brachten dem Fußballsport in der ersten Hälfte des 20. Jahrhunderts in Deutschland allerdings zunächst den Ruf einer eher »proletarischen« Angelegenheit ein. Das war andererseits aber auch wieder von Vorteil, weil es sich beim Fußball eindeutig um einen männlichen Sport handelte, im Gegensatz zu Tennis oder Golf, deren Beliebtheit in der Zwischenkriegszeit vielfach als Symptom für die Feminisierung der Gesellschaft angesehen wurde. Bezeichnenderweise gewann Fußball bereits vor 1914 unter jungen Offizieren einige Beliebtheit.

Ein Einfluß auf die Massen machte sich

seit den 1920er Jahren bemerkbar, so daß 1954 tatsächlich der Boden für die kollektive Empfindung bereitet war, bei einer Fußballweltmeisterschaft handele es sich um ein Ereignis von nationaler Bedeutung. Die besondere Eignung des Fußballsports für die Stiftung kollektiver Identität unter den Bedingungen des Massenzeitalters dürfte außer Frage stehen: Fußball ist unmittelbar gemeinschafts- und identitätsbildend – und zwar im genauen Sinn, indem er nämlich in aller Deutlichkeit das »Wir« vom »Nicht-Wir« unterscheidet. Darüber hinaus eignet er sich besonders gut als sozialer Mythos, weil er in der Lage ist, jene Ansammlungen von »Schlachtbildern« (George Sorel) zu liefern, die mobilisierend wirken und die immer wieder erzählt werden können. Ob das nun die Aufnahmen des Berner Siegtores von Helmut Rahn bzw. der Radiokommentar von Herbert Zimmermann sind oder das berühmte Wembley-Tor von 1966, das zur Niederlage Deutschlands gegen England im WM-Finale führte: Auch heute noch vermögen die entsprechenden Bilder die gewünschten Emotionen hervorzurufen. Fußball hat dadurch wie wenig anderes den »Status eines Symbolspenders« (Wolfram Pyta) erreicht. Und selbstverständlich werden heute nirgendwo mehr alte nationale Erbfeindschaften so hemmungslos ausgelebt wie im Fußballstadion.

Der Siegeszug des Fußballs in Deutschland war nach 1954 unaufhaltsam, auch wenn die beiden weiteren deutschen Weltmeisterschaftstitel, 1974 und 1990, bei weitem nicht die mythische Qualität des ersten erreichten. Dennoch hat sich die gemeinschaftstiftende Funktion eher noch verstärkt, zumal es kaum noch Vorbehalte aus den Reihen des Bildungsbürgertums gibt und bürgerliche Zeitungen sogar im Feuilleton über Fußball berichten.

Auch die immer stärkere Internationalisierung des Profifußballs und das damit verbundene gigantische finanzielle Volumen haben bislang nichts daran ändern können, daß sich massenhaftes Nationalbewußtsein in Deutschland, wenn überhaupt, dann im Fußballstadion äußert; das um so mehr, seit 2006 »die Welt zu Gast bei Freunden« gewesen ist und Deutschland sich als freundlicher und vor allem harmloser Gastgeber eines Weltmeisterschaftsturniers präsentieren durfte.

Das Wunder von Bern 1954 erweist sich daher auch weniger als gesamtnationaler Mythos, sondern als Gründungsmythos der Bundesrepublik: Es ist ein Symbol des Zusammenhalts und der Zukunftshoffnung in einem vom Krieg gezeichneten, am Boden liegenden, von der Geschichte widerlegten Land. Aber die hier beschworene Zukunftshoffnung war eigentlich keine deutsche mehr, die Haltung des »Wir sind wieder wer« galt im Grunde nur dem wirtschaftlichen Potential der BRD, und obwohl noch jahrzehntelang die »deutsche Spielweise« in der Welt eher gefürchtet als geachtet war, so äußerte sich 1954 in Bern doch weniger der Selbstbehauptungswille der Deutschen als Nation als vielmehr der Wunsch nach Anpassung an den Westen: danach, genauso zu sein wie die Vertreter der »Zivilisation« (Thomas Mann), gegen die man 1914 noch im Namen der deutschen Kultur angetreten war.

Literatur: Fabian Brändle/Christian Koller: *Goal! Kultur- und Sozialgeschichte des modernen Fußballs*, Zürich 2002; Wolfram Pyta (Hrsg.): *Der lange Weg zur Bundesliga. Zum Siegeszug des Fußballs in Deutschland*, Münster 2004.

Martin Grundweg

Bismarck

Fürst Otto von Bismarck, der erste Kanzler des Deutschen Reiches, ist vermutlich die historische Persönlichkeit Deutschlands, der die meisten Denkmäler überhaupt gewidmet wurden (weltweit dürfte er nur von Lenin übertroffen werden). Das *Lexikon der Bismarck-Denkmäler* verzeichnet mehr als 800 gegenständliche Ehrungen verschiedenster Art und Weise. Darunter befinden sich Standbilder, Büsten, Gedenksteine, Brunnen und Tafeln in verschiedensten Ausführungen. Als Nationaldenkmal für Bismarck galt das von Reinhold Begas geschaffene, eher konventionelle Standbild, das heute am Großen Stern in Berlin-Tiergarten zu sehen ist. Das monumentalste Denkmal, von Hugo Lederer geschaffen, steht seit 1906 am Hamburger Hafen und zeigt Bismarck als Roland. Zu den besonderen Formen der Bismarckverehrung zählen allerdings die sogenannten Bismarcktürme.

Darunter wird ein bestimmter Denkmalstyp verstanden, der ausschließlich zu Ehren Fürst Bismarcks errichtet wurde. Neben der Bezeichnung Bismarckturm finden die Begriffe Bismarcksäule und Bismarckwarte häufig Verwendung. Es gab insgesamt 240 solcher Denkmäler, die sich auf Deutschland und seine angrenzenden Gebiete sowie die Kolonien verteilten. Heute existieren davon noch 173 Bauwerke. Die meisten davon wurden zwischen dem Rücktritt Bismarcks 1890 und dem Ersten Weltkrieg errichtet. Die Bauwerke sollten zum einen Bismarck auf eine sichtbare Weise ehren, dienten aber auch als Aussichtsturm und waren Sammelpunkt an nationalen Feiertagen, an denen die oftmals installierte Feuerschale zum Einsatz kam.

Der erste Bismarckturm wurde noch vor der Reichseinigung errichtet und zwar am 18. Oktober 1869, und damit dem Jahrestag der Völkerschlacht von 1813 (→Leipzig), auf dem Johnsberg (253 m), an einem Feldweg zwischen Petersdorf (Piotrówek) und Johnsdorf (Janowek) in Niederschlesien, ca. 40 Kilometer südlich von Breslau gelegen. Auf zeitgenössischen Postkarten firmiert der Turm sogar als erstes Bismarckdenkmal überhaupt. Veranlaßt und bezahlt wurde der Turmbau von dem Rittergutsbesitzer und Major i.R. Friedrich Schröter aus dem ebenfalls in Sichtnähe liegenden Wättrisch (Sokolniki), dem der Johnsberg zum großen Teil gehörte. Schröter war bereits damals ein langjähriger Bismarckverehrer und überzeugter Preuße, so daß der Sieg über Österreich den Ausschlag gab, den langgehegten Turmbauplan in die Tat umzusetzen. Die Bauzeit betrug ein halbes Jahr. Der Turm hatte über eine Höhe von etwa 23 Metern sechs Stockwerke verteilt und wurde von einer zinnenbewehrten Aussichtsplattform bekrönt. Unten gab es einen Pavillon, auf halber Höhe eine Galerie, im Erdgeschoß zu Ehren Bismarcks eine Halle und über dem Eingang eine Inschrift »Ehren Bismarck«. Der Turm war aus Felsstein, Sandstein und Granit mit einer Ziegelhintermauerung errichtet worden. Im Zweiten Weltkrieg wurde der Turm beschädigt, er steht aber noch heute, notdürftig gegen den Verfall gesichert. Es gibt keinen Verweis auf ihn, wer ihn finden will, muß suchen. Aus der Ferne ist er kurzzeitig über den Baumwipfeln zu erkennen; auf dem Johnsberg sucht man zunächst vergebens, bis der Turm dann, verwunschen und irgendwie verboten, vor einem steht. Die größeren Beschädigungen sind zugemauert, alle Anbauten fehlen, der Rest verfällt, nicht nur der Natur, sondern auch dem Vandalismus ausgesetzt. Es mutet wie eine Ironie der Geschichte an, daß dieser Turm bis heute überlebt hat, sein Provinzialismus, fernab der Straßen, dürfte Segen und Fluch zugleich sein.

BISMARCK

Der häufigste Typ einer Bismarckwarte geht auf einen Entwurf des Architekten Wilhelm Kreis zurück. Ende des 19. Jahrhunderts hatte die Deutsche Studentenschaft einen Wettbewerb für Bismarcksäulen ausgeschrieben. Dazu hatte Kreis drei Entwürfe eingereicht, die auf die ersten drei Plätze gewählt wurden. Nach seinem Entwurf »Götterdämmerung« wurden zwischen 1900 und 1911 47 Bismarcktürme in ganz Deutschland errichtet, von denen noch 36 existieren. Der erste wurde am 23. Juni 1900 in Greifswald eingeweiht, der letzte am 24. September 1911 in Bad Berleburg. Der Entwurf wurde in unterschiedlicher Höhe und Breite ausgeführt, so daß es zahlreiche Varianten gibt. Gemeinsames Merkmal ist ein viereckiger von Dreiviertelsäulen begrenzter Grundriß auf einem Podest. Über den Säulen wölbt sich ein Aufbau, der mit einer Aussichtsplattform und einer Feuerschale bekrönt wurde.

Ein Exemplar dieser Bismarcksäulen steht ca. zehn Kilometer Luftlinie vom ersten Bismarckturm entfernt auf dem Mittelberg (Wieżyca, 415 m) des kleinen Zobtengebirges. Seit 1899 gab es entsprechende Planungen aus dem Umkreis der Breslauer Universität. Da deren Studentenschaft jährlich am 15. März zum Zobtenberg (Ślęża, 718 m) pilgerte, um an den Aufruf König Friedrich Wilhelms III. von 1813 zu gedenken, plante man ursprünglich, die Bismarcksäule auf dem Zobtenberg selbst zu errichten. Dieser Berg ist die höchste Erhebung in der mittelschlesischen Ebene, er wurde zum Wahrzeichen von Schlesien und gab dem Land seinen Namen (Gau der Slensane). Am 21. Juni 1907 konnte der Turm schließlich auf dem Mittelberg eröffnet werden, nachdem sich 37 Korporationen an der Verwirklichung beteiligt hatten. Auch dieser Turm existiert noch heute.

Nach 1945 wurden von den meisten östlich der Elbe gelegenen Bismarcktürmen die Hinweise auf Bismarck getilgt. Wo diese Türme nicht dem Abriß zum Opfer fielen, nutzte man sie weiterhin als Aussichtstürme oder ließ sie verfallen. Die Berliner Bismarckwarte, 1904 in den damals noch nicht eingemeindeten Müggelbergen errichtet und mit 40 Metern Höhe eines der mächtigsten Exemplare, wurde im April 1945 von der Wehrmacht gesprengt. Da man, bei gutem Wetter, von der Aussichtsplattform bis ins Zentrum Berlin schauen konnte, wollte man eine Nutzung durch die Rote Armee verhindern.

Bismarcktürme gab es nicht nur auf deutschem Staatsgebiet, sondern auch in den deutschen Kolonien, in Österreich und sogar in Chile, von denen einige noch als Aussichtstürme in Betrieb sind. In den deutschen Ostgebieten sind 19 von 44 Türmen erhalten, auf dem Gebiet der Bundesrepublik 146 von 184. Der höchste noch existierende Bismarckturm steht in Glauchau (Sachsen) und hat eine Höhe von 45 Metern. Informationen zu allen Bismarcktürmen, -säulen und -warten sind auf der Seite www.bismarcktuerme.de verfügbar.

Neben den gegenständlichen Ehrungen gab es noch zahlreiche andere für Bismarck. So wurde ihm 1895, zu seinem 80. Geburtstag, von 394 Städten die Ehrenbürgerschaft verliehen. Es wurden Straßen, Berge, Gebäude, Schiffe, Plätze und Obst nach ihm benannt (nicht zu vergessen der Bismarckhering); und auch wirkliche Orte trugen oder tragen seinen Namen, ein Stadtteil von Königshütte in Oberschlesien, ein Stadtteil von Gelsenkirchen, ein Archipel in Papua-Neuguinea und mehr als ein Dutzend Ortschaften in den Vereinigten Staaten. Die Zahl und die einzelnen Orte der verschiedensten Ehrungen für Bismarck sind nicht zu ermitteln. Diese Unzahl und Weitläufigkeit waren Ausdruck der Dankbarkeit für die durch ihn herbeigeführte Einheit. Die Initiative zu diesen Denkmälern kam in den seltensten Fällen von »oben«, sondern aus dem Volk selbst, das entsprechende Vereine gründete und Geldsammlungen durchführte. In dieser Hinsicht kann daher ganz Deutschland als sein Ort gelten.

Literatur: Arthur Menell/Bruno Garlepp: *Bismarck-Denkmal für das deutsche Volk*. Chicago/Berlin 1895; Sieglinde Seele: *Lexikon der Bismarck-Denkmäler. Türme, Standbilder, Büsten, Gedenktafeln und andere Ehrungen*, Petersberg 2005.

Erik Lehnert

Bozen

Das soziale Zentrum Bozens, der Landeshauptstadt der autonomen italienischen Provinz Südtirol (Alto Adige), ist der Walther-von-der-Vogelweide-Platz, den ein marmornes Standbild des mittelalterlichen Lyrikers und Minnesängers ziert. Seine Einweihung im Jahr 1889 war ein dezidiert nationalpolitischer Akt: Walthers Bildnis sollte die lang zurückreichende Tradition des Deutschtums der Stadt bekräftigen und der rumorenden, langsam heranrollenden Flut aus dem Süden die Stirn bieten. Das stärker italienisch geprägte, ebenfalls unter Habsburgerherrschaft (→Wien – Hofburg) stehende Trient antwortete 1893 mit einem Dante-Denkmal. Beide Dichter hatten wenig bis gar nichts mit den jeweiligen Städten zu tun: Ob Walther tatsächlich aus Tirol stammt, wie einige Historiker vermuten, kann nicht nachgewiesen werden. 1935 wurde das Standbild von der faschistischen Regierung ins »Exil« an einen weniger zentral gelegenen Ort verbannt. Erst 1981 kehrte es in das Herz Bozens zurück.

Das ist vielleicht auch ein Akt der Gerechtigkeit gewesen, denn die deutschösterreichische Prägung der Stadt ist auch heute noch unverkennbar, während der italienischen Bevölkerungsschicht, die heute über 70 Prozent beträgt, der Makel anhaftet, vorrangig durch die rücksichtslose Italianisierungs- und Majorisierungspolitik Mussolinis implantiert worden zu sein. An die Anmaßungen des Faschismus erinnert auch noch das 1926–28 auf dem Platz eines k. u. k. Kaiserjägerdenkmals errichtete protzige »Siegesdenkmal« (Monumento alla Vittoria) im Stile römischer Triumphbögen, dessen lateinische Inschrift der gezielten Provokation und Demütigung der Südtiroler diente: »Hier an den Grenzen des Vaterlandes setze die Feldzeichen. Von hier aus bildeten wir die anderen durch Sprache, Gesetze und Künste.« Bis heute ist das Denkmal eine Pilgerstätte rechter Gruppierungen und Parteien aller Art und ein symbolischer Zankapfel, an dem sich die Spannungen zwischen Italienern und Deutschen immer wieder von neuem entzünden. So bestand die italienische Mehrheit der Stadt darauf, den Namen »Siegesplatz« anstelle von »Friedensplatz« beizubehalten, den die Bozener Gemeindeverwaltung kurzfristig durchgesetzt hatte.

Bozen (italienisch Bolzano) liegt in einem malerischen Talkessel am Fuße der westlichen Dolomiten. Besonders reizvoll ist die ungeheure Dichte von gut erhaltenen mittelalterlichen Burgen und Schlössern im Bozener Becken. Das Schloß Runkelstein enthält einen einzigartigen Freskenzyklus (1388–1410), dessen thematische Spannweite von biblischen Figuren und Heiligen über höfische Szenen, Ritter der Tafelrunde, Tristan und Isolde, bis zu antiken und mittelalterlichen Herrschern und deutschen Sagengestalten reicht. Unter letzteren findet sich auch Dietrich von Bern, der der Sage nach den Zwergenkönig Laurin in seinem »Rosengarten« besiegt haben soll, einem Bergmassiv der Dolomiten, das im Alpenglühen besonders »rosig« aufleuchtet. Der 1907 in Bozen errichtete Laurin-Brunnen wurde in der Folge natürlich nationalchauvinistisch gedeutet, mit Italien in der Rolle des unterliegenden Zwergenkönigs.

Die Stadtgründung durch die Bischöfe um Trient ist um 1170-80, unter der Herrschaft Friedrich Barbarossas (→Kyffhäuser), anzusiedeln. Am Beginn stand eine einfache Anlage aus Getreidemarkt und Stadtburg. Den ältesten Kern der Stadt bilden die seit jeher merkantilen Zwecken dienenden »Bozener Lauben« mit ihren romantischen engen Gassen und spätromanischen Gewölben. Im Laufe der nächsten Jahrhunderte wuchs Bozen zum bedeutendsten Handelszentrum Tirols, das durch seine günstige Lage internationale Geltung gewann. Von hier aus führten Handelswege direkt nach Verona, Venedig, Augsburg und andere wichtige Handelsstädte. 1635 wurde der Merkantilmagistrat eingerichtet, ein Sondergericht, das die Aufgabe hatte, den zahlreichen italienischen Kaufleuten, die in Bozen Jahrmärkte betrieben, in Amtsangelegenheiten sprachlich entgegenzukommen, indem es die Richter zur Kenntnis der »lateinischen und welschen« Sprache verpflichtete.

Der Zenit als kaufmännisches Zentrum war nach 1800 überschritten, die Fernhändler blieben zunehmend aus, Bozen sank zum Provinzmarkt herab. In der zweiten Hälfte des 19. Jahrhunderts erlebte die Stadt einen erneuten Aufschwung, der um die Jahrhundertwende in einer wahren »Gründerzeit« gipfelte. 1918 erfolgte nach der Niederlage Österreich-Ungarns der Anschluß Südtirols und damit auch Bozens an Italien, mit den bekannten Folgen. Der Kampf um die Rechte der deutschen Volksgruppe und die Autonomie Südtirols erwies sich als hart und zäh und zog sich bis in die siebziger Jahre.

Als bedeutender, mit Bozen verbundener Schriftsteller ist der Dichter, Essayist und Romancier Franz Tumler (1912-1998) zu nennen, der im Stadtviertel Gries geboren wurde. Seine Novelle *Das Tal von Lausa und Duron* (1935) ist eines der wenigen literarischen Werke, das der ladinischen Volksgruppe Südtirols ein Denkmal gesetzt hat. Ebenfalls in Gries wurde Herbert Rosendorfer (1934-2012) geboren, dessen vielfältiges Werk Romane, Erzählungen, Drehbücher, Libretti, Reiseführer und musikalische Einführungen, etwa in das Werk Wagners (→Bayreuth), umfaßt. Wie Tumler lebte auch Rosendorfer, trotz seiner tiefen Verbundenheit zu seiner Heimat, die meiste Zeit seines Lebens im »Exil«: südtirolerische und deutsche Schicksale des 20. Jahrhunderts. Vielleicht entstammt diesem Erfahrungshintergrund auch der Satz Rosendorfers: »Vielleicht bewältigt ein Volk seine politische Vergangenheit nur, indem es sie unbewältigt läßt.«

Literatur: Bruno Mahlknecht: *Bozen durch die Jahrhunderte*, 4 Bde., Bozen 2005-07; Herbert Rosendorfer: *... ich geh zu Fuß nach Bozen und andere persönliche Geschichten*, München 1988; Franz Tumler: *Das Land Südtirol*, München 1971.

Martin Lichtmesz

Bremen – Böttcherstraße

Die Bremer Böttcherstraße war, wie der Name sagt, ursprünglich Wohn- und Arbeitsplatz der Faßmacher. Sie bestand seit dem Mittelalter aus einer Reihe kleiner, eher dunkler und wenig ansehnlicher Gebäude. Daß sie seit den 1920er Jahren zu den Sehenswürdigkeiten der alten Hansestadt zählt, geht auf die Initiative des Großkaufmanns Ludwig Roselius zurück. Roselius hatte ein Vermögen durch die Erfindung des entkoffeinierten Kaffees

BREMEN – BÖTTCHERSTRASSE

– »Kaffee HAG« – gemacht und sich seit der Vorkriegszeit als Philanthrop, Kunstsammler und Mäzen betätigt. Für ihn typisch war auch die Verknüpfung von Geschäftsinteresse, praktischem Sinn und Vision beim Umbau der Böttcherstraße. Schon das zuerst erworbene Haus, die Nr. 6, das älteste und schönste Gebäude der Böttcherstraße, hatte Roselius zum Verwaltungssitz seiner Firma gemacht, ab 1928 nahm es seine Kunstsammlung auf und wurde in »Roselius-Haus« umbenannt. Ähnlich ging es mit den Lagerhäusern in Nr. 4 und 5, in die seine Hausbank, die Bremen-Amerika-Bank, einzog.

Zwischen 1923 und 1927 wurde die ganze, vom Markt aus gesehen, rechte Seite der Straße neu gestaltet. Den Auftrag dazu erhielten die angesehenen Bremer Architekten Alfred Runge und Eduard Scotland. Sie griffen auf traditionelle Vorgaben zurück, vor allem Muster der Bremer Weserrenaissance, und fanden damit allgemeine Anerkennung. Deutlich anders verhielt es sich mit dem Paula-Becker-Modersohn-Haus, das Roselius von seinem Freund, dem Bildhauer Bernhard Hoetger, errichten ließ. Hoetger, der nach Lehr- und Wanderjahren, die ihn u.a. nach Paris und durch die Schule Rodins geführt hatten, in der Künstlerkolonie Worpswede eine Heimat fand, war kein Architekt und gestaltete das Becker-Modersohn-Haus eher wie eine Skulptur. Das erklärt die »organische« Formung der Innenräume ebenso wie die naturhafte Wirkung der vielfach gebrochenen Fassade, aus der Ornamente und reliefartige Symbole hervortreten. Immerhin hat die Verwendung des Backsteins hier wie bei den Gebäuden von Scotland und Runge einen harmonischen Gesamteindruck hinterlassen. Trotzdem gab es nach der Vollendung 1927 auch irritierte Stimmen, die sich vor allem an expressionistischen Elementen und dem Modernismus des Hauses störten.

Zu betonen ist aber, daß sich die Kritik am Formalen, nicht an der inhaltlichen Bestimmung entzündete, denn das von Roselius formulierte Programm – »Die Wiedererrichtung der Böttcherstraße ist ein Versuch, deutsch zu denken« – konnte in der Zwischenkriegszeit durchaus auf breitere Zustimmung rechnen. Problematisch erschien nur die Art und Weise, in der Roselius diesem »Versuch, deutsch zu denken«, künstlerischen Ausdruck verschaffen wollte. Bis Mitte der zwanziger Jahre waren seine Vorstellungen eher restaurativ gewesen. Das änderte sich unter dem Einfluß Hoetgers, der bei den expressionistischen Stürmern und Drängern der Zeit als eine Art Führerfigur galt. Eine wichtige Rolle für dessen Abwendung von der Klassik spielte die Auseinandersetzung mit primitiver Kunst afrikanischer und polynesischer Herkunft, deren Ursprünglichkeit er aber auch als etwas verstand, das dem »Nordischen« ungleich näher kam als die Bemühungen eines völkischen Realismus.

Die Angst, daß die Böttcherstraße nichts anderes sein werde als ein attraktives, kommerziell nutzbares, aber in ihrem Ausdruck unschöpferisches Ganzes, hat Roselius offenbar dazu veranlaßt, Hoetger für die Gestaltung der Gebäude, mit denen er beauftragt wurde, weitgehend freie Hand zu lassen. Das galt schon für das Becker-Modersohn-Haus und dann erst recht für das Haus Atlantis. Auch hier fand sich die Kombination aus Brauchbarkeit und Weltanschaulichem. So beherbergte das Haus neben Klub- und Veranstaltungsräumen, darunter der große »Himmelssaal« im Dachgeschoß, ein »Institut für Gesundheit und Leistung«, eine Art Fitness-Zentrum, das auch dem Betriebssport der Angestellten von Roselius diente, Bibliotheks- und Leseräume sowie einen musealen Bereich für die »Sammlung Väterkunde«. Anders als im Roselius- oder im Becker-Modersohn-Haus ging es in der Sammlung aber nicht um die Präsentation wertvoller Kunstwerke, sondern um die Vermittlung eines bestimmten Geschichtsbildes, in dessen Zentrum die Idee stand, daß die »nordische Rasse« die einzige kulturschöpferische sei, mit einem nordischen Atlantis als ihre Urheimat, die in der Vorzeit durch eine Flutkatastrophe vernichtet worden sei und deren Überlebende dann in allen Teilen der Welt mit ihrem überlegenen Wissen befruchtend gewirkt hätten. Von entsprechenden – stark durch Herman Wirth beeinflußten – Ideen war auch eine über die ganze Höhe der Fassade reichende Skulptur geprägt, die das Radkreuz und einen Lebensbaum miteinander kombinierte, an dem Odin sich selbst gekreuzigt hatte. Nach Fertigstellung war aber nicht nur Wirth, sondern auch die breitere Öffentlichkeit entsetzt, denn Hoetgers Figur des Gekreuzigten bedeckte an den Lenden eine Art Fellschurz, der Körper wirkte ausgemergelt, der Kopf seltsam überproportioniert und maskenhaft unmenschlich. Roselius verteidigte zwar das Werk seines Freundes, aber nach Hitlers (→München: Feldherrnhalle) Machtübernahme sah er sich gezwungen, den offiziellen Führer der Böttcherstraße mit einem Hinweis zu versehen, daß das »Paula Becker-Modersohn-Haus und der Lebensbaum vor dem Hause Atlantis keinesfalls der heutigen nationalsozialistischen Kunstanschauung entsprechen«.

Dieser Akt der Selbstzensur blieb nicht der einzige, dem sich Roselius und Hoetger unterwarfen. Geholfen hat das nichts. Im Frühjahr 1935 begann *Das Schwarze Korps*, die Wochenzeitung der SS, die ihre besondere Aufgabe darin sah, »verdeckte« Gegner des Systems zu entlarven, mit Angriffen auf Roselius und Hoetger, und in seiner großen kulturpolitischen Rede auf dem Nürnberger Parteitag von 1936 erklärte Hitler dann unmißverständlich, der »Nationalsozialismus lehnt diese Art von Böttcherstraßen-Kultur schärfstens ab«. Die Angegriffenen unterwarfen sich nicht nur dem Diktum Hitlers bedingungslos, sie machten ihrerseits Vorschläge, wie man die »Kulturschande« beheben könne. Zu den wichtigsten Veränderungen gehörte ohne Zweifel die Entfernung des expressionistischen Ziegel- und Buntglasgefüges über dem Eingangstor der Böttcherstraße, das Hoetger durch ein goldschimmerndes Relief ersetzen ließ, das einen vom Himmel herabstoßenden Engel mit Schwert zeigte, der einen Drachen niederschlägt. Zeitgleich bat Roselius Hitler persönlich um Abänderungsvorschläge, der entschied aber, daß keine Korrekturen vorzunehmen seien, vielmehr solle die Böttcherstraße der Nachwelt als abschreckendes Beispiel für »entartete Kunst« erhalten bleiben: Nach der Begehung durch Albert Speer wurde das ganze Ensemble ein halbes Jahr später zu diesem Zweck sogar unter Denkmalschutz gestellt.

Gerettet hat das die Böttcherstraße nicht vor den alliierten Luftangriffen auf Bremen am 19. August und 6. Oktober 1944. Nur das Haus Atlantis blieb weitgehend unversehrt, die Stahlkonstruktion war stabil genug. Indes wurde der Lebensbaum zum großen Teil ein Opfer der Flammen. Daß man bei der Rekonstruktion der Böttcherstraße, die 1954 abgeschlossen war, nicht an eine Restauration dachte, wird man vielleicht als verständlich ansehen, aber bis 1965 wurden auch die Reste der Hoetgerschen Fassade unkenntlich gemacht. Lediglich Treppenhaus und Himmelssaal ließen die neuen privaten Eigner restaurieren. Immerhin kann man auch heute durchaus noch einen Eindruck von diesem ambitionierten und eigenwilligen Versuch

»nationalen Bauens« gewinnen, wenn man die Böttcherstraße besucht.

Literatur: Daniel Schreiber (Hrsg.): *Ewald Mataré und das Haus Atlantis. Eine Kunstgeschichte zwischen Hoetger und Beuys*, Bremen 2005; Arn Strohmeyer: *Der gebaute Mythos. Das Haus Atlantis in der Bremer Böttcherstraße. Ein deutsches Mißverständnis*, Bremen 1993; Hans Tallasch (Hrsg.): *Projekt Böttcherstraße*, Delmenhorst 2002.

Karlheinz Weißmann

Brocken

»Der Brocken ist ein Deutscher. Mit deutscher Gründlichkeit zeigt er uns klar und deutlich, wie ein Riesenpanorama, die vielen hundert Städte, Städtchen und Dörfer, die meistens nördlich liegen, und ringsum alle Berge, Wälder, Flüsse, Flächen, unendlich weit. Aber eben dadurch erscheint alles wie eine scharfgezeichnete, reinilluminierte Spezialkarte, nirgends wird das Auge durch eigentlich schöne Landschaft erfreut; wie es denn immer geschieht, daß wir deutsche Kompilatoren wegen der ehrlichen Genauigkeit, womit wir alles und alles hingeben wollen, nie daran denken können, das einzelne auf eine schöne Weise zu geben. Der Berg hat auch so etwas Deutschruhiges, Verständiges, Tolerantes; eben weil er die Dinge so weit und klar überschauen kann. Und wenn solch ein Berg seine Riesenaugen öffnet, mag er wohl noch etwas mehr sehen als wir Zwerge, die wir mit unseren blöden Äuglein auf ihm herumklettern.«

Diese eher zwiespältige Beschreibung des im Harz gelegenen, mit 1 141 Metern höchsten Berges Norddeutschlands stammt aus der 1824 unternommenen *Harzreise* von Heinrich Heine (→Loreley). Dabei ist die bei gutem Wetter sehr weite Aussicht vom Gipfel des Brockens die Hauptattraktion für Touristen; Sehenswürdigkeiten im eigentlichen Sinne gibt es nicht. Der Berg selbst präsentiert sich niedersächsisch schlicht, und die ihm von Heine bescheinigte Toleranz stellt er immer wieder unter Beweis, zumal er mittlerweile nicht nur zum Ausflugsziel für Wanderer geworden ist, sondern auch zum Austragungsort diverser Veranstaltungen, vom 1927 erstmals ausgetragenen Brockenlauf bis zu eher zweifelhaften »Events« wie dem »Nacktrodeln« in Braunlage, am Fuß des Brockens. Botanisch hat der Brocken durchaus etwas zu bieten; ansonsten beherbergt der Berg weder kulturell bedeutsame Bau- oder Kunstwerke, noch ist er Stätte herausragender historischer Ereignisse. Herausragen tut er eben nur aus der norddeutschen Tiefebene und dem südniedersächsischen Bergland, dessen Bevölkerung dem Brocken über die Jahrhunderte hinweg in einer Mischung aus Faszination und Furcht begegnet ist.

In frühgeschichtlicher Zeit diente der Brocken möglicherweise als astronomisch-religiöse Orientierungsmarke zur Bestimmung der Sonnenwende, etwa für die Konstrukteure der Himmelsscheibe von →Nebra. Die erste Brockenbesteigung fand allerdings wohl nicht vor dem späten 15. Jahrhundert statt. Das hängt vermutlich damit zusammen, daß die dichte Bewaldung ein problemloses Besteigen des Berges lange unmöglich machte. Ebenfalls Ende des 15. Jahrhunderts scheint die forst- und bergwirtschaftliche Nutzung des Brockens in Gang gekommen zu sein, unterbrochen allerdings von den Wirren des Dreißigjährigen Krieges (→Schweidnitz). Im 18., vor allem aber im 19. Jahrhundert setzte eine zunehmende touristische Erschließung des Brockens ein: 1800 entstand das erste Gasthaus, 1862 das Brockenhotel, 1895 eine Wetterwarte und 1899 fuhr erstmals die noch heute verkehren-

BROCKEN

de Brockenbahn. Neben Heinrich Heine besuchten u. a. auch Alexander von Humboldt und Otto von →Bismarck den Brocken.

Im 19. Jahrhundert sammelte außerdem Heinrich Pröhle, ein Schüler Jacob Grimms, Sagen aus dem Harzgebiet. Schon für das späte Mittelalter sind Erzählungen über unheimliche Wesen auf dem »Blocksberg« belegt. Ob es sich dabei bereits um den Brocken handelte, ist nicht ganz sicher, zumal eine ganze Reihe von »schwarzmagischen« Orten mit diesem Begriff bezeichnet wurde. Vielleicht wegen der Klangähnlichkeit des Namens galt aber besonders der Brocken schon bald als zentraler Hexentreffpunkt, vorzugsweise zur Walpurgisnacht, der Nacht vom 30. April auf den 1. Mai. Schon aus dem 15. Jahrhundert jedenfalls gibt es Berichte über Hexen, die auf Bänken oder Besen reiten und sich auf dem Brocken versammeln. Zur Entstehung solcher Geschichten trug einerseits die schwere Erreichbarkeit des Gipfels bei, andererseits die besonderen klimatischen Bedingungen, in erster Linie der andauernde Nebel, der selbst Johann Wolfgang von Goethe (→Weimar) auf dem Brocken Geister sehen ließ.

Der Ruf des Brockens als heidnischer Ort – es hieß auch, es habe ursprünglich ein Wotansbild auf dem Gipfel gestanden – machte ihn zeitweilig für die Nationalsozialisten attraktiv, die ihn 1934 in »Berg des 1. Mai« umbenannten. Im April 1945 eroberte die US-Armee den Brocken; ein Jahr später übernahm die Rote Armee den Berg. Der Brocken wurde in der Nachkriegszeit zum Grenz-, ab 1961 zum DDR-Sperrgebiet (→Berliner Mauer) und war damit für Bergwanderer wieder unerreichbar. Die besondere Lage des Berges, direkt an der innerdeutschen Grenze, machte ihn für die DDR vor allem militärstrategisch und geheimdienstlich interessant. So wurde der Brocken zu einem Symbol der deutschen Frage nach dem Zweiten Weltkrieg. Eine Demonstration im Dezember 1989, an der sich etwa 6000 Menschen beteiligten, führte kurz nach dem Mauerfall dazu, daß der Brocken wieder für Besucher geöffnet wurde.

Literatur: Heinrich Heine: *Die Harzreise* [1824], Hamburg 2008; Eduard Jacobs: *Der Brocken in Geschichte und Sage*, Halle 1879; Heinrich Pröhle: *Harzsagen*, 2 Bde., Leipzig 1853–1856; Wolfram Richter: *Der Brocken – ein deutscher Berg. Im Harz grüßt der Brocken das vereinte Land*, Clausthal-Zellerfeld [5]1991.

Martin Grundweg

Canossa · Castel del Monte

Canossa – Burg
Norditalien, Provinz Reggio Emilia

Zwanzig Kilometer südlich von Reggio, das sich im Südosten von Parma befindet, erhebt sich in einer eher kargen Berglandschaft eine Reihe von Festen, unter denen die von Canossa hinsichtlich ihrer geschichtlichen Bedeutung herausragt. Die heutige Ruine kann keinen Eindruck mehr von dem imposanten Bauwerk vermitteln, das der Urgroßvater von Mathilde von Tuszien, der glühenden Anhängerin Papst Gregors VII., im 10. Jahrhundert erbauen ließ. Die Burg kam nach dem Erlöschen der Familie Mathildes in den Besitz eines sich nach Canossa nennenden Geschlechts. 1255 wurde die Wehranlage weitgehend zerstört.

Die Burg Canossa gilt seit dem späten 11. Jahrhundert nicht nur als geographischer, sondern auch als symbolischer Ort, an dem maßgebliche Weichen gestellt wurden. Die Ausdifferenzierungsprozesse im hohen Mittelalter führten dazu, daß die herkömmliche Einheitskultur von *regnum* und *sacerdotium* einer stärkeren Unterscheidung, freilich im Rahmen der christlichen Ordnung, Platz machte. Die Investitur von Päpsten, Bischöfen und Reichsäbten durch Laien wie dem König, dem immer weniger ein genuiner Ort in der kirchlichen Hierarchie zugebilligt wurde, stieß in größerem Maße auf Kritik, die vor allem eine asketische Gruppe innerhalb der römischen Kirche, besonders um den Mönch Hildebrand und vorher schon um Kardinal Humbert von Silva Candida, artikulierte. Diesen höheren Klerikern lag die *libertas ecclesiae* besonders am Herzen. Die Kirche sollte ihrer Ansicht nach von unseligen Verquickungen mit weltlichen Angelegenheiten, die sich am deutlichsten in der Simonie, im Kauf geistlicher Ämter zeigten, befreit werden.

Dieses Ansinnen erwies sich als revolutionär. König Heinrich IV. setzte die Tradition seiner Vorfahren fort, die selbstverständlich höhere geistliche Würdenträger faktisch sowohl ein- wie auch abgesetzt hatten, wenngleich meist auf formelle kanonische Verfahren Rücksicht genommen wurde. Zum Konflikt kam es, als Papst Gregor VII. diese Praxis autoritativ untersagte. Der König weigerte sich, Gehorsam zu leisten. Noch Jahrzehnte später konstatierte Bischof Otto von Freising, in diesem Ringen sei die »gute alte Zeit« zu Ende gegangen. Schließlich exkommunizierte 1076 der Papst den Herrscher – ein für die Zeitzeugen unerhörter Vorgang. Die Gegner des Königs im Reich nutzten die für ihn schwierige Situation. Es zeichnete sich auf der Fürstenversammlung von Tribur seine Absetzung ab.

Da die Fürsten Heinrich IV. bis Februar 1077 Zeit gegeben hatten, den Kirchenbann lösen zu lassen, mußte der König handeln. In einem äußerst strengen Winter zog er mit seinem Sohn und seiner Gattin nach Süden über die Alpen. Der Papst hatte sich auf die Burg Canossa zurückgezogen, die er schon früher als »Zuchtburg« (Bernd Schneidmüller) für seine Gegner verwendet hat. Erst nach einiger Zeit akzeptierte der Papst die Abbitte des Königs, der nach etlichen Tagen Redeverbots und karger Speise reumütig in die Kirche wiederaufgenommen wurde. Das anschließende Versöhnungsmahl stellte die Gemeinschaft von Papst und König wieder her. Neuere Forschungen, etwa von Schneidmüller, betonen freilich, daß gerade bei diesem Anlaß deutlich geworden sei, daß sich der wieder in die Kirche aufgenommene Sünder keineswegs angemessen verhalten habe. Man könnte folgern, es habe sich mehr um ein taktisches Verhalten des Königs gehalten. Heinrich hatte das Ultimatum der Fürsten rechtzeitig erfüllt. Ein Bürgerkrieg im Reich ließ sich jedoch nicht vermeiden. Allerdings setzte sich der König gegen den Gegenkönig, Rudolf von Schwaben, durch, dem die Hand im Kampf abgeschlagen wurde, die Hand, mit der er Heinrich einst die Treue geschworen hatte. Nach einem zweiten Bann durch den Papst erhielt der Regent nach seinem Tod zuerst nicht einmal ein Begräbnis in geweihter Erde, sondern wurde erst später im Dom zu Speyer beigesetzt.

Der geschichtliche Ort Canossa war von Anfang an Gegenstand eines heftigen Streits zwischen »Königlichen« und »Päpstlichen«. Eine der kontroversen Fragen lautete: Unterwarf sich der Herrscher vollständig in politischer Hinsicht oder folgte er lediglich den Formen des kirchlichen Bußrituals? Beides ist freilich schwer zu differenzieren, da das Weltliche erst sehr undeutlich vom Geistlichen geschieden war. Nicht einmal die Einzelheiten der historischen Überlieferungen, etwa das barfüßige Warten des Herrschers im Schnee, sind unumstritten. Die Mehrheit der Zeitgenossen hat wohl das Ersuchen des Königs nicht unbedingt als demütigende Unterwerfung verstanden, sondern als einen für einen Sünder unumgänglichen Bußakt.

Nachdem die konfessionellen Auseinandersetzungen heute weitgehend beendet sind, wird die tiefere Bedeutung der hochmittelalterlichen Auseinandersetzung deutlich. Trotz der Kritik an geistlichen Machtansprüchen dürfte es für die meisten Geschichtswissenschaftler kein Problem sein, zuzugeben, daß die Gruppe um Papst Gregor ein legitimes Anliegen vertreten hat, wenn sie eine zumindest relative Autonomie der Kirche beanspruchte. Laien durften nach Meinung dieser Kreise keine Kleriker mehr einsetzen und sollten kein Recht besitzen, über Geweihte Gericht zu halten. Die Gregorianischen Reformen, zu der auch die kirchenrechtlich verpflichtende Einführung des Zölibats gehörte, wären nicht ohne den Widerstand gegen Anmaßungen der weltlichen Seite möglich gewesen.

Eine politisch herausragende Bedeutung bekam das Ereignis von Canossa im Kontext des Kulturkampfes in den frühen 1870er Jahren. Schon Jahre vorher kam es zu verstärkten Auseinandersetzungen zwischen dem aufstrebenden, liberalen Bürgertum und den Mächten der Tradition, zu denen vornehmlich die katholische Kirche gezählt wurde. In Deutschland konnte »Canossa« als eine der wirksamsten »geschichtspolitischen Waffen« (Dietmar Klenke) gegen das vermeintlich rückschrittliche Papsttum und seine Verteidiger eingesetzt werden. In diesem Punkt waren Reichskanzler Otto von →Bismarck und die Nationalliberalen eine Zeitlang Verbündete. Berühmtheit erlangte sein Ausspruch am 14. Mai 1872 im Reichstag: »Seien Sie außer Sorge, nach Kanossa gehen wir nicht, weder körperlich noch geistig.« Hier wurde die Metapher verwendet, um eine Selbsterniedrigung des weltlichen Gemeinwesens, wie es sie im 11. Jahrhundert anscheinend gegeben habe, diesmal kategorisch auszuschließen. Ein Einknicken vor klerikalen Machtansprüchen kam nicht in Frage, was die Liberalen beruhigen mußte.

Nach dem Zweiten Weltkrieg, als sich das ganze deutsche Volk in die Rolle des Büßers gedrängt sah, wurde die Rede vom »Gang nach Canossa« im Sinne eines übermäßigen Schuldbewußtseins gebraucht. Franz Schönhuber ließ seine Anhänger am 8. Februar 1989, nachdem die Republikaner überraschend ins Berliner Abgeordnetenhaus eingezogen waren, wissen: »Wir erklären die Umerziehung der Deutschen für beendet und den Fahrkartenschalter nach Canossa für endgültig geschlossen!«

Literatur: Werner Goez: *Kirchenreform und Investiturstreit 910-1122*, Stuttgart ²2008; Jörgen Vogel: *Gregor VII. und Heinrich IV. nach Canossa. Zeugnisse ihres Selbstverständnisses*, Berlin/New York 1983; Harald Zimmermann: *Der Canossagang von 1077. Wirkungen und Wirklichkeit*, Mainz 1975; *Canossa 1077 - Erschütterung der Welt. Geschichte, Kunst und Kultur am Aufgang der Romanik*, 2 Bde., hrsg. von Christoph Stiegemann und Matthias Wemhoff, Paderborn 2006.

Felix Dirsch

Castel del Monte
Süditalien, Provinz Puglia, Gemeinde Andria

Wer sich von der Küstenebene der Terra di Bari dem Castel del Monte nähert, kommt nicht umhin, Ferdinand Gregorovius zuzustimmen, der die Anlage die »Krone Apuliens« und das »Diadem des Hohenstaufenreiches« genannt hat. Tatsächlich ragt der Bau wie eine Krone empor und erweckt einen majestätischen Eindruck, der im Zweifel nur durch die Touristenscharen auf der Zufahrtsstraße und dem großen Parkplatz am Fuß des Castel getrübt wird.

Schon im 19. Jahrhundert hat sich Italien der staufischen Geschichte und ihrer Relikte bemächtigt und beide in die eigene nationale Überlieferung eingegliedert. Dagegen setzte das deutsche Interesse an diesem Erbe erst verhältnismäßig spät ein. Die Italienbegeisterung war ursprünglich ganz auf die Landschaft, die Antike und die Renaissance, fallweise das Barock, gerichtet, aber nicht auf das Mittelalter und die enge Verbindung zwischen Deutschland und dem Süden in jener Zeit. Das änderte sich allerdings, und nicht zuletzt war es den Möglichkeiten der Fotografie zu verdanken, daß dem Publikum ein unmittelbarer Eindruck von der Schönheit der staufischen Burgen auf der Apenninhalbinsel und Sizilien vermittelt werden konnte. Insbesondere die Aufnahmen von Alfred Renger-Patzsch und die Arbeiten von Carl Willemsen haben zu dieser Popularisierung beigetragen, und auch zu dem Eindruck, daß das Castel del Monte nicht irgendeine Festungsanlage war, sondern durch seine außergewöhnliche Gestalt wie die enge Verknüpfung mit der Person Friedrichs II. (→Palermo) zentrale Bedeutung besaß.

Was die Konzeption angeht, mag der heutige Eindruck der Geschlossenheit auch durch den Abbruch eines dritten Stockwerks und die Schleifung der Ecktürme mit hervorgerufen werden, aber ausschlaggebend ist das nicht. Denn das eigentlich Frappierende sind die an antike Vorbilder erinnernde Symmetrie, die Schlichtheit und Helle des Baus und das Achteck des Grundrisses. Läßt man die formale Ähnlichkeit mit dem sogenannten Felsendom in Jerusalem und anderen orientalischen Gebäuden sowie die umlaufenden esoterischen Deutungen außerhalb der Betrachtung, fällt auf, daß das Oktogon sich auch

CASTEL DEL MONTE

in der Konstruktion der Reichskrone und der Aachener Pfalzkapelle (→Aachen) findet, in der Friedrich II. gekrönt wurde. Im Mittelalter galt die Acht als Symbol der Vollendung, des Gottesreiches, mit dem sogar die Schöpfung – ihr Sinnbild war die Sieben – überboten wird. Ob der Kaiser sich von diesem Gedanken beim Bau des Castel del Monte hat leiten lassen, ist nicht mehr zu sagen, aber fest steht, daß sein ausgeprägtes Interesse an Mathematik wie Astronomie und Astrologie eine Rolle gespielt haben.

Daß Friedrich auch auf Plazierung und Ausrichtung des Castel Einfluß genommen hat, ist sehr wahrscheinlich. Genaue Informationen über seine Absichten gibt es aber nicht. Nur soviel steht fest, daß der Kaiser die Errichtung zwischen 1240 und 1250 angeordnet hatte, das heißt in der letzten Phase seiner Herrschaft, daß es, anders als die ältere Literatur behauptet, keine Hinweise auf seine Anwesenheit in der Anlage gibt, jedenfalls enthält das Itinerar seiner Regierungszeit keinen entsprechenden Vermerk. Man hat aufgrund dieser Tatbestände sogar am militärischen Zweck des Castel del Monte Zweifel geäußert. Tatsächlich fehlen die sonst im Mittelalter üblichen Anlagen von Graben und Zugbrücke, aber an der Gunst der strategischen Lage ist nicht zu zweifeln. Eine Erwägung wert bleibt immerhin die Vorstellung, es habe sich um ein Jagd- und Lustschloß gehandelt. In vielem fühlt man sich an den an arabischen Vorbildern orientierten Bau von Zisa in Palermo erinnert. Aber befriedigend ist diese Spekulation sowenig wie die Auffassung, das Castel del Monte habe gar keinen praktischen Nutzen erfüllt, sondern sei – angemessen dem »ersten modernen Menschen«, als den man Friedrich gelegentlich bezeichnet – ein Kunstwerk um seiner selbst willen.

Beim Tod des Kaisers war das Castel del Monte noch unvollendet, und auch insofern erscheint es wie ein Sinnbild staufischer Herrschaft. Denn der neue Herr des italienischen Südens, Karl von Anjou, ließ nach der Niederlage von Friedrichs Sohn Manfred ausgerechnet das Castel del Monte als Gefängnis für dessen Söhne einrichten, und war, wie Gregorovius schreibt, »so gefühllos, daß er jene Prinzen, die schuldlosesten unter allen seinen Staatsgefangenen, fortdauernd in Ketten hielt. In Ketten waren sie groß geworden; aus Kindern Jünglinge, aus Jünglingen Männer werdend, hatten sie an dem veränderten und zunehmenden Gewicht der Eisenlast das Wachstum ihres Leibes und Leidens ermessen können. Wie Bettler waren sie gekleidet und genährt, und sicherlich ließ man sie absichtlich in Unwissenheit und Elend zu Idioten werden. Spätere Berichte wollen sogar wissen, daß man sie geblendet und verstümmelt hatte«.

Während alle Ghibellinen, also die Anhänger der kaisertreuen Partei, nach und nach freigelassen wurden, gingen die Staufer (→Kyffhäuser) zugrunde, verschwand die »verfluchte Familie«, wie die Kirche sie nannte, und endete eine der größten Epochen deutscher Geschichte, zu deren schönsten Symbolen das Castel gehört.

Literatur: Olaf B. Bader: *Kaiser Friedrich II.*, München 2012; Ernst Kantorowicz: *Kaiser Friedrich der Zweite*, Berlin 1927; Hanno Hahn/Albert Renger-Patzsch: *Hohenstaufenburgen in Süditalien*, Ingelheim 1961; Carl A. Willemsen: *Castel del Monte – Krone Apuliens*, Wiesbaden 1955.

Karlheinz Weißmann

Danzig · Deutschweißkirch · Dithmarschen · Doorn · Dornach · Dresden: Frauenkirche, Hellerau · Düsseldorf

Danzig – Krantor

Das Krantor ist bei weitem nicht das einzige mittelalterliche Gebäude Danzigs – wohl aber das bekannteste. Bis heute ist der gotische Backsteinbau am Ende der Breiten Gasse, am Rande der Altstadt und unmittelbar am Ufer des Flüßchens Mottlau gelegen, eines der Wahrzeichen der alten Hansestadt.

Die erste urkundliche Erwähnung eines Hafen-Holzkrans an dieser Stelle fällt in das Jahr 1367. Dieser Kran wurde bei einem Großbrand in der Altstadt im Jahr 1442 vollständig zerstört. Sofort machte man sich an den Wiederaufbau. Ein Jahr später hatte der mächtige Kran seine endgültige Gestalt. Die Konstruktion diente zur Masterrichtung, zur Verladung der Waren, als Stadttor sowie – zumindest theoretisch – zur Verteidigung. Eigens gönnte sich die Stadt mit dem Kran-Meister einen Verwalter. Denn als das Krantor erbaut wurde, war Danzig eine pulsierende Handelsstadt. Kaufleute aus Bremen und Lübeck hatten 1236 an der Weichselmündung eine Handelsniederlassung gegründet, die sich bald zu einer größeren Stadt entwickelte. 1309 kam Danzig unter die Herrschaft des Deutschen Ritterordens (→Frauenburg, Marienburg, Tannenberg) und trat 1361 der Deutschen Hanse bei. Bis ins Jahr 1400 erlebte Danzig einen enormen Zuzug, die Bevölkerungszahl stieg auf 10 000, hauptsächlich deutsche Einwohner an. Nach dem Zusammenbruch des Ordens um 1450 stand Danzig unter dem Schutz des polnischen Königs, genoß aber als fast unabhängiger Freistaat weitgehende Privilegien und aufgrund ausgedehnter Handelsbeziehungen erheblichen Wohlstand, der in den Rat-, Zunft- und stattlichen Bürgerhäusern wie in den monumentalen Kirchen zum Ausdruck kam. Während der Reformationszeit wurde Danzig dauerhaft evangelisch, kam 1793 zu Preußen und nahm als Industrie- und Handelsstadt sowie als wichtiges Kulturzentrum des deutschen Ostens einen neuen Aufschwung.

Der →Versailler Vertrag von 1919 sah eine Sonderstellung vor. So setzte die Errichtung eines polnischen Staates mit freiem Zugang zum Meer die Ausgliederung Danzigs aus dem Deutschen Reich voraus. Die »Danzigfrage« löste man einstweilen, indem man Danzig zur »Freien Stadt« erklärte und unter den Schutz des Völkerbundes stellte. Dieser entsandte einen Hohen Kommissar zur Schlichtung von Streitfällen mit Polen (von 1937–39 war das der Schweizer Diplomat Carl Jacob Burckhardt). Allerdings verloren die Bürger Danzigs die deutsche Staatsangehörigkeit. In Stadt und Umland lebten zu der Zeit rund 400 000 Menschen, von denen 97 Prozent Deutsche waren. Als Freie Stadt verfügte Danzig über ein eigenes Parlament (Volkstag) und eine Regierung (Senat).

Danzig gehörte nun zum polnischen Zollgebiet und wurde außenpolitisch von

Warschau und nicht mehr von Berlin vertreten. Die »Insellage« hemmte die freie Entwicklung des Stadtstaates merklich. Mehr oder weniger unverhohlen unternahm der Staat Polen immer wieder Versuche, seinen Einfluß auf Danzig auszudehnen. Die Folge waren politische Scharmützel, bei denen es beispielsweise um das Aufenthaltsrecht der polnischen Flotte im Danziger Hafen ging. Derweil steigerte sich in der Danziger Bevölkerung angesichts der verschlechterten Wirtschaftslage der Wunsch nach einer Wiedervereinigung mit dem Deutschen Reich. Doch alle Initiativen für eine Volksabstimmung lehnte der Völkerbund ab. 1933 errang die NSDAP die Mehrheit im Volkstag, im Reich forderte Hitler den Anschluß Danzigs und sichere Verkehrswege durch den »Korridor« ins abgeschnittene Ostpreußen. In Polen nahmen die Aversionen gegen die »illoyalen« Danziger Bürger zu. Ab Juni 1939 mehrten sich die gegenseitigen Beschuldigungen und Verdächtigungen. Polen nutzte zahlreiche Gelegenheiten zur Provokation und ging auf Konfrontationskurs. Eine Eskalationsstufe bedeutete der »Zollinspektorenstreit« im Juni 1939, als die polnischen Zollbeamten ihre Kontrollen im kleinen Grenzverkehr derart verschärften, daß sie von der zumeist deutschen Bevölkerung als Schikane empfunden wurden. Die Krise setzte sich auf politischer Ebene fort und gipfelte in einem polnischen Ultimatum unter Androhung militärischer Gewalt, dem von deutscher Seite zunächst mit dem Versuch begegnet wurde, den Konflikt nicht weiter anzuheizen. Wie sehr die Auseinandersetzung um Danzig jedoch das Zeug zum Pulverfaß hatte, zeigte sich kurz darauf. Auf eine Mißbilligung der Reichsregierung als Reaktion auf die polnischen Drohungen gegenüber der Danziger Bevölkerung ließ der polnische Vertreter in Berlin den Staatssekretär im Auswärtigen Amt, Ernst von Weizsäcker, wissen, daß Polen jede Einmischung der Reichsregierung in die Danziger Angelegenheiten zu Lasten Polens als »Angriffshandlung« betrachten werde. Vor dem Hintergrund, daß England und Frankreich bereits zugesichert hatten, Polen in jedem von Deutschland ausgelösten Krieg zu unterstützen, konnte dies durchaus als unverhohlene Drohung gewertet werden. Der Historiker Stefan Scheil hat die Haltung Polens unter dem Begriff des »Kriegskalküls« subsumiert. Allen Vermittlungsversuchen zum Trotz, etwa durch Englands Botschafter Henderson, eskalierte im August 1939 die Auseinandersetzung endgültig. Nach beiderseitigen Repressionen und Ausweisungen von Bürgern versuchten polnische Flakbatterien in der letzten Woche vor dem Kriegsausbruch mehrfach, Passagiermaschinen der Lufthansa auf ihrem Flug von Berlin nach →Königsberg über der Ostsee abzuschießen. Es kam zu allerlei Schießereien an den Grenzübergängen zwischen polnischen und deutschen Zollbeamten und Soldaten, wobei es zahlreiche Tote gab. Auch ging eine Reihe deutscher Bauernhöfe im polnischen Grenzland in Flammen auf. Schließlich erfolgte am 1. September 1939 der deutsche Angriff auf Polen, in dessen Folge Danzig dem Deutschen Reich angegliedert wurde.

Im Zuge der Schlacht um Ostpommern fiel Danzig am 30. März 1945 in die Hände der Roten Armee. Bei den Kampfhandlungen sowie durch Luftangriffe und Artilleriebeschuß wurden die noch erhaltenen Häuser der Innenstadt geplündert und in Brand gesteckt. Auch das Krantor verbrannte vollständig, von den Mauern blieben lediglich 60 Prozent stehen.

Seit 1945 unter polnischer Verwaltung, wuchs Danzig zunehmend mit Gdingen und Zoppot zusammen und wurde wieder eine bedeutende Industrie- und Hafenstadt. Im Gegensatz zu den meisten anderen Gegenden des deutschen Ostens leisteten die polnischen Denkmalpfleger und Restauratoren beim originalgetreuen Wiederaufbau der Baudenkmäler Danzigs ganze Arbeit. Zur Zeit des Kalten Krieges indes wurden sie ahnungslosen Besuchern gegenüber gern als Zeugnisse der jahrhundertealten polnischen Kultur ausgegeben. Inzwischen wachsen die Besucherströme aus Deutschland in den Danziger Straßen und Gassen Jahr für Jahr. Die Stadt präsentiert sich ihren Besuchern gern als europäische Metropole, das Krantor kann besichtigt werden und ist das beliebteste Fotomotiv.

Literatur: Bodo W. Jaxtheimer: *Polen und der deutsche Osten*, München 1986; Detlef Krannhals: *Das Krantor zu Danzig*, Danzig 1941; Peter Oliver Loew: *Danzig. Biographie einer Stadt*, München 2011; Stefan Scheil: *Polen 1939. Kriegskalkül, Vorbereitung, Vollzug*, Schnellroda 2013.

Gerald Franz

Deutschweißkirch – Kirchenburg
Rumänien, Siebenbürgen

Wer Siebenbürgen durchstreift, dieses jahrhundertealte Siedlungsgebiet der Deutschen in Rumänien, geht durch leere Kulissen. Die Akteure sind dieser Bühne nach dem blutigen Ende des Ceausescu-Regimes abhanden gekommen – zwischen 1990 und 1992 haben von den verbliebenen 120 000 Sachsen noch einmal rund 100 000 das Erbe ihrer Väter aufgegeben und für sich und ihre Kinder ein materiell reiches und rechtlich abgesichertes Leben in der Bundesrepublik Deutschland gewählt. Und so sind irgendwo im Ballungsraum um Stuttgart auch jene Siebenbürger verschwunden, die man noch vor 25 Jahren im Idealtyp der vielen deutschen Dörfer des Karpatenbogens antreffen konnte: in Deutschweißkirch.

Bereits im 12. Jahrhundert waren erste deutsche Siedler dem Ruf des ungarischen Königs gefolgt und nördlich der Karpaten in einen fruchtbaren, aber stets bedrohten Landstrich vorgestoßen. Ihre Aufgabe war der Grenzschutz des ungarischen Reiches nach Osten hin, entgolten wurde dieser Dienst durch eine geringe Abgabelast und weitreichende Freiheiten in Fragen der Verwaltung, des Glaubens und der Verteidigung. Die Siebenbürger Sachsen hielten eine kontinuierliche Besiedelung ihres Landes trotz vier tiefeinschneidender Verheerungswellen aufrecht. Es waren im Wesentlichen die Mongolen (1241/42), die Türken, aber auch die kaiserlichen Truppen (ab 1400 bis zum Frieden von Karlowitz 1699), die Kuruzen (17. und Anfang 18. Jahrhundert) und schließlich die sowjetischen Besatzer und die rumänischen Kommunisten (ab 1944), die dem Durchhaltevermögen der deutschen Siedler alles abverlangten. Es gibt im Burzenland, der Region um das weit ostwärts gelegene Kronstadt, einige Dörfer, die in ihrer Geschichte drei dutzendmal niedergebrannt wurden. Sie liegen meist an den Karpatenpässen, Tartlau und Honigberg sind die bekanntesten, und man findet in ihnen die mächtigsten jener fast uneinnehmbaren Kirchenburgen, die das Herz der Dörfer bilden und der architektonische Ausdruck eines Widerstandswillens sind, der in Europa seinesgleichen sucht.

Siedlungsweise und Gesellschaftsorganisation der Siebenbürger Sachsen sind ein Abbild der bedroht-privilegierten Lage, und in den vielen Beschreibungen des widerständigen Landstrichs zwischen Klausenburg, Mühlbach, Hermannstadt, Schäßburg und Kronstadt taucht immer wieder der Name Deutschweißkirch auf:

DEUTSCHWEISSKIRCH – KIRCHENBURG

In diesem Ort hat sich das Wesentliche Siebenbürgens exemplarisch ausgeprägt. Dieses Wesentliche wird von drei Pfeilern getragen: demokratische Selbstverwaltung, genossenschaftliche Gemeindeorganisation, Verteidigungsnotwendigkeit.

Deutschweißkirch (erstmals um 1400 erwähnt) liegt abgeschieden in einem eher kargen Tal des Repser Ländchens und war in hohem Maße auf sich allein gestellt: Alles, was die Bauern schufen, leisteten sie aus eigener Kraft. Das Dorf ist als Straßendorf organisiert, mit enger Bebauung und einer geschlossenen Front zur Straße hin. Die bedrohte Lage erlaubte keine Vereinzelung und kein soziales Ausscheren. Was sich bewährt hatte, blieb bestehen und wurde vorsichtig weiterentwickelt. Was an Erfahrung oder Erprobung von außen in die Gemeinde kam, wurde entweder der eigenen Lage anverwandelt oder wieder verworfen. Die Gemeinde selbst war in sogenannten Nachbarschaften organisiert. Mehrere Hofstellen bildeten einen genossenschaftlichen Verband, der alle Aufgaben des Gemeinschaftslebens erörterte und stemmte – von der Bewirtschaftung der Felder über den Bau der Häuser und Scheunen und die Ausrichtung der Feste bis zur Verteidigung des Dorfes und dem letzten Zufluchtsort: der Kirchenburg.

Diese rund um die Kirche errichtete Wehranlage ist in Deutschweißkirch von einer augenscheinlichen Trotzigkeit, ebenso abweisend wie bergend, und es fällt beim Gang durch das Tor nicht schwer, sich die Nachbarschaften vorzustellen, die – gewarnt durch ein Leuchtfeuer oder einen Meldereiter – mit Sack und Pack in die längst vorbereiteten Kammern der Burg umsiedelten und ihren Mauerabschnitt zur Verteidigung einrichteten. Natürlich wehrte man plündernde Trupps bereits am Dorfeingang ab. Heerhaufen jedoch mußte man gewähren lassen, verteidigt wurde nur noch das Eigentliche: Kirche, Menschen und das, was zum Weitermachen, zum Wiederaufbauen unbedingt notwendig war und in der Kirchenburg seinen Platz fand. In Deutschweißkirch sind die markanten Türme und der innere Mauerring der Kirchenburg nicht einmal besonders alt. Die Bauern sahen sich ab Mitte des 16. Jahrhunderts genötigt, eine ältere Anlage niederzulegen und strategisch neu und besser zu bauen – dies alles ohne Unterstützung oder Befehl von außen, sondern auf eigenen Entschluß hin, aus eigenen Mitteln, beraten allenfalls von Baumeistern, die in anderen Dörfern an den Wehranlagen mitgewirkt hatten. Letzte Arbeiten an den Türmen sind für die Zeit belegt, in der die zurückgeschlagenen Türken Siebenbürgen von Westen her wiederum zum Frontgebiet machten.

Arbeitsleistung und finanzielle Anstrengung sind ungeheuerlich, und es ist eine elende Geschichte, daß es zuletzt nicht die schweren Zeiten waren, die Dörfern wie Deutschweißkirch das Genick brachen: In dem Moment, als alles leichter werden konnte, nach dem Zusammenbruch des kommunistischen Regimes nämlich, hielten die Nachbarschaften dem Sog der Bundesrepublik nicht stand. Zurück blieben ein paar Alte und Idealisten, und eine unverbaute Kirchenburg ohne Gemeinde – Sinnbild dafür, daß einer der markantesten und hervorragendsten Stämme des Auslandsdeutschtums jene Eigentümlichkeit aufgegeben hat, die nur aus dem Zusammenspiel von Volkscharakter und Lage entstehen kann.

Literatur: Hermann u. Alida Fabini: *Kirchenburgen in Siebenbürgen*, Leipzig 1991; Arne Franke: *Das wehrhafte Sachsenland. Kirchenburgen im südlichen Siebenbürgen*, Potsdam 2010; Helmut Schröcke: *Siebenbürgen. Menschen – Kirchenburgen – Städte*, München 1998.

Götz Kubitschek

Dithmarschen

Nördlich von Hamburg, zwischen Nordsee, Elbe, Eider und Nord-Ostsee-Kanal

Abseits der Bundesstraße liegt knapp hinter Meldorf die Dusenddüwelswarf. Warften sind künstliche Hügel, wie man sie an der norddeutschen Küste bis heute findet, angelegt, um im Marschland sichere Plätze für die Besiedlung zu schaffen. Die Dusenddüwelswarf, plattdeutsch für »Tausendteufelswarft«, ist unschwer zu erkennen, weil sich über ihr ein wuchtiges Denkmal erhebt, das aus Findlingen besteht. Ein an ein Hünengrab erinnernder Aufbau wird von einem gigantischen Block gekrönt, der die Inschrift trägt: »Wahr di Garr, de Bur de kumt« – »Hab acht, Garde, der Bauer, der kommt«. Dazu das Datum »17. Februar 1500 – 1900«, denn das Monument auf der Dusenddüwelswarf wurde zum 400. Jahrestag der Schlacht bei Hemmingstedt errichtet, als die Dithmarscher Bauernschaft das Heer des dänischen Königs mitsamt seiner »Schwarzen Garde« vernichtend schlug und so ihre Freiheit verteidigte.

Freiheit war für die Dithmarscher ein hohes Gut. Ihre »Bauernrepublik« zwischen Nordsee, Elbe und Eider, regiert von einer Art Thing – der Landesversammlung – und einem Ausschuß – den »Achtundvierzigern« –, kannte zwar keinen Egalitätsgrundsatz, aber die Gleichheit aller ansässigen Landbesitzer, kein Vorrecht des Individuums, denn ausschlaggebend waren die Siedlungsgenossenschaften der »Geschlechter«, aber einen zähen Stolz und Eigensinn, das heißt eine sehr konkrete Vorstellung von Freiheit, wie sie tief in der germanischen Überlieferung verwurzelt war und sich zum Teil durch das ganze Mittelalter erhielt, wo es Freibauern gab, die nicht in Abhängigkeit von Adligen geraten waren: in Ostfriesland genauso wie in Oberdeutschland und der Schweiz und eben in Dithmarschen. Ihre Unabhängigkeit nach außen hatten die Dithmarscher gegen wechselnde Herrscher immer wieder behauptet und zeitweise wie eine selbständige Macht mit den Großen Norddeutschlands und Skandinaviens verhandelt.

Noch 1473 sah sich der dänische König veranlaßt, mit der Republik einen Vertrag zu schließen, in dem er ihre Freiheiten garantierte. Allerdings erreichte er in demselben Jahr die Belehnung mit Dithmarschen durch den Kaiser. Daß er bzw. sein Nachfolger nach einiger Zeit versuchte, die daraus abgeleiteten Ansprüche durchzusetzen, führte zu dem Konflikt, der in der Schlacht bei Hemmingstedt gipfelte. Um die Dithmarscher zum Gehorsam zu zwingen, überschritt im Februar 1500 ein dänisches Söldnerheer von beinahe 20 000 Mann die Grenze der Bauernrepublik. Johann I. ging sicher von der Kapitulation seines Gegners aus, der kein Drittel seiner Heeresstärke aufbieten konnte. Tatsächlich besetzten die dänischen Truppen ungehindert Meldorf, das sie plünderten und dessen verbliebene Bevölkerung sie töteten. Dann befahl der König siegesgewisser den Vormarsch auf Heide über Hemmingstedt. Die Dithmarscher konnten aber die tiefen Gräben, die die Straße einfaßten, fluten, indem sie die Schleuse bei Ketelsbüttel öffneten, so daß für den langen dänischen Heerzug kein Ausweichen möglich war, und sie errichteten eine mit Kanonen bestückte Schanze nördlich der Dusenddüwelswarf, die den Weg blockierte. Die Witterung (es hatte Tauwetter eingesetzt) und die Kenntnis des Landes nutzten ihnen ebenso wie ihre Kampferfahrung, um den Feind in verwegenen Vorstößen zu besiegen: für die Zeit ein ungeheuerlicher Vorgang, daß der gemeine Mann den Edlen schlug. Der selbstgewisse Schlachtruf der »Schwarzen Garde« – »Wahr di Bur, de Garr de kumt« – hatte sich in sein Gegenteil verkehrt.

Obwohl die so gewonnene Unabhängigkeit der Dithmarscher nicht sehr lange aufrechtzuerhalten war (1556 kam es zur »letzten Fehde«, in der die Bauern unterlagen und die Republik ihr Ende fand), blieb die Erinnerung an Hemmingstedt und an die legendären Figuren der Telse – einer kämpferischen Jungfer, die das Marienbanner in den Kampf getragen hatte – oder des Wulf Isebrand – der die Bauern anführte – oder des Reimer von Wiemerstedt – der den Junker Slentz, den Führer der Garde, erschlug – volkstümlich. Aber erst im 19. Jahrhundert wurde aus dem regionalen Bezug ein gesamtdeutscher. Man kann das etwa an Theodor Fontanes Gedicht »Der Tag von Hemmingstedt« ablesen. Für die nationaldemokratische Bewegung spielte vor allem die Idee des typisch germanischen und mithin deutschen Freiheitssinns eine Rolle, aber auch die, daß in der Selbstbehauptung der Dithmarscher der Volkstumskampf in Schleswig-Holstein zwischen Deutschen und Dänen vorweggenommen worden sei. Schließlich fand sich diese Tradition seit der Wilhelminischen Zeit auch in das Denken der Völkischen und der Jugendbewegung überführt. Damals konnte der Denkmalsplan für die Dusenddüwelswarf endlich ausgeführt werden, der zuletzt an den Wirren der Revolution von 1848 (→Frankfurt) gescheitert war.

Noch wirksamer dürfte aber die Tatsache gewesen sein, daß diese spröde Landschaft vor den Toren Hamburgs eine erstaunliche Zahl begabter Schriftsteller hervorgebracht hatte, unter denen schon Friedrich Hebbel zu nennen war, jetzt aber vor allem Gustav Frenssen und Adolf Bartels, Autoren, deren Werke eine außerordentliche Verbreitung fanden. Beide kann man dem völkischen Lager zurechnen. Bartels hat mit seinem Roman *Die Dithmarscher* nicht nur seiner Heimat ein Denkmal gesetzt, sondern auch die Vorstellung vom Freiheitskampf der Dithmarscher als Teil der deutschen Geschichte ausgeführt. Wenn sich die Landvolkbewegung am Ende der zwanziger, zu Beginn der dreißiger Jahre neben den Bauernkriegen (→Bad Frankenhausen) auch auf die Dithmarscher berief – und eine Zeitung mit dem Titel *Dusendüwelswarf* besaß –, gehört das sicher in den Zusammenhang dieser Wirkung.

Umgekehrt mußte diese und dann die Inanspruchnahme durch die Nationalsozialisten viel dazu beigetragen haben, Dithmarschen nach 1945 in Vergessenheit geraten zu lassen. Bezeichnenderweise hat nur die DDR einen Versuch gemacht, sich der Tradition im Rahmen ihrer »Erbe-Politik« zu bemächtigen (mit dem historischen Roman von Otto Gotsche: *Der Tag von Hemmingstedt*, Leipzig 1982), ansonsten überließ man im Westen das Ganze der Lokalgeschichte und der Folklore. Wenigstens hat Heiner Egge, heute wohl der bekannteste Autor der Gegend, das Thema aufgegriffen, und sein Stück *Sag dem König gute Nacht oder Das alte Lied von der Freiheit* wird traditionell bei der Feier des Marktfriedens im Dithmarscher Hauptort Heide aufgeführt. Ansonsten harrt hier eine stolze Erinnerung der Wiederentdeckung.

Literatur: Adolf Bartels: *Die Dithmarscher. Historischer Roman in vier Büchern*, Hamburg 1934; Otto Gotsche: *Der Tag von Hemmingstedt*, Leipzig 1982; Volker Griese: *Schleswig-Holstein. Denkwürdigkeiten der Geschichte. Historische Miniaturen*, Norderstedt 2012; Hermann Lübbing: *Stedinger – Friesen – Dithmarscher. Freiheitskämpfe niederdeutscher Bauern*, Jena 1929.

Karlheinz Weißmann

Doorn – Haus Doorn
Niederlande, Provinz Utrecht, Gemeinde Utrechtse Heuvelrug

Der 9. November 1918 ist vielleicht das Schlüsseldatum der deutschen Geschichte des 20. Jahrhunderts. An diesem Tag brach in Deutschland die Revolution aus, der Krieg war verloren, der Kaiser dankte ab und entschloß sich zur Flucht ins Exil. Dies, und nicht etwa der Kriegsausbruch 1914, war die eigentliche »Urkatastrophe des 20. Jahrhunderts« (George F. Kennan): Hier offenbarte sich der Erste Weltkrieg als der »falsche Krieg« (Niall Ferguson); falsch vor allem deshalb, weil ihn die falsche Seite gewonnen hatte. Mit Deutschlands Niederlage und dem Ende der Monarchie waren im Grunde alle Aussichten dahin, der »deutschen Weltalternative« (Alfred Weber) Geltung zu verschaffen. Das Scheitern der Weimarer Republik war nur eine Spätfolge von 1918 und hatte mit den harten Bestimmungen des →Versailler Vertrags ebenso zu tun wie mit dem nicht ganz unbegründeten Vorwurf des Verrats der Revolutionäre am deutschen Heer. Das Schicksal Kaiser Wilhelms II. (→Jerusalem) war es, zur Symbolfigur des tragischen Scheiterns des Deutschen Reiches zu werden, und Doorn wurde hierfür zum symbolischen Ort.

Die heute keine 10000 Einwohner umfassende Gemeinde in der niederländischen Provinz Utrecht besitzt eigentlich nur eine einzige Sehenswürdigkeit, nämlich das kleine Schloß »Huis Doorn«, das aus dem 13. Jahrhundert stammt und in den folgenden Jahrhunderten mehrfach aus- und umgebaut wurde. Wilhelm II. bezog es 1920, nachdem er zwei Jahre als Gast auf dem wenige Kilometer entfernten Schloß Amerongen gelebt hatte. Der Kaiser schätzte das eigentlich zu kleine »Huis Doorn«, weil es vielfältige Gestaltungsmöglichkeiten bot und weil es von einem großen Schloßpark umgeben war. Hier verbrachte er seine letzten beiden Lebensjahrzehnte, freundlich behandelt vom niederländischen Staat, der sich kategorisch weigerte, den Auslieferungsforderungen der Siegermächte des Ersten Weltkriegs nachzukommen. Wilhelm hat den Ort nicht mehr verlassen, empfing hier aber regelmäßig Besuch, vor allem von Monarchisten, die die Aussichten auf eine Restauration erörtern wollten.

Der Kaiser selbst hatte allerdings entsprechende Hoffnungen schon in der Mitte der 1920er Jahre aufgegeben und höchstens pro forma seine Ansprüche auf den Thron aufrechterhalten. Statt dessen führte er das Leben eines Privatmannes, sichtlich erleichtert vom Wegfall der Last politischer Verantwortung. Die Doorner Jahre widmete der Kaiser in erster Linie seinen geistigen Interessen und korrespondierte mit einer ganzen Reihe von Gelehrten, darunter der Altorientalist Alfred Jeremias und der Ethnologe Leo Frobenius. Mit Frobenius verband den Kaiser die gemeinsame Ablehnung des durch Oswald Spenglers *Untergang des Abendlandes* verbreiteten Kulturpessimismus und die Hoffnung auf eine von Deutschland ausgehende kulturelle Erneuerung Europas. Außerdem diskutierten sie über die Notwendigkeit des »Königstodes« – der rituellen Opferung des Herrschers zur Stabilisierung der politischen Ordnung. Es liegt auf der Hand, daß das für Wilhelm II. auch eine Auseinandersetzung mit dem unrühmlichen Ende der eigenen Herrschaft war. Den verbreiteten Vorwurf, er habe durch seine Flucht das Vaterland im Stich gelassen, konterte der Kaiser mit der Interpretation des Gangs ins Exil als Opfer, das einen besseren Frieden und einen leichteren politischen Neuanfang ermöglichen sollte. Man kann über diese Interpretation streiten, zumal es im

DOORN – HAUS DOORN

November 1918 auch die Möglichkeit eines realen »Königstodes« Wilhelms an der Seite eines Freiwilligentrupps an der Front gegeben hatte. In einer Lage, in der seine Offiziere ihm erklärten, das Heer stehe nicht mehr hinter ihm und werde ihn bei der Niederschlagung der Revolution nicht unterstützen, war das Exil aber tatsächlich eine naheliegende Lösung.

Der Kaiser publizierte in Doorn seine Memoiren und schrieb einige Bücher über kulturhistorische Themen; in das politische Geschäft der Weimarer Republik mischte er sich so gut wie nicht ein. Selbstverständlich war er bemüht, das allzu negative Bild der Wilhelminischen Epoche zu korrigieren, das sich bereits in Geschichtswissenschaft und öffentlicher Meinung zu konstituieren begann. Im ganzen aber war das Verhalten Wilhelms II. im Doorner Exil eines Kaisers angemessen und würdig. Das weiß niemand besser als die Gemeinde Doorn selbst, die mit dem Herrn von »Huis Doorn« einen großzügigen Arbeitgeber erhielt. Man bewahrt dem Kaiser dort deshalb noch heute ein ausgesprochen freundliches Andenken. »Huis Doorn« wurde nach dem Tod Wilhelms II. nahezu unverändert erhalten und bildet zusammen mit dem Schloßpark ein Museum, das zum überwiegenden Teil ehrenamtlich betrieben wird. Die finanzielle Situation ist allerdings mehr als schwierig: Schon im Jahr 2000 kündigte das niederländische Ministerium für Erziehung, Kultur und Wissenschaft an, sämtliche Subventionen für »Huis Doorn« zu streichen. Das konnte zwar zunächst noch verhindert werden, doch 2012 wurde die finanzielle Förderung um die Hälfte reduziert. Wenn sich kein privater Förderer – beispielsweise das Haus Hohenzollern (→Hechingen) – findet, der hier einspringt, dann wird die historische Sammlung erhalten bleiben, das Museum aber geschlossen werden müssen.

Das Interesse in Deutschland ist bezeichnenderweise gering.

Dabei enthält »Huis Doorn« nicht nur äußerst wertvolle historische Stücke, die Wilhelm II. in Dutzenden Eisenbahnwaggons aus Deutschland herschaffen ließ; auch der Kaiser selbst hat seine letzte Ruhe in Doorn gefunden. Sein Sarg liegt im Schloßpark in einem kleinen Mausoleum, das er selbst entworfen hat und dessen Schlichtheit berührt. Doorn erweist sich vor allem in dieser Hinsicht als Symbolort deutscher Geschichte: Es zeigt Wilhelm II., den tragisch »scheiternden Deutschen« (Arthur Moeller van den Bruck), der aber im Scheitern Größe beweist. Es ist daher kein Zufall, daß so viele Besucher in Doorn nachhaltig vom Kaiser beeindruckt waren. Hans Blüher schrieb in seinen Erinnerungen: »Wenn mich aber jemand fragen würde, wer von den Sterblichen auf mich den tiefsten Eindruck gemacht hat, so würde ich ohne Zögern sagen: Wilhelm von Hohenzollern.« Der Schriftsteller Reinhold Schneider formulierte nach seinem Doorn-Besuch sogar eine geradezu apokalyptische Vision: »Wie stark, ja bewundernswert auch sein Wille zur Haltung ist: er ist versehrt, wie vom Tode gestreift; er hält sich starr auf dem Pferde: er befiehlt; die Truppe gehorcht ihm noch, aber nicht der abgestorbene Arm. Und niemand vermag zu sagen, welche Verhängnisse, welche vernichtungsartigen Umwandlungen der hinter ihm düsternde Himmel unserer Weltzeit noch birgt. Denn eben dieser gelähmte Mächtige ritt uns voraus.«

Vor seinem Tod verfügte Wilhelm II., daß sein Leichnam nur dann nach Deutschland überführt werden dürfe, wenn dort die Monarchie wiedereingesetzt sei. Auch darin also ist Doorn ein symbolischer Ort für unsere Gegenwart, für die »kaiserlose, die schreckliche Zeit«.

Literatur: Christoph Johannes Franzen/Karl-Heinz Kohl/Marie-Luise Recker (Hrsg.): *Der Kaiser und sein Forscher. Der Briefwechsel zwischen Wilhelm II. und Leo Frobenius (1924–1938)*, Stuttgart 2012; Benjamin Hasselhorn: *Politische Theologie Wilhelms II.*, Berlin 2012; Sigurd von Ilsemann: *Der Kaiser in Holland. Aufzeichnungen des letzten Flügeladjutanten Kaiser Wilhelms II.*, 2 Bde., München 1967–1968; Hans Wilderotter/Klaus-D. Pohl (Hrsg.): *Der letzte Kaiser. Wilhelm II. im Exil*, Berlin 1991.

Martin Grundweg

Dornach – Goetheanum
Schweiz, 10 km südlich von Basel

Der kleine Ort Dornach tritt zweimal aus dem Dunkel der Geschichte heraus. Am 22. Juli 1499 fand hier die letzte Schlacht des Schwabenkrieges, der zwischen dem Schwäbischen Bund und den Eidgenossen ausgefochten wurde, statt. Der Sieg der Eidgenossen führte zum Frieden von Basel und besiegelte die endgültige Ablösung der Schweiz vom Heiligen Römischen Reich Deutscher Nation. Etwa 400 Jahre später führte ein Zufall dazu, daß die Anthroposophische Gesellschaft in Dornach, auf dem Schlachthügel des Schwabenkrieges, ihr Zentrum errichtete.

Seit 1907 gab es bei den Anthroposophen Bestrebungen, einen Ort zu finden, an dem sie dauerhaft ein Gebäude errichten konnten, das ihren Anforderungen genügte. Da sich im Münchner Raum die meisten Aktivitäten abspielten, versuchte man dort Land zu erwerben und zu bauen, was jedoch an den baubehördlichen Auflagen scheiterte. 1912 hatte Rudolf Steiner in Basel einen wohlhabenden Anthroposophen kennengelernt, der das Grundstück in Dornach besaß und zur Verfügung stellen wollte. Nachdem das Gelände, insbesondere die herausgehobene Position des Hügels, für gut befunden worden war, fand die Grundsteinlegung am 20. September 1913 statt.

Zu diesem Zeitpunkt hatte die Anthroposophie bereits eine lange Geschichte hinter sich. Sie war zunächst eine von unzähligen esoterischen Glaubenslehren, die in Deutschland im letzten Drittel des 19. Jahrhunderts entstanden. Ursächlich dafür war ein religiöses Bedürfnis vieler Menschen, die angesichts der naturwissenschaftlichen Fortschritte die Sinnfrage neu stellten und im Kirchenglauben keine Antwort mehr fanden. Die Anthroposophie hat ihre organisatorischen Wurzeln in der Theosophischen Gesellschaft von Helena Blavatsky, die 1875 in New York gegründet wurde. Da sich die Theosophie bis zur Jahrhundertwende immer weiter dem Buddhismus und Hinduismus zuwandte, gab es verschiedene Abspaltungen.

Die bis heute erfolgreichste davon wurde von Rudolf Steiner (1861–1925) inspiriert und bald auch geführt. Steiner widmete sich nach einem umfangreichen Studium der Goethe-Forschung, insbesondere der Edition von dessen naturwissenschaftlichen Schriften. Goethe wurde auf diesem Weg zu seinem weltanschaulichen Vordenker und Ausgangspunkt der Ausarbeitung eines ausdifferenzierten Lehrgebäudes der Anthroposophie. Dabei ließ Steiner kaum eine Sphäre der Kultur aus, war als Propagandist seiner Ideen ungeheuer produktiv (es gibt eine auf 350 Bände angelegte Gesamtausgabe von Steiners Werken) und konnte eine treue und große Jüngerschaft um sich versammeln. Die bekanntesten anthroposophischen Projekte sind die mittlerweile weltweit zu findenden Waldorfschulen oder der auf seine Lehre zurückgehende biodynamische Landbau (»Demeter«). Steiner verstand Anthroposophie als einen »Erkenntnisweg, der das Geistige im Menschenwesen zum Geistigen im Weltenall führen möchte«. Im Grunde ging es um die Anleitung des Menschen, einer Dreiheit von Körper, Seele und Geist, um ihn zu einem Erkenntnisprozeß zu führen, der es ihm ermöglichen sollte, den objektiven Gehalt der Welt wahrzunehmen. Dazu nahm Steiner auf so ziemlich jede geistige Hervorbringung der Weltgeschichte Bezug.

Obwohl Steiner dies in unzähligen Vorträgen, die meistens auch als Broschüren vertrieben wurden (und noch heute werden), öffentlich propagierte (zu seinen Vorträgen kamen oft Tausende von Zuhörern), blieb doch der Eindruck bestehen, daß es sich bei der Anthroposophie um eine esoterische Geheimlehre handelte, an die man glauben mußte, wenn man den Erkenntnisweg gehen wollte. Dementsprechend groß waren die Widerstände gegen Steiner und seine Anhänger. Nicht zuletzt daraus erklären sich auch die Probleme bei der Standortsuche für das Zentrum seiner Bewegung und daß die Wahl zunächst eher notgedrungen auf Dornach fiel.

Dem ersten Goetheanum war keine lange Existenz beschieden. Der aus Holz gefertigte Bau mit zwei ineinandergreifenden Doppelhalbkugeln als Dach wurde am 26. September 1920, sieben Jahre nach der Grundsteinlegung, eröffnet und brannte in der Nacht zum 1. Januar 1923 bis auf den Sockel nieder. Bereits wenig später veröffentlichte Steiner Pläne für einen Neubau und schuf ein Modell, an dem sich die Architekten orientierten. Als Baumaterial wählte man diesmal Beton. Am 30. März 1925, kurz nach Beginn der Bauarbeiten, verstarb Steiner. Am 29. September 1928 konnte der Neubau eröffnet werden, der von Steiners Idee eines Gesamtkunstwerks bestimmt ist und gleichzeitig als eine Pionierleistung des Betonbaus gilt. Wolfgang Pehnt, ein Architekturhistoriker, bezeichnet das Bauwerk als »eine der einzigartigsten architekturplastischen Erfindungen, die das 20. Jahrhundert aufzuweisen hat«.

Das zweite Goetheanum erinnert dadurch, daß der Bau komplett aus Sichtbeton besteht, an einen monumentalen Hochbunker, wie er im Zweiten Weltkrieg u. a. in Berlin als Flakbunker gebaut wurde. Andere Assoziationen sprechen auch von einer Garage oder einer Schildkröte, wobei das Dach den Panzer bildet. Insgesamt macht das Gebäude einen monumentalen, auch tempelartigen Eindruck, was durch die eigenartige Formgebung noch verstärkt wird. Durch die Vermeidung des rechten Winkels entstand eine organische Form, die in einem merkwürdigen Kontrast zum Material und der damit verbundenen Modernität steht. Die Lage auf dem Hügel trägt ein übriges zu dem überwältigenden Eindruck bei. Im Innern setzt sich die spezielle Formgebung fort, die schließlich im Zentrum mündet – einem tausend Sitzplätze großen Saal mit Bühne und Orgel.

In der Umgebung des Goetheanums wurden zahlreiche weitere Häuser (insgesamt mehr als 180) errichtet, die teilweise auf Steiner selbst zurückgehen und dem ganzen Anwesen den Charakter eines Ensembles geben. Am bekanntesten dürfte das bereits 1915 errichtete Heizhaus sein. Genutzt wird das Goetheanum als Kultur-, Tagungs- und Theaterbau, (u. a. ist dort die Freie Hochschule für Geisteswissenschaft ansässig), Eigentümerin ist die Allgemeine Anthroposophische Gesellschaft. Jährlich kommen mehr als 150 000 Besucher nach Dornach, die in einen Ort strömen, der lediglich 6 000 Einwohner hat.

Literatur: Wolfgang Pehnt: *Rudolf Steiner - Goetheanum, Dornach*, Berlin 1991; Sonja Ohlenschläger: *Rudolf Steiner (1861-1925). Das architektonische Werk*, Petersberg 1999; Rudolf Steiner: *Wege zu einem neuen Baustil*. Fünf Vorträge, gehalten während der Arbeit am Goetheanum 1914, Dornach 1926; Helmut Zander: *Rudolf Steiner. Die Biographie*, München 2011.

Erik Lehnert

Dresden – Frauenkirche

Die »Ecclesia Parochialis Beatae Mariae Virginis« oder »Kirche zu unser liuben Vrouwen«, zu Ehren der Mutter Gottes Maria geweiht, bildete im Frühmittelalter einen Ausgangspunkt missionarisch-deutscher Kolonisation im wendischen Fluß- und Waldland. Von der Beschaffenheit der Kirchgebäude jener Zeiten sind kaum Zeugnisse überliefert, wird sie doch erst 1289 urkundlich erwähnt. Allein die Umbauten des letzten Vorgängerbaus, einer spätgotischen Hallenkirche, sind verbürgt. Vor den eigentlichen Stadtmauern Dresdens gelegen, sank ihre Bedeutung als Pfarrkirche im ausgehenden Mittelalter jedoch in dem Maß, in welchem die Stadt weiter aufzublühen begann. Im Rahmen der reformatorischen Bewegung (→Tübingen, Wartburg, Wittenberg) 1539 evangelisch geweiht, blieb sie auch danach eine bescheidene Erscheinung. Selbst die Einbeziehung ihres Umfeldes ab 1546 änderte daran nichts. Während sich Dresden zu einer der schönsten Barockstädte Europas entwickelte, verlor die Frauenkirche an Ansehen und Bedeutung. Fast nur noch als Ort von Beerdigungen genutzt, baufällig und einsturzgefährdet, bildete ihr scheinbares Ende jedoch zugleich den Beginn ihres glanzvollen Ruhmes.

Am 27. Mai 1743 vollzog sich eine grandiose Wandlung. Auf dem Platz der Dresdner Vorstadt enthüllte sich mit dem Aufsetzen des Turmkreuzes die Pracht eines steinernen Kuppelmonuments mit vier gleichwertigen Glockentürmen. Seine Grundform, ein griechisches Kreuz, ließ es zu einem nach allen Seiten gleichermaßen ausstrahlenden Zentralbau werden, »ein Bildniß der Ausbreitung der göttlichen Lehre in alle vier Winde«, wie es schon im Handbuch des Architekten Leonhard Sturm, *Von kleinen protestantischen Kirchen*, hieß. Klein war dieser Dom mit seinen 91 Metern Höhe indessen nicht und wollte es auch nicht sein, denn in ihm spiegelte sich die Selbstbehauptung des sächsischen Protestantismus gegenüber dem wiedererstarkten Katholizismus des Dresdner Hofes. Das Geld des Baues erbrachten darum seine Bürger, und schon die Anfangsphasen der Erbauung wurden ein Kampf des Glaubens um seine Machbarkeit. Denn sein Erbauer, Ratszimmermeister George Bähr, plante das Ungeheuerliche; die ganze Kirche »von Grund auf bis oben hinauf gleichsam nur (als) einen einzigen Stein«. Ein Sinnbild der Wucht und Standhaftigkeit des lutherischen Bekenntnisses in deutschen Landen. Dabei galt es, zu wagen, was davor kaum möglich schien: eine Kuppel ganz aus Stein. Übertragen aus einer Zimmermannskonstruktion wurde die 12 000 Tonnen schwere, sich dennoch scheinbar schwerelos aufschwingende Steinkuppel schließlich zu seinem Meisterwerk, vergleichbar nur mit Kirchenbauten in Florenz und Rom.

Die »steinerne Glocke« vereinte schon früh die Besten aus deutschen Landen. Noch während der Rohbauarbeiten des Jahres 1732 wurde Gottfried Silbermann tätig, um eine seiner bedeutendsten Orgeln zu schaffen. Bereits 1736 gab Johann Sebastian Bach (→Köthen) darauf ein Konzert. Die Wucht des Klanges inspirierte den jungen Richard Wagner (→Bayreuth) zu einem Oratorium, das 1843 seine Uraufführung darin fand: *Das Liebesmahl der Apostel*. Von Erfolg gekrönt, blieb es das einzige geistliche Chorwerk in Wagners Schaffen. Der Klang des Kuppelrunds jedoch fand sein Vermächtnis im sakralen Schall der Gralstempel-Chöre des *Parsifal*.

Die Frauenkirche, ein wahrhafter Gralsbau, inspirierte Maler aller Epochen wie den Venezianer Bernardo Bellotto oder den Romantiker Caspar David Friedrich, den Zeichner Adolph Menzel oder den Impressionisten Gotthardt Kuehl. Eine weithin sichtbare Trutzburg schien sie selbst in Zeiten der Not. Johann Wolfgang von Goethe (→Weimar) sah im Juli 1760 von ihrer Plattform erschüttert auf die verheerenden Zerstörungen der Stadt durch preußische Artillerie. Doch an der steinernen Kuppel des Domes glitten die Kanonenkugeln ab, worauf selbst Preußenkönig Friedrich II. (→Leuthen, Oderbruch, Potsdam) dem »Dickkopf« Hochachtung zollte. Im Kriege 1813 von französischen Truppen halb verwüstet zurückgelassen, wurde sie mit der vereinten Kraft der Dresdner Bürgerschaft erneuert und in zwei Festgottesdiensten 1813/14 zum Ausgangspunkt der Entstehung freiwilliger Landwehr-Bataillone. Der neue Geist einer Einheit aller Deutschen wehte nun durch den sakralen Bau und weit bis in das 20. Jahrhundert hinein fand er im Dresdner Dom seinen religiösen Dank- und Weiheort. So erstrahlte das Gemäuer auch am 300. Jahrestag des Lutherschen Thesenanschlages in einem Kerzenmeer, und eine Woge reformatorischen Neuaufbruchs brach sich Bahn. In gleichem Sinne fand drei Jahrzehnte später hier auch der »deutsche Freiheitskämpfer« Robert Blum ein würdiges Gedenken. Den 400. Geburtstag des großen Reformators schließlich illuminierten Tausende Lichter das Kirchenhaus, und 30 000 Dresdner fanden sich zu einer erhebenden Feier ein. Zugleich wuchs das Ansehen der Kirche durch anspruchsvolle kirchenmusikalische Veranstaltungen in das neue Jahrhundert hinein und führte 1925 zur Gründung eines konzertanten Kirchenchors. Der »Mythos Frauenkirche« als Seele und Krone der Stadt, als Bollwerk des deutschen Protestantismus und kultureller Mittelpunkt stand in seiner Blüte.

Der Streit um Wesen und Wirkung der Kirche führte in den Jahren nach der Machtergreifung 1933 zur zunehmenden Einverleibung des seit 1934 offiziell als »Dom« geweihten Kirchenbaus in die NS-Kirchenpolitik. Ihrer kulturpolitischen Anerkennung war es indessen zu verdanken, daß das Kirchgebäude trotz einsetzender Kriegswirtschaft bis 1942 umfangreich restauriert werden konnte und seinen Ewigkeitscharakter zu erhalten schien. Denn die Legende ihrer Unzerstörbarkeit blieb auch in der Bombennacht des 13. Februar 1945 bestehen. Wie einst im Jahre 1760 prallten die Bomben auch diesmal am steinernen Gewölbe ab, doch drang der Brand durch die zerstörten Kirchenfenster und ließ die Innenarchitektur in Flammen aufgehen. Die Krypta gewährte zu diesem Zeitpunkt etwa 300 Dresdnern und Flüchtlingen als Luftschutzkeller Unterschlupf – sie überlebten. Am Morgen des 15. Februar indessen neigte sich die mächtige Steinkuppel des Domes nach Süden. Zunächst mit einem leisen Knistern, doch dann mit einem ohrenbetäubenden Knall barst die Kirche auseinander und eine nachtschwarze Staubwolke umhüllte die Umgebung. »Wer das Weinen verlernt hat, der lernt es wieder beim Untergang Dresdens«, notierte Gerhart Hauptmann (→Agnetendorf) in jenen Februartagen.

Der Bau zerbrach, jedoch sein Mythos blieb. Als offene Wunde lag die Ruine nun im Herzen Dresdens, und ihre Mauerstümpfe klagten vom Opfer blinder Zerstörungswut. Im März 1945 barg man diverses Kunstgut, Kirchengerät und Archivalien. Anfang August fand schon die erste Wiederaufbausitzung statt. Die Bewahrung der Substanz bildete dabei ein zentrales Ziel. Erneut sammelten die Bürger für ihren Dom und eine archäologisch einmalige Beräumung begann, um das Steingut zu sichern. Doch die Geldmittel reichten kaum. Die Währungsreform und ein zunehmend politisch angespanntes Verhältnis stoppten das Vorhaben und führten immer wieder zu kleineren Sabotageakten, bei denen mehrfach Steine abtransportiert und an anderer Stelle verbaut wurden. Mit Protestschreiben und Eingaben stellten sich die Bürger jedoch entgegen. Ohnehin gingen auch alle Architektenwettbewerbe seit 1946 stillschweigend von einem Wiederaufbau aus. Ab 1951 erfolgte deshalb die weitere Sicherung der noch vorhandenen Substanz. 1953 beschäftigte sich die evangelische Landessynode mit dem Wiederaufbau, jedoch war die »derzeitige (politische) Lage kaum geeignet, an die Möglichkeit der Wiedererrichtung eines solchen Bauwerks zu denken«. Bürger wie Hans Nadler oder Fritz Löffler verteidigten indessen über die folgenden Jahrzehnte den Bestand des Trümmerbergs. Der Mythos lebte und ließ in den 1960er Jahren in staunenswerter Synchronie von Bürgerschaft und Politik fortan den Bestand des Domes als eine Mahnung gegen die Barbarei des letzten Krieges als gesichert gelten. Alljährlich, am Tag des Bombenüberfalls, gaben Gedenkveranstaltungen diesem Sinne Ausdruck, und selbst die SED-Führung konnte sich noch 1981 einen »eventuellen späteren Wiederaufbau« vorstellen. Doch war es ihre Zeit nicht mehr. Zivile Bürgerinitiativen setzten dem Trümmerberg eine erneuerte Bedeutung auf; am Abend des 13. Februar 1982 zogen junge Menschen zur Frauenkirchruine und bestückten ihren Fuß mit Kerzen des Protestes gegen SED-Willkür und neuerliche Kriegsgefahr. Der Mythos lebte und schuf einen Ausgangspunkt, der schließlich in die Einheit Deutschlands führte. Sich dessen wohl bewusst, hielt Kanzler Helmut Kohl in ihrem Schatten Ende 1989 eine Rede, die zugleich zum Wiederaufbau einer geteilten Nation mahnte.

Am 12. Februar 1990 wandte sich ein »Ruf aus Dresden« zum Wiederaufbau nun an alle Welt, und dieser Ruf verhallte nicht mehr ungehört. Ein Freundeskreis von Förderern entstand und führte 1991 zur Gründung der »Stiftung Frauenkirche«, deren Vorsitz der Trompetenvirtuose Ludwig Güttler übernahm. Durch beispiellose Benefizkonzerte warb er mit seinem Ensemble weltweit Spenden für den Wiederaufbau ein, und Freundeskreise in den Ländern der ehemaligen Feindmächte USA, England oder Frankreich, aber auch in Japan entstanden, dank deren Wirkens die aufwendige Finanzierung des »Jahrhundertbaus« überwiegend aus privater Hand getragen werden konnte (fast 180 Mio. Euro Baukosten). Zugleich standen Bürger Dresdens mit ihren Spenden dafür ein. Ziel war die Neuschöpfung der Kirche, so wie sie 1743 vollendet wurde. 1993 begann schließlich die erneute archäologische Enttrümmerung. Drei Jahre später schlossen die Bauleute die Wölbung der Unterkirche, die, als sakraler Raum geweiht, künftig begehbar war. Bis 2004 war der Außenbau abgeschlossen. Alte Sandsteine fügten sich dabei mit kunstvoll neubearbeiteten zu einem riesigen Puzzle zusammen und fanden am 22. Juni 2004 mit der Aufsetzung von Turmhaube und -kreuz ihre Vollendung.

Die ergreifende Weihe der Frauenkirche am 30. Oktober 2005 bildete schließlich mit einem »Fest der Freude« für Tausende Dresdner die erneuerte Krönung der Stadt. Sie gilt nun wieder als größter Sandsteinbau der Welt und spiritueller Ort christlichen Glaubens und europäischer Kultur. Doch neben Freunden wuchsen ihr in einer Zeit der Nationalphobie auch recht bizarre Gegner. Gruppen unterschiedlicher Couleur bilden so seit einigen Jahren die feindselige Spontkulisse gegen das »wiedererrichtete Drohmal« und gefährden die würdige Erinnerung vieler Dresdner an die Opfer der verheerenden Bombenangriffe und das versöhnende Gedenken zwischen den Kulturvölkern Europas. Jedoch können auch diese Aktionen den Mythos der Frauenkirche kaum treffen.

Literatur: Elmar Arnhold/Sandor Kotyba (Hrsg.): *Frauenkirche Dresden*, Braunschweig 2012; Dorothee Baganz: *Die Dresdner Frauenkirche*, Petersberg 2009; Andreas Friedrich: *Die Dresdner Frauenkirche*, Pulheim 2006; Stiftung Frauenkirche Dresden: *Die Frauenkirche zu Dresden. Werden, Wirkung, Wiederaufbau*, Dresden 2005.

André Richter

Dresden – Hellerau

Alle reformerischen und revolutionären Bewegungen des 20. Jahrhunderts, unabhängig davon, ob sie auf politischem oder kulturellem Gebiet stattfanden, haben sich direkt oder indirekt mit den Folgen der Industrialisierung auseinandergesetzt. Das gilt auch für das menschliche Wohnen. Die Industrialisierung hatte die Städte anschwellen lassen und zu beengten, ungesunden und ästhetisch wenig ansprechenden Wohnverhältnissen geführt. Gegen diese Entwicklung wandte sich Ende des 19. Jahrhunderts die in England aufgekommene Gartenstadtbewegung. Das Schlagwort der späteren Bauhäusler nach Licht, Luft und Sonne für jedermann wurde hier bereits vorweggenommen. Ein theoretisches Fundament erhielt die Gartenstadtbewegung durch Ebenezer Howards Schrift *Tomorrow* (1898). Howards mit sozialpolitischen Zielsetzungen konzipierter Stadttypus ist eine mit Grünanlagen durchzogene Siedlung in der Nähe überbevölkerter Großstädte, ausgestattet mit Wohnraum, Gärten, öffentlichen Gebäuden, Märkten, Lagerhallen und umweltverträglicher Industrie. Mit der Gartenstadt sollte sowohl das übermäßige Wachstum der Städte als auch die Landflucht gebremst werden. Neben der sozialpolitischen Komponente trat aber von Anbeginn auch eine ästhetische hinzu: Die Gartenstadtbewegung verstand sich zugleich als eine Gegenströmung zur planlosen Zersiedelung und fortschreitenden Verhäßlichung.

In Deutschland sorgten in der Zeit vor dem Ersten Weltkrieg vor allem zwei von der Gartenstadtidee geprägte Siedlungen für Aufsehen: die Margarethenhöhe in →Essen (ab 1906) und Hellerau bei Dresden (ab 1908). Aber während es bei der Margarethenhöhe in Essen vorrangig darum ging, eine Siedlung für die Arbeiter der nahegelegenen Krupp-Werke mit hygienischen und ansprechenden Wohnungen zu schaffen, führte Hellerau noch einen Schritt weiter: Hier entstanden Arbeitsplätze, Wohnungen, Reformschulen, Geschäfte, Sozialeinrichtungen und dazu noch, als besonderer Glanzpunkt: ein Musentempel. Die Initiative dazu ging von dem Möbelfabrikanten Karl Schmidt (1873–1948) aus.

Schmidt hatte 1898 in Dresden die »Deutschen Werkstätten für Handwerkskunst« gegründet. Berühmt wurden seine Werkstätten vor allem aufgrund der ersten industriellen Möbelfertigung Deutschlands. Diese brachte ebenso zweckmäßige wie formschöne Möbel hervor, die u. a. den Grand Prix auf der Pariser Weltausstellung 1900 sowie 1904 eine Auszeichnung auf der Weltausstellung in St. Louis errangen. Für seine expandierende Möbelproduktion, in der bereits nach wenigen Jahren über 250 Mitarbeiter tätig waren, benötigte Schmidt bald größere Räumlichkeiten. Er suchte außerhalb von Dresden nach einem neuen Fabrikstandort und fand ihn am Heller auf den Fluren von Rähnitz und Klotsche, etwa sechs Kilometer nördlich von der Dresdner Altstadt gelegen. Bis 1907 erwarb Schmidt ein Gelände von 140 Hekt-

DRESDEN – HELLERAU

ar Größe. Aber Schmidt wollte nicht nur ein neues Fabrikgebäude errichten – eine komplette Gartenstadt mit Vorbildcharakter sollte es werden. Der Politiker Friedrich Naumann unterstützte ihn darin. Kongeniale Verbündete fand Schmidt dabei in dem weltläufigen Sozial- und Kunstreformator Wolf Dohrn (1878-1914) sowie in seinem Schwager, dem Maler und Architekten Richard Riemerschmid (1868-1957). Am 4. Juni 1908 wurde die gemeinnützige Gesellschaft »Gartenstadt Hellerau GmbH« gegründet und knapp ein Jahr später, am 1. April 1909, konnte der Grundstein für die Gartenstadt und den Fabrikbau gelegt werden; bereits im Frühjahr 1910 erfolgte die Verlegung der Produktion nach Hellerau.

Riemerschmid gliederte die Gartenstadt in das Fabrikgelände, dessen Hauptgebäude die symbolische Form einer »Schraubzwinge« erhielt, in ein Areal für den Kleinhausbau, eines für den Landhausbau sowie eines für Wohlfahrtseinrichtungen. Die restliche Fläche war als öffentlicher Raum gedacht. Die Straßen folgen dabei dem bewegten Gelände. Neben Riemerschmid bauten noch weitere Architekten für Hellerau, so Hermann Muthesius und Heinrich Tessenow. Bis 1913, als Riemerschmid aus der Gemeinschaft der Gründer ausschied, hatte die Gartenstadt mit 387 Häusern eine einprägsame Kontur gewonnen. Obgleich nur künstlerisch bedeutsame Architekten am Bau von Hellerau beteiligt waren, gab es noch eine gesonderte Bau- und Kunstkommission, die über die künstlerische Qualität der Planungen wachte, zu ihr gehörten u. a. die Architekten Theodor Fischer, Hans Poelzig, Fritz Schumacher und der Bildhauer Adolf von Hildebrand. Will man die Bauten von Hellerau stilistisch einordnen, so kann man sie – weit gefaßt – dem Heimatstil zurechnen. Heimatstil nicht in dem Sinne, daß hier ein tradierter Regionalstil 1:1 wiedergegeben wurde, sondern daß hier eine Kleinstadt entstanden ist, die sich der Eigenart der Landschaft einfügte und ihren Bewohnern, die zuvor nach ihren Bedürfnissen und Wohnwünschen gefragt wurden, tatsächlich eine Heimat bot. Der stattlichste Bau von Hellerau, das Festspielhaus, huldigte hingegen einem spartanischen Klassizismus.

Ausgerechnet an diesem 1911-12 von Heinrich Tessenow gebauten Festspielhaus entzündete sich ein Streit zwischen den beteiligten Architekten. Riemerschmid und Muthesius empfanden den betont schlichten Bau von Tessenow als unpassend. Beide beendeten daraufhin ihre Mitarbeit. Gleichwohl war es das Festspielhaus und die darin abgehaltenen Festspiele, die Hellerau einen internationalen Ruf als Kulturzentrum und Künstlerkolonie einbrachten, was nicht zuletzt auf das Verdienst von Karl Schmidts Mitarbeiter Wolf Dohrn zurückging, der auch die »Bildungsanstalt für rhythmische Gymnastik« gründete. Als deren Leiter konnte er den Schweizer Tanz- und Musikpädagogen Émile Jaques-Dalcroze (1865-1950) gewinnen. Die Ideen von Jaques-Dalcroze und des Bühnenbildners Adolphe Appia (1862-1928) führten auch zu einer neuartigen funktionalen Raumaufteilung innerhalb des Festspielhauses, die wegweisend für den modernen Theaterbau wurde. Vor dem wuchtigen Festspielhaus legte Tessenow einen brunnenbestandenen Vorplatz an, der von pavillonartigen Pensionshäusern eingefaßt wird. Rückwärtig errichtete er eine Freiluftarena mit umlaufenden Licht- und Sonnenhöfen. Die Schlichtheit und Einfachheit, die generell für Tessenows Bauten gilt, führte dazu, daß einige Apologeten der Moderne in ihm einen Vorläufer ihrer Stilrichtung erblickten. Tatsächlich trifft dieses »Lob« auf Tessenow jedoch nur sehr bedingt zu; denn im Gegensatz zu den Vertretern der Moderne hat er nie mit der Tradition gebrochen. Seine Bauten definieren sich vielmehr gerade durch das Verarbeiten von überlieferten Bauvorstellungen. Das gilt auch für den kargen, streng symmetrisch aufgebauten Klassizismus seines Festspielhauses.

Das »Goldene Zeitalter« Helleraus währte nur kurz. Bereits 1914 starb der umtriebige Wolf Dohrn. Im gleichen Jahr brach der Erste Weltkrieg aus. Riemerschmid und Muthesius waren zu diesem Zeitpunkt bereits ausgeschieden. 1919 wurde Hellerau mit der Nachbargemeinde Rähnitz zusammengelegt und erhielt zunächst den Namen Rähnitz-Hellerau, ab 1938 hieß der Doppelort nur noch Hellerau. In den zwanziger und dreißiger Jahren folgten noch einige bauliche Veränderungen, u. a. 1934 der Bau einer Holzhaus-Mustersiedlung nach Plänen von Oswin Hempel und Eugen Schwemmle. Finanzielle Schwierigkeiten der Gartenstadtgesellschaft zwangen 1923 zum Verkauf eines Teils der Kleinhäuser an Privatleute. 1929/30 erfolgte eine ergänzende Marktplatzbebauung durch Rudolf Kolbe mit dreigeschossigen Wohnbauten, die allerdings nur wenig Rücksicht auf die Gartenstadt nehmen. Während der Ära des Nationalsozialismus sollte Hellerau zu einem »Bayreuth des völkischen Dramas« und einer »Weihebühne« für die Aufführung völkischer Theaterstücke erhoben werden. Doch die Realität gestaltete sich weitaus prosaischer: Nach einigen Umbauten, dem Teilabriß der Pensionshäuser und dem Anbau von Kasernenflügeln diente der Festspielhausbereich schließlich als Polizeischule. Nach 1945 versank dieser Teil Helleraus für die Außenwelt über Jahrzehnte in einen Dornröschenschlaf: Die Sowjetarmee übernahm das Gelände, das sie als Lazarett, Sporthalle und Kulturhaus nutzte. Am 1. Juli 1950 wurde Hellerau als Stadtteil von Dresden eingemeindet.

Helleraus Wiedererwachen begann mit der Wende und dem Abzug der Russen 1992. Zunächst bedurfte die marode Bausubstanz einer gründlichen Renovierung. 2006 konnte das Festspielhaus wiedereröffnet werden und ist seitdem Heimstätte des »Europäischen Zentrums der Künste Hellerau«. Eine umfangreiche Ausstellung zur Gründung, Geschichte und aktuellen Entwicklung Helleraus ist seit demselben Jahr als Dauerausstellung im Kasernenflügel West auf dem Festspielgelände zu sehen. Die »Deutschen Werkstätten Hellerau« knüpfen in neuen Werkhallen wieder an ihre alten handwerklichen Traditionen an und sind international erfolgreich im hochwertigen Innenausbau tätig, während in den alten, von Riemerschmid errichteten Werkstattgebäuden mehrere Unternehmen ihren Firmensitz gefunden haben. Ganz Hellerau ist heute ein Flächendenkmal. Darüber hinaus hat die Gartenstadt nach der Wende mit einer – für heutige Verhältnisse – ansprechenden Architektur eine Erweiterung erfahren.

Literatur: Claudia Beger: *Gartenstadt Hellerau. Architekturführer*, München 2008; Wolf Dohrn: *Die Gartenstadt Hellerau und weitere Schriften*, Dresden 1992; Michael Fasshauer: *Das Phänomen Hellerau. Die Geschichte einer Gartenstadt*, Dresden 1997; Sigrid Hofer: *Reformarchitektur 1900–1918. Deutsche Baukünstler auf der Suche nach dem nationalen Stil*, Stuttgart 2005; Ralph Lindner/Hans-Peter Lühr (Hrsg.): *Gartenstadt Hellerau. Die Geschichte ihrer Bauten*, Dresden 2008; Hans-Jürgen Sarfert: *Hellerau. Die Gartenstadt und Künstlerkolonie*, Dresden 1995.

Norbert Borrmann

Düsseldorf – Golzheimer Heide

»Die drei Nornen«, so heißt das elf Meter hohe Monument des Bildhauers Jupp Ruebsam am westlichen Rande des Düsseldorfer Nordfriedhofs. Wenige Meter dahinter pulsiert die Bundesstraße 8, die hier

DÜSSELDORF – GOLZHEIMER HEIDE

als Zufahrt für Messe, Stadion und Flughafen dient. Die drei Nornen: Seit dem Volkstrauertag des Jahres 1958 symbolisieren die Frauengestalten Vergangenheit, Gegenwart und Zukunft. Das düstere Trio gemahnt an die »Opfer des Feldes, der Heimat und des politischen Terrors« und bildet den zirkelgenauen Mittelpunkt einer kreisrunden Fläche von knapp 50 Metern, auf der mehrere Fußwege zusammenlaufen. Exakt an dieser Stelle endete ehedem die 1,4 Kilometer lange Hauptachse der 1937 gezeigten Reichsausstellung »Schaffendes Volk« an ihrer östlichen Seite. Und exakt hier ragte 14 Jahre lang ein Stahlkreuz in die Höhe, das seit 1931 eine nationale Pilgerstätte geworden war und nach 1945 restlos entfernt wurde. Es ist der Ort der Hinrichtung des Freikorpskämpfers Albert Leo Schlageter.

Das 27 Meter hohe Kreuz bildete den optischen Schwerpunkt der einstigen Schlageter-Gedenkstätte. Zu Füßen des Kreuzes lag ein großer Steinsarkophag, dem zugleich die Funktion eines altarähnlichen Sockels zukam. Er trug die Worte des Arbeiterdichters Heinrich Lersch: »Deutschland muß leben, auch wenn wir sterben müssen.« Ergänzt wurde das Ensemble durch einen unterirdischen Gedenkraum und einen kreisförmigen Hof von vier Metern Tiefe mit einem Durchmesser von 28 Metern. Weiter befanden sich 141 Gedenksteine für die Opfer des Ruhrkampfes bei der Gruft. Entworfen hatte die Anlage der Architekt Clemens Holzmeister, eingeweiht wurde sie am 23. Mai 1931, auf den Tag genau acht Jahre nachdem Schlageter an dieser Stelle durch die Kugeln französischer Besatzungssoldaten den Tod fand. Obwohl die Gesamtanlage nur 10 000 Personen Platz bot, sollen an die 50 000 Menschen an den Feierlichkeiten teilgenommen haben. Seinerzeit war die riesige Brache im Norden der Stadt in Anlehnung an den nächstliegenden Stadtteil gemeinhin als Golzheimer Heide bekannt. Wenig später, Mitte der 1930er Jahre, entstehen hier gleich zwei städtebauliche Mustersiedlungen nach nationalsozialistischen Vorstellungen: die Wilhelm-Gustloff-Siedlung und die Schlageter-Siedlung. Die norddeutsch-dörfliche Anmutung ihrer reichbegrünten Straßenzüge mit den weißgeschlämmten Backsteinhäusern samt freundlichen Sprossenfenstern wird zu Beginn des 21. Jahrhunderts vor allem beim gehobenen Düsseldorfer Mittelstand geschätzt werden.

Albert Leo Schlageter wurde am 12. August 1894 als sechstes von elf Kindern einer Bauernfamilie in Schönau im Schwarzwald geboren. Die Schulzeit auf einem katholischen Freiburger Gymnasium endete im August 1914 jäh: Nahezu vollständig meldeten sich die Freiburger Studenten und Oberschüler freiwillig zu den Waffen. Schlageter legte das Notabitur ab und trat als Kriegsfreiwilliger in das Feldartillerieregiment 76 ein. Ab März 1915 bis 1918 blieb er an der Westfront (→Langemarck, Verdun) eingesetzt und erhielt beide Klassen des Eisernen Kreuzes.

Nach dem Waffenstillstand vom November 1918 kehrte seine Batterie in das revolutionäre Deutschland zurück und verweigerte dort die Bildung eines Soldatenrates ebenso wie ihre Entwaffnung. Nach der Entlassung aus dem Heeresdienst schlug Schlageter zunächst den Weg ins bürgerliche Dasein ein. Er immatrikulierte sich an der volkswirtschaftlichen Fakultät der Universität Freiburg und trat einer katholischen Studentenverbindung bei. Doch schon bald betätigte er sich in verschiedenen Freikorps, die im Baltikum zur Abwehr bolschewistischer Truppen aus Rußland, in Oberschlesien (→Annaberg) zur Verteidigung der verbliebenen Ostgrenze gegen Polen, im Westen zur Niederschlagung der Spartakusaufstände eingesetzt wurden. Die mangelnde Unterstützung der Reichsregierung für die Baltikumfreiwilligen und ihre zeitweilige Ausnutzung im Interesse der antibolschewistischen Interventionspolitik Englands desillusionierten Schlageter. Überliefert sind von ihm folgende Worte: »Wir verachten das Bürgertum und retten es doch mit unserem Blut. Wir sind angetreten, um die Freiheit der Nation zu sichern, und schützen eine Regierung, die das Volk und die Nation verraten hat.« Der Weg für den »Wanderer ins Nichts« (Karl Radek), so scheint es beinahe, hatte den letzten Abzweig genommen.

Daß die Reichsregierung unter alliiertem Druck die Auflösung der Freikorpsverbände anordnete, bestärkte Schlageter angesichts der Zustände im Reich und der Folgen von →Versailles in seiner grundsätzlichen Ablehnung der neuen Ordnung. So war er dabei, als sich im Oktober 1922 die Nationalsoziale Vereinigung als norddeutsche Vorfeldorganisation der NSDAP gründete und sich nach dem bald darauf erfolgten Verbot als Großdeutsche Arbeiterpartei reorganisierte.

Als Schlageter Ende Februar 1923 ins Rheinland kam, hatte sich auch hier die Versorgungslage merklich verschlechtert. Städte wie Köln und Düsseldorf wurden durch die Absperrung im Ruhrkampf wirtschaftlich hart getroffen. Der enorme Anstieg der Arbeitslosigkeit und die harten Besatzungsmaßnahmen reizten die Stimmung in der Bevölkerung, zugleich wuchs der Resonanzraum für nationale Emotionen. Freikorpskämpfer und Kommunisten kämpften einträchtig gegen Besatzer und deutsche Kollaborateure, während die Reichsregierung lediglich »passiven Widerstand« propagierte. So geriet Schlageter zwischen die Fronten. Nach erfolgreichen Sprengstoffanschlägen am Essener Bahnhof Hügel und auf die Eisenbahnbrücke bei Kalkum kamen die Franzosen Schlageter durch eingeschleuste Verbindungsleute auf die Spur. Am 7. April wurde er in Essen verhaftet. Das französische Kriegsgericht machte kurzen Prozeß. Zwar versuchten die Verteidiger noch, das Urteil zu mildern, doch ihre Revisionsanträge – unterstützt durch die Medien sowie die Kirchen im Reich, selbst die Reichsregierung protestierte formal in Paris – wurden abgewiesen. Der Leichenzug geriet zur nationalen Protestkundgebung gegen die Ruhrbesetzung und den rheinischen Separatismus. Demonstrativ nahm Adolf Hitler (→München: Feldherrnhalle) an der Beisetzung Schlageters im heimischen Schönau teil, obwohl Schlageter offenkundig gegen die Maßgabe der NS-Führung, sich nicht am Ruhrkampf zu beteiligen, verstoßen hatte.

Auch die Kommunisten versuchten sich an der Vereinnahmung Schlageters. Am 21. Juni 1923 würdigte Karl Radek vor dem Dritten Plenum des Exekutivkomitees der Kommunistischen Internationale den Kampf Schlageters gegen die französische Besatzungsherrschaft und löste damit eine zwischenzeitliche Kontroverse innerhalb der KPD über das Verhältnis zur nationalrevolutionären Rechten aus, die Schlageter für sich reklamierte. Friedrich Georg Jünger läßt sein Gedicht »Albert Leo Schlageter« mit dem Satz enden: »O Bruder du, am Pfahl dahingesunken, / du legtest sterbend unsrer Zukunft Schwellen«. Die nationale Verklärung Schlageters wurde allerdings vom Bürgertum übernommen, das in den Folgejahren mehr als 100 Gedenkstätten im Reich errichtete – die man nach dem Krieg fast vollständig wieder abräumte.

Literatur: Friedrich Georg Jünger: Albert Leo Schlageter, in: Ernst Jünger (Hrsg.): *Die Unvergessenen*, München 1928; Ernst von Salomon: *Das Buch vom deutschen Freikorpskämpfer*, Berlin 1938.

Gerald Franz

Enger · Essen · Externsteine

Enger – Widukinds Grab
Nähe Herford in Westfalen

»Das war ein schwarzer Tag für Sachsenland, als Wittekind, ein tapferer König, von Kaiser Karl geschlagen wurde, bei Enger. Als er flüchtend gen Ellerbruch zog und nun alles, mit Weib und Kind, an den Furt kam und sich drängte, mochte eine alte Frau nicht weitergehen. Weil sie aber dem Feinde nicht lebendig in die Hände fallen sollte, so wurde sie von den Sachsen lebendig in einen Sandhügel bei Bellmanns-Kamp begraben; dabei sprachen sie: ›Krup under, krup under, de Welt is die gram, du kannst dem Gerappel nich mer folgen.‹ Man sagt, daß die alte Frau noch lebt. Nicht alles ist tot in Westfalen, was begraben ist.« Die Sätze stammen aus Heinrich Heines (→Loreley) *Elementargeister* und sind halb spöttisch, halb ernst gemeint. Halb spöttisch, weil der Dichter sich beim Verfassen des Buches längst von seinen früheren, ausgesprochen schwärmerisch-nationalen Vorstellungen losgesagt hatte; halb ernst, weil er zumindest ahnte, welches Potential nach wie vor in den alten Überlieferungen lag.

Tatsächlich ist das Wissen um Widukind oder Wittekind, den Sachsenherzog, der den Kampf gegen Karl den Großen (→Aachen) aufnahm, um die Unabhängigkeit seines Stammes zu erhalten und die »Schwertmission« des Frankenkönigs abzuwehren, durch die Jahrhunderte erstaunlich lebendig geblieben. Das gilt, obwohl über seine historische Person nur sehr wenig bekannt ist. Abgesehen davon, daß er zwischen 772 und 785 mehrere Aufstände gegen die Invasoren führte, schließlich scheiterte und sich taufen ließ, wissen wir fast nichts über ihn. Trotzdem darf man voraussetzen, daß er schon zu Lebzeiten als großer Held gefeiert wurde und später einer Geschichtspolitik als Bezug diente, die ihn zuerst von seiten seiner Nachfahren – der Wittekinde, die sich wieder eine Stellung zu erarbeiten hofften – als Heiligen reklamierte, ihn dann zum übermächtigen Ahn der sächsischen Könige und Kaiser aufsteigen und schließlich, seit der Wiederentdeckung der germanischen als deutscher Vergangenheit im 17. Jahrhundert, zum Heros des nationalen Kampfes um Selbstbestimmung werden ließ.

Abgesehen von einem gewissen regionalen, sehr stark kirchlich geprägten Kult um seine Person im Westfälischen (Wittekindsspende, Brauchtum der Sattelmeyer), von dem sich Spuren bis heute finden, war die letzte Deutung ohne Zweifel die wirkmächtigste. Von der Geschichtsschreibung im Vormärz bis zu Hermann Löns' (→Lüneburger Heide) Roman *Die rote Beeke*, der das »Blutgericht von Verden« behandelt, entwickelte sich eine Auffassung von Widukind, die mit der borussischen, betont-protestantischen und jedenfalls antighibellinischen Richtung der Nationalbewegung zusammenfloß. Es war insofern nur konsequent, daß ein 1903 errichtetes Denkmal Widukinds die Gesichtszüge Kaiser Wilhelms I. (→Kyffhäuser) zeigte. Aufgestellt wurde das Monument vor der Kirche in der kleinen westfälischen Stadt Enger, zwischen →Teutoburger Wald und Wiehengebirge, in deren Kirche die Gebeine Widukinds liegen sollen. Eine anthropologische Untersuchung der Skelettreste zeigte, daß zumindest nicht ausgeschlossen ist, daß es sich tatsächlich um die sterblichen Überreste des Sachsenführers handelt. Allerdings stammt der Sarkophag aus dem 14. Jahrhundert, und die wahrscheinlich im 11. Jahrhundert angefertigte (ursprünglich farbig gefaßte) Grabplatte läßt schon die mittelalterliche Umdeutung erkennen: Sie zeigt ihn mit Spangenhelm und Lilienszepter als »Priesterkönig«.

Relativ früh hat man in Enger ein Widukindmuseum errichtet, das der patriotischen Verehrung des Sachsenführers dienen sollte. Ein eher bescheidener Bau mit bescheidener Ausstattung, was nach der nationalsozialistischen Machtübernahme als so unbefriedigend erschien, daß man an eine Umgestaltung im großen Stil ging. Zwar korrigierte das Regime im Laufe der Zeit seine ursprüngliche Auffassung vom heroischen Kampf Widukinds gegen den (auch als rassisch minderwertig betrachteten) »Sachsenschlächter« Karl, aber die 1939 in Enger unter dem Schutz der SS eröffnete Widukind-Gedächtnisstätte erfüllte doch eine zentrale ideologische Funktion und diente ganz offensichtlich der Bestätigung einer radikal-völkischen und nicht zuletzt antichristlichen Tendenz in Teilen der NS-Elite.

Nach dem Zweiten Weltkrieg hatte man das Haus relativ rasch wiedereröffnet, ohne die Darstellung grundsätzlich zu verändern. Erst in den 1970er Jahren mehrten sich die kritischen Stimmen, was zur Schließung und Reorganisation im Jahr 1983 führte. Dabei wurden nicht nur die letzten Spuren des »Weiheraums« beseitigt, der früher das Zentrum der Gedächtnisstätte bildete, man nahm auch eine inhaltliche Umorientierung vor, die Widukind jeder nationalen Bedeutung zu entkleiden suchte. Verglichen damit, zeigt sich die letzte – 2008 durchgeführte – Neugestaltung eher versöhnlich und spricht dem großen Sachsen wenigstens mythenbildende Kraft zu.

Literatur: Wolfgang Balz: Die Widukind-Gedächtnisstätte im Spiegel nationalsozialistischer Ideologie, in: *Stadt Enger – Beiträge zur Stadtgeschichte 2*, Enger 1983, S. 17–40; Gerhard Kaldewei: *Das Widukind-Museum in Enger*, Bielefeld 1987; Kurt Dietrich Schmidt: *Widukind*, Göttingen 1935.

Karlheinz Weißmann

Essen – Villa Hügel

Aus der Residenz der »Stahlkönige« ist ein Museum geworden. Die Villa Hügel, oberhalb des Essener Baldeneysees, einer Verbreiterung der Ruhr, gelegen, war einst das Wahrzeichen für den Aufstieg eines der größten bürgerlichen Unternehmer des 19. Jahrhunderts in Deutschland. Der 1811 gegründete Betrieb war mit bahnbrechenden Erfindungen wie etwa nahtlosen Eisenbahnreifen während der industriellen Revolution zum Großkonzern aufgestiegen. Sehr früh führte Krupp soziale Errungenschaften wie Betriebskrankenkassen, eigene Arbeiter-Wohnviertel, Krankenhäuser und Geschäfte mit vergünstigten Preisen ein.

Alfred Krupp (1812–1887), Vater von Friedrich Alfred Krupp und Großvater von Bertha Krupp, hatte die Villa auf dem Hügel über der Ruhr 1868 planen lassen – als eine »Wohnung mit großen Localitaeten zum Wohnen, Logieren, Conferieren und Feten«. Das Anwesen umfaßt 8100 Quadratmeter Wohn- und Nutzfläche, der Park ist 28 Hektar groß. Fünf Jahre lang wurde an der 269-Zimmer-Villa gebaut, für damalige Verhältnisse modernste Haustechnik installiert und dabei mehrere Architekten »verschlissen«. Über vier Generationen blieb die Villa der Familiensitz der Krupps, die dort zu Spitzenzeiten fast 650 Mitarbeiter beschäftigten.

Derer bedurfte es offenbar, um es der Vielzahl an illustren wie hochrangigen Gästen bei ihrem Besuch in Essen an nichts fehlen zu lassen. Während der rheinische Hochadel nur selten bei den Stahlfabrikanten gesichtet wurde, waren Vertreter aus Politik, Wirtschaft, Justiz und Militär regelmäßige Besucher. Zu einem Dauergast wurde ab 1890 Kaiser Wilhelm II. (→Doorn, Jerusalem), in dessen Beisein auch am 15. Oktober 1906 die Hochzeit zwischen Bertha Krupp, die das Weltunternehmen 1902 im Alter von gerade einmal 16 Jahren geerbt hatte, und Gustav von Bohlen und Halbach stattfand. Im August 1912 gönnte man sich eine dreitägige 100-Jahr-Feier, zu der ebenfalls der Kaiser mit seinem Hofstaat anreiste. Unter den Gästen waren u. a. Prinz Heinrich, Reichskanzler Theobald von Bethmann Hollweg und Großadmiral Alfred von Tirpitz. Zu den Höhepunkten des Festes gehören eine Fahrt durch die Stadt, eine Werksbesichtigung, ein Festakt im Lichthof der Villa und ein abendliches Festmahl mit 400 geladenen Gästen. Weniger prunkvoll und eher selbstkritisch mochten sich die Verantwortlichen im Jahr 2011 beim 200jährigen Bestehen geben, unter denen sich jedoch längst kein Mitglied der Familie Krupp mehr befand. Krupp habe tiefe Krisen erlebt, sagte der Vorsitzende der Krupp-Stiftung, Berthold Beitz, bei dieser Gelegenheit. Dem Anspruch eines »moralischen Kapitalismus« sei man nicht immer gerecht geworden. Die Firmenphilosophie einer besonderen Verbundenheit mit den Beschäftigten und dem Gemeinwohl sei aber immer Maßstab des Handelns gewesen und müsse das auch in Zukunft sein. Bundespräsident Christian Wulff würdigte, daß der Krupp-Konzern sich »auch den düsteren Seiten des Mythos« wie Rüstungsproduktion und Zwangsarbeit stelle, sich zu dieser »historischen Verantwortung« sehr früh bekannt und schon 1959 Entschädigungen an die jüdischen Zwangsarbeiter gezahlt habe.

Stellvertretend für die »soziale Ader« der Krupps steht Margarethe Krupp (1854–1931), die Schwiegertochter Alfred Krupps. Anläßlich der Hochzeit ihrer Tochter Bertha unterschrieb sie eine Willenserklärung zur Gründung der Margarethe-Krupp-Stiftung für Wohnungsfürsorge. Unter Federführung des Reformarchitekten Georg Metzendorf (1874–1934) entstand mit der Siedlung Margarethenhöhe ein eigenständiger Essener Stadtteil. Ebenso gründete Margarethe Krupp eine Stiftung für die Krankenpflege von Werksangehörigen.

Während sich die dörflich-gefällige Architektur der Margarethenhöhe auf dem Essener Wohnungsmarkt bis heute großer Beliebtheit erfreut, geriet dem Krupp-Konzern sein Nimbus als deutscher »Waffenschmiede« weniger betriebswirtschaftlich denn ideologisch zum Verhängnis. Wurden in dem Essener Gußstahlwerk nach dem Ersten Weltkrieg aufgrund der Restriktionen von →Versailles zunächst Registrierkassen, Milchkannen und Bagger für den Bergbau produziert, so änderte sich dies in den dreißiger Jahren: Im Geschäftsbericht für die Jahre 1934/35, der einen Umsatz von 488 Millionen Reichsmark verzeichnet, heißt es: »Erstmalig nach jahrelanger Unterbrechung haben wir auch wieder größere Aufträge der deutschen Wehrmacht ausgeführt und sind damit zu einer ehrenvollen Tradition unseres Hauses zurückgekehrt.« Bis Kriegsende verlassen vor allem Geschütze, Flugabwehrkanonen, Panzer und das einzigartige Riesengeschütz »Dora« mit seinem Kaliber von 80 Zentimetern und dem 40 Meter langen Rohr die Werkshallen im Ruhrgebiet. Während die Wehrmachtsgeneräle arge Zweifel an der Tauglichkeit von »Dora« haben (»Schießen ja, treffen nein«), erhält Krupp 1940 die Auszeichnung als »nationalsozialistischer Musterbetrieb«.

Nach Kriegsende beschlagnahmten die Amerikaner das Anwesen und funktionierten es zum Sitz der alliierten Kontrollkommission um. Alfried Krupp von Bohlen und Halbach wurde in Nürnberg zu zwölf Jahren Gefängnis verurteilt, samt Verlust des gesamten Vermögens, wenig später erfolgte die Revision des Urteils. 1952 ging die Villa Hügel an die Familie Krupp zurück. Alfried Krupp von Bohlen und Halbach übertrug das gesamte Familienvermögen und damit auch die Villa der von ihm errichteten Stiftung. Vorsitzender war bis zu seinem Tod im Juli 2013 Berthold Beitz, langjähriger Generalbevollmächtigter des Krupp-Konzerns. Seit 1999 ist Krupp mit der Duisburger Firma Thyssen zum Dax-Konzern ThyssenKrupp fusioniert, der weltweit etwa 165 000 Menschen beschäftigt. Wichtigster Einzelaktionär mit gut 25 Prozent ist die Krupp-Stiftung.

Literatur: Gereon Buchholz: *Der Hügel. Villa und Park*, Essen 1998; Tilmann Buddensieg: *Villa Hügel. Das Wohnhaus Krupp in Essen*, Berlin 1998; Andreas Helfrich: *Die Margarethenhöhe Essen. Architekt und Auftraggeber vor dem Hintergrund der Kommunalpolitik Essen und der Firmenpolitik Krupp zwischen 1886 und 1914*, Weimar 2000; Renate Köhne-Lindenlaub: *Die Villa Hügel. Unternehmenswohnsitz im Wandel der Zeit*, München 2008.

Gerald Franz

Externsteine
Lippisches Land, bei Horn

Am 7. Oktober 1957 schrieb Armin Mohler an Ernst Jünger (→Wilflingen): »Nun, wenn ich Diktator wäre, würde eine meiner ersten Handlungen sein, dass ich die ganze Gegend um die Externsteine abschliessen würde. Gasthaus und Strasse würden getilgt. Und Zutritt bekäme nur, wer zuvor genau geprüft worden wäre. Er müsste erst innerhalb der Umzäunung schlafen, fern von den Steinen, und dann zu Fuss hingehen. Die nicht Zugelassenen dürften sich dafür an den Gütern der Völker ausserhalb unserer eigenen Welt sattsehen, von ostasiatischen Gemälden über ägyptische Reliefs bis zu Benin-Bronzen«. Mohler, der für Ernst Jünger als Sekretär arbeitete, kam auch später noch einmal auf seine Zukunftspläne für die Externsteine zurück, fand bei seinem »Meister« aber nur wenig Resonanz.

Als Externsteine wird eine Formation aus fünf Hauptfelsen im Teutoburger Wald bezeichnet, die sich über eine Strecke von fast einem Kilometer erstreckt und zahlreiche Grotten und Plateaus aufweist. In einer ansonsten felsarmen Landschaft erreichen sie eine Höhe von bis zu 50 Metern über dem nahegelegenen Wiembecketeich und haben offenbar früh einen nachhaltigen Eindruck auf die Menschen gemacht. Archäologische Funde weisen auf eine Bedeutung für religiöse Bräuche im Mittelalter hin, aber schon seit dem 16. Jahrhundert gab es die Vorstellung, daß die Externsteine auch als germanische Kultstätte dienten. Später verknüpfte sich dieser Gedanke mit dem, daß der höchste Felsen Standort des germanischen Heiligtums der Irminsul gewesen sei.

Auf die Vorstellung, daß sich die Irminsul auf der eigenartigen Felsenformation im Lippischen Land erhoben habe, wies zuerst der niedersächsische Historiker Ulrich Grupen im dritten Teil seines Werkes *Origines Germaniae* hin. Das Buch Grupens erschien posthum 1768, und später lassen sich kaum andere Äußerungen finden, die Irminsul und Externsteine in Verbindung bringen. Das änderte sich grundlegend mit dem Erscheinen des Buchs *Germanische Heiligtümer* von Wilhelm Teudt im Jahre 1929. Teudt zählte zu den Veteranen der völkischen Bewegung. 1860 geboren, hatte er ursprünglich Evangelische Theologie studiert, war in den Pfarrdienst eingetreten und gehörte in der Wilhelminischen Zeit zum Umfeld Friedrich Naumanns. Wie bei anderen aus den Reihen der national-sozialen Pfarrerschaft wuchs auch bei Teudt die Distanz zum christlichen Glauben. Trotz seines Alters meldete er sich im August 1914 noch freiwillig und diente als Soldat, kehrte aus dem Krieg in seine lippische Heimat zurück und beteiligte sich aktiv an der Organisation von Einwohnerwehren und verschiedenen völkischen Verbänden. Parallel zur Verschärfung seiner politischen Einstellung machte sich Teudt als völkischer Laienforscher mit ausgeprägter Leidenschaft für die Frühgeschichte einen Namen. Bekannt wurde er vor allem dadurch, daß er begann, die Externsteine als komplexe Sakralanlage zu deuten, bestehend aus Sternwarte, Schatzkammer und der Irminsul, die – auf der Spitze des sogenannten »Felsen 2« sich erhebend – weithin im alten Sachsen zu sehen gewesen sein sollte, Ausdruck der Verehrung für die Götter und deren Weltordnung.

Teudts Interpretation der Externsteine zeugte zwar von einem ausgeprägten Vorverständnis im Sinne der völkischen Ideologie, sie hätte aber kaum solche Wirkung gehabt, wenn er nicht gleichzeitig die Behauptung aufgestellt hätte, daß man an dem sogenannten Kreuzabnahmebild (immerhin dem ältesten plastischen Kunstwerk auf deutschem Boden), einem Felsenrelief am Fuß der Externsteine, eine Darstellung der Irminsul erkennen könne. Und zwar sollte der »Thronsessel«, auf dem die Gestalt des Nikodemus – deren Beine schon damals fehlten – stand, die herabgebogene Irminsul gewesen sein: »... so wurde den ersten Beschauern die Forderung versinnbildlicht, daß das Christentum als siegreich über das zerbrochene Heidentum anzuerkennen sei«.

Damit war zum erstenmal behauptet, daß es – jenseits aller Spekulation – eine Vorstellung vom Aussehen der Irminsul gebe, die aus einem aufragenden Stamm mit zwei geschwungenen Enden bestanden haben sollte. In der dritten Auflage der *Germanischen Heiligtümer* von 1934 fehlt nicht nur der vorsichtige Tonfall, in dem Teudt seine Annahmen bis dahin vorgetragen hatte. Er erklärte nun auch – wohl um dem neuen Zeitgeist Rechnung zu tragen – die Zerstörung der Beine des Nikodemus damit, »daß empörte Germanen die Füße des auf das Heiligtum tretenden Mannes zerschlagen haben«. Die Veröffentlichung löste eine ganze Flut polemischer Literatur aus, deren Ausläufer sich bis in siebziger Jahre erstreckten. Vereinfacht gesagt, standen dabei Völkische und Esoteriker auf der einen Seite, Katholiken und Archäologen auf der anderen Seite. Schon wegen des außerordentlichen Interesses, das Himmler (→Quedlinburg) für die Externsteine gezeigt hatte, konnte nach 1945 natürlich kein Fachwissenschaftler mehr für den germanischen Charakter der Externsteine plädieren.

Der Faszination dieses Naturdenkmals hat das keinen Abbruch getan. Eher im Gegenteil. Zwar stagniert das touristische Interesse seit langem auf verhältnismäßig hohem Niveau, aber auch die weltanschaulich Interessierten finden bis heute ihren

EXTERNSTEINE

Weg. Waren es in der Nachkriegszeit nur die Betont-Nationalen, die sich zu Sonnenwendfeiern vor den Felsen trafen, sind es seit dem Aufkommen des New-Age-Okkultismus auch alle möglichen Naturreligiösen, Schwärmer und Jugendbewegten, die sich zu Walpurgis (→Brocken) oder anderen Feiertagen des heidnischen Jahreslaufs vor dem »Kraftort« versammeln.

Literatur: Erich Kittel: *Die Externsteine. Ein kritischer Bericht zu ihrer Erforschung und Deutung nebst Führer durch die Anlagen*, Detmold 1984; Wilhelm Teudt: *Germanische Heiligtümer. Beiträge zur Aufdeckung der Vorgeschichte, ausgehend von den Externsteinen, den Lippequellen und der Teutoburg*, Jena ³1934; Elke Treude/Michael Zelle: *Die Externsteine bei Horn*, Detmold 2011; Karlheinz Weißmann: *Irminsul*, Göttingen 2012.

Karlheinz Weißmann

Frankfurt · Frauenburg · Friedland

Frankfurt am Main – Paulskirche

Der Bau der Paulskirche in Frankfurt am Main erfolgte nach Plänen des Stadtbaumeisters Andreas Liebhardt ab dem Jahr 1789. Er trat an die Stelle der gotischen Barfüßerkirche, die 1786 wegen Baufälligkeit abgerissen worden war. Der Stadtbaumeister Johann Georg Christian Hess setzte als Nachfolger Liebhardts eine klassizistische Überarbeitung der barocken Entwürfe seines Vorgängers durch. Erst unter seinem Sohn Johann Friedrich Christian Hess konnte das Werk 1833 vollendet werden. Geldmangel und Meinungsverschiedenheiten über die Entwürfe waren verantwortlich für die lange Dauer des Baues.

Auffallend ist die Anlehnung der Architektur an das römische Pantheon. Mit dem Motiv eines Zentralraumes, mit kassettierter Kuppel und einfallendem Oberlicht kam Johann Friedrich Christian Hess seinem antiken Vorbild nahe. Herausragend ist ferner das Motiv einer von Säulen getragenen Emporenbühne, die dem ovalen Grundriß der Kirche folgt. Gelegentlich äußerte man kritisch, der Turm würde vom mächtigen Schieferdach des Baukörpers optisch erdrückt. Auf breite Zustimmung stießen hingegen die wohlausgewogenen Proportionen des Gebäudes.

Die Kirche wurde 1833 der evangelischen Gemeinde als Hauptkirche übergeben. Mit einer Unterbrechung während der Versammlungen von 1848/49 wurde die Paulskirche bis zu ihrer Zerstörung bei einem Luftangriff auf Frankfurt 1944 als Gemeindekirche genutzt. Seit ihrem Wiederaufbau dient sie nur noch als Erinnerungsstätte.

Die Paulskirche eignete sich wegen ihrer Architektur als politischer Tagungsort. Positive Resonanz fand vor allem der lichtdurchflutete Innenraum. Eines der Ziele des älteren Hess war es, mittels der ovalen Form den Platz des Gotteshauses bestmöglich auszunutzen. Weiterhin formulierte er seine Hauptabsicht dahingehend, »den Prediger von jedem Patz aus zu sehen und zu verstehen«. Diese amphitheatralische Anordnung erwies sich als Vorteil auch für politische Veranstaltungen. In der Tat mischte sich ein »politischer Zug in die sakrale Gestaltung« (Dieter Bartetzko). Ab der Französischen Revolution wurde die Brauchbarkeit antiker Räumlichkeiten und Formen für moderne politische Gestaltung mehr und mehr entdeckt. Allerdings stellte das Plenum der Nationalversammlung 1848/49 auch Nachteile hinsichtlich des Ortes fest. Kritische Einwände gab es nicht zuletzt wegen der schlechten Akustik.

Daß die Paulskirche zum Mittelpunkt der vielgestaltigen, sogenannten »48er-Revolution« wurde, hängt natürlich mit den Vorzügen Frankfurts zusammen. Die Gründe für die Wahl dieser Stadt liegen auf der Hand. Zum einen zeichnete sich die Stadt wie keine zweite größere im deutschen Bund durch die bürgerlich-liberale Prägung der Bevölkerung aus. Diese korrelierte mit dem hohen Akademikeranteil der Abgeordneten aus allen Territorien Deutschlands. Darüber hinaus schien Frankfurt als Sitz des Bundestages und als frühere Stätte der Wahl und Krönung des Kaisers wie prädestiniert als Mittelpunkt der geplanten bürgerlichen Neuordnung der Verhältnisse.

Am 18. Mai 1848 wurde das erste frei gewählte deutsche Parlament feierlich eröffnet. Eine wesentliche Voraussetzung für das Zusammentreten war die weitverbreitete Stimmungslage im Volk, daß die traditionellen Schichten und Politiker nicht in der Lage seien, den gesellschaftlichen und sozialen Wandel zu bewältigen. Nach dem Wahlboykott böhmischer und mährischer Wahlkreise reduzierte sich die Zahl der Abgeordneten auf 585. Durchschnittlich nahmen 400 bis 450 von ihnen an den Sitzungen teil.

Kernstück der parlamentarischen Arbeit war der Entwurf einer Reichsverfassung für ganz Deutschland. Als Vorbild dienten insbesondere die amerikanische Unabhängigkeitserklärung von 1776 und die Erklärung der Menschenrechte von 1789. Doch auch eigenständige Züge des Konzepts sind unübersehbar. Bis heute gelobt wird der Grundrechtekatalog mit seinen Ausführungen zur persönlichen Freiheit, rechtlichen Gleichheit, Selbstverwaltung der Gemeinden und zu den einzelstaatlichen Verfassungsordnungen.

Zu den früh erkennbaren und kaum lösbaren Problemen, die in der Paulskirche debattiert wurden, gehörte neben der Nationalitätenfrage – großdeutsche oder kleindeutsche Variante – die Entscheidung über die künftige Staatsform. Sollte Deutschland eine Republik oder eine konstitutionelle Monarchie werden? Die Überlagerung solcher komplexen Fragen erschwerte eine Einigung. Ein Desiderat blieb, nicht nur nach Auffassung der marxistischen Revolutionshistorie, die »sociale Frage«. Man erzielte 1849 einen Kompromiß: Die Demokraten akzeptierten mehrheitlich das preußische Erbkaisertum, die Liberalen wiederum das demokratische Wahlrecht. Ziel war eine konstitutionelle Ordnung, die mehrheitliche Zustimmung bei der Bevölkerung finden sollte.

1849 wurde die Versammlung von reaktionären Kräften auseinandergetrieben und mußte nach Stuttgart ausweichen. Wie in anderen europäischen Ländern läßt das Scheitern der Revolution von 1848/49 ein ganzes Bündel von Ursachen erkennen. Dazu zählen die Uneinigkeit der revolutionären Kräfte, das heißt die Spaltung von bürgerlich-liberalen und sozialrevolutionär-linken Kräften, die wirtschaftlichen Krisenverhältnisse, aber auch das entschlossene Handeln monarchisch-gegenrevolutionärer Akteure, vor allem die Ablehnung der Kaiserkrone durch König Friedrich Wilhelm IV. von Preußen.

Das Nachleben der Paulskirchenversammlung wurde in den letzten Jahren ausgiebig diskutiert. Die liberale Tradition rückte die Arbeiten am Verfassungsentwurf in den Mittelpunkt späterer Erinnerung, die sozialdemokratische hingegen die revolutionären Barrikadenkämpfe. Die Reichsgründung von 1871 (→Versailles) galt den dominanten Eliten konservativer und nationalliberaler Prägung als Erfüllung der nationalen Anliegen seitens patriotischer Abgeordneter in Frankfurt. Auch Teile des Bürgertums machten sich die konservative Sichtweise zu eigen: nämlich das Schreckbild des gewalttätigen Aufstandes und den Widerstand der ordnungsliebenden Mächte gegen derartige Umsturzpläne. Eine andere Perspektive wählte die linksliberale Seite. Sie versuchte die Paulskirche und die Reichsverfassung als Symbol der Freiheit zu bewahren. Zu Beginn der Weimarer Republik bezogen sich einige ihrer höheren Repräsentanten, etwa Hugo Preuß, auf das Erbe des Paulskirchenparlaments. 1923 sind einige Reden zum 75jährigen Jubiläum zu verzeichnen. So rief vor allem Reichspräsident Friedrich Ebert freiheitliche Traditionen aus der 48er-Zeit in Erinnerung. Die Nationalsozialisten vereinnahmten die Kämpfer von 1848 als nationalistische Idealisten. Besonders der Anschluß Österreichs 1938 wurde als Erfüllung jener großdeutschen Forderungen verstanden, die neun Jahrzehnte vorher erhoben worden waren.

Intensivere Anknüpfungspunkte an 1848 gab es 1948 im Vorfeld der Gründung der Bundesrepublik. So erregte in starkem Maß das Berliner Revolutionsgedenken zur Hundertjahrfeier Aufmerksamkeit. Dieses fand in der »Frontstadt« (→Berliner Mauer) an der Nahtstelle zwischen Ost und West statt. Es kam zum Kampf um die Deutungshoheit der Ereignisse zwischen westlichen Bürgerlichen, Sozialdemokraten und der SED. Die Paulskirche wurde wieder aufgebaut und zur Gedenkstätte umfunktioniert. Neuere Forschungen, etwa von Claudia Klemm, haben Versuche hervorgehoben, die Feierlichkeiten zum Centennium mit einer deutlicheren europäischen Ausrichtung als früher üblich zu gestalten.

Das traf 50 Jahre später um so stärker zu. Mit einer Welle von Gedenkveranstaltungen (einschließlich einer Fülle von Publikationen) feierte das wiedervereinigte Deutschland 1998 den 150. Jahrestag der Revolutionsgeschehnisse. Zentrale Feierlichkeiten fanden in Frankfurt wie Berlin statt. Wieder einmal zeigte sich: Die Erinnerung an die Paulskirchenversammlung war immer dezidiert bestimmt von den jeweiligen zeitgeschichtlichen Umständen, so daß sich feststellen läßt, trotz diverser Konstanten sei der »Wandel das entscheidende Charakteristikum des Gedenkens« (Claudia Klemm).

Literatur: Wolfram Siemann: *Die deutsche Revolution von 1848/49*, Frankfurt a. M. 1985; *1848. Revolution in Deutschland*, hrsg. Christof Dipper u. Ulrich Speck, Frankfurt a. M./Leipzig 1998; Claudia Klemm: *Erinnert - umstritten - gefeiert. Die Revolution von 1848 in der deutschen Gedenkkultur*, Göttingen 2007.

Felix Dirsch

Frauenburg – Dom
Ostpreußen, Ermland

Leuchtend rot erhebt sich über der weiten blauen Fläche des Frischen Haffs – diesem Schicksalsweg der Ostpreußen Anfang 1945 – der Frauenburger Dom der ermländischen Bischöfe. Der von Kaiser und Papst zur Christianisierung des Prußenlandes ausgesandte Deutsche Orden (→Marienburg, Tannenberg) hatte sich 1243 mit dem päpstlichen Legaten Wilhelm von Modena dahingehend geeinigt, ein Drittel des eroberten Gebietes Bischöfen für Bistümer zu übergeben – eines davon wurde das Ermland. Diese räumliche Verwaltungsteilung führte durchaus nicht zu einer ebensolchen des Staates; vielmehr wandten sich Hochmeister und Bischöfe gemeinsam der Christianisierung und Kolonisierung zu. Nicht zuletzt durch den Austausch von Baumeistern schufen sie vereint die das Land zwischen Weichsel und Memel bis heute prägende Einheit.

Die Stadt Frauenburg wurde um 1270 durch den Lokator Gerhard Fleming auf einem für das Ordensland typischen rasterartigen Grundriß angelegt, während oberhalb derselben nach der Dislokation des ermländischen Domkapitels um 1278 von Braunsberg nach Frauenburg die Domburg ausgebaut wurde, zunächst mit hölzerner Kathedrale. 1310 erhielt die Siedlung ihr lübisches Stadtrecht. Der Bau des neuen, backsteinernen Doms seit etwa 1330 wurde auch durch päpstliche Ablässe finanziert. Nach der Fertigstellung 1388 zählte er »zu den großartigsten und eigenwilligsten architektonischen Schöpfungen im gesamten mittelalterlichen Preußen« (Christofer Herrmann). Ebenfalls bahnte sich eine besondere Stellung des ermländischen Bischofs an, als er 1356 in einer Goldenen Bulle Kaiser Karls IV. (→Karlstein, Prag) als Fürstbischof aufgeführt wurde.

Von den Kriegen zwischen Ordensstaat und Polen während des 15. Jahrhunderts wurde auch das Ermland immer wieder berührt, so plünderten etwa Polen 1414 den Dom. Die folgenden inneren Gegensätze des Ordensstaates nutzend, schlug sich das Ermland im Dreizehnjährigen Krieg (1454–1466) auf die Seite der aufbegehrenden Stände und damit des mit diesen verbündeten polnischen Königs. Obgleich Söldner desselben die Domburg erneut verwüsteten, unterstellte sich das Bistum im Zweiten Thorner Frieden (1466) der Herrschaft der polnischen Krone, nicht ohne in der Folge seine Souveränität Eingriffen auch dieser gegenüber zu verteidigen.

Der Konflikt zwischen Polen und dem das Ermland umgebenden Restordensstaat trat noch einmal im Reiterkrieg 1520 hervor. Hochmeister Albrecht brandschatzte die Stadt Frauenburg und zog mit seinen Truppen vor die ermländische Stadt Allenstein. Hierhin war zum Aufbau einer Verteidigung Nicolaus Copernicus aufgebrochen. Damit ist jener Name genannt, dem das kleine Frauenburg seinen weltweiten Ruhm verdankt.

Nicolaus Copernicus (*1473 Thorn) wurde 1503, nach einem Studium der Rechte, Astronomie und Medizin (Krakau und Italien), bei seinem Onkel, dem ermländischen Fürstbischof Lucas Watzenrode, Domherr in Frauenburg. 1509 verfaßte er die Schrift *Commentariolus*, in der er seine astronomischen Beobachtungen dem Freundeskreis mitteilte. Er verwarf das bisherige Weltbild, wonach sich Sonne und Planeten um die Erde drehen, und wurde so zum neuzeitlichen Entdecker des heliozentrischen Systems, erkennend, daß die Planeten um die Sonne kreisen. Sein Hauptwerk *De Revolutionibus Orbium Coelestium* (Über den Umschwung der himmlischen Kreise) übergab er dem Wittenberger Mathematiker Joachim Rheticus, der es zur Veröffentlichung nach Nürnberg brachte. Copernicus starb im Mai 1543 in Frauenburg – wie die Legende berichtet –, kurz nachdem ihm das gedruckte Buch überreicht worden war.

Schon 1842 empfanden Polen die Aufstellung der Büste Copernicus' in der →Walhalla als Provokation, und lange wurde die Forschung von der Nationalitätenfrage beherrscht. Aber selbst wenn manche englischsprachige Enzyklopädie den Astronomen als Polen führt – polnischer Staatsbürger war er ja –, oder wenn »Mikołaj Kopernik« 2003 in einer Erklärung des polnischen Senats zu den großen Polen gerechnet wurde, soll uns dies nicht von der Nennung abhalten, denn beide, Frauenburg und Copernicus, berühren einen Teil deutschen Geisteslebens und beispielhaft die heutige Verdrängung der Orte des deutschen Ostens aus unserem Gedächtnis.

Der gegen besseres Wissen bewußte Verzicht auf diesen Namen wird mit weltbürgerlicher Gelassenheit, dem Verweis auf die vermeintliche Nebensächlichkeit der Herkunft jener der Menschheit gehörenden, bedeutenden Männer bemäntelt. Wurde nicht in jenen humanistischen Zeiten und Kreisen der Volkstumszugehörigkeit geradezu kein Wert beigemessen;

schrieb und sprach Copernicus nicht in Latein? Gewiß; aber erwähnt sei, daß gerade zu Copernicus' Zeit im Herzogtum Preußen ein die Landesgeschichte prägendes Gesetz, die Regimentsnotel von 1542, erlassen wurde, durch welche die Elite die höchsten Staatsämter an jene Sprachzugehörigkeit band, die auch Copernicus' Muttersprache war: Deutsch. Unsere Akzeptanz der Verdrängung oder nachbarlichen Aneignung von Namen – denen von Orten wie von Personen – entspringt weniger gelassener Weltbürgerlichkeit als Gleichgültigkeit gegenüber dem Eigenen. Mit einem Nicht-mehr-Nennen von Copernicus als Teil des deutschen Geisteslebens und mit Frauenburg als einem Ort im Osten Europas, an den uns mehr als nur die Erinnerung der von dort Vertriebenen bindet, mit dem Vergessen von Menschen und Orten, die zu unserer Kulturgeschichte über Jahrhunderte selbstverständlich hinzugehörten, schneiden wir Verbindungen zu Räumen ab, die unser Denken erweiter(te)n, bereicher(te)n, form(te)n. Frauenburg ist also bewußt und exemplarisch zu nennen, nicht nur, um es im Gedächtnis zu bewahren, sondern vielmehr, um den Kosmos unseres Denkens offen zu halten.

Kehren wir zurück zum Ort. Mit der ersten Teilung Polens 1772 fiel das Ermland an Preußen. Friedrich der Große (→Leuthen, Oderbruch, Potsdam) überlegte 1773 in einem Brief an Voltaire, in dem ermländischen Ort »un monument sur le tombeau du fameux Copernic« zu errichten. Aber wirkliche Bedeutung erlangte das kleine Frauenburg nicht mehr. Bei Kriegsende 1945 wurde die Stadt schwer zerstört, aber die Domburg blieb erhalten, wurde zu einem würdigen Gedenkort für Nicolaus Copernicus und beliebten Touristenmagnet ausgebaut und thront wie eh und je über dem Frischen Haff. An jene ungezählten Toten, die 1945 im Eis des Frischen Haffes mit Pferd und Wagen versanken, erinnert hingegen nur ein formloser Findling, der zeigt, wie weit wir uns von einer ehrenden Haltung, wie sie in der Weimarer Republik noch Aufgabe des Künstlers war (→Laboe, Tannenberg), gerade auch durch unser Vergessen entfernt haben.

Literatur: Kurt Forstreuter: Bemerkungen zu den ältesten Bildern und Biographien von Copernicus, in: *Preußenland*, Nr. 2, 1973, S. 18–32; Christofer Herrmann: *Mittelalterliche Architektur im Preußenland*, Petersberg 2007; Dierk Loyal: *Sakrale Backsteingotik im Ermland. Eine bautopographische Untersuchung*, Bonn 1995; Werner Thimm: Die wissenschaftlichen Ergebnisse des Copernicusjahres 1973, in: *Preußenland*, Nr. 1/2, 1974, S. 1–30.

Wulf D. Wagner

Friedland – Lager
Niedersachsen, 20 km südlich von Göttingen

Wer eine gewisse Empathie für ergreifende Ereignisse im Geschichtsbuch der deutschen Nation nach dem Zweiten Weltkrieg sein eigen nennt, für den dürften neben der Berichterstattung über das »Wunder von →Bern« 1954 und den Szenen vom Mauerfall im November 1989 (→Berliner Mauer) die Bilder aus dem Lager Friedland aus dem Jahr 1955 zu den besonders berührenden Erinnerungsstücken gehören.

Der 1 300-Einwohner-Ort, im äußersten Süden Niedersachsens zwischen Göttingen und Witzenhausen gelegen und Namensgeber für die insgesamt 14 Orte zählende Gemeinde, hat in Deutschland den guten Klang der Hoffnung und der Freiheit. Seit 1945 trafen hier zunächst Kriegsgefangene und Flüchtlinge, später die Nachhut der großen Vertreibung und Völkerwanderung der Deutschen aus dem Osten ein. Insgesamt mußten seit dem Zweiten Weltkrieg mehr als 13 Millionen Deutsche ihre

Heimat im Osten verlassen. Für wie viele Hunderttausende das Lager Friedland das Tor zur Freiheit wurde, läßt sich wohl kaum noch zählen.

Einer von ihnen war Walter Figge aus Bad Honnef am Rhein. Er gehörte zu den insgesamt knapp 10 000 Deutschen, die im Herbst und Winter 1955/56 aus den Lagern der Sowjetunion in die Heimat zurückkehrten. In den Heimatstädten wurden die Meldungen von der bevorstehenden Rückkehr der oftmals Totgeglaubten teilweise frenetisch gefeiert. »Freudenbotschaft für Honnef: Walter Figge kehrt heim«, so titelte etwa die *Honnefer Volkszeitung* am 14. Oktober 1955 auf ihrer ersten Seite. Nach 13 langen Jahren konnte seine Mutter den 30jährigen Mann erstmals wieder in die Arme schließen. Als Walter Figge vom Siebengebirge aus in den Krieg gezogen war, war er 17 Jahre alt gewesen. Dazwischen lagen der Krieg und eine Reihe sowjetischer Lager, darunter auch das gefürchtete Workuta am Polarkreis. Für Figges Mutter hatte es kein Halten mehr gegeben, als das Telegramm aus Friedland eintraf, in dem Figge seine Rückkehr ankündigte: Trotz Krankheit setzte sie sich mit ihrem zweiten Sohn, ihrer Schwester und ihrem Schwager in den Wagen und fuhr ihrem Walter nach Friedland entgegen. Zu Hause liefen unterdessen alle Vorbereitungen zum festlichen Empfang des Heimkehrers.

Noch über 50 Jahre später erinnern sich Walter Figge und seine Frau an die Szenen, die sich damals daheim abspielten – und Zeugnis davon geben, wie das Verhältnis der Deutschen zu ihren Veteranen in den fünfziger Jahren gewesen sein muß. Von den Häusern wehten Fahnen. Die Glocken läuteten. Ein Meer winkender Hände und Taschentücher begrüßte Walter Figge, als er im geschmückten Wagen stehend in Richtung seines Elternhauses fuhr. Dort fanden sich anderntags Blumen, Frühstückskörbe, Kinofreikarten, zahlreiche Briefe und Glückwunschkarten sowie zahlreiche Angebote von örtlichen Firmen, die dem Heimkehrer eine Stelle anboten: »Jede beliebige können Sie haben. Wir wollen Ihnen helfen«, hieß es etwa. Auch Honnefs Bürgermeister, dessen eigener Sohn im Osten verschollen war, schloß den Heimkehrer unter Tränen in die Arme. Ähnlich verlief der Empfang auch andernorts: mit Glockengeläut, Blumen, Jubel und einem Ehrenzug der Ortsvereine.

Und doch sorgte die Rückkehr über das Lager Friedland nicht nur für Freudentränen. In seinem Drama *Draußen vor der Tür* hatte der Schriftsteller Wolfgang Borchert bereits 1947 das Schicksal vieler Heimkehrer verarbeitet: Die vergebliche Suche nach einem Platz im Nachkriegsdeutschland, in dessen Alltagsleben nach etlichen Jahren in Gefangenschaft nur schwer Zugang zu finden war. Zahlreiche persönliche Dramen sind überliefert, etwa von Gefangenen, die Briefe von ihren Frauen aus der Heimat erhielten, in denen diese um ihre »Freigabe« baten, weil sie einen anderen Mann heiraten wollten. Auch die fragenden Gesichter der Frauen und Mütter in Friedland, die nichts mehr von ihren Lieben erfahren hatten, gehören zu den Bildern, die später auch für manch einen zur Qual wurden, der es nach Hause geschafft hatte. Frauen, die mit blassen Gesichtern in der Menge Namensschilder und Fotos hochhielten und deren Hoffnung auch nach über einem Jahrzehnt nicht gestorben war.

Das Lager war nach dem Zweiten Weltkrieg von der britischen Besatzungsmacht als eine zentrale Stelle zur Kontrolle und Koordination der Flüchtlingsströme eingerichtet worden. Friedland, ursprünglich eine landwirtschaftliche Versuchseinrichtung der Universität Göttingen, bot sich dafür an: gelegen in der geographischen

Mitte Deutschlands an einer Stelle, wo die Grenzen der britischen, amerikanischen und sowjetischen Besatzungszone aneinanderstießen.

Hier sammelten sich ab September 1945 Flüchtlinge, die Vertriebenen und Rückkehrer aus der Kriegsgefangenschaft. Hier wurden die ersten Aussiedler aus den ehemals deutschen Ostgebieten durchgeschleust. Und hier landeten eben die Massentransporte der Soldaten aus Rußland. Ausgehandelt hatte deren Freilassung 1955 der damalige Bundeskanzler Konrad Adenauer in Verbindung mit der Aufnahme diplomatischer Beziehungen in Moskau. Ob es sich, wie es offizielle Sprachregelung war, tatsächlich um die »letzten« in der Sowjetunion festgehaltenen deutschen Kriegsgefangenen handelte, war lange umstritten und konnte nie verläßlich geklärt werden.

Bis heute erinnern das vier Meter hohe Heimkehrerdenkmal auf dem Hagenberg nahe Friedland und die Heimkehreroder Lagerglocke an diese Zeit. Die Glocke wurde stets geläutet, wenn zwischen 1953 und 1956 wieder ein Heimkehrertransport aus dem Osten erwartet wurde. Ebenfalls in den fünfziger Jahren fanden im Rahmen der »Operation Link« durch den Krieg versprengte Familien wieder zusammen. Flüchtlinge aus der DDR suchten in Friedland einen Neuanfang. Hinzu kamen später Emigranten und Flüchtlinge aus Krisengebieten in aller Welt. Zuletzt beherbergte es mehrere hundert Asylbewerber aus einem Dutzend Länder, darunter Afghanistan, Pakistan und dem Irak. Die islamischen Herkunftsländer haben mittlerweile den Lageralltag geprägt: Inzwischen steht kein Schweinefleisch mehr auf dem Speiseplan. Bis in die 1990er Jahre aber war das Durchgangslager erste Station für Aussiedler und Spätaussiedler aus Osteuropa, insbesondere der früheren Sowjetunion. Als ihre Zahl mit der Wende im Osten sprunghaft anstieg, war dies für Friedland eine Herausforderung wie in den ersten Nachkriegsjahren. Auch damals sorgten die einfahrenden Züge mit den winkenden Menschen für bewegende Szenen. Wie 1955, als die Menge in Friedland gemeinsam den Choral anstimmte, der seitdem für viele Menschen mit der Heimkehr der Gefangenen verbunden ist: »Nun danket alle Gott.«

Literatur: Dagmar Kleineke: *Entstehung und Entwicklung des Lagers Friedland 1945-1955*, Göttingen 1992; Josef Reding: *Friedland. Chronik der großen Heimkehr*, Würzburg 1989.

Gerald Franz

Halbe · Hechingen · Heidelberg · Helgoland · Hoher Meißner · Hohkönigsburg

Halbe – Friedhof
Brandenburg, etwa 40 km südlich von Berlin

In der Gemeinde Halbe lag der einzige Soldatenfriedhof auf dem Gebiet der DDR für die deutschen Opfer von 1939 bis 1945. Laut Eingangsschild waren dort ausschließlich »Gefallene und Tote des 2. Weltkrieges« bestattet. Nur Eingeweihte wußten, daß es sich dabei um eine glatte Lüge handelte.

1951 wurden auf dem sieben Hektar großen Waldfriedhof von Halbe nicht nur sterbliche Überreste von 22 000 Soldaten umgebettet, die tatsächlich Ende April 1945 in der Kesselschlacht südlich Berlins umgekommen waren, sondern auch Tote, welche offiziell niemand kennen durfte – die Opfer des sowjetischen Konzentrationslagers Ketschendorf.

Halbes Pfarrer, der aus dem Harzstädtchen Schierke stammende Ernst Teichmann (1906–1983), setzte Anfang der fünfziger Jahre die Einweihung eines Soldatenfriedhofs durch. Als er erfuhr, daß Bauarbeiter im benachbarten Ketschendorf bei Fürstenwalde auf Massengräber gestoßen seien, gab er keine Ruhe, bis diese Toten ebenfalls in Halbe bestattet wurden. Der von SED und Stasi schwerbedrängte Kirchenmann wußte, was öffentlich nie ausgesprochen werden durfte: Diese Leichen waren Opfer des Stalinismus auf dem Gebiet der DDR. Nur mit falschen Aufschriften durfte Pfarrer Teichmann die Grabsteine setzen lassen. Bis Ende 1989, so Halbes damaliger Bürgermeister Horst Hausmann, wachten Stasi-Leute darüber, daß die Wahrheit nicht ans Licht kam.

Ende April 1945 wurde auf dem Gelände einer ehemaligen Arbeitersiedlung der Deutschen Kabelwerke das sowjetische »Speziallager Nr. 5« Ketschendorf installiert. Nach der Vernichtung aller Möbel und Einrichtungsgegenstände trafen zu Fuß die ersten Häftlinge, Männer wie Frauen, ein. Unter ihnen befanden sich – schreckliches Charakteristikum des Lagers Ketschendorf – sehr viele Jugendliche. Diese 12- bis 18jährigen waren meist wahllos aufgegriffene Hitlerjungen. Allein das Tragen einer HJ-Uniform führte zu ihrer Verhaftung. Der sowjetische Sicherheitsdienst sah in ihnen generell Angehörige des »Werwolfs«, einer NS-Terrororganisation, die im Grunde nur auf dem Papier existierte. Von den mehr als 2 000 im Lager Ketschendorf internierten Jugendlichen starben mehr als die Hälfte an Hunger. Die meisten wußten nicht, warum man sie festhielt. Alle wurden von der Außenwelt vollständig isoliert, ihre Familien hielten sie für tot.

Haftbedingungen und Ernährungslage im Lager waren von unvorstellbarer Erbärmlichkeit. Ein internierter Arzt berichtete: »Als am Morgen des 4. November 1946 die Essenholer aus der Küche nur mit 300 Gramm Brot zurückkamen und von ihnen die Nachricht mitgebracht wurde, daß auch die anderen Lebensmittel bis zu 50 Prozent gekürzt werden sollten, war der Tiefpunkt des KZ-Lebens erreicht. Jeder nur einigermaßen klar denkende Mensch konnte sich ausrechnen, daß ein täglicher Verpflegungssatz von 900 bis 1 000 Kalorien, der nunmehr verblieb, in Kürze schwerste Opfer in den Reihen der Häftlinge fordern würde ... Und diese Katastrophe trat dann auch bereits in den nächsten Wochen ein.«

Zweifellos gehörten zu den zeitweilig 18 000 Ketschendorfer Häftlingen nicht nur Unschuldige. Unter den Gefangenen befanden sich lokale Nazi-Größen wie der NSDAP-Kreisleiter von Forst. Doch das Grauen des Lagers wird dadurch nicht gemildert. Auch in den KZs der Nazis saßen etliche Schwerverbrecher. Das System totaler Rechtlosigkeit aber zermürbte im Dritten Reich und während der Stalin-Herrschaft die Menschen ebenso unbarmherzig wie Hunger oder Seuchen. Im Ketschendorfer Lager versteckten sich Häftlinge unter Abfallhaufen aus Angst vor einem Abtransport in die Sowjetunion. Andere fielen entkräftet in die Latrinen, wo sie elend umkamen. Mehr als 6 000 Tote forderte die Lagerhaft. Sie alle wurden im angrenzenden Wäldchen verscharrt.

Die Auflösung des Lagers begann im Februar 1947. Doch niemand wurde in Freiheit gesetzt. Das Ganze war nur eine »Umschichtung«. Viele Häftlinge gerieten ins KZ Jamlitz bei Lieberose, das an Schrecken Ketschendorf womöglich noch überbot. Im April 1947 verließ der letzte Transport das »Spezialager Nr. 5«. Dann herrschten Jahre des Schweigens, bis zu jenem Tag, als Fundamente im ehemaligen Totenwäldchen ausgeschachtet wurden. »Es waren furchtbare Tage. Über ganz Fürstenwalde-Süd hing Leichengeruch«, erinnerte sich eine ältere Ketschendorferin. Man versuchte den Leuten einzureden, es handele sich dabei um Nazi-Opfer. Doch in Überresten des Lagers fanden sich Fensterbretter mit eingeritzten Daten von 1946 und 1947. In einem Keller stieß man sogar auf Blutspuren. Daraufhin wurde die gesamte Gegend abgesperrt und die Toten bei Nacht auf den Waldfriedhof Halbe überführt.

Nach der deutschen Wiedervereinigung wurde der Waldfriedhof Halbe zu einem Treffpunkt am Volkstrauertag. Mehrere tausend Teilnehmer gedachten 1990 und 1991 der Soldaten aus den Reihen von Wehrmacht, Waffen-SS und Volkssturm, die während der Kesselschlacht bei Halbe ums Leben kamen. Von den bundesdeutschen Medien als »Alt- und Neonazis« gebrandmarkt, wurde diesen Bürgern von den Brandenburger Behörden ihr Recht auf Demonstrationsfreiheit genommen und Veranstaltungen in Halbe verboten. 2003 hob das Bundesverfassungsgericht diese Verbote wieder auf. Als an einer Gedenkveranstaltung im März 2006 mehr als 1 000 Menschen teilnahmen, änderte der Potsdamer Landtag kurzerhand das Versammlungsrecht. Demnach sind nur noch Zusammenkünfte auf dem Bahnhofsvorplatz von Halbe zulässig.

Seit Juni 2013 befindet sich auf dem Friedhof eine »Bildungs- und Begegnungsstätte«. Um deren politische Korrektheit zu garantieren, wurden vom Land Brandenburg zwei Drittel der Baukosten von insgesamt 1,2 Millionen Euro übernommen.

Literatur: *Halbe mahnt! Denkschrift für Frieden, Freiheit und Völkerverständigung. Der Zentralfriedhof Halbe*. Text: Jan von Flocken/Michael Klonovsky, Berlin 1990.

Jan von Flocken

Hechingen – Burg Hohenzollern

Hechingen – Burg Hohenzollern
Baden-Württemberg, etwa 60 km südlich von Stuttgart

Der Name Hohenzollern ist so stark mit Preußen verknüpft, daß man leicht vergißt, daß das Geschlecht ursprünglich aus Schwaben kommt. Bereits für das 11. Jahrhundert ist die Existenz der »Zollern« belegt, und es ist zu vermuten, daß auch schon eine befestigte Anlage auf ihrem Stammsitz, dem Burgberg bei Hechingen, stand. Erstmals erwähnt wird die Burg 1267, doch nimmt man aufgrund von Berichten über ihre besonders großzügige Ausstattung an, daß sie zumindest auf das 12. Jahrhundert zu datieren ist. Ansonsten ist nicht sehr viel über die konkrete Gestalt dieser Burg Hohenzollern bekannt, die im 15. Jahrhundert infolge von Erbstreitigkeiten zerstört wurde. 1453 folgte der Wiederaufbau im spätgotischen Stil, von dem heute allerdings nur noch die dem heiligen Michael geweihte Kapelle erhalten ist.

Zu diesem Zeitpunkt hatte die fränkische Linie der Hohenzollern (→Nürnberg) bereits das Kurfürstentum von Brandenburg erhalten, womit der Grundstein für den Hohenzollern-Staat Preußen gelegt war. (Brandenburg-)Preußen von einem unbedeutenden Kleinstaat zu einem wesentlichen Faktor im europäischen Staatensystem gemacht zu haben, ist das Verdienst zweier Jahrhunderte – dem 17. und 18. –, in denen vier überdurchschnittlich begabte Herrscher aufeinanderfolgten: Friedrich Wilhelm, der Große Kurfürst, der eine zentrale Verwaltung und ein stehendes Heer schuf; Friedrich III., der Preußen zum Königreich und sich selbst zu König Friedrich I. machte (→Königsberg); Friedrich Wilhelm I. (→Oderbruch), der »Soldatenkönig«, der den Haushalt konsolidierte und die preußische Armee entscheidend stärkte; und schließlich Friedrich II., der Große, der in drei Kriegen Preußen als europäische Großmacht etablierte (→Leuthen, Oderbruch, Potsdam).

Schon der Große Kurfürst hatte den Kontakt nach Schwaben gesucht, um eventuelle Erbnachfolgemöglichkeiten zu sondieren. Der schwäbischen Linie der Hohenzollern war es bis zum Dreißigjährigen Krieg gelungen, ihre Macht einigermaßen zu konsolidieren und sogar in bescheidenem Umfang auszubauen. Die Burg aber überließ man 1667 österreichischer Besatzung. Es folgten 150 Jahre, in denen über den Besitz gestritten wurde. Das hatte zur Folge, daß die Burg Hohenzollern zusehends verfiel, bis sie zu Beginn des 19. Jahrhunderts wie so viele andere Burgen nur noch eine Ruine war. Nach der gescheiterten Revolution von 1848 (→Frankurt) wurden die schwäbischen Fürstentümer Hohenzollern-Sigmaringen und -Hechingen von der preußischen Krone übernommen; die Burg befand sich damit im Besitz des preußischen Königs.

Dieser, Friedrich Wilhelm IV., hatte schon 1819 als Kronprinz den Plan gefaßt, die Burg wiederaufzubauen, und Maßnahmen zur Restaurierung der weitgehend erhaltenen Michaelskapelle getroffen. Der sich für Kunst und Architektur begeisternde und maßgeblich von der Romantik beeinflußte Hohenzoller sah hier eine Gelegenheit, Mittelalterromantik, eigene Familiengeschichte und nationales Sendungsbewußtsein miteinander zu verbinden. Der Neubau in den Jahren 1846 bis 1867 erfolgte unter der Leitung Rudolph von Stillfrieds und des Architekten August Stüler – eines Schülers von Karl Friedrich Schinkel – im neogotischen Stil. Stillfried verwendete zahlreiche historische Vorlagen sowohl für die Grundrisse als auch für die Ausstattung – die evangelische Kapelle etwa ist maßgeblich von der Sainte-Chapelle in Paris inspiriert – und verfolgte insgesamt das Ziel, die führende politische Rolle des Hauses Hohenzollern mit dem Bau zu versinnbildlichen und historisch zu begründen. Für den preußischen König wiederum dürfte es ein besonderer Glücksfall gewesen sein, daß gerade auf seinem Familiensitz eine Kapelle erhalten geblieben war, die Sankt Michael geweiht war, dem Schutzpatron der Deutschen, den Friedrich Wilhelm IV. zusammen mit Schinkel (→Berlin: Brandenburger Tor) wieder zum deutschen Nationalheiligen machen wollte. Für die Zeit bis zum Ende des Ersten Weltkriegs ist man mit diesem Anliegen erstaunlich weit gekommen, was auch damit zusammenhängt, daß Kaiser Wilhelm II. (→Doorn, Jerusalem) sich ebenfalls und vor allem wesentlich erfolgreicher diesem Thema widmete. Die Deutung von Preußens »deutschem Beruf«, also der historischen Aufgabe des Hauses Hohenzollern, die deutsche Frage endlich im Sinne eines geeinten deutschen Nationalstaates zu lösen, war ohnehin nach 1871 (→Versailles) allgemein verbreitet.

Nach zwei verlorenen Weltkriegen und dem Ende des preußischen Staates hatten solche Deutungen keine Konjunktur mehr. Die Burg Hohenzollern allerdings steht noch, seit 1952 auf das Betreiben des Prinzen Louis Ferdinand von Preußen hin sogar reich ausgestattet mit Dokumenten der preußischen Geschichte. Die Uniform Friedrichs des Großen wird auf Burg Hohenzollern ebenso ausgestellt wie die preußische Königskrone Wilhelms II. Auf diese Weise haben die etwa 300 000 jährlichen Besucher die Möglichkeit, eine Ahnung nicht nur von der preußischen Geschichte insgesamt zu erhalten, sondern auch von deren enger Verbindung mit der deutschen Nation im 19. Jahrhundert. Insofern gehört die Burg Hohenzollern als Stammsitz der preußischen Herrscher zu den Monumenten der »preußischen Dimension« (Karlheinz Weißmann), die bleibend notwendig ist für Deutschlands politische Existenz.

Literatur: Rolf Bothe: *Burg Hohenzollern. Von der mittelalterlichen Burg zum national-dynastischen Denkmal im 19. Jahrhundert*, Berlin 1979; Frank-Lothar Kroll (Hrsg.): *Preußens Herrscher. Von den ersten Hohenzollern bis Wilhelm II.*, München ²2009; Karlheinz Weißmann: *Die preußische Dimension. Ein Essay*, München 2001.

Martin Grundweg

Heidelberg – Schloß

Noch immer soll es vorkommen, daß Touristen aus Asien oder Amerika am Heidelberger Schloßberg irrtümlich eines der dort thronenden Korporationshäuser fotografieren – in der fälschlichen Annahme, es handele es sich um das Schloß. Zumeist klärt sich das Mißverständnis auf, und ganz falsch ist die Fährte nicht. Haben doch sowohl in der Geschichte des Heidelberger Schlosses als auch in den Häusern der Studentenverbindungen manche Merkmale der »deutschen Seele« die Jahrhunderte überdauert.

Man muß also der verschlungenen Schloßstraße bis zum Ende folgen, um auf jenen Vorsprung des Königstuhls oberhalb der Stadt ans Ziel zu gelangen, den die Kurfürsten von der Pfalz einst zur Residenz erkoren. Wer den Ausblick über Altstadt und Neckar hinüber zum Philosophenweg genießt, der mag träumerisch vergessen, daß er sich in einer Ruine befindet. Diese Ruine und ihre Geschichte jedoch hatten zu früheren Zeiten das Potential für ein veritables Politikum in sich. Denn schon die Zerstörung des Schlosses als solche wurde seinerzeit als nationale Angelegenheit empfunden. Der Ursprung des Schlosses

HEIDELBERG – SCHLOSS

liegt in einer mittelalterlichen Burganlage, die im 15. und 16. Jahrhundert als Residenz der pfälzischen Wittelsbacher erneuert wurde. Die Verwüstung kam 1689 und 1693 mit dem Pfälzischen Erbfolgekrieg, in dem französische Truppen das Schloß wie so viele andere Festungen und Burgen im Südwesten zerstörten.

Damals hatte Frankreich in Europa eine hegemoniale Stellung inne. Nach dem Tode des pfälzischen Kurfürsten Karl erhob Ludwig XIV. (→Versailles) 1685 im Namen seiner Schwägerin Liselotte von Orléans – der Schwester des Verstorbenen – Anspruch auf Teile der Kurpfalz. Er erkannte dabei die durch einen Vertrag geregelte Erbfolge nicht an. Sie sah eigentlich vor, die Kurwürde dem katholischen und kaisertreuen Philipp Wilhelm aus dem Hause Pfalz-Neuburg zukommen zu lassen. 1686 formierte sich die Augsburger Allianz, bestehend aus dem Kaiser, Bayern, dem fränkischen und oberrheinischen Reichskreis sowie Spanien und Schweden. Inhalt des lockeren Bündnisses war das gegenseitige Versprechen, sich gemeinsam gegen französische Übergriffe zu wehren. Frankreich reagierte mit dem Bau von Festungen am Oberrhein. Um auch am Niederrhein einen Stützpunkt zu erlangen, versuchte Ludwig XIV. den ihm ergebenen Kardinal Wilhelm von Fürstenberg gegen den Widerstand des Kaisers und des Papstes zum neuen Kurfürsten in →Köln zu machen. Dieser öffnete Köln den französischen Truppen. Papst Innozenz XI. ernannte gleichzeitig den kaisertreuen Wittelsbacher Joseph Clemens zum neuen Kölner Kurfürsten.

Am 24. September 1688 ließ Ludwig XIV. seine Truppen bei Straßburg ostwärts über den Rhein rücken. Er wollte einer Westverschiebung der kaiserlichen Truppen nach deren Sieg gegen die Türken zuvorkommen. Zu seiner Überraschung hatten seine Gegner mehrere Angebote ausgeschlagen, den Erbfolgestreit über Geldzahlungen aus der Welt zu räumen. Statt dessen reagierten die kaiserlichen Truppen am 15. Februar 1689 erstmals mit einer Reichskriegserklärung. Bereits 1688 hatten sich Brandenburg, Sachsen, Hessen-Kassel und Hannover im sogenannten Magdeburger Konzert mit dem Ziel verbündet, Holland während der Expedition Wilhelms von Oranien nach England zu decken und die Franzosen vom Niederrhein zu vertreiben. England trat nach der dortigen Machtübernahme durch Wilhelm von Oranien in das Lager der Gegner Frankreichs ein. Gemeinsam blockierten englische und holländische Flotte die französische Küste und vernichteten 1692 die französische Seemacht. Der Krieg weitete sich zu einem europäischen Flächenbrand aus, in dem der Auslöser Frankreich bald auf sich allein gestellt blieb. So waren die französischen Truppen nicht stark genug, die 1688 besetzten Gebiete zu halten. Sie zogen sich zurück und verwüsteten im Stile der »verbrannten Erde« dabei systematisch die Pfalz, um eine »tote Zone« zu hinterlassen, welche sich jedoch militärisch als nutzlos erwies. Indes: Die gegensätzlichen Interessen der Gegner Frankreichs und deren unkoordiniertes militärisches Vorgehen verhinderten weitere Niederlagen Frankreichs und ließen die militärischen Aktionen weitgehend zum Stillstand kommen. Unter schwedischer Vermittlung kam es 1697 schließlich zum Frieden von Ryswick. Darin wurden das englische Königtum Wilhelms von Oranien und das Elsaß als französischer Besitz anerkannt. Frankreich verzichtete seinerseits u. a. auf die Städte Freiburg, Breisach, Kehl, alle rechtsrheinischen Gebiete, die Ansprüche auf die Pfalz und die Reunionen in den spanischen Niederlanden.

Am Ende des Krieges war die französische Hegemonie zugunsten des Kräftegleichgewichts in Europa gebrochen. Die planmäßigen und mutwilligen Zerstörungen und Brandschatzungen durch die Franzosen brannten sich in den deutschen Gebieten in das Gedächtnis ein. Die Zerstörung der Pfalz weckte in Deutschland ein starkes Nationalgefühl gegenüber Frankreich. Das zerstörte Heidelberger Schloß wurde so zu einem Symbol.

Mehr als 100 Jahre später, nach den siegreichen Kriegen gegen das napoleonische Frankreich (→Leipzig, Schill-Gedenkstätten), gab dieses Symbol Anlaß für den sogenannten Denkmalstreit. Der auflebende Patriotismus, formuliert etwa durch den Dichter Wolfgang Müller von Königswinter, sollte auch in den Nationaldenkmälern zum Ausdruck kommen, und so wurde die Forderung laut, das Heidelberger Schloß als »Wall gegen die Feinde des Vaterlandes« und Zeichen der Unbeugsamkeit wiederaufzubauen. In Politik und Fachwelt entzündete sich eine leidenschaftliche Grundsatzdiskussion um das Für und Wider und um die Aufgabe der Denkmalpflege. Während der Architekt Carl Schäfer ab 1893 bereits mit der Restaurierung des Friedrichsbaus begann, beriefen Kunsthistoriker und Denkmalschützer eine Schloßbaukonferenz ein. Abermals diskutierten nun führende Fachleute über den Umgang mit dem Denkmal. Der Kunsthistoriker Georg Dehio prägte damals den Satz: »Konservieren, nicht restaurieren!« Diese Meinung setzte sich durch. Trotz hitziger Debatten blieben weitere Rekonstruktionspläne in der Schublade. Die übrigen Gebäude wurden lediglich in ihrem Bestand gesichert. Der Friedrichsbau ist das einzige Zeugnis für den Wunsch nach Wiederaufbau.

Als Resonanzraum für »kleine Fluchten« in die Epoche der deutschen Romantik leistet das Heidelberger Schloß bis heute beste Dienste. Sei es, daß man entlang der Scheffelterrassen lustwandelt, oder sei es, daß man sich am Großen Faß und an der Legende vom Zwergen Perkeo ergötzt, welcher der von Victor Hugo überlieferten Sage nach als Wächter des Fasses täglich fünfzehn Flaschen Wein trinken mußte. Als ihm irgendwann ein Arzt riet, für eine gewisse Zeit auf Wasser umzusteigen, sei er – so heißt es – am nächsten Tag gestorben.

Literatur: Victor Hugo: *Heidelberg*. Frankfurt a. M. 2003; Karl Moersch: *Geschichte der Pfalz. Von den Anfängen bis ins 19. Jahrhundert*, Mainz 1986; Adolf Zeller: *Das Heidelberger Schloß. Werden, Zerfall und Zukunft. In zwölf Vorträgen*, Karlsruhe 1905.

Gerald Franz

Helgoland
In der Nordsee, vor der westfriesischen Küste

Helgoland gehört formell erst seit dem sogenannten Helgoland-Sansibar-Vertrag von 1890 zu Deutschland. Das Abkommen hatte das Reich mit Großbritannien geschlossen, seine Ansprüche auf ostafrikanische Territorien, darunter die Insel Sansibar, aufgegeben und im Gegenzug einige kolonialpolitische Zugeständnisse sowie die Hochseeinsel vor der deutschen Küste erhalten. In den Augen der Imperialisten jener Zeit – vor allem in den Reihen des Alldeutschen Verbandes – ein unverzeihlicher Fehler, tatsächlich eine Entscheidung, die sich langfristig zugunsten Deutschlands ausgewirkt hat: Überseebesitzungen hätten wir längst verloren, Helgoland ist uns geblieben, in vielem die »deutscheste« Insel.

Seit unvordenklicher Zeit von Friesen besiedelt, hat Helgoland eine turbulente politische Geschichte hinter sich: lange zum Herzogtum Schleswig gehörend und deshalb von Kopenhagen, der dänischen Hauptstadt aus, regiert, dann durch die Engländer im Zuge der napoleonischen Kriege besetzt und 1814 formell als Kolonie angegliedert. Damit waren die Helgoländer nicht die einzigen deutschen Untertanen der britischen Krone (auch Hannover gehörte durch Personalunion zu deren Machtbereich); am alltäglichen Leben der Insel änderte sich wenig. Der in der ersten Hälfte des 19. Jahrhunderts aufgenommene Kur- und Ferienbetrieb machte die Insel rasch zum Anziehungspunkt für ein reiselustiges bürgerliches Publikum, das bevorzugt vom deutschen Festland kam. Heine (→Loreley) war darunter und bekanntermaßen Hoffmann von Fallersleben, der hier 1841 das »Lied der Deutschen« dichtete.

Die enge Verbindung Helgolands mit der Nationalbewegung (→Wartburg) wirkt deshalb so wenig zufällig, weil nicht nur die Rückkehr der Insel 1890 eine Welle patriotischer Begeisterung auslöste, die bis weit nach Süden reichte – Anton Bruckner komponierte aus dem Anlaß ein Chorwerk »Helgoland« –, sondern die Insel auch mit der Idee deutscher Seegeltung verknüpft wurde und immer als eine der besonders markanten Regionen Deutschlands galt. Das nutzte man wahlweise zur Werbung für den Tourismus oder heroische Stimmungen.

Kam die Insel nach dem Ersten Weltkrieg noch glimpflich davon, war ihr nach dem Zweiten ein Schicksal zugedacht, das als symbolisch für das der ganzen Nation gelten konnte: »Helgoland ist ›bedingungslose Übergabe‹ als Schulbeispiel. So hätte sie sich überall auswirken können, ja, logisch weitergedacht, auswirken müssen ... Aus Helgoland konnte die Austreibung bis zum letzten gelingen. Sie gelang auch aus den Provinzen östlich der Oder-Neiße-Linie und dem Sudetenland. Auch aus dem Ruhrgebiet war sie vorgeschlagen, und seine Industrie, seine Kohlenschächte sollten, gemäß dem Programm der zweiten Konferenz von Quebec vom September 1944, das Los von Helgoland erleiden. Das war offensichtlicher Wahnwitz, und so unterblieb es. Aber Helgoland ist klein und sein Fortfall bedeutet nicht viel für die europäische Wirtschaft. Daher konnte sich der Plan von Quebec an ihm voll auswirken.« Die von den Briten geplante Zerstörung der Insel wäre Anwendung des »Morgenthau-Plans« im kleinen gewesen: den Deutschen ein ewiges Menetekel, den Siegern ein wirtschaftlich und moralisch weniger bedenkliches Exempel als die Umsetzung für das ganze Reichsgebiet.

Der zitierte Passus stammt aus dem offiziellen »Bericht«, den Hubertus Prinz zu Löwenstein nach der »friedlichen Invasion« Helgolands im Dezember 1950 durch einheimische Fischer, Studenten – auch aus der sowjetischen Zone –, einige Berufstätige und einen jungen Amerikaner veröffentlicht hat, und er zeigt, mit welcher Deutlichkeit und welcher Schärfe man damals noch die deutsche Lage beurteilen konnte. Daß Helgoland zwei Jahre später an die Bundesrepublik zurückgegeben wurde, die Royal Air Force auf weitere Übungsabwürfe verzichtete und man den Einwohnern die Heimkehr ermöglichte, wurde von der Bevölkerung mit einer Genugtuung zur Kenntnis genommen, die nur mit der bei der Wiedereingliederung des Saarlandes verglichen werden kann.

Es gehört zu den Seltsamkeiten der politischen Helgoland-Debatte am Anfang der fünfziger Jahre, daß sie sich mit einer anderen, wenn man so will: prähistorischen, überschnitt. Grund war der Erfolg des Buches *Das enträtselte Atlantis*, das 1953 von Jürgen Spanuth, einem evangelischen Geistlichen, veröffentlicht wurde. Spanuths These lautete kurz gefaßt, daß Helgoland und Atlantis identisch seien bzw., daß die Insel den verbliebenen Rest des sagenhaften Inselreiches bilde, das durch eine Naturkatastrophe vernichtet worden sei, die dessen Einwohner gezwungen habe, nach Süden zu ziehen, wo sie im Kontext der »dorischen Wanderung« Griechenland besetzt hätten und im Bündnis mit anderen »Seevölkern« bis in das Nildelta vorgedrungen seien. Eine Idee, die er mit einem erheblichen Maß an Spürsinn und Gelehrsamkeit begründete – etwa durch die Identifizierung des von Platon erwähnten Stoffes »Oreichalkos« mit dem Bernstein – und so nicht nur ein Massenpublikum fand, sondern auch heftigen Widerspruch auslöste und sogar die akademische Archäologie und Vorgeschichtsforschung zu Stellungnahmen zwang.

Trotz des Erfolgs von Spanuth blieb der Einfluß seiner Interpretation begrenzt. Eine besondere Bedeutung Helgolands in der Vergangenheit haben aber auch viele andere vermutet. Der Name wird gelegentlich auf ein altnordisches »Heligoland« für »heiliges Land« zurückgeführt und manchmal eine Beziehung zur »Basileia« also etwa »Königsinsel« hergestellt, von der ein griechischer Autor der Antike sprach, der über die germanischen Völker berichtete. Das alles führt aber in den Bereich der Spekulation und erhöht die Anziehungskraft der Insel nur um Weniges, die bis heute vor allem ein Reiseziel ist, wenngleich man die roten Felsen, die im Meer so schroff aufragen, kaum ohne innere Bewegung sehen kann.

Literatur: Heike Grahn-Hoek: *Roter Flint und Heiliges Land. Helgoland zwischen Vorgeschichte und Mittelalter*, Neumünster 2009; Jürgen Spanuth: *Das enträtselte Atlantis*, Stuttgart 1953.

Karlheinz Weißmann

Hoher Meißner
Hessen, etwa 30 km südöstlich von Kassel

Für die deutsche Jugendbewegung sollte es einer der entscheidenden Impulse werden. Am 11. und 12. Oktober 1913 verkündete die Freideutsche Jugend, ein Zusammenschluß von damals 14 Jugendverbänden, auf dem Meißner im nördlichen Osthessischen Bergland ihr Programm und goß an jenem kühlen Herbstwochenende mit der Meißner-Formel ihre inhaltliche Übereinstimmung zu einer gemeinsamen Formulierung zusammen. Ihren Kern bildet die Lebensgestaltung »aus eigener Bestimmung, vor eigener Verantwortung, in innerer Wahrhaftigkeit«. Für diese innere Freiheit trete man »unter allen Umständen geschlossen ein«, ließen die Jugendbünde wissen und haben damit, wie man es hundert Jahre später ausdrücken wird, ihren »Markenkern« präzisiert: Äußere Form und Inhalte von Reden haben im Einklang mit dem eigenen Handeln und den inneren Einstellungen zu stehen!

Auch war jener erste »Freideutsche Jugendtag« im Oktober 1913 eine Gegenveranstaltung. Am Wochenende darauf wollte die wilhelminische Gesellschaft in →Leipzig das wuchtige Völkerschlachtdenkmal zum hundertsten Jahrestag des Sieges über das napoleonische Frankreich einweihen. Das Treffen der Wandervögel in freier Natur war ein Kontrapunkt, bei dem ihr ganzer Lebensstil zum Ausdruck kam, der geprägt ist von einem Drang zur Freiheit. Schon in der Einladung hieß es: »Die Jugend, bisher aus dem öffentlichen Leben der Nation ausgeschaltet und angewiesen auf eine passive Rolle des Lernens, auf eine spielerisch-nichtige Geselligkeit und nur ein Anhängsel der älteren Generation, beginnt sich auf sich selbst zu besinnen. Sie versucht, unabhängig von den trägen Gewohnheiten der Alten und von den Geboten einer häßlichen Konvention sich selbst ihr Leben zu gestalten.«

Solch ein Postulat schien den Jugendlichen nötig. Als Jugendreich sah sich der Wandervogel bald nach seiner Entstehung mit Vorurteilen und Argwohn konfrontiert. Vom Liedgut bis zur Kleidung hatte man seinen eigenen Stil derart intensiv ausgeformt, daß sich Hans Breuer, Herausgeber des Liederbuchs *Zupfgeigenhansl*, gar der Hoffnung hingab, das deutsche Volk könne sich mittels des »Wandervogeldeutschen« innerlich befreien und in einem schöneren Sinne erneuern. Zu dieser Zeit hatten sich dem Wandervogel schon an die 25 000 Jugendliche im ganzen deutschsprachigen Raum angeschlossen und in 800 Ortsgruppen organisiert. Erst zwölf Jahre zuvor, am 4. November 1901, hatte in Berlin-Steglitz mit der Gründung einer Wandervogelgruppe durch einige Gymnasiasten alles begonnen.

»Was waren nun die Ideale des Wandervogels, die über das jugendliche Sonderleben hinaus für die Gesamtnation von Bedeutung wurden«, fragt der Autor Gerhard Ziemer, um die Antwort selbst zu geben: »Sie hatten zunächst alle den ganz außerordentlichen Vorzug, daß sie wirklich gelebt und nicht, wie sonst in Politik, Erziehung und Lebensreform weithin üblich, nur verkündet und gefordert wurden. Es gab im Wandervogel kein Weiterleben der Klassen, die unser Volk damals trennten. Gewertet wurde nur die Persönlichkeit des einzelnen, und auch diese unter höchstpersönlichen ethischen und charakterischen Gesichtspunkten.« Entsprechend habe es für den Wandervogel »als Wertschema in bezug auf den Menschen nur den Menschen selbst« gegeben.

Der Samstag, an dem die wohl rund 3 000 Teilnehmer auf den Meißner strömten, war regnerisch und kühl. Genaue Teilnehmerzahlen sind nicht belegt. Berichte schildern, wie sich die Gruppen zur Mittagszeit auf der nebligen Bergkuppe verteilten, nachmittags an sportlichen Wettkämpfen teilnahmen, zum Gesang zusammenkamen und abends mit Fackeln zum Feuerstoß zogen, um dort den Worten Knud Ahlborns zu folgen. Der 25jährige Bundesführer der Deutschen Akademischen Freischar forderte, die Gesellschaftsphänomene wie »Parteienkampf«, »Eigennutz« und »entseelte Arbeit« hinter sich zu lassen und diesen das »Gesunde und Echte« entgegenzusetzen. Er erwarte von der neuen Generation politische Toleranz, »die auch den Gegner unserer eigenen Anschauungen, einfach weil er ein Wahrheitssuchender ist, anerkennt und ehrt«.

Am Sonntag morgen hatte der 38jährige Reformpädagoge Gustav Wyneken das Wort. Er verlieh u. a. seiner Hoffnung Ausdruck, daß nie der Tag erscheine, »wo des Krieges Horden« die Heimat »durchtoben«, geschweige denn, »wo wir gezwungen sind, den Krieg in die Täler eines fremden Volkes zu tragen«. Ein frommer Wunsch: Schon ein Jahr später standen Tausende Wandervögel in der Champagne und in Flandern (→Langemarck, Verdun), und für zahllose wurde der Erste Weltkrieg zu ihrer allerletzten Fahrt. Abschließende Worte standen auf dem Meißner dem 56jährigen Dichter Ferdinand Avenarius zu. Der Hamburger Unternehmer und Stifter Alfred Toepfer, 1913 als 19jähriger Teilnehmer dabei, erinnerte sich 75 Jahre später bei einer Gedenkveranstaltung: »Gefordert wurde ein schlichter, einfacher Lebensstil in Brüderlichkeit und Verpflichtung gegenüber der Allgemeinheit, eine kulturelle Erneuerung sowie Achtung und Friede gegenüber den übrigen Völkern. Es herrschte eine ungewöhnliche, jugendbewegte Hochstimmung.«

Auch zum 100. Gedenken im Oktober 2013 fanden wieder zahlreiche Angehörige der bündischen Jugend den Weg auf den Hohen Meißner. Der innere Einklang der Organisatoren und Protagonisten von heute mit der Meißner-Formel von damals läßt sich schwerlich messen. Interne Debatten im Vorfeld, welche vermeintlich »rechten« und »national« anmutenden Bünde von vornherein von der Veranstaltung auszuschließen seien, erscheinen jedoch als symptomatisch. Vielen der in der Jugendbewegung wurzelnden Jugendverbände fällt es heute sichtlich schwerer als einst den Gründern, dem Zeitgeist und seiner »häßlichen Konvention« zum Zweck der »inneren Freiheit« zu widerstehen. Unschwer erkennbar hat sich gerade seit den 1960er Jahren in Westdeutschland eine Form der Jugendpflege etabliert, die angesichts ihres Systems aus staatlichen Zuschüssen, Funktionärswesen und Beschäftigungstherapie für Jugendliche bei den Idealisten von 1913 wohl nur schwerlich auf Anerkennung gestoßen wäre. Allerdings: Auch nach einhundert Jahren ist die Welt der bündischen Jugend viel zu bunt, um diese Aussage für jeden gelten zu lassen.

Anläßlich einer Veranstaltung zur 75. Wiederkehr des Meißner-Treffens brachte Fritz-Martin Schulz, seit 1974 Bundesführer des Nerother Wandervogels, im Jahr 1988 die Haltung seines Bundes auf den Punkt: »Wir suchen nicht den Beifall der Öffentlichkeit, wir suchen auch keine neuen Wege, denn wir haben uns für einen Weg entschieden. Für den, dessen Aussage seit 1913 zum Symbol für die historische deutsche Jugendbewegung geworden ist. Ein Glaubensbekenntnis, abgesichert durch die Erfahrung von Generationen, bedarf keiner Interpretation, es muß gelebt werden. Es liegt an uns, ob wir das weiterhin vermögen, ohne in den äußeren Dingen zu erstarren.«

Literatur: Freideutsche Jugend (Hrsg.): *Zur Jahrhundertfeier auf dem Hohen Meißner 1913*, Jena 1913; Werner Kindt: *Dokumentation der Jugendbewegung*. Bd. II: *Die Wandervogelzeit. Quellenschriften zur deutschen Jugendbewegung 1896 bis 1919*, Düsseldorf 1968; Winfried Mogge/Jürgen Reulecke: *Hoher Meißner 1913 - Der Erste Freideutsche Jugendtag in Dokumenten, Deutungen und Bildern*, Köln 1988; Gerhard Ziemer/ Hans Wolf: *Wandervogel und freideutsche Jugend*, Bad Godesberg 1961.

Gerald Franz

Hohkönigsburg

Frankreich, Elsaß, etwa 60 km südlich von Straßburg

Es ist nicht ganz einfach, sie zu erreichen: Entweder muß man als Wanderer die sechs Kilometer und fünfhundert Höhenmeter von der nächstgelegenen Ortschaft Orschweiler auf sich nehmen, oder sich mit dem Auto in die Schlacht um einen der wenigen Parkplätze an dem mit 500 000 jährlichen Besuchern größten Touristmagnet des Elsaß begeben. Um so angenehmer ist man aber überrascht, wenn man feststellt, daß die Hohkönigsburg nicht nur äußerlich, sondern auch in bezug auf Innenausstattung, Wandbemalungen und Inschriften weitgehend in dem Zustand erhalten ist, den sie 1908 nach vollendeter Restaurierung erreicht hatte. Das ist deshalb so erstaunlich, weil die Renovierungsarbeiten 1900 bis 1908 in einer Zeit stattfanden, in der - wie das deutschsprachige Informationsblatt der Burg berichtet - das Elsaß »unter deutscher Verwaltung« stand. Die Hohkönigsburg gehörte zu den Lieblingsprojekten Kaiser Wilhelms II. (→Doorn, Jerusalem), der ein Wahrzeichen deutscher Kultur in einem traditionell zwischen Deutschland und Frankreich umkämpften Gebiet aufstellen wollte. Insofern ist es erfreulich, daß der einzige sichtbare Hinweis auf die französische Verwaltung, unter der sich das Elsaß mit kurzer Unterbrechung

HOHKÖNIGSBURG

seit mittlerweile fast hundert Jahren befindet, der gestürzte preußische Adler ist, der seit 1908 auf dem Bergfried thronte.

Bei der Einweihungsfeier – bei der der Kaiser selbstverständlich anwesend war – wurde mehrfach auf die besondere symbolpolitische Bedeutung der Hohkönigsburg hingewiesen: Immer, wenn die Burg in deutscher Hand gewesen sei, habe das Reich in Blüte und Frieden gestanden; immer, wenn die Burg in fremden Besitz übergangen sei, sei das weder dem Reich noch der Burg gut bekommen. Tatsächlich ist die Geschichte der Hohkönigsburg nicht gerade durch Kontinuität gekennzeichnet; sie wechselte teilweise in rascher Folge ihre Besitzer. Vermutlich wurde sie im 12. Jahrhundert von Herzog Friedrich II. von Hohenstaufen erbaut, der die schon länger bekannte enorme strategische Bedeutung des am Vogesenrand, unmittelbar an der oberrheinischen Tiefebene gelegenen Staufenbergs nutzte. Friedrich I. Barbarossa (→Kyffhäuser) ließ die bereits zu diesem Zeitpunkt »Kunegesburg« genannte Anlage ausbauen, doch mit dem Ende der staufischen Periode verlor die Burg rasch an Bedeutung. Sie ging im 13. Jahrhundert als Lehen an die Herzöge von Lothringen, die ihrerseits die Landgrafen von Werd als Lehensträger einsetzten; diese wiederum verkauften die Hohkönigsburg im 14. Jahrhundert an den Bischof von Straßburg.

Streitigkeiten zwischen den Parteien über Besitz und Zuständigkeit, Raubrittereinfälle und weitere politische Unruhen ließen die Burg im 15. Jahrhundert zusehends verfallen, bis 1479 der romanische Bau vollständig zerstört und unter den Grafen von Thierstein ein spätgotischer an dessen Stelle gesetzt wurde. 1519 ging die Hohkönigsburg an Kaiser Karl V. über, der sie in erster Linie als Militärstützpunkt betrachtete und sie schon fünfzehn Jahre später als Pfand an Johann und Franz Konrad von Sickingen gab. Den Dreißigjährigen Krieg schließlich überstand die Burg nur schwer beschädigt: 1633 wurde sie von schwedischen Truppen belagert und eingenommen; die Ringmauern wurden abgerissen.

Den vollständigen Verfall erlebte die Hohkönigsburg ab 1648, als das Elsaß zu Frankreich geschlagen wurde. Es waren weder die Mittel noch die Motivation für einen Wiederaufbau der Burg vorhanden, so daß sie nach und nach zur Ruine wurde. Das hat die Romantiker des 19. Jahrhunderts ästhetisch angezogen, aber man sah schließlich ein, daß für den Erhalt der Burg eine Restaurierung notwendig sein würde. Die Mitte des 19. Jahrhunderts gegründete »Gesellschaft für die Erhaltung der geschichtlichen Denkmäler des Elsaß« leistete hier einige Vorarbeiten; insgesamt aber war es für die Burg ein großes Glück, daß das Elsaß 1871 an Deutschland zurückfiel und daß Kaiser Wilhelm II. die zwischenzeitlich der Gemeinde Schlettstadt zugefallene Hohkönigsburg 1899 als Geschenk annahm und sich sofort an die Planungen für den Wiederaufbau machte.

Das große Interesse des Kaisers an der Hohkönigsburg hatte mehrere Gründe: Erstens war sie ein entscheidendes Element in seiner Burgenpolitik, mit der er das neugegründete Kaiserreich in bestimmte Traditionen und Kontinuitäten stellen konnte. Neben der Hohkönigsburg sind hier vor allem die Saalburg und die →Marienburg zu nennen, die jeweils verschiedene Aspekte der Wilhelminischen Geschichtspolitik hervorhoben. Zweitens waren die Marienburg im Osten und die Hohkönigsburg im Westen geeignet, an den Rändern des Reiches für die deutsche Kultur zu werben und insofern einen Beitrag für das – nicht nur von Wilhelm selbst – angestrebte »Weltreich des deutschen Geistes« zu leisten. Drittens – und das war der Hauptzweck – hatte der Kaiser mit der Hohkönigsburg die Reste eines Bauwerkes in der Hand, das wie kaum ein anderes das Ideal einer mittelalterlichen Burg verkörperte. Die Hohkönigsburg wurde daher auch explizit als Museum wiedererrichtet, nicht als Residenz. Dem Publikum sollte die deutsche Kultur des Mittelalters vor Augen geführt werden, weshalb sich der von Wilhelm II. beauftragte Architekt Bodo Ebhardt um eine möglichst exakte historische Rekonstruktion der Anlage bemühte. Das herbeigeschaffte Mobiliar sollte einen Eindruck der Geschichte vom Spätmittelalter bis zum Dreißigjährigen Krieg vermitteln. Und die auf den Kaiser verweisenden Inschriften sowie die Wandbemalung demonstrierten die Anknüpfung des neuen Reiches an das 1806 untergegangene alte. Von besonderem Interesse ist hier der Reichsadler mit Heiligenschein, der die verbreitete Vorstellung vom »heiligen evangelischen Reich deutscher Nation« als legitimem Nachfolger des Heiligen Römischen Reiches Deutscher Nation illustriert.

Daß diese Tradition der wiedererrichteten Burg heute offenbar als weitgehend unproblematisch empfunden wird, hat sicher weniger mit deutsch-französischer Entspannung zu tun als mit dem Verschwinden historischer Kenntnis sowie mit der Schönheit und Anziehungskraft der Hohkönigsburg, denen man sich kaum entziehen kann. Die weitere Wirkungsgeschichte der Burg ist daher auch in erster Linie eine ästhetische: Jean Renoir wählte sie als Kulisse seines Films *Die große Illusion* (1937); der Tolkien-Illustrator John Howe – der sehr Nachdenkenswertes über die »Fantasy«-Fähigkeit Wilhelms II. geäußert hat – ließ sich für seine Zeichnungen zum *Herrn der Ringe* von ihr inspirieren. Um die symbolische Bedeutung der Hohkönigsburg noch einmal aufzugreifen: Der Burg also geht es heute immerhin gut. Wie es mit dem Reich aussieht, ist eine andere Frage.

Literatur: Benjamin Hasselhorn: *Politische Theologie Wilhelms II.*, Berlin 2012; N.N.: Der Kaiser auf der Hohkönigsburg, in: *Der Burgwart* IX (1908), S. 105–112; Manfred Neugebauer: *Die Hohkönigsburg im Elsaß*, Wolfenbüttel 2010; Paul Seidel: *Der Kaiser und die Kunst*, Berlin 1907.

Martin Grundweg

Jerusalem

Jerusalem – Erlöserkirche

Das Heilige Land ist ein Sehnsuchtsort. Von den Kreuzfahrern des Mittelalters bis zu den Pilgertouristen der Neuzeit hat es immer wieder Menschen angezogen; es ist zudem zu einem permanenten Kampfplatz der Völker und der Religionen geworden. Auch Deutsche bereisten das Land, vor allem um die historischen Stätten mit eigenen Augen zu sehen, von denen in der Bibel berichtet wird. Ende des 19. Jahrhunderts hat diese Motivation in Deutschland einen besonderen Schub für Fahrten ins Heilige Land ausgelöst.

Die bekannteste Reise eines Deutschen ins Heilige Land ist wohl bis heute diejenige Kaiser Wilhelms II. (→Doorn), der 1898 eine sechswöchige Pilgerfahrt unternahm. Echt wilhelminisch vermischten sich dabei persönliche Frömmigkeit und offizielle Politik: Der Kaiser bemühte sich um ein gutes Verhältnis zum Osmanischen Reich und versuchte gleichzeitig, sich als Hüter der Christenheit im Heiligen Land zu präsentieren. Dem deutschen katholischen Palästina-Verein stiftete er daher ein Gelände auf dem Zionsberg zur Errichtung einer Kirche und einer Abtei. Der Hauptgrund der ganzen Reise war aber die Einweihung der evangelischen Erlöserkirche, neben der Jerusalemer Grabeskirche gelegen, am 31. Oktober 1898.

Schon Wilhelms Großonkel Friedrich Wilhelm IV. hatte sich für das Heilige Land als religionspolitischen Wirkungsort interessiert. Dasselbe gilt für Wilhelms Vater, den späteren Kaiser Friedrich III., der das Grundstück für die Erlöserkirche in Jerusalem erwarb. Doch erst unter Kaiser Wilhelm II. kamen die Dinge wirklich ins Rollen: Unter der Leitung der Architekten Friedrich Adler und Paul Groth begannen 1893 die Bauarbeiten. Dabei integrierte man Elemente der im Mittelalter an dieser Stelle errichteten Kreuzfahrerkirche »St. Maria Latina« in den Neubau. Es entstand eine Kirche im neoromanischen Stil, den der Kaiser besonders schätzte, weil die Romanik im Gegensatz zur »französischen« Gotik als spezifisch deutscher Architekturstil galt. Die traditionelle protestantische Frömmigkeit des Hauses Hohenzollern spielte für Wilhelm II. ebenso eine Rolle wie die christlich-deutsche Weltanschauung des Kreises um Richard Wagner (→Bayreuth), insbesondere in Gestalt der *Grundlagen des XIX. Jahrhunderts* des Wagner-Schwiegersohns Houston Stewart Chamberlain. Das Ziel einer deutschprotestantischen Erneuerung förderte der Kaiser und oberste Bischof der altpreußischen Landeskirche in seiner ganzen Regierungszeit durch zahllose Kirchenneubauten und -restaurationen. Besonders prominent war die Restaurierung der Schloßkirche in →Wittenberg, dem Schauplatz von Luthers Thesenschlag. Die Einweihung der restaurierten Kirche am Reformationstag 1892 war eine Demonstration der Einigkeit des ganzen evangelischen Deutschlands.

Nur in diesem Kontext wird die Bedeutung der genau sechs Jahre später erfolgten Einweihungsfeier der Erlöserkirche in Jerusalem verständlich. Eingeladen waren hier nämlich neben den evangelischen Kirchenregierungen und Stiftungen im Heiligen Land sowie den deutschen Landeskirchen auch Vertreter der Kirchengemeinschaften der wichtigsten evangelischen Gemeinden außerhalb Deutschlands. Der Kaiser hielt zudem im Rahmen der Feier eine Rede, die den Kirchenbau als Symbol der Einheit des weltweiten evangelischen Christentums – unter deutscher Führung – interpretierte. Kirchenpolitisch mag dieses Anliegen, das den Kaiser auch religiös und theologisch beschäftigte, wenig erfolgreich gewesen sein; das Zeichen, das schon 1898 Begeisterung hervorrief, steht noch heute.

Allerdings sind seit 1970 einige bauliche Änderungen der kriegsbedingt beschädigten Erlöserkirche vorgenommen worden, die die ursprüngliche Gestalt, vor allem die Innenausstattung der Kirche, gewaltsam verändert haben. Zur gleichen Zeit wurden archäologische Ausgrabungen unterhalb der Kirche begonnen, deren Ergebnisse die Auffassung stützen, daß das historische Golgatha sich tatsächlich hier, ganz in der Nähe der Grabeskirche, befunden haben könnte. Seit 2012 existiert ein archäologischer Park unter dem Kirchenschiff der Erlöserkirche, der Besuchern die Grabungsergebnisse präsentiert. Die Kirche selbst gehört mittlerweile der Evangelischen Jerusalem-Stiftung der Evangelischen Kirche in Deutschland (EKD), dem Dachverband des deutschen Protestantismus und damit einer Organisation, die eigentlich in der Tradition der von den Hohenzollern erstrebten evangelischen Einigkeit liegen würde, wenn ihr diese Tradition nicht so unbequem wäre.

Literatur: *Das deutsche Kaiserpaar im Heiligen Lande im Herbst 1898. Mit Allerhöchster Ermächtigung Seiner Majestät des Kaisers und Königs nach authentischen Berichten und Akten*, Berlin 1899; Thomas Benner: *Die Strahlen der Krone. Die religiöse Dimension des Kaisertums unter Wilhelm II. vor dem Hintergrund der Orientreise 1898*, Marburg 2001; Oliver Kohler: *Zwischen christlicher Zionssehnsucht und kaiserlicher Politik. Die Entstehung von Kirche und Kloster »Dormitio Beatae Mariae Virginis« in Jerusalem*, St. Ottilien o. J. [2005]; Jürgen Krüger: *Rom und Jerusalem. Kirchenbauvorstellungen der Hohenzollern im 19. Jahrhundert*, Berlin 1995.

Martin Grundweg

Karlstein · Kolberg · Köln · Königgrätz · Königsberg · Köthen · Kreta · Kyffhäuser

Karlstein – Burg
Tschechien, 30 km südwestlich von Prag

Der Karlstein erhebt sich in einem waldreichen Tal, oberhalb des kleinen Flusses Beraun (Berounka) auf einem sanft von Süden nach Norden ansteigenden, dann steil abstürzenden Kalkfelsen. Er ist ein eindrucksvoller Rest des früheren Burgenreichtums in Böhmen, denn während des Mittelalters gab es im Land kaum ein Gebiet, das nicht von einer Festung beherrscht wurde. Nur der Karlstein hat sich bis in die Gegenwart unzerstört erhalten, und zugleich bewahrte die Burg ihren deutschen, nur leicht tschechisierten Namen »Karlštejn« – auch das ein Hinweis auf die außerordentliche geschichtliche Bedeutung dieses Ortes.

Im Frühjahr 1348 legte der Erzbischof Ernst von Pardubitz den Grundstein für die Anlage. Er vertrat als Freund den böhmischen und deutschen König Karl IV., den wichtige diplomatische Verhandlungen daran hinderten, selbst den Anfang zu machen mit seinem erklärten Lieblingsplan: der Errichtung einer Sakralburg als Aufbewahrungsort des Kronschatzes. In Karl IV. kündigte sich manches vom Wesen des neuzeitlichen Menschen an. Selbstreflexionen haben ihn beschäftigt, er ist der einzige mittelalterliche Herrscher, von dem wir eine Autobiographie – die *Vita Caroli* – besitzen. Um so überraschender erscheint, daß derselbe Mann eine Art Gralsburg errichten ließ, in der noch einmal der Glanz des mittelalterlichen Kaisergedankens Gestalt annahm. Denn der Karlstein war mehr als das Gegenstück zu den herrlichen Bauten in →Prag, mehr als ein neues Beispiel für die Kunst der Parler und ihrer Bauhütte, er war, wenn man so will, ein in Stein gefaßtes politisches Programm und zugleich eine politische Theologie.

Dadurch erklärt sich auch der Anachronismus, den diese Festung darstellt. Zwar hat ein starkes hussitisches Heer vergeblich versucht, den Karlstein zu erobern, aber im Grunde genommen gehört diese Anlage eher ins 12. oder 13. (→Trifels) denn ins 14. Jahrhundert. So zweckmäßig der Aufbau im einzelnen war, so sehr bestimmte ihn die symbolische Absicht des Königs. In drei Teile läßt sich der Karlstein gliedern: die Vorburg, den Kaiserpalast und den Hauptturm. Die Vorburg diente dem Burggrafen und seiner Mannschaft als Wohnung. Die Räume des Kaisers liegen – auch das nicht unbeabsichtigt – um ein Stockwerk höher als die der Burgmannschaft, noch einmal um dasselbe Maß abgesetzt steht dann der Marienturm. Seinen Namen erhielt er von der Kapelle in seinem Inneren, die der Mutter Gottes geweiht war. Hier gewinnt man einen ersten Eindruck von der verschwenderischen Pracht der Anlage, man nähert sich dem Zentrum der Burg. Während der Raum neben der Kirche, der früher dem eigens gestifteten Kapitel zur Andacht diente, heute ein karges Bild bietet, beeindruckt die Marienkapelle durch die Schönheit ihrer Gestaltung, vor allem durch die Wandmalereien und eine Marienstatue aus der Bauhütte Peter Parlers. Karl IV. ließ sich regelmäßig während der Fastenzeit in seinem kleinen Oratorium neben der Marienkirche einschließen, nur durch eine Öffnung in der Wand schob man Wasser und Brot. Diese Katharinenkapelle war ganz dem Herrscher vorbehalten. Der Raum wird von zwei Kreuzgratgewölben überspannt, schon deren Vergoldung, vor allem aber der Schlußstein ist von großer Pracht: Ein Goldschmied hat in ein kreisrundes Blech neununddreißig Amethyste, Karneole und Chrysoprase eingesetzt. In der Mitte findet sich eine galloromanische Gemme mit dem Kopf der Medusa aus weißbläulichem Chalcedon. Edelsteininkrustationen bedecken auch sonst alle Wände der Kirche, ihren kunstgeschichtlichen Rang begründen allerdings die wertvollen Fresken. Die Ausgestaltung der Katharinenkapelle kann eine erste Vorstellung von dem vermitteln, was den Betrachter in der Kapelle des Heiligen Kreuzes erwartet. Über einen tiefen Graben hinweg führt der Weg vom Marienturm zum »Großen Turm«. Hier liegt hinter sechs Meter starken Mauern der eigentlich sakrale Bezirk und der ehemalige Tresor des Heiligen Römischen Reiches. Das ganze Gebäude gliedert sich in fünf Stockwerke, in die man nur über eine Außentreppe gelangen kann. Karl IV. wollte nicht bloß durch die besondere Befestigung des Großen Turmes diesen zu einer Burg innerhalb der Burg machen, im Falle der Eroberung sollte sogar jede einzelne Etage getrennt gegen den eingedrungenen Feind verteidigt werden können. Im zweiten Stockwerk befindet sich die Kreuzkapelle, wie die Konsekrationsurkunde von 1357 sagt, geweiht dem »glorreichen Leiden unseres Herren und dessen Insignien«.

Der beherrschende Eindruck geht von dem Deckengewölbe aus, das über und über mit Halbedelsteinen besetzt ist: dicht an dicht faust- bis kopfgroße Amethyste, Chrysoprase, Achate, Jaspise, Onyxe, an der Schnittfläche poliert, eingefaßt von vergoldeten Gipssträngen, und auch die Wandflächen waren zu einem Teil in dieser Weise ausgestaltet. Selbst die Fenster der Kapelle bestanden ursprünglich nicht aus Glas, sondern aus dünngeschnittenen Halbedelsteinen und Quarzen; Licht erhielt der Raum vor allem durch mehr als dreizehnhundert Kerzen, die an den Wänden befestigt wurden.

Über die ganze Breite der Kreuzkapelle läuft eine gleichfalls vergoldete Chorschranke aus Gitterwerk, zum Altarraum hatten nur der Erzbischof von Prag, einige wenige Vertreter des Episkopats und der Kaiser selbst Zutritt. Direkt oberhalb des Altars sind zwei Nischen zu erkennen, in denen die Insignien des Heiligen Reiches und diejenigen Böhmens aufbewahrt wurden. Gemäß mittelalterlicher Vorstellung gaben nur diese Herrschaftszeichen dem König und Kaiser die Legitimation für seine Machtausübung. Sie waren aber zugleich auch Reliquien, die man an hohen Feiertagen zur Schau stellte und auf die ein Ablaß erworben werden konnte. Die Insignien sind der Schatz, den der Karlstein barg, um seinetwillen die Prachtentfaltung, aber auch die vielfältigen Wehranlagen. Dem Schutz vor fremdem Zugriff dienten aber nicht nur Mauern und Türme, sondern auch die Armee der Heiligen und Engel, die den Reichshort umgab. Im Auftrag Karls IV. hatte der Hofmaler Meister Theodoricus (Theodorik oder Theoderich) von Prag

130 Tafelgemälde angefertigt, die in der Kreuzkapelle in Reihen zu dreien oder vieren aufgehängt wurden. Ausgehend von dem Bild mit der Kreuzigungsszene füllen überlebensgroße Halbfiguren den ganzen Raum der Wände oberhalb der Edelsteininkrustationen. In intensiven Farben, mit kräftigen Körperformen, die allein schon den Frevler abschrecken sollten, sind hier Evangelisten und heilige Jungfrauen, Erzengel und Märtyrer, Drachentöter und Kleriker dargestellt. Die Bilderwände erinnern an Vergleichbares in den Kirchen der griechischen Orthodoxie, und wirklich hatte Karl IV. – trotz seines ausgeprägten Katholizismus – immer besondere Sympathie für die byzantinische Liturgie. Vor allem aber sind sie ein letzter Höhepunkt mittelalterlicher Kunst und zugleich Ausdruck des Übergangs. In einer Hofchronik Karls IV. heißt es: »... auf der ganzen Welt gibt es keine so prachtvolle Burg und Kapelle, und so ist es auch richtig, denn der Kaiser verwahrt dort die Reichskleinodien und die Schätze des gesamten Königreiches«.

Seine eigentliche Aufgabe konnte der Karlstein allerdings nur für kurze Zeit erfüllen. Als nach 1415 – dem Jahr, in dem man den Magister Hus in Konstanz wegen seiner gottesfürchtigen Ketzerei verbrannte – zahlreiche Aufstände, gleichermaßen national und religiös motiviert, in Böhmen ausbrachen, die Rebellen schließlich sogar den Karlstein belagerten, ließ Kaiser Sigismund die Insignien abtransportieren. Ständig in Geldnot, verpfändete er sie an die Stadt →Nürnberg, wo sie bis zum Ende des alten Reiches verblieben.

Literatur: Michael Eschborn: *Karlstein. Das Rätsel um die Burg Karls IV.*, Stuttgart 1971.

Karlheinz Weißmann

Kolberg
Pommern, heute: Kołobrzeg

Fünf mächtige Kirchenschiffe überwölbt das Dach des Kolberger Doms. Der Doppelturm, der nachträglich zu einer geschlossenen Fassade verschmolzen wurde, verstärkt seine monumentale Wirkung. Zehn Minuten Fußweg entfernt, in der Gierczakstraße 5, steht das älteste erhaltene Wohnhaus Kolbergs, ein norddeutscher Backsteinbau aus dem 15. Jahrhundert. Er hat einen nach hinten versetzten Anbau, wie er in den 1970er Jahren auch im Westen als schick und modern galt. Hier befindet sich das Militärmuseum, wo das Heldenlied der 1. Polnischen Armee gesungen wird, die den Weg von Rjasan östlich Moskaus nach Kolberg und dann nach Berlin genommen hat. Auf riesigen Ölschinken im Stil des sozialistischen Realismus werden die Kämpfe am »Pommernwall« – in Wahrheit jämmerliche, von Frauen, Jugendlichen und Invaliden ausgehobene Panzergräben – und die Schlacht um die angebliche »Festung Kolberg« im März 1945 dargestellt.

Die Hafenstadt Kolberg, gelegen an der Ostsee und dem Flüßchen Persante, zählte 1939 rund 35000 Einwohner. Zwar war es eine alte Garnisonstadt mit »zehn Soldaten auf ein Mädchen«, wie es hieß, doch eine »Festung Kolberg« hat es 1945 nicht gegeben. Wie denn auch? Die flache Küstenlandschaft bietet keinerlei natürlichen Schutz gegen Panzer und Artillerie, und die Festungswerke waren bereits 1873 geschleift worden. Die Stadt besaß keine militärischen Anlagen, die für einen modernen Krieg von Bedeutung sein konnten. Im November 1944 war Kolberg lediglich zum »Festen Platz« erklärt worden, wo indessen Festungsgesetze galten. Von den befohlenen drei Verteidigungsringen konnte nur der innere, der am Stadtrand entlangführte, notdürftig ausgebaut werden.

Noch wenige Monate zuvor war Kolberg als sonnenreichstes deutsches Ostseebad und beliebter Kurort von Bedeutung gewesen. Wer aus dem bombenzerstörten Westdeutschland hierher kam, dem erschienen die weißen Betten, die intakten Warmwasserleitungen und der bis in den August 1944 anhaltende Kurbetrieb mit Konzerten und Theateraufführungen beinahe märchenhaft.

Um Kolberg rankte sich eine Heldensaga, in der mehrere Ereignisse zusammenflossen: 1631 hatte die Stadt einer schwedischen Belagerung fünf Monate lang standgehalten. Im Siebenjährigen Krieg (→Leuthen) trotzte sie erst den Russen und dann einem schwedisch-russischen Angriff, der sowohl von der See- als auch von der Landseite geführt wurde. Erst im Dezember 1761 ergab sie sich einer erneuten, viermonatigen Belagerung durch das russische Heer. Das Herzstück der Legende wurde während der napoleonischen Kriege geboren, als Kolberg, angeführt durch Oberstleutnant Gneisenau und Bürgerrepräsentant Nettelbeck, vom März 1807 bis zum Friedensschluß von Memel am 2. Juli einer erdrückenden französischen Übermacht widerstand.

Diese Legende sollte im Zweiten Weltkrieg wiederbelebt werden. Mit abnehmendem Kriegsglück stieg der Bedarf an propagandistisch ergiebigen Stoffen, um die Moral an der Heimatfront zu festigen. Das Bündnis zwischen Gneisenau und Nettelbeck, zwischen Militär und Volk, eignete sich aus der Sicht Goebbels' als Vorbild für den totalen Krieg. 1943 gab er seinem Star-Regisseur Veit Harlan den offiziellen Auftrag für einen »Kolberg«-Film, der erst am 30. Januar 1945 in Berlin und der eingeschlossenen Atlantikfestung La Rochelle uraufgeführt werden konnte. Eine befeuernde Wirkung konnte er nach Lage der Dinge nicht mehr entfalten. In Kolberg wurde er erst gar nicht mehr gezeigt. Im Herbst 1944 war die Stadt zum Kriegsgebiet erklärt worden. An Nettelbeck und Gneisenau dachte da niemand mehr.

Im November und Dezember 1944 wurden Volkssturm-Einheiten aufgestellt, im Januar 1945 erreichten die ersten Trecks die Stadt. Bis März wurden 250 000 Flüchtlinge aus Ostpreußen durch Kolberg geschleust. Sie wurden notdürftig versorgt, verpflegt und per Schiff oder Eisenbahn weiter nach Westen geleitet. Die Einwohnerzahl stieg um mehr als das Doppelte, auf 85 000 an. Ende Januar 1945 erreichte die russische Front bei Fürstenberg und Küstrin die Oder (→Oderbruch, Seelower Höhen). Es war nur eine Frage der Zeit, bis die Rote Armee sich nach Norden wenden und Hinterpommern, den langgezogenen Landstreifen entlang der Ostsee, erobern würde.

Der Kommandant, Oberst Fritz Fullriede, ein Ritterkreuzträger, hatte am 1. März den beschleunigten Abtransport der Bevölkerung und der Flüchtlinge befohlen, doch die Kreisleitung zögerte aus Angst vor der Gauleitung die Evakuierung hinaus. Die Stadtverwaltung wurde über die prekäre Frontlage im unklaren gelassen. Nur wenige Kolberger wagten es, sich auf eigene Faust zu entfernen. Den Kolberger Beamten war es noch am 3. März streng verboten abzureisen. An den Schulen wurde weiter unterrichtet. Erst in der Nacht zum 4. März wurde der Räumungsbefehl unterzeichnet, doch jetzt war es zu spät. Der russische Angriff hatte begonnen, der Ring um Kolberg schloß sich unaufhaltsam. Die Wege und Straßen waren durch Trecks und Autos verstopft. 22 Eisenbahnzüge mit Flüchtlingen und Verwundeten standen noch auf der Strecke zwischen Belgard und Kolberg.

Am Abend des 4. März ließ die Kreisleitung durch Lautsprecher bekanntgeben,

KOLBERG

daß die Stadt unter schweren Beschuß genommen würde. Die Einwohner, vor allem Frauen und Kinder, sollten sich um 19 Uhr vor dem Hauptbahnhof versammeln, um am Strand zu Fuß in Richtung Westen geführt zu werden. Nur wenige Bewohner riskierten den Marsch, der chaotisch verlief und unter Beschuß geriet. Die meisten verbrachten die Nacht in der Maikuhle, einer Senke am westlichen Strand, und kehrten am nächsten Morgen zurück. Bis zum 10. März war ganz Hinterpommern in russischer Hand, nur Kolberg bildete einen einsamen Brückenkopf. 70 000 Menschen warteten auf den Schiffstransport nach Swinemünde, Rügen und Kiel.

Bis zum 4. März waren sogar die Telefonverbindungen noch intakt, doch jetzt endete der zivile Luxus. Das Wasser wurde knapp, abends wurde die Gasversorgung, dann der Strom gekappt. Kommandant Fullriede standen 3 300 Mann abgekämpfter, schlechtbewaffneter Heerestruppen zur Verfügung. Panzer und Artillerie waren kaum vorhanden. Ironie der Geschichte: Als sich der Belagerungsring zu schließen begann, befanden sich 800 Soldaten der französischen Waffen-SS-Division »Charlemagne« in der Stadt. 300 von ihnen meldeten sich spontan zur Verteidigung Kolbergs, nur 50 überlebten. Die gegnerische Übermacht war gewaltig: Sie bestand aus drei Divisionen der 1. Polnischen Armee unter Führung des Generals Stanislaw Poplawski, der 272. Schützendivision der Roten Armee, einer Panzerbrigade, einer Artilleriebrigade, einem Werferregiment mit »Stalinorgeln« und verschiedenen Spezialeinheiten. Insgesamt 1 254 Geschütze und Granatwerfer waren auf Kolberg gerichtet.

Am 7. März, nachmittags, traf ein Funkspruch aus dem Oberkommando des Heeres (OKH) ein: Versuche, eine Ausfallstraße nach Westen freizukämpfen, hätten zu unterbleiben. Statt dessen sollten die Abwehrkräfte zusammengehalten werden, um den Transport über See zu sichern. Am selben Tag begann der schwere Beschuß, am nächsten Morgen brannte das Stadttheater, dann der Dom. Der schwerste Beschuß, der die Altstadt auslöschte, setzte am 9. März ein. Wehrmacht und Marine leisteten erbitterte Gegenwehr. Den Grund dafür glaubt ein deutscher Reiseführer von 1996 zu wissen: »Die seit den Freiheitskriegen in Deutschland legendäre, weil angeblich niemals eroberte ›Festung Kolberg‹ wurde furchtbarer Schauplatz des bis zum ›Endsieg‹ verführten, wahnwitzigen deutschen Durchhaltewillens.«

Die Wahrheit ist: Niemand glaubte mehr an den Endsieg! Es ging einzig und allein um Zeitgewinn, damit die Einwohner und Flüchtlinge ausgeschifft werden konnten. Zweimal hatten die Russen Oberst Fullriede zur Kapitulation aufgefordert und den Soldaten Leben und anständige Behandlung zugesichert, nicht aber den Zivilisten. Noch am 9. März legte der überfüllte Passagierdampfer »Winrich von Kniprode« mit 4 000 Flüchtlingen ab, auch Kutter, Fähren, sogar Segelboote kamen zum Einsatz. Die Situation im Hafen war unbeschreiblich. Verschwommene Fotos zeigen panische Menschentrauben, im Hintergrund lodern Brände. Das Wetter war oft stürmisch. Dennoch: Fast alle Flüchtlinge, und bis auf etwa 400 Mann auch die kämpfende Truppe, konnten sich über See absetzen. Mit dem Abtransport der Frauen und Kinder und der unbewaffneten Organisationen war der OKH-Befehl erfüllt. Am 18. März kapitulierte die Stadt.

Einrückende polnische Soldaten tauchten die weiß-rote Fahne in die Fluten der Ostsee und legten den Eid ab: »Ich schwöre dir, polnisches Meer, daß ich, der Soldat der Heimat, der treue Sohn seines Volkes, dich nie verlassen werde.« Auf den Trümmern des preußisch-deutschen wurde ein polnischer Mythos gepflanzt. 1947 waren die letzten Deutschen vertrieben. Der 18. März wird in Kołobrzeg als »Tag der symbolischen Vermählung Polens mit der Ostsee« begangen. Vom alten Kolberg finden sich im heutigen Kołobrzeg nur noch Überreste.

Literatur: Hans-Jürgen Eitner: *Kolberg. Ein preußischer Mythos 1807/1945*, Berlin 1999; Peter Jancke: *Kolberg. Führer durch eine untergegangene Stadt*, Husum 2007; Hermann Riemann: *Geschichte der Stadt Kolberg. Aus den Quellen dargestellt*, Kolberg 1924; Johannes Voelker: *Die letzten Tage von Kolberg*, Würzburg 1959.

Thorsten Hinz

Köln – Dom

Der heutige Dom blickt auf Bauten aus römischer, fränkischer und karolingischer Zeit zurück. Der unmittelbare Vorläufer diente als Aufbewahrungsort für die Reliquien der Heiligen Drei Könige. Erzbischof Rainald von Dassel ließ sie im Jahre 1164 von Mailand überführen. Mit dieser Transferierung begannen die Diskussionen über einen adäquaten Neubau, der imposanter sein sollte als der alte Dom. Die hochschießenden französischen Kathedralen fungierten als Vorbilder, vornehmlich die von Amiens. Ihre Architektur wurde aber in mehrfacher Hinsicht abgewandelt. Die Grundsteinlegung begann 1248. In einem ersten Bauabschnitt errichteten die Arbeiter Chor und östliche Teile des Querhauses. Anschließend, im späten 13. sowie im frühen 14. Jahrhundert, wurden Triforium und Obergadenwand des südwestlichen Teils des Domes gebaut. Teile der Fassade und des Südturms erstanden bis zum ausgehenden Mittelalter.

Kunstgeschichtlich repräsentiert der Kölner Dom ein außergewöhnliches Beispiel für französisch beeinflußte Hochgotik auf deutschem Boden – rund ein Jahrhundert nach dem gotischen Initialbau in Saint-Denis. Die Forschung hat diese Anlehnung des für den Bau nicht zuletzt finanziell maßgeblich verantwortlichen Erzbischofs Konrad von Hochstaden an die älteren französischen Kathedralen als Ausdruck einer stauferfeindlichen Stimmung gedeutet. In der Tat dürfte die stilistische Ausrichtung auch reichspolitische Zielsetzungen gehabt haben. Primär aber kann sie als Dokument der gefährdeten Stadtherrschaft des Erzbischofs und der geistlichen Institute interpretiert werden. Durch den weithin sichtbaren Bau wollten Erzbischof und Domkapitel ihre Vormacht festigen. Die durch den Besitz der Reliquien von den Heiligen Drei Königen ohnehin vorhandene Legitimation sollte durch die exzellente und imposante Architektur zusätzlich gefestigt werden. So ist die Absicht Konrads mit Händen zu greifen, Köln zu einem neuen geistlichen wie politischen Zentrum zu machen. Die Umsetzung dieser Intention brachte auf längere Sicht eine deutliche Zunahme der Bedeutung der Stadt mit sich. Freilich konnte →Aachen als Krönungsstätte der Kaiser nicht verdrängt werden. Der Rang von Köln wird aber dadurch deutlich, daß der in Aachen gekrönte Herrscher sofort nach diesem Akt nach Köln reisen mußte, um dort das heilige Meßopfer zu feiern.

Seit dem 16. Jahrhundert ruhte der Weiterbau des Domes, nicht zuletzt aufgrund fehlender finanzieller Mittel. Gedanken an eine mögliche Fertigstellung blieben aber im Barock lebendig. Wichtigster Förderer im 18. Jahrhundert war der Kurfürst Clemens August. Weil der Ausbau aufgrund seiner Dimensionen zu riskant erschien, kam man über Stückwerk nicht hinaus. Immerhin wurden Langhaus und Querschiff 1748 bis 1751 durch eine Holzdecke geschützt. Weniger nach außen denn nach innen waren Veränderungen unübersehbar. Die Ausstattung wandelte sich im Laufe von Jahrhunderten merklich. Beispielsweise erhielt das Gerokreuz eine neue Umrahmung. Man kann von einer Barockisierung der Kathedrale sprechen.

Dieser in der Epoche des Barock noch fast vollständig theologisch-christliche Sinn wandelte sich in den Jahren nach der Französischen Revolution. Das Bistum blieb von den Wirren der Säkularisation nicht verschont. Mehr und mehr rückten politische Leitideen in den Vordergrund. Das gesamte 19. Jahrhundert hindurch war der nicht fertiggestellte Dom ein Symbol für die nichtbestehende Einheit Deutschlands. Bereits in der Frühzeit des Jahrhunderts existierten etliche Initiativen zur Vollendung des Bauwerks. Die Romantik, die sowohl einen Aufschwung des Nationalgefühls als auch eine Verstärkung der Mittelalterbegeisterung und eine Steigerung des Geschichtsbewußtseins in breiteren Bevölkerungsschichten mit sich brachte, sah im Dom ein gesamtdeutsches Projekt. Zahlreiche Dombausagen, zum Teil aus der mittelalterlichen Welt, waren im Umlauf.

Die Interpretation der Gotik als »deutsch« – eine Perspektive, die Goethe (→Weimar) in seinem Hymnus auf das Straßburger Münster (1772) einnahm – förderte die Stilisierung des Doms als Kunstwerk, das jenseits der konfessionellen Spaltung allen Deutschen gehört. Auch ein Denker der Aufklärung wie Georg Forster hob 1790 überschwänglich die Architektur des Domes hervor. Der Schriftsteller Friedrich von Schlegel nahm sich in seinem Beitrag »Grundzüge der gotischen Baukunst« der Fertigstellung des Domes an. Darüber hinaus engagierte sich der alternde Goethe für die Idee des Ausbaues. Auch der zum Katholizismus konvertierte, frühere Befürworter der Französischen Revolution, Joseph Görres, schloß sich dieser Forderung an.

Dieser kulturelle Hintergrund macht es plausibel, daß die Politik mehr und mehr die Angelegenheit des Weiter- und Fertigbaus forcierte. Mit der Krönung von König Friedrich Wilhelm IV. von Preußen, dem »Romantiker auf dem Königsthron«, im Jahre 1840 wuchs die Hoffnung, das Bauwerk in seiner ursprünglich geplanten Vollständigkeit zu Ende führen zu können. Um dieses Ziel zu erreichen, gründete man Dombauvereine. Sie verbreiteten sich schnell über ganz Deutschland. Großes Aufsehen erregte das Dombaufest anläßlich des Weiterbaues, der nach den originalen Plänen aus dem Mittelalter vorgenommen werden konnte, am 4. September 1842 in Anwesenheit des preußischen Königs. An seiner Seite erschien der Koadjutor und spätere Kardinal Johannes von Geissel, der den aus politischen Gründen vertriebenen Erzbischof Clemens August II. von Droste zu Vischering vertrat. Ein weiteres wichtiges Datum war der 600. Jahrestag der Grundsteinlegung des mittelalterlichen Baues im Jahre 1848. Anläßlich dieses Festes konnte die Einwölbung der Seitenschiffe abgeschlossen und das Mittelschiff über dem Triforium abgedeckt werden. Die besseren Transportmöglichkeiten führten zur Verwendung von Steinmaterial, das im Mittelalter nicht zur Verfügung stand. Nachdem 1863 das Innere vollendet und die gotische Westwand des Binnenchors abgebrochen worden war, existierte erstmals der Raum in seiner Gesamtheit. Der in einem zweiten Bauabschnitt im 19. Jahrhundert errichtete Nordturm erreichte bald die Höhe des mittelalterlichen Südturms.

1880 war das Jahr der Fertigstellung der Domtürme und des gesamten Domes. Er blieb, über die konfessionellen Grenzen hinaus, ein gesamtdeutsches Symbol.

Nachdem er im schwerzerstörten Köln weitgehend unbeschädigt die Luftangriffe des Zweiten Weltkrieges überlebt hatte, versinnbildlichte er auf diese Weise den Überlebenswillen der Bevölkerung.

Literatur: Der Kölner Dom – Bau- und Geistesgeschichte, in: *Kölner Domblatt*. Jahrbuch des Zentral-Dombauvereins 11 (1956); Klaus Gereon Beuckers: *Der Kölner Dom*, Darmstadt 2004; Paul Clemen: *Der Dom zu Köln*, Düsseldorf 1937; Gérard Schmidt: *Taschenbuch zur Geschichte, Architektur und Ausstattung des Kölner Doms*, Köln 1980.

Felix Dirsch

Königgrätz
Tschechien, 100 km nördlich von Prag, heute: Hradec Králové

Obgleich die Stadt aufgrund ihrer reichhaltigen historischen Bausubstanz alleine einen Besuch wert ist, bleibt sie in der deutschen Geschichte vor allem durch die Schlacht präsent, die im Vorfeld der Festung am 3. Juli 1866 geschlagen wurde. Das historische Schlachtfeld erstreckt sich auf einem leichten Höhenrücken etwa zehn Kilometer nordwestlich der Stadt und wird durch die Höhe von Chlum beherrscht. Hier befindet sich seit einigen Jahren ein enormer Aussichtsturm, der einen idealen Überblick über das gesamte Schlachtfeld bietet.

Insbesondere die ältere preußisch-deutsche Literatur zur Schlacht pflegte eine Meistererzählung, in der das Zündnadelgewehr, der Eisenbahnaufmarsch und die Nutzung der Telegraphie mit den Feldherrneigenschaften des älteren Moltke und →Bismarcks meisterliche Politik das Arkanum des Sieges vermittelte. Die österreichische Seite steht dabei im ungünstigen Licht einer mäßig geführten und schlechtausgerüsteten Vielvölkerarmee. Doch hält diese Sicht dem zweiten Blick nicht stand. Genauer: die jüngeren Veröffentlichungen zum Thema rücken das Bild zurecht. Doch paßt die Meistererzählung vorzüglich zum Dreiklang der Hauptorte der Bismarckschen Einigungskriege und könnte lauten: Düppel – Königgrätz – Sedan, so wie es die Berliner Siegessäule mit ihren übereinander angeordneten Reihen dänischer, österreichischer und französischer Geschütze suggeriert. Indes, der Sieg, den die preußischen Truppen zwischen Bistritz und Elbe gegen die verbündete österreichisch-sächsische Armee errangen, war alles andere als programmiert. Keiner wußte dies besser als Moltke, und selbst Wilhelm I. (→Kyffhäuser, Versailles) zeigte um die Mittagszeit des 3. Juli Nerven und wähnte die Entscheidung auf Messers Schneide.

Zuletzt vereinigten sich die Truppen der 2. Armee des Kronprinzen, die in Gewaltmärschen aus Nordosten heranrückten, zwar auf dem Schlachtfeld mit den beiden anderen preußischen Armeen, doch galt und gilt Moltkes Diktum, daß jede Strategie nur bis zur ersten Feindberührung reicht.

Manche wollen in Königgrätz die erste Schlacht des 19. Jahrhunderts sehen, die mit Telegraph und Eisenbahn bereits ein neues Kriegsbild darbot, doch viel eher waren es die Schlachten des Krimkriegs und des amerikanischen Bürgerkriegs, die jenen Anspruch einlösten.

Es waren die Truppen der 1. Preußischen Armee, die an jenem regenverhangenen Tag gegen sieben Uhr in der Frühe beim Dörfchen Sadowa die Bistritz überschritten und vergeblich die Österreicher in der Höhenstellung vorwärts Lipa im Swiep- und im Holawald attackierten. Überhaupt erreichten die preußischen Kräfte in der ersten Tageshälfte die gesteckten Ziele kaum, oder nur unter schweren Verlusten. Die Leistungsfähigkeit des berühmten Zündnadelgewehrs kam nur in der Defensive gegen die Bajonettangriffe der Österreicher im Swiepwald zum Tragen. Im Angriff konnte sich das Gewehr gegen Reichweite und Präzision des österreichischen Vorderladers – Lorenz-Gewehr – nicht durchsetzen, und auch die Krupp-Kanonen entschieden die Schlacht nicht, denn Generalfeldzeugmeister Benedek, der österreichische Oberkommandierende, hatte im nördlichen Vorfeld der Festung eine starke Defensivstellung gewählt, die von einer hervorragenden Geländebeurteilung und -ausnutzung zeugt. Auch zeigten die österreichischen Truppen keine Zeichen von Demoralisierung, sondern fochten tapfer und entschlossen, wie u. a. das heroische Aushalten der österreichischen Artillerie zeigt, die bis zur letzten Granate die Verzögerung der Hauptmacht deckte. Das Gemälde »Die Batterie der Toten« im Heeresgeschichtlichen Museum in Wien zeugt noch heute davon.

Gerade militärische Operationen verleiten den Historiker zu kontrafaktischen Erwägungen, so auch hier. Hätten die nachgeordneten österreichischen Führer, insbesondere die Kommandeure des II. (Thun) und IV. Korps (Festetics), die ihnen zugewiesene Stellung nicht aus eigenem Entschluß nach vorne verlegt und in die Gefechte im Swiepwald eingegriffen, die österreichische Armee hätte das Feld womöglich behaupten können. Die Höhenstellung von Chlum hätte am 3. Juli 1866 der Eckpfeiler der österreichischen Verteidigung sein sollen. Indes, das Schlüsselgelände war nicht in der befohlenen Weise besetzt und verteidigt worden.

So gelang es dem preußischen Kronprinzen Friedrich Wilhelm mit seiner Armee, die österreichische Stellung von hier aus zu erschüttern und schließlich aufzurollen. Benedek beurteilte die kritische Lage zutreffend und handelte entschlossen und folgerichtig, indem er eine geordnete Verzögerung nach Süden einleitete, ohne daß die ermatteten Preußen zu einer scharf nachdrängenden Verfolgung noch imstande gewesen wären.

In diesem Sinne ist Königgrätz zwar kein Vernichtungssieg, aber eine Entscheidungsschlacht, denn der militärische Sieg hatte unmittelbare – und akzeptierte – politische Konsequenzen. Alleine der französische Aufschrei: »Rache für Sadowa!«, wie die Schlacht außerhalb Preußen-Deutschlands genannt wurde, läßt auf deren Bedeutung und Wahrnehmung durch Zeitgenossen und Nachwelt schließen, obgleich Königgrätz im Schatten des Sieges von Sedan (1870) steht, der den militärischen Schlußstein zu Bismarcks Reichsgründung setzt.

Österreich halfen die glänzenden Siege gegen die Italiener, die Tegethoff zur See bei Lissa und Erzherzog Albrecht zu Lande bei Custozza erfochten, nichts. Denn der Krieg ging in Böhmen verloren.

Benedek mußte sich vor einer Untersuchungskommission für die Niederlage rechtfertigen, was ihm offensichtlich gelang, denn es folgte auf die Voruntersuchungen kein Kriegsgerichtsverfahren, doch verpflichtete ihn die Kommission zu »lebzeitigem« Schweigen, das er bis zu seinem Tode 1881 nicht brach.

Von Königgrätz und dem Frieden von Prag, der den deutschen Bruderkrieg beendete, ging jedenfalls der wesentliche Impuls zur »kleindeutschen Lösung« und der folgenden Reichsgründung aus, was das böhmische Königgrätz zu einem »deutschen« Ort qualifiziert.

Eine Überlegung zu den handelnden militärischen Führern ist hier angebracht. Zwar war Wilhelm I. auf dem Schlachtfeld zugegen, doch führten mit Moltke und Benedek zwei niederadlige Berufsmilitärs, was als Beleg für die fortschreitende Auflösung der für die europäischen Militärmonarchien traditionell üblichen Bindung militärischer Kommandoposten an die hohe Geburt ihrer Inhaber gelten kann. Franz Joseph I., nach der persönlichen Erfahrung der Niederlage von Solferino (1859) vorsichtig geworden, hielt sich vom Kriegsschauplatz fern.

Königgrätz ist aber nicht nur ein militärischer Sieg, denn hier bewährte sich die neue preußische Armee des Heeres- und Verfassungskonflikts der frühen 1860er Jahre. Mit dem Sieg der preußischen Waffen war Bismarcks und des Königs harte Haltung – des Regierens ohne Budget und gegen den Landtag – gerechtfertigt, und sie erhielten Indemnität. Für Kriegsminister Roon war es der sichtbare Erfolg seiner Heeresreform und für Moltke bewies Königgrätz die Qualität der Generalstabsausbildung neuer Prägung, die für die kommenden Generationen militärischer Führer in Deutschland habituell und intellektuell prägend wirkte.

Literatur: Peter A. Aumüller: *Feldzeugmeister Benedek und die Schlacht bei Königgrätz*, in: *Truppendienst* Nr. 276 (3/2004), hrsg. v. (österr.) Bundesministerium für Landesverteidigung, S. 216–225; Gordon A. Craig: *Königgrätz*, Wien 1966; Wolfgang von Groote/Ursula von Gersdorff (Hrsg.): *Entscheidung 1866. Der Krieg zwischen Österreich und Preußen*, Stuttgart 1966; Hans-Peter Kriemann/Lars Zacharias: Militärhistorische Geländebesprechung: Königgrätz 1866, in: *Militärgeschichte. Zeitschrift für historische Bildung*, hrsg. v. MGFA, Heft 1/2012, S. 16–21.

Dirk Reitz

Königsberg
Ostpreußen, im heute russischen Teil

Kaum noch erinnern Bauten oder Straßenzüge an sieben Jahrhunderte, verloren steht der wiederaufgebaute Dom, ohne (sich) einfügenden Bezug. Und doch – der alte Name wirkt, Mythos, (ver)störenden Gedanken gleich, am Ort; ließ den Versuch, eine Zukunft ohne Vergangenheit zu bauen, scheitern. Das von Immanuel Kant als »schicklicher Platz zu Erweiterung sowohl der Menschenkenntnis als auch der Weltkenntnis« beschriebene geistig-kulturelle Königsberg tritt in immer umfangreicherer Forschung auf uns zu, seine Geschichte und sein Untergang wecken ungebrochen grundlegende Fragen. Und selbst das Bild Königsbergs in seiner gründerzeitlich letzten Gestalt fasziniert inmitten der Trost- und Belanglosigkeit sowjetischen und nun »kapitalistischen« Bauens auf staunenerregende Art, beflügelt Wiederaufbauideen, und mehr und mehr schiebt sich die Vergangenheit nicht allein durch große Fotografien ins Straßenbild Kaliningrads, so als stünde die Altstadt noch, die Giebelhäuser am Dom, die alte Universität, – das Schloß, mit dem alles begann.

1255 zog ein Heer des Deutschen Ordens unter Führung des böhmischen Königs Ottokar II. von der Weichsel Richtung Nordosten. Die Unterwerfung des prußischen Gaus Samland gelang. An der Stelle der Feste Tuwangste wurde eine Burg gegründet, die zu Ehren des Böhmen den Namen »Königsberg« erhielt. Schnell baute der Orden diese zum Verwaltungsmittelpunkt des noch zu erobernden östlichen Prußenlandes aus, und alsbald erwuchsen in ihrem Schutz drei, 1724 zusammengefaßte Städte: Altstadt, Löbenicht und – vom Pregel umflossen – der Kneiphof.

Als Sitz des Obersten Marschalls, des Heerführers des Ordens, erfolgte von 1312 bis zur Mitte des Jahrhunderts der Ausbau der Burg zu einer der elegantesten spätgotischen Anlagen Nordosteuropas, in der sich über Jahrzehnte Fürsten und Ritter ganz Europas zu Kriegszügen ins heidnische Litauen trafen, darunter Karl (IV.) von Luxemburg (→Karlstein, Prag), später römisch-deutscher Kaiser.

KÖNIGSBERG

Mit dem Verlust der →Marienburg 1457 und der Übersiedlung der Hochmeisters nach Königsberg wurde die Stadt zur Kapitale des noch dem Orden verbliebenen Staates. Ihren erneut geistig-kulturellen Aufstieg erlebte sie unter dem 1511 aus Franken berufenen Hochmeister Markgraf Albrecht von Brandenburg-Ansbach. Er konnte 1525 sein geschwächtes Land nach Gesprächen mit Martin Luther (→Wartburg, Wittenberg) und mit Einverständnis seines Onkels, des polnischen Königs, in ein weltliches Herzogtum umwandeln. Preußen wurde der erste protestantische Staat. Die polnische Lehnshoheit bedeutete zwar machtpolitischen Verlust, aber der folgende über hundertjährige Friede ermöglichte in enger Verbindung mit den süddeutschen Reichslanden, vor allem →Nürnberg, sowie mit Dänemark, den Niederlanden und Italien den Anschluß an die Renaissance. Durch die 1544 gegründete Universität wurde Königsberg zu einem weit in den Osten Europas ausstrahlenden geistigen Zentrum, mit bedeutender Bibliotheks- und Verlagslandschaft, und ähnlich Sachsen zu einer Hochburg geistlicher Musik.

1618 kam es durch Erbfall zur Personalunion Brandenburg-Preußens unter den brandenburgischen Kurfürsten, die sich stets auch in ihrem östlichen, nicht vom Dreißigjährigen Krieg (→Schweidnitz) berührten Land aufhielten. Königsberg erlebte eine Blüte der Barockdichtung, verbunden mit dem Namen Simon Dach. Als der Große Kurfürst Preußen 1657 von der polnischen Lehnshoheit befreite, schuf er die Grundlagen für den Erwerb der Königswürde durch seinen Sohn Friedrich III. Die Selbstkrönung am 18. Januar 1701 in Königsberg ist einer der hohen Tage der Geschichte jenes Staates, der nunmehr den Namen seines östlichen Landes annahm: Preußen. Seither künstlerisch und politisch hinter Berlin zurückfallend, blieb die zweite Residenz eine Stadt des Geistes: Von hier zogen die ostpreußischen Denker Gottsched, Hamann und Herder in die Welt hinaus, von hier wirkte der Philosoph Immanuel Kant – seine Geburtsstadt nie verlassend – mit seinem bis heute einflußreichen Denken.

Einmal noch wurde Königsberg Zentrum des preußischen Staates, als sich zwischen 1806 und 1809 der vor Napoleon (→Waterloo) geflohene Hof Friedrich Wilhelms III. und der Königin Luise hier aufhielt. Die Stadt wurde zum Ausgangsort des innerstaatlichen Befreiungswerkes der Stein-Hardenbergschen Reformen, und 1813 nahm durch General Yorcks Aufruf an die preußischen Stände (→Tauroggen) auch die äußere Befreiung Deutschlands und Mitteleuropas von Königsberg ihren Anfang.

Es hieße viele Namen nennen, wollte man die Weite dieser »Weltbürgerrepublik« (Manthey) beschreiben: E.T.A. Hoffmann, Joseph Freiherr von Eichendorff, Heinrich von Kleist, Richard Wagner (→Bayreuth), Käthe Kollwitz, Agnes Miegel, August Winnig und Ernst Wiechert – oder Konrad Lorenz, Arnold Gehlen, Hans Rothfels und Hannah Arendt.

Möge diese Auswahl genügen, um zu verstehen, daß heute, da alles Noch-so-Ferne der Einmischung unterworfen wird, die Nennung dieses »deutschen Ortes« geradezu naheliegt. Das Schicksal Königsbergs läßt keinen, der den Ort betritt, unberührt, ist des Nachdenkens wert. Ausgebrannt beim britischen Bombenangriff 1944, zerschossen bei den schweren Kämpfen 1945, schließlich, nach Vertreibung der nach Kriegsende noch verbliebenen Deutschen, weitgehend abgeräumt für einen sowjetischen Aufbau, zeigt diese Stadt, daß durch die bewußt gewollte, ideologisch motivierte Zerstörung ganzer Städte und bedeutender Kunstwerke nicht nur dem unmittelbar betroffenen Volk sein schöpferisches Erbe und dem Ort das Wesentliche seiner kulturellen Identität genommen wird, sondern der Menschheit schlechthin ein Teil ihres vielgestaltigen künstlerischen Reichtums. Dessen müssen wir gewahr sein, wenn wir die ungebremste Vernichtung von Kulturlandschaften nicht nur im nördlichen Ostpreußen hinnehmen. Hier, inmitten Europas, zeigt sich ein Ort, der aus seinen kulturgeschichtlichen Bezügen herausgerissen wurde, das heißt an dem sich Gotik, Renaissance, Barock kaum mehr finden.

Doch leistet der Mythos »Königsberg« Widerstand, drängt zur geistigen Wiederanbindung. Diese schließt die Wiederfindung einer Gestalt, die der Vergangenheit gemäß ist, ein. Aufgaben, die in der Geschichte des Landes nicht neu sind, Aufgaben für Generationen – nicht nur hier. Losgelöst von der Frage des Gelingens birgt Königsberg Kants bleibenden Aufruf an uns: »Sapere aude!«, der unverlierbar über Ort und Zeit hinausträgt.

Literatur: Klaus Garber: *Das alte Königsberg*, Köln/Weimar/Wien 2008; Fritz Gause: *Die Geschichte der Stadt Königsberg in Preußen*. 3 Bde., Köln/Graz 1965/1968/1971; Bernhart Jähnig (Hrsg.): *750 Jahre Königsberg*, München 2008; Jürgen Manthey: *Königsberg, Geschichte einer Weltbürgerrepublik*, München/Wien 2005; Christian Papendick: *Der Norden Ostpreußens*, Husum 2009; Max Popov: *Parallel memory, 150 years of Königsberg and Kaliningrad history in photographs*, Kaliningrad 2012; Wulf D. Wagner: *Das Königsberger Schloß*, 2 Bde., Regensburg 2008/2011.

Wulf D. Wagner

Köthen
Sachsen-Anhalt, etwa 70 km südlich von Magdeburg

Johann Sebastian Bach würden die meisten wohl mit der Stadt Leipzig assoziieren, wo der Musiker als Thomaskantor wirkte, und mit Eisenach (→Wartburg), seiner Geburtsstadt; eventuell noch mit Lüneburg als der musikalischen Ausbildungsstätte, Arnstadt als dem Ort seiner ersten Organistenstelle und →Weimar, wo er fast zehn Jahre lang komponierte und einige Zeit Konzertmeister war. Doch auch die im Anhaltischen gelegene Kleinstadt Köthen darf sich »Bachstadt« nennen, da Johann Sebastian Bach von 1717 bis 1723, unmittelbar vor seiner Anstellung in Leipzig, dort Kapellmeister am Hofe des Fürsten Leopold war. Die Verehrung Bachs als »fünften Evangelisten«, größten evangelischen Kirchenmusiker und sichtbaren Ausdruck für die untrennbare Verbindung von Protestantismus und deutscher Nation stammt aus dem 19. Jahrhundert, wo die geistlichen Werke Bachs wiederentdeckt wurden und angesichts der akuten deutschen Frage die Suche nach einer spezifisch nationalen Tradition auch im Bereich der Kunst an Bedeutung gewann; bekannt sind hier vor allem die Wiederaufführung der Matthäuspassion 1829 unter der Leitung von Felix Mendelssohn-Bartholdy und die sehr wirkmächtige zweibändige Bachbiographie von Philipp Spitta (1873–1879). Johann Sebastian Bach als kongenialer musikalischer Übersetzer der lutherischen Lehre (→Wittenberg) einerseits, als in Leben und Werk höchste Leistung und Disziplin beweisender Vertreter preußischen Geistes andererseits war – und ist bis heute – die Schlüsselfigur evangelisch-deutscher Kulturgeschichte. Von Max Reger stammt die Äußerung: »›Bachisch‹ sein heißt: urgermanisch, unbeugsam sein.«

Köthen fällt da in der öffentlichen Wahrnehmung etwas ab, weil Bach hier vornehmlich weltliche Instrumentalmusik komponierte – immerhin auch die »Brandenburgischen Konzerte« sowie einen guten Teil seiner Klaviermusik, für die er zu Lebzeiten und unmittelbar danach berühmter war als für sein kirchenmusikalisches

KÖTHEN

Werk. Die Behauptung eines regelrechten Gegensatzes zwischen dem »weltlichen« Köthener und dem »geistlichen« Leipziger Bach geht aber fehl, weil sie nicht nur die Bedeutung Köthens für Bachs musikalische Entwicklung unterschätzt, sondern vor allem die religiöse Grundierung auch seines »weltlichen« musikalischen Schaffens. 1997 wurde die im Köthener Schloß untergebrachte Bach-Gedenkstätte eröffnet, die dieses Andenken pflegt.

Bach ist zwar der bekannteste, aber bei weitem nicht der einzige prominente »Sohn« Köthens. Zu nennen ist hier etwa der Bildhauer Karl Begas, der im Auftrag Kaiser Wilhelms II. (→Doorn, Jerusalem) an der Berliner Siegesallee mitarbeitete und hier vor allem das Standbild Friedrich Wilhelms IV. schuf; weiterhin der romantische Schriftsteller und Kriegsfreiwillige der Befreiungskriege gegen Napoleon (→Leipzig, Schill-Gedenkstätten), Joseph Freiherr von Eichendorff, der in Köthen ein Haus erwarb und sich im Zuge der Revolution von 1848 (→Frankfurt) zeitweilig in der Stadt aufhielt. Daß außerdem neben vielem anderen 1617 in Köthen die »Fruchtbringende Gesellschaft« zur deutschen Sprachpflege gegründet wurde und die Stadt 1845 zum zentralen Treffpunkt der deutschen Ornithologie wurde, als deren Begründer mit Johann Friedrich Naumann ein immerhin nahe Köthen Geborener gilt, zeigt, wie sehr Köthen bis in das 19. Jahrhundert hinein geradezu eine kulturelle (Klein-)Metropole gewesen ist, deren »Buntheit« sogar Heinrich von Treitschke auffiel. Die kulturelle Blüte Köthens dürfte von der Annahme der Reformation im 16. bis in die Mitte des 19. Jahrhunderts reichen, die wirtschaftliche bis zum Ersten Weltkrieg; politisch war die »Heimstatt der Mittelmäßigkeit« (Günther Hoppe) im Grunde immer nur von untergeordneter Bedeutung.

Außer »Bachstadt« nennt sich Köthen zudem ganz unbescheiden »Welthauptstadt der Homöopathie«. Grund dafür ist, daß deren Begründer, der Mediziner Samuel Hahnemann, in den Jahren 1821 bis 1835 in Köthen lebte, hier zum Hofrat ernannt wurde und die »Gesellschaft homöopathischer Ärzte« gründete. Schon 1796 hatte Hahnemann seine Entdeckung veröffentlicht, daß »Ähnliches durch Ähnliches« geheilt werden könne, daß man also mit Substanzen, die bei Gesunden bestimmte Krankheitssymptome auslösen, bei an denselben Symptomen leidenden Kranken eine heilbare Wirkung erzielen könne. Da in der homöopathischen Heilmethode dem Patienten teilweise Hochgiftiges verabreicht wird, ließ Hahnemann die Grundstoffe verdünnen und leitete daraus schließlich ein Prinzip ab, nach dem durch mehrfache Verdünnung eine »geistige Kraft« in den Heilsubstanzen freigesetzt werde. Dieses Verfahren der »Hochpotenzierung« kann so weit getrieben werden, daß der Grundstoff im fertigen Heilmittel nicht mehr nachweisbar ist. Vor allem deshalb wurde und wird die Homöopathie von der Schulmedizin stark angegriffen.

Köthen pflegt das Erbe Hahnemanns vor allem in Gestalt der 2009 eingerichteten Europäischen Bibliothek für Homöopathie; auch ein Hahnemann und seinem Nachfolger Arthur Lutze gewidmetes Denkmal steht in Köthen. Überhaupt ist die Stadt darum bemüht, die Erinnerung an ihre kulturelle Blütezeit aufrechtzuerhalten; sogar die »Fruchtbringende Gesellschaft« wurde 2007 wiedergegründet. Letztlich aber ist Köthen wie ganz Sachsen-Anhalt vom demographischen Niedergang des deutschen Volkes besonders stark betroffen. Trotz wiederholter Eingemeindungen sinkt die Einwohnerzahl mehr oder weniger kontinuierlich und ist mittlerweile wieder unter 30 000 gefallen. Solange die Kulturdenkmäler Köthens erhalten werden können, ist das unter den gegenwärtigen Umständen aber vielleicht nicht das schlechteste denkbare Schicksal.

Literatur: Erich Damerow: *Köthen-Anhalt. Ein deutsches Städtebild*, Berlin 1927; Günther Hoppe u. a.: *Köthen/Anhalt zwischen den Jahren 1115 und 1949. Vier Beiträge zur Stadtgeschichte*, Köthen 1991; Peter Kühn/Günther Hoppe: *Köthen in Anhalt. Bilder einer Stadt und ihrer Geschichte*, Beucha 1993; Walther Vetter: *Der Kapellmeister Bach. Versuch einer Deutung Bachs auf Grund seines Wirkens als Kapellmeister in Köthen*, Potsdam 1950.

Martin Grundweg

Kreta – Fallschirmjägerdenkmal

»II. Bataillon, Sturmregiment / Im Kampf auf Kreta vom 20.–28. 5. 1941 / Malemes, Galatas, Kastelli, Chania / Euch Toten gehört der Dank, die ihr fern der Heimat getreu eurem Fahneneid das Leben gabet unserem Großdeutschland.« Dies ist der Wortlaut der Inschrift des Denkmals für die auf Kreta gefallenen Soldaten der deutschen Fallschirmjägertruppe. Zu finden ist das Denkmal an der Nordküste der Insel, etwa einen Kilometer außerhalb von Chania, neben der alten Landstraße nach Kissamos. Errichtet wurde es im Sommer 1941 und war dem II. Bataillon des deutschen Luftlande-Sturm-Regiments gewidmet, das im Frühjahr 1941 im Raum Chania unter hohen Verlusten maßgeblich an der Einnahme Kretas beteiligt war.

Über 70 Jahre nach seiner Errichtung scheinen die Tage des Fallschirmjägerdenkmals gezählt. Dahin sind seit geraumer Zeit ohnehin die Wirkung und Würde, welche die Anlage in den Jahrzehnten nach seiner Einweihung ausgestrahlt hatte. Imposant erhob sich der 15 Meter hohe Sockel einst auf einem nur von Buschwerk bewachsenen Hügel in der freien Landschaft und in Sichtweite zur nahen Küste, erreichbar über einen langgezogenen Treppenaufgang, der mittels mehrerer Absätze schon allein zum Innehalten veranlaßt haben muß. War allerdings bereits Anfang 2001 nach einem schweren Sturm der riesige stürzende Adler als Wappentier der deutschen Fallschirmtruppe – das Hakenkreuz, das Hoheitszeichen des Dritten Reiches, in den Fängen – von dem Sockel verschwunden, so ist der verbliebene Torso inzwischen hinter Wohnhäusern, einem Parkplatz und einer Tankstelle sowie Strommasten, Müll und Bäumen versteckt.

Die kretische Bevölkerung hatte dem Denkmal den Namen »der deutsche Vogel«, wahlweise auch »der böse Vogel« gegeben, ging jedoch zumeist unaufgeregt mit dem Ehrenhain der einstigen Besatzer um. Die nahegelegene Bushaltestelle trägt ebenfalls den Namen »Der deutsche Vogel«. Unterstützung gab es gar durch den ehemaligen griechischen Partisanen Manolis Paterakis. Seitens der griechischen Behörden wurde das Denkmal auch nach Kriegsende stets geduldet, zumal der Bund deutscher Fallschirmjäger über mehrere Jahrzehnte Pachtzahlungen entrichtete und sich um die Pflege der Anlage bemühte. Die Verlängerung des Pachtverhältnisses scheiterte dann jedoch ebenso wie Kaufverhandlungen an den Preisvorstellungen der Griechen. Gleichzeitig mehrten sich die Attacken und Beschädigungen. Zwar fanden sich immer wieder auch Parolen in griechischer Schrift, mit denen offenbar gegen das »Besatzerdenkmal« protestiert werden sollte. Vor allem aber arbeiteten sich zuletzt wiederholt deutsche »Antifaschisten« an dem Ehrenmal ab, denen die Vorstellung von einem ehrenden Andenken an die gefallenen Soldaten (→Laboe, Stalingrad) offenbar so unerträglich ist, daß sie bis nach Kreta reisen, um dort mit Farbe und Sprühdosen Kühnheit und Kampfesmut freien Lauf zu lassen. Mit handfesten Werkzeugen wurde die Gedenkplatte aus Marmor beschädigt. Und auch in der Heimat hält sich das Interesse an einer Bewahrung des Andenkens in Grenzen. So wurden in den neunziger Jahren auch an der Luftlande- und Lufttransportschule der Bundeswehr im oberbayrischen Altenstadt, dem wohl bedeutendsten deutschen Fallschirmjägerstandort, alle Straßenbezeichnungen getilgt, welche Namen von Fallschirmjägern aus dem Zweiten Weltkrieg trugen. Dafür entstand in Deutschland 2002 ein privater Verein zur Erhaltung des Ehrenmals, der seitdem mit den baulichen und rechtlichen Herausforderungen befaßt ist, die mit dem Bemühen um den Fortbestand einhergehen. Zuletzt berichtete der Verein von guter Unterstützung durch die örtlichen Behörden.

Es war die »Operation Merkur« auf Kreta in den Tagen nach dem 20. Mai 1941, die den bis heute wirkenden Nimbus von der deutschen Fallschirmjägertruppe als tollkühne, siegfriedhafte Draufgänger um ein besonderes Kapitel bereicherte. Zweck der Landung war es gewesen, im Zusammenwirken mit Rommels Afrikakorps dem britischen Weltreich im östlichen Mittelmeer und Nahen Osten wichtige Versorgungswege zu entziehen. Den Mythos der Unbesiegbarkeit beförderte nicht zuletzt die NS-Führung selbst. *Kreta – Sieg der Kühnsten. Vom Heldenkampf der Fallschirmjäger*, so lautete etwa der Titel eines Bildbandes, den der für das Unternehmen »Merkur« verantwortliche General, Kurt Student, ein Jahr danach herausgab. Im Geleitwort Hermann Görings steht: Kreta – »Ein Denkmal für den bedingungslosen Opfermut des Fallschirmjägers, der selbst in aussichtslosesten Lagen noch unbeirrbar an den Sieg glaubt und die Übermacht des Gegners ebensowenig fürchtet wie den Tod«.

Deutlich in den Hintergrund rücken dabei die deutschen Ausfälle. Von den insgesamt 15 000 Fallschirmjägern waren neben 2594 Verwundeten 2071 Tote und 1888 Vermißte zu beklagen. Zahlreiche Fallschirmjäger wurden noch in der Luft getötet oder verwundet – oder am Boden brutal massakriert, was später wiederum Vergeltungsmaßnahmen der Deutschen an kretischen Zivilisten nach sich zog. Angesichts der hohen Verluste auf Kreta hätten diese Fallschirmjäger-Regimenter im August und September andernorts als Speerspitze der Panzerkorps für schnelle Operationen in die Tiefe gefehlt, urteilt etwa der frühere Fallschirmjägergeneral und Amtschef des Militärgeschichtlichen Forschungsamts (MGFA), Günter Roth, der den erfolgreichen Schlag auf Kreta deshalb als Pyrrhussieg bewertet.

Überliefert ist neben zahlreichen Erlebnisberichten das Schicksal der Brüder von Blücher aus dem thüringischen Mühlhausen. Nach Ende des Norwegen- und Westfeldzuges ab dem 1. August 1940 zur Bewirtschaftung des Familiengutes beurlaubt, kehrte der Oberleutnant Wolfgang Graf von Blücher im Frühjahr 1941 als Zugführer zum Fallschirmjäger-Regiment 1 zurück und nahm so an der Landung auf Kreta teil. Am 21. Mai 1941 wurde der 24jährige Ritterkreuzträger dabei am Flugplatz von Heraklion durch Feindeinwirkung tödlich verwundet. Am gleichen Tag fielen zwei seiner Brüder, Leberecht und Hans-Joachim, ebenfalls auf Kreta. Die Mutter erfuhr die nächsten vier Wochen nichts über das Schicksal ihrer drei Söhne. Den letzten Brief hatte sie von Wolfgang aus Athen erhalten, während der Bereitstellung zum Angriff auf Kreta. Erst als die Reste des Regiments am 20. Juni 1941 in Stendal eintrafen, informierte man die Mutter über das Schicksal der drei Söhne. Der vierte Bruder, Oberleutnant zur See Adolf Graf von Blücher, wurde aufgrund des Todes seiner Brüder aus dem Wehrdienst entlassen. Er versah dann den Forstdienst auf dem Gut seiner Frau in Mecklenburg, wo er am 8. Juni 1944 bei einer Großjagd tödliche Verletzungen erlitt.

Literatur: Arnold D. Harvey/Franz Uhle-Wettler: *Kreta und Arnheim. Die größten Luftlandeoperationen des Zweiten Weltkriegs*, Graz 2004; Jean-Yves Nasse: *Fallschirmjäger auf Kreta. Das Unternehmen »Merkur«*, Stuttgart 2006.

Gerald Franz

Kyffhäuser
Thüringen, 60 km nördlich von Erfurt

Wer zum innersten Kern der deutschen Frage vordringen will, muß in die Mitte Deutschlands, zum Kyffhäuser, reisen. Hier verdichtet sich deutsche Geschichte in ihrer tragischen Abfolge von Glanz und Elend über ein Jahrtausend wie an kaum einem zweiten Ort.

Auf dem Kyffhäuserburgberg, der mit 439 Metern nicht die höchste, aber die markanteste Erhebung des Gebirges ist, finden sich noch heute die Reste einer mittelalterlichen Burganlage. Sie ist unterteilt in Ober-, Mittel- und Unterburg, die sich über eine Länge von 600 und eine Breite von 60 Metern erstrecken und damit zusammen eine der größten Burganlagen Deutschlands darstellen. Es handelt sich um Reste einer staufischen Reichsburg, die hier in den Jahren der Herrschaft Friedrich I. Barbarossas auf den Ruinen einer Vorgängerburg errichtet wurde. Obwohl die Burg in unmittelbarer Nähe der Pfalz Tilleda lag, welche durch die Burg wohl geschützt werden sollte, konnte ein Aufenthalt von Barbarossa nicht nachgewiesen werden. Nach der staufischen Zeit verlor die Burg an Bedeutung, fiel schließlich wüst, diente als Wallfahrtskapelle und seit der Reformation nur noch als Kulisse für den dortigen Steinbruch. Seit dem 18. Jahrhundert, insbesondere seit der Romantik, wurde die Ruine und die mit ihr zusammenhängende Sage wiederentdeckt.

Daß der Kyffhäuser überregional ein Begriff wurde, lag an ebendieser Sage um den Burgberg. Sie hat ihren Ursprung nicht in Barbarossa, auch wenn sie sich heute auf ihn bezieht, sondern in seinem Enkel, Friedrich II. von Hohenstaufen (→Castel del Monte, Palermo). Nach seinem Tod 1250 brachen die Wirren des Interregnums an. »Das Kontinuitätslose deutschen Geschehens, die Auflösung des stolzesten Baues in ein Nichts, der völlige Zusammenbruch innerhalb kürzester Frist: dies grauenhafte Schauspiel gewahrte die Welt nach dem Tode des Kaisers in solchem Umfang zum ersten Mal«. (Ernst Kantorowicz) Da Friedrich II. bereits zu Lebzeiten vergöttert wurde und sein großer Gegenspieler, der Papst, schon oft seinen Tod verkündet hatte, glaubte man nicht an seinen Tod, sondern erwartete von ihm die Rettung des Reiches und die Reinigung der Kirche. Bis es soweit sei, würde der Kaiser im Kyffhäuser auf die Stunde warten. Zahlreiche Hochstapler machten sich diesen Glauben zunutze und gingen als »falsche Friedriche« in die Geschichte ein. Seit dem 16. Jahrhundert bezog sich die Sage auf Barbarossa, was vermutlich mit der Volkstümlichkeit Barbarossas zusammenhängt, die Friedrich II. in seiner genialen Entrücktheit nicht hatte.

Schließlich sorgte das berühmte Gedicht »Der alte Barbarossa« von Friedrich Rückert dafür, daß die Barbarossasage im 19. Jahrhundert vollends volkstümlich wurde. Laut dieser ruht der Kaiser im Berg

KYFFHÄUSER

und fragt alle hundert Jahre, ob die Raben noch um den Felsen kreisen. Und wenn dem so ist, muß er weitere hundert Jahre schlafen. Burschenschaften (→Wartburg) hatten sich daher seit den 1840er Jahren auf dem Kyffhäuser versammelt, um den Reichsgedanken wachzuhalten. Da 1871 das Reich wiedererrichtet wurde (→Versailles), war es naheliegend, einen Zusammenhang zwischen der Sage und der Gegenwart herzustellen. Ein Nationaldenkmal drängte sich förmlich auf, zumal der Kyffhäuser schon damals ein beliebtes Ausflugsziel war.

Von der Grundsteinlegung am 10. Mai 1892 an wurde auf den Resten der Oberburg der alten Burg Kyffhausen das Kaiser-Wilhelm-Denkmal (geweiht am 18. Juni 1896) errichtet, das die Erfüllung der alten Weissagung bildlich umsetzt und nach dem →Leipziger Völkerschlachtdenkmal zu den größten Denkmälern dieser Zeit gehört. Die Pläne des Denkmals stammen von Bruno Schmitz, der den Bau für den Deutschen Kriegerbund (seit 1900 Kyffhäuserbund) entwarf, der Pfingsten 1888 beschlossen hatte, ein solches Denkmal in Angriff zu nehmen.

Das Denkmal ist etwa 80 Meter hoch und wird im Osten von einer halbkreisförmigen Terrasse begrenzt, die dem Blick des Besuchers Gelegenheit gibt, das Denkmal als Ganzes zu erfassen. Im Sockel ist der aufwachende Friedrich I. Barbarossa, in den rötlichen Sandstein gemeißelt, zu sehen. Über ihm thront, von einem Krieger und einer »weiblichen Idealgestalt« zu seinen Füßen begleitet, die kupferne Reiterstatue Wilhelms I., der damit in direkter Nachfolge des Staufers steht. Daher wurde die Anlage auch mit zahlreichen Anleihen an die staufische Architektur (aber auch Formen germanischer Vorzeit finden sich als Verzierung) versehen. Der 57 Meter hohe Turm, der sich hinter Wilhelm I. erhebt, ist mit der deutschen Kaiserkrone bedacht worden.

Von der Aussichtsplattform hat man einen herrlichen Blick in die geschichtsträchtige Landschaft Thüringens (→Bad Frankenhausen). Der sogenannte Burghof, eine große Ausflugsgaststätte im romanischen Stil, die in großen Teilen bereits vor der Eröffnung des Denkmals existierte (und für die Bauarbeiter Unterkunft bot), paßt sich schön in das Ensemble von Burg und Denkmal ein. Die Reste der staufischen Burganlage (mit dem tiefsten Burgbrunnen der Welt und einem Burgmuseum) sind auch heute noch zu besichtigen.

Auf dem Weg zum Denkmal befinden sich noch zwei kleinere. Einmal der sogenannte Botschaftsgedenkstein der Vereine der Deutschen Studenten (VDSt), der sich auf die Sozialbotschaft Kaiser Wilhelm I. von 1881 bezieht. Diese nahm der VDSt in praktischer Arbeit auf und setzte daher 1896 diesen Gedenkstein, dessen Tafel 1960 zerstört und 1993 erneuert wurde. 1939 wurde unterhalb des Kyffhäuserdenkmals eine fünf Meter große Hindenburgstatue aus Porphyr aufgestellt, die 1945 umgestürzt und eingegraben wurde. 2004 durch Zufall wiederentdeckt, ist sie aber aufgrund der unklaren Besitzverhältnisse und der Scheu vor dem Namen Hindenburg nur halb ausgegraben und hinter einem Zaun verborgen.

Der Kyffhäuser hat die Zeiten relativ unbeschadet überdauert und wurde 2012 einer gründlichen Sanierung unterzogen. Der Plan der Schöpfer, auf dem Kyffhäuser ein gleichzeitig volkstümliches und kaiserliches Denkmal zu errichten, ging auf. Seit der Einweihung entwickelte sich das Denkmal rasch zu einem der beliebtesten deutschen Ausflugsziele, das es bis heute geblieben ist. An dieser Tatsache konnte weder die Weimarer Demokratie noch der Nationalsozialismus oder die DDR etwas ändern.

Es fanden keine Umwidmungen statt, auch wenn es in der DDR kurzzeitig Pläne gab, das ganze Denkmal zu sprengen.

Daß man vor dem Bildersturm zurückschreckte, hatte sicher nicht nur praktische Gründe, die sich bei der Durchführung ergeben hätten. »Das heutige Geschlecht hat Kaiser und Reich wieder erstehen, aber das Kaisertum wieder vergehen sehen; ist damit nun die Kaisersage tot und für das Volksbewußtsein ohne Bedeutung, oder wird sie, als noch nicht in Erfüllung gegangen, mit ihrer treibenden Kraft weiter in die Zukunft unseres Volkes hineinleuchten?« fragte August Sach 1923. Nachdem nun auch das Reich wieder vergangen ist, muß die Sage wohl weiterhin gültig sein.

Literatur: Ludwig Bechstein: *Sagenbuch des Kyffhäuser und der Goldenen Aue*, hrsg. Harald Rockstuhl, Bad Langensalza 2009; Ernst Kantorowicz: *Kaiser Friedrich der Zweite*, Berlin 1927; Gunther Mai: *Das Kyffhäuser-Denkmal 1896-1996. Ein nationales Monument im europäischen Kontext*, Köln et al. 1997; August Sach: *Die Deutsche Heimat. Landschaft und Volkstum*, Halle ³1923, S. 333–343.

Erik Lehnert

Laboe · Langemarck · Lechfeld · Leipzig · Lettow-Vorbeck-Denkmal · Leuthen · Loreley · Lüneburger Heide

Laboe – Marine-Ehrenmal
Schleswig-Holstein, 20 km nordöstlich von Kiel

Weithin sichtbar prägt die über der Ostsee aufragende Silhouette des Marine-Ehrenmals das Gesicht der Kieler Außenförde. Sein in einer expressionistischen, aber klaren Formensprache gehaltener 85 Meter hoher Turm bietet dabei Anlaß zu vielerlei Interpretationen. Ist er dem Steven eines Wikingerschiffes nachempfunden, den Umrissen eines U-Boot-Turmes, dem aufpeitschenden Meer oder einem gewaltigen Segel? Der Architekt Gustav August Munzer wollte nach eigener Aussage ein Bauwerk schaffen, das mit der See und der Erde gleichermaßen verbunden ist und gen Himmel steigt »wie eine Flamme, den Helden zum Andenken und den Glauben kräftigend an eine bessere Zukunft Deutschlands«.

Die Idee für die Errichtung eines Marine-Ehrenmals ging von dem ehemaligen Obermaat Wilhelm Lammertz aus. 1925 schlug er dem Deutschen Marinebund vor, eine Gedenkstätte für die 34 836 auf See gebliebenen Marinesoldaten zu errichten. Ein Jahr später wurde der Bau beschlossen. Als Standort kam naturgemäß nur die unmittelbare Nähe zur Küste in Frage. Die Gemeinde Laboe bot kostenlos ein Gelände an, auf dem bisher ein Panzerturm gestanden hatte, der nach dem →Versailler Vertrag abgebaut werden mußte. Der Standort an der äußeren Kieler Förde bot neben seiner Küstennähe noch andere Vorteile, so z.B. eine gute Verkehrsanbindung für seine Besucher und die Möglichkeit, der internationalen Schiffahrt zu demonstrieren, wie Deutschland die Gefallenen der Kaiserlichen Marine ehrte; denn alle Schiffe zum oder vom Kaiser-Wilhelm-Kanal (heute Nord-Ostsee-Kanal) passieren das Ehrenmal, ebenso die den Kieler Hafen ein- und auslaufenden Schiffe.

Nach einem eingeschränkten Architekturwettbewerb wurde am 8. August 1927 von Admiral Reinhard Scheer der Grundstein zum Marine-Ehrenmal gelegt. Aber erst im Juni 1929 konnten die Bauarbeiten beginnen, die mit Unterbrechungen bis 1936 dauerten; denn die Kosten für die Errichtung des Ehrenmals von etwa 800 000 Reichsmark wurden überwiegend durch Spenden aus der Bevölkerung und von den Marinevereinen geleistet. Auf einer Gesamtfläche von 5,7 Hektar, was einer Größe von nahezu acht Fußballfeldern entspricht, gehören zu der Anlage neben dem markanten, als Wahrzeichen ausgebildeten Turm eine unterirdische Weihehalle (heute Gedenkhalle), die Historische Halle mit zahlreichen Schiffsmodellen und anderen marine- und schiffahrtsgeschichtlichen Exponaten sowie eine 7 000 Quadratmeter große, mit Wesersandstein belegte Fläche. Die Bauten sind weitgehend mit dem für Norddeutschland typischen Klinkerstein errichtet bzw. verblendet. Teile des Turmes (besonders zur Seeseite) wurden allerdings mit Natursteinen ummantelt.

Am 30. Mai 1936, dem Tag vor dem 20. Jahrestag der Skagerrakschlacht, die als größte Seeschlacht der Geschichte gilt und bei der sich die zahlenmäßig kleinere deutsche Flotte gegenüber der britischen behaupten konnte, wurde das Ehrenmal in Gegenwart von Adolf Hitler (→München: Feldherrnhalle) und Vizeadmiral Adolf von Trotha eingeweiht. Hitler, der dem Expressionismus ablehnend gegenüberstand und für Monumentalbauten eine klassizistische oder romanische Formensprache als verbindlich ansah, war von der Architektur des Marine-Ehrenmals nicht begeistert. In seinen von Henry Picker im Führerhauptquartier aufgezeichneten Tischgesprächen bezeichnete er es im Juli 1942 »mit seinem verkehrt herumgestellten Schiffsbug« als ein »Kitschprodukt sondergleichen«.

Nach dem Ende des Zweiten Weltkrieges wurde das nahezu unzerstörte Ehrenmal von der britischen Besatzungsmacht beschlagnahmt. Der Deutsche Marinebund wurde aufgelöst. Als 1946 der Alliierte Kontrollrat den Beschluß faßte, alle nationalsozialistischen Museen und Denkmäler in Deutschland zu zerstören, drohte auch das Marine-Ehrenmal gesprengt zu werden. Doch glücklicherweise nahm man davon Abstand, da das Ehrenmal nicht den Krieg verherrliche, sondern ein »persönlicher Tribut« für die »im Dienst des Landes gefallenen Angehörigen der Marine« sei. 1954 gaben die Briten dem im Jahre 1952 neugegründeten Deutschen Marinebund das Ehrenmal zurück.

Obgleich das Äußere des Marine-Ehrenmals seit seiner Einweihung 1936 unverändert geblieben ist, hat es von seiner Sinngebung her - was sich auch in seiner inneren Gestaltung widerspiegelt - einen klaren Bedeutungswandel erfahren. Das zeigt sich nicht zuletzt in den verschiedenen Widmungen, die das Ehrenmal bekommen hat. 1936 hieß es:

»Für deutsche Seemannsehr'
Für Deutschlands schwimmende Wehr
Für beider Wiederkehr«.

Bei der Wiedereröffnung 1954 wurde die Widmung auch auf den Kriegsgegner ausgedehnt:

»Dem Gedenken aller toten deutschen Seefahrer beider Weltkriege und unserer toten Gegner«.

Die 1996 vollzogene Umwidmung »verwässerte« das Gedenken noch weiter:

»Gedenkstätte für die auf See Gebliebenen aller Nationen
Mahnmal für eine friedliche Seefahrt auf freien Meeren«.

Der sich in den unterschiedlichen Widmungen ausdrückende Zeitgeist tat sich auch in vielerlei Umbenennungen, Umgestaltungen und einem Objektaustausch kund: Die unterirdische Weihehalle wurde in »Gedenk- und Mahnhalle« umbenannt. Die 16 Flaggen der Kaiserlichen bzw. Reichsmarine, die dort hingen, wurden gegen 19 Nationalwimpel beliebiger seefahrttreibender Staaten ausgetauscht. In der Historischen Halle »ertrinken« seit ihrer letzten Umgestaltung 2010 die Wände, Tafeln und die Bilder in einer Textflut, die nicht zuletzt die »negativen Seiten« der Kriegsmarine hervorhebt.

Wie andere deutsche Kriegermale (→Kreta) wird auch Laboe regelmäßig geschändet und mit Farbe beschmiert. 1986 veröffentlichte der Studienrat Hannes Hansen ein Buch mit dem Titel *Vorschlag, das Marine-Ehrenmal Laboe von dem amerikanischen Künstler Christo einpacken zu lassen*. Darin verhöhnt er das Ehrenmal als einen »Phallus«, dem ein Präservativ übergezogen werden müsse. Jan Philipp Reemtsma

LANGEMARCK

nannte Laboe einen »nazistischen Phallus«.

Der vollkommene Mangel an Pietät gegenüber den eigenen Gefallenen ist mittlerweile derart kennzeichnend für die bundesdeutsche Gesellschaft geworden, daß sich auch der Deutsche Marinebund dem nicht mehr entziehen mochte. Nach wie vor Eigentümer des Ehrenmals, steht der Marinebund nicht nur hinter der zeitgeistkonformen Umwidmung der Anlage, sondern stößt sich offensichtlich nicht daran, unmittelbar über der unterirdischen Gedenkhalle, aus finanziellen Erwägungen heraus, Freilichtspektakel zu veranstalten, wie z. B. die Aufführung der Verdi-Oper *Nabucco*. Ein Sieg der kommerziellen bundesdeutschen Event-»Kultur« über das Totengedenken.

Literatur: Dieter Hartwig/Reinhard Scheiblich: *Das Marine-Ehrenmal in Laboe*. »*Für die Ewigkeit zeitlos und klar ...*«, Hamburg 2004; Thorsten Prange: *Das Marine-Ehrenmal zu Laboe. Geschichte eines deutschen Nationalsymbols*, Wilhelmshaven 1996.

Norbert Borrmann

Langemarck
Belgien, Westflandern

Auch heute noch werden die wenigsten Besucher ohne innere Bewegung die wuchtige Torhalle mit den schweren Gittertüren und den in Holz geschnittenen Namen der Gefallenen an den Wänden passieren, den Ehrenhof betreten und dann das Gräberfeld von Langemarck sehen. Denn ohne Zweifel gehört der Friedhof von Langemarck zu den eindrucksvollsten erhaltenen Anlagen aus der Zeit nach dem Ersten Weltkrieg (→Tannenberg, Verdun). Das Areal ist ausgedehnt und wird durch einen Wassergraben begrenzt, an dem noch drei Bunker erhalten sind, die die ehemalige Frontlinie markieren. Auf der dem Eingang gegenüberliegenden Seite wird es durch eine Mauer mit 52 Tafeln abgeschlossen, die die Namen der studentischen Verbindungen und Truppenteile tragen, die sich besonders für die Errichtung eingesetzt haben.

Als man die Gestaltung des Friedhofs am 10. Juli 1932 abschloß, war »Langemarck« längst ein Symbol. Daß es sich zuerst um den Namen eines kleinen flämischen Ortes handelte, trat schon während des Ersten Weltkriegs in den Hintergrund. Das ist ein Schicksal, das Langemarck – eigentlich »Langemark« – mit vielen Orten teilt, an denen große Schlachten geschlagen wurden. Aber von einer großen Schlacht kann in diesem Fall gar keine Rede sein. Langemarck gewann seine Bedeutung im Grunde durch einen einzigen, militärisch bedeutungslosen Sturmangriff am 10. November 1914, der den Anlaß gab, für jene berühmt gewordenen Sätze aus dem Heeresbericht: »Westlich Langemarck brachen junge Regimenter unter dem Gesang ›Deutschland, Deutschland über alles‹ gegen die erste Linie der feindlichen Stellung vor und nahmen sie.«

Es sind früh Zweifel an der sachlichen Richtigkeit dieser Darstellung geäußert worden – sehr viel spricht dafür, daß die Soldaten sangen, um nicht in eigenes Feuer zu geraten –, aber die Wirkung hat das nicht beeinträchtigt. Die heldenhaft stürmenden Kriegsfreiwilligen, die mit dem Deutschlandlied auf den Lippen siegten oder den Tod fanden, erschienen wie ein großes mythisches Bild, das den »Ideen von 1914« Bestätigung gab. Diese Wirkung hat sich nach dem Ende des Ersten Weltkriegs keineswegs verloren, zumal es wegen der Niederlage keine andere Möglichkeit gab, als der Toten als Opfer zu gedenken. Während die eine Seite dieses Opfer für »sinnlos« hielt, betrachtete es die andere als *ver sacrum*, als Hingabe der Jugend für den Fortbestand der Gemeinschaft.

Entsprechende Ideen waren durchaus über den Bereich der nationalen und nationalistischen Verbände hinaus verbreitet. Der Langemarck-Kult wurde in den zwanziger Jahren von Veteranen und Sportorganisationen, aber vor allem von Jugendbewegung und Studentenschaft getragen. Das hing mit der Vorstellung zusammen, die »jungen Regimenter« hätten in erster Linie aus kriegsfreiwilligen Schülern und Hochschülern bestanden; seit 1928 waren Langemarck-Feiern an den Universitäten zur festen Einrichtung geworden, gleichzeitig kam es zur Einführung der »Langemarck-Spende«, die dem Zweck diente, eine würdige Gedenkstätte für die Gefallenen zu errichten.

Daß die Erinnerung an Langemarck eine starke Klammer bildete, war auch am Langemarck-Buch der Deutschen Studentenschaft zu erkennen, das 1933 schon mit einem Vorwort des neuen Reichskanzlers Adolf Hitler (→München: Feldherrnhalle), aber auch mit einem Beitrag des »konservativen Revolutionärs« Edgar J. Jung erschien, der im folgenden Jahr von der SS getötet werden sollte. Die Nationalsozialisten konnten sich in bezug auf Langemarck der Traditionen bedienen, die sie vorfanden. Eine Korrektur gab es nur insofern, als man betonte, daß es sich bei den Soldaten keineswegs nur um Studenten gehandelt habe, sondern auch um Handwerker und Arbeiter, so daß weniger an einen elitären Zuschnitt, eher an eine Repräsentation der »Volksgemeinschaft« zu denken war. Vor allem aber hat das Regime – hier wie in anderen Fällen – übernommen, vereinseitigt und instrumentalisiert. In den Zusammenhang gehörte die Intensivierung des Langemarck-Kults durch Hitler-Jugend und Reichsstudentenführung, die Einführung von »Langemarck-Studium« (für begabte Hochschüler aus armen Familien) und »Langemarck-Wettkämpfen« unter Einschluß von Disziplinen militärischen Charakters.

Ihren stärksten Ausdruck fand diese Art symbolischer Politik 1936 in der Errichtung der Langemarckhalle unterhalb des Glockenturms auf dem Berliner Olympia-Gelände. Es handelt sich um einen Raum, der nach dem Vorbild eines antiken Tempels errichtet wurde – sogar das Deckengebälk hatte man in Beton imitiert – und mit seinem »Erdschrein«, der Erde des Schlachtfelds enthielt, zu einem zentralen Ort des Gefallenen-Kults gemacht werden sollte, der für die politische Theologie des Systems eine entscheidende Rolle spielte. Sinnfällig wurde das an den Sätzen, die man an den beiden Seitenwänden anbrachte: Hölderlins »Lebe droben, o Vaterland, / Und zähle nicht die Toten! Dir ist, / Liebes! Nicht Einer zu viel gefallen« an der einen, an der anderen das Flex-Zitat: »Ihr heiligen grauen Reihen / geht unter Wolken des Ruhms / und tragt die blutigen Weihen / des heimlichen Königtums!«

Die Langemarckhalle war nicht nur ein Ort des Gedenkens, sondern mehr noch ein ständiger Appell an die »Opferbereitschaft« der Jungen. Welche Konsequenz das hatte, ließ sich nach dem Beginn des Zweiten Weltkriegs ermessen, als die Langemarckhalle auch dem Gedenken an die Gefallenen des neuen Kampfes diente. Zu diesem Zeitpunkt begann das Symbol »Langemarck« aber schon an Kraft zu verlieren. Nach dem Zusammenbruch und der anschließenden Zerstörung von Teilen des Olympiageländes verfiel die Langemarckhalle, wurde dann provisorisch wiederhergestellt und aus baulichen Gründen erneut geschlossen; seit dem Sommer 2006 ist sie in restauriertem Zustand wieder zugäng-

LECHFELD

lich. Begrüßenswert ist die Behutsamkeit der Wiederherstellung, die – abgesehen von den Fenstern zwischen den Säulen, deren Anbringung Hitler ausdrücklich verboten hatte – den Originalzustand weitgehend bewahrt. Auf eine volkspädagogisch motivierte Dekonstruktion wurde jedenfalls verzichtet.

Literatur: *Langemarck – Ein Vermächtnis.* Worte von Josef Magnus Wehner, am 10. Juli 1932, zur Stunde der Übernahme des Gefallenen-Friedhofs in Langemarck durch die Deutsche Studentenschaft, gesprochen an allen deutschen Hochschulen, verbunden mit Briefen Gefallener, München 1932; Rainer Rother (Hrsg.): *Geschichtsort Olympiagelände,* Berlin 2006; Karl Unruh: *Langemarck. Legende und Wirklichkeit,* Koblenz 1986.

Karlheinz Weißmann

Lechfeld
Bayern, südlich von Augsburg

»Daß wir in dieser großen Bedrängnis tapferen Mut beweisen müssen, das seht ihr selbst, meine Mannen, die ihr den Feind nicht in der Ferne, sondern vor uns aufgestellt erblickt. Bis hierher habe ich mit euren rüstigen Armen und stets siegreichen Waffen rühmlich gekämpft und außerhalb meines Bodens und Reiches allenthalben gesiegt, und sollte nun in meinem eigenen Lande und Reiche den Rücken zeigen? An Menge, ich weiß es, übertreffen sie uns, aber nicht an Tapferkeit, nicht an Rüstung, denn es ist uns ja hinlänglich bekannt, daß sie zum größten Teil durchaus jeglicher Wehr entbehren und – was für uns der größte Trost ist – der Hilfe Gottes. Ihnen dient zum Schirm lediglich ihre Kühnheit, uns die Hoffnung auf göttlichen Schutz. Schimpflich wäre es für uns, die Herren fast ganz Europas, uns jetzt den Feinden zu unterwerfen. Lieber wollen wir im Kampf, wenn unser Ende bevorsteht, ruhmvoll sterben, meine Krieger, als den Feinden untertan in Knechtschaft leben oder gar wie böse Tiere durch den Strick endigen. Ich würde mehr sagen, meine Krieger, wenn ich wüßte, daß durch meine Worte die Tapferkeit oder Kühnheit in euren Gemütern erhöht würde. Jetzt laßt uns lieber mit den Schwertern als mit Worten die Verhandlung beginnen!«

Mit dieser Rede – folgt man dem Chronisten Widukind von Corvey – führte König Otto I. (→Aachen), später »der Große« genannt, am 10. August 955 auf dem Lechfeld sein Heer gegen die Ungarn in die Schlacht. Mit Baiern, Franken, Schwaben und Böhmen – Sachsen und Lothringer waren noch nicht eingetroffen – schlug der sächsische Herrscher die Ungarn so vernichtend, daß die jahrzehntelange »Ungarngefahr«, die schon seinem Vorgänger, Heinrich I. (→Quedlinburg) zu schaffen gemacht hatte, ein für allemal beendet war. Für Ottos politische Karriere, die er 962 mit seiner Krönung zum römischen Kaiser vollendete, war die Schlacht entscheidend. Er führte hier die traditionell verfeindeten deutschen Volksstämme zusammen, um gegen einen gemeinsamen Feind zu kämpfen, und er tat dies im Namen der christlichen Religion, die Karl der Große erst 150 Jahre zuvor gewaltsam bei den Sachsen eingeführt hatte (→Enger). Otto zog mit der Heiligen Lanze (→Wien: Hofburg) ins Feld, dem ältesten Stück der späteren Reichsinsignien, von der man glaubte, daß in ihre Spitze ein Nagel vom Kreuz Christi eingelassen war. Zudem kämpfte Otto unter der Fahne des Erzengels Michael, des Anführers der himmlischen Heerscharen im apokalyptischen Endkampf, der der Offenbarung des Johannes zufolge den als Drachen vorgestellten Satan tötet. Der Sieg unter dieser Fahne trug mit dazu bei, daß Sankt

Michael als Schutzpatron der Deutschen etabliert werden konnte.

Vor dem Hintergrund der gelungenen Abwehr der Ungarn durch ein gemeinsames Heer der deutschen Stämme leuchtet es unmittelbar ein, daß die Schlacht auf dem Lechfeld schon relativ früh als Geburtsstunde der deutschen Nation galt. Schließlich zeigte sich hier in geradezu klassischer Weise, daß nationale als politische Identität ganz wesentlich davon lebt, daß das »Wir« vom »Nicht-Wir« eindeutig geschieden wird und daß dies dann am besten funktioniert, wenn es einen gemeinsamen äußeren Feind gibt, der den Zusammenschluß notwendig macht. Damit soll natürlich nicht behauptet werden, daß es unmittelbar nach 955 bereits eine deutsche Nation im heutigen Sinne des Wortes gegeben habe. Doch gerade im Falle der Deutschen, die erst gut 900 Jahre später einen Nationalstaat erhielten, ist es evident, wie wichtig die gemeinsame Geschichte ist, die die verschiedenen Volksstämme überhaupt erst dazu gebracht hat, sich als eine Nation zu begreifen. Die heutige vor allem in der Geschichtswissenschaft verbreitete Vorstellung, Nationen seien in toto »Erfindungen« des 19. Jahrhunderts, ist mindestens so unsinnig wie eine ältere Auffassung, die von der Existenz einer quasi naturwüchsigen deutschen Nation ausging. Dabei hat man bereits im Wilhelminischen Kaiserreich die Dinge sehr viel klarer gesehen. Friedrich Meinecke etwa sprach davon, daß es »Zeiten des mehr vegetativen und schlummernden Daseins der Nationen« gebe, daß es aber auch solche Zeiten gebe, »wo sie das Auge aufschlugen«. Daß die Schlacht auf dem Lechfeld eine solche Zeit war, liegt auf der Hand.

Dabei ist die nationale Rezeption der Lechfeldschlacht im ganzen eher bescheiden gewesen. Das hängt zum einen damit zusammen, daß die geschichtspolitische Grundierung Deutschlands im 19. Jahrhundert zunehmend auf Preußen bezogen wurde. Zum anderen mag der lange verbreitete Vorwurf an die deutschen Könige und Kaiser von den Ottonen bis zu den Staufern eine Rolle gespielt haben, sie hätten für das Ziel einer universalen Herrschaft die Belange der deutschen Nation vernachlässigt. Die prominenteste Anknüpfung an 955 fand jedenfalls erst nach dem Zweiten Weltkrieg statt, in dem nach dem Augsburger Bischof benannten »Ulrichsjahr« 1955. In der zentralen Festrede betonte Bundesaußenminister Heinrich von Brentano (CDU) allerdings weniger die nationale Bedeutung der Schlacht, sondern zog eine Parallele von der Vernichtung der »heidnischen Nomadenscharen des Ostens« 955 zu den kommunistischen »Massen des Ostens«, die auch heute wieder an der Pforte zum christlichen Abendland stünden und die es erneut zurückzuschlagen gelte. Die Rede erregte einiges Aufsehen, vor allem gab es Kritik aus der Opposition und der linksliberalen Presse. Ihre Stoßrichtung aber war bald vergessen, als Parteitaktik und weltpolitische Entspannung das katholisch-konservative Element in den Unionsparteien immer weiter zurückdrängten.

Es gibt daher auch bis heute kein Lechfeldmuseum, das sich der Schlacht und ihrer Bedeutung widmet. Seit 2009 wird aber immerhin geplant, diesen Mißstand zu beseitigen. Vielleicht hat hier eine Rolle gespielt, daß die 2008 erstmals ausgestrahlte ZDF-Reihe »Die Deutschen« mit einer Folge über Otto den Großen gestartet ist, in der die nationale Bedeutung der Lechfeldschlacht besonders betont wird. Die Wirkung, die die eingestreuten Spielfilmszenen – darunter die Ansprache Ottos an seine Männer – auf Heranwachsende haben, zeigt immerhin, daß eine Anknüpfung prinzipiell möglich ist. Dazu bedürfte es lediglich eines Mindestmaßes an Mut zur eigenen Geschichte, insbesondere zu den großen Stunden der deutschen Nation.

Literatur: Charles R. Bowlus: *Die Schlacht auf dem Lechfeld*, Ostfildern 2012; *Crux Victorialis. Ein Erinnerungsbuch an die St.-Ulrichs-Festwoche und die Tage abendländischen Bekenntnisses vom 2. bis 11. Juli 1955 in Augsburg*, Augsburg 1955; Karlheinz Weißmann: *Nation?*, Schnellroda 2001; Widukind von Corvey: *Rex gestae Saxonicae*. Lateinisch/deutsch, hrsg. von Ekkehard Rotter, Stuttgart 1992.

Martin Grundweg

Leipzig – Völkerschlachtdenkmal

Der Historiker Thomas Nipperdey hat seine berühmte *Deutsche Geschichte 1800-1918* mit den Worten beginnen lassen: »Am Anfang war Napoleon.« Gemeint war damit u. a., daß die deutsche Nationalbewegung – und damit auch das moderne politische Nationalbewußtsein in Deutschland – ihren Ursprung in der Abwehr der napoleonischen Fremdherrschaft hatte. Tatsächlich wurden die Befreiungskriege 1813 bis 1815 zu einer Art Gründungsmythos der Nation, zuerst nur aus Sicht der liberalen Nationalbewegung (→Wartburg), seit dem Ende des 19. Jahrhunderts aber auch darüber hinaus. Im Völkerschlachtdenkmal hat dieser Mythos seinen imposantesten, auch heute noch erlebbaren Ausdruck gefunden.

Die Vorgeschichte des Denkmals ist lang; sie führt im Grunde bis unmittelbar an die Schlacht selbst zurück. Daß die in der Nähe von Leipzig um den 18. Oktober 1813 herum geführten Kämpfe zum Sinnbild der Befreiungskriege insgesamt wurden, hatte weniger mit ihrer militärischen Bedeutung zu tun als vielmehr mit dem ungeheuren Ausmaß der bis dahin größten Schlacht Europas. Im Begriff der Völkerschlacht selbst wiederum lag eine Doppeldeutigkeit, da die »Völker« sich entweder konservativ auf das Heeresvolk oder »progressiv« auf das Volk als geschichtlich Handelnden beziehen konnten. Für den deutschen Mythos war besonders bedeutsam, daß Sachsen und Württemberger, die bis dahin in der französischen Armee gedient hatten, hier mitten in der Schlacht die Seiten wechselten, um für die deutsche Sache zu kämpfen. Der nationale Enthusiasmus war unmittelbar nach der Schlacht besonders groß: Am ersten Jahrestag im Oktober 1814 fand eine Gedenkfeier statt, die Volksfestcharakter hatte, und die Wortführer der Nationalbewegung diskutierten verschiedene Entwürfe für ein Denkmal. Am prominentesten war der Vorschlag Ernst Moritz Arndts, in Leipzig ein »echt germanisches und echt christliches« Völkerschlachtdenkmal zu errichten.

Die Restauration nach 1815 machte diese Pläne aber vorläufig zunichte. Staatlicherseits wurde eine konservativ-dynastische Deutung der Befreiungskriege durchgesetzt, nach der sich das Volk erst auf den Ruf des preußischen Königs vom März 1813 hin erhoben habe und in jedem Falle die »Fürsten und ihre Minister, und ihre Feldherren« (Friedrich von Gentz) das Entscheidende vollbracht hätten. Die tatsächlich errichteten Gefallenendenkmäler – wie etwa das von Karl Friedrich Schinkel entworfene auf dem Berliner Kreuzberg – transportierten genau diese dynastische Deutung. Ausgeblendet wurde hier nicht nur die »Vorgeschichte« von 1813 (→Tauroggen) mit den gescheiterten Erhebungen Hofers, Dörnbergs und →Schills 1809, sondern auch die Rolle der liberalnationalen Intelligenz und die der zahlreichen freiwilligen Landwehrkämpfer und der Freikorps in der geistigen sowie der konkreten Kriegführung. Dabei hatten die Liberalen sowohl ihre Märtyrer, wie den mit »Leier und Schwert« gefallenen Dichtersoldaten Theodor Körner, als auch ihre Vordenker, wie Ernst Moritz Arndt und Johann Gottlieb Fichte, dessen *Reden an die deutsche Nation* anfangs gefeiert, schon bald aber verboten wurden.

Das Problem war die Generaldeutung der »Freiheitskriege«, deren Ziel nicht nur die Einheit der Nation, sondern auch ihre verfassungsrechtlich garantierte Freiheit gewesen sei. Das führte zum Ausschluß der Liberalen aus der öffentlichen Erinnerung an die Befreiungskriege, die neben der dynastisch-konservativen durchaus noch Platz bot für eine volkstümlichere, an einem spezifisch preußischen Patriotismus orientierte Deutung, die vor allem in den zumeist bürgerlich initiierten Offiziersdenkmälern zum Ausdruck kam. Erst durch die Reichsgründung 1871 (→Versailles) änderte sich diese Situation. Mit der (klein-)deutschen Einheit war ein wesentliches Ziel der liberalen Nationalbewegung verwirklicht, deren Beitrag zur jüngsten deutschen Geschichte vor diesem Hintergrund nun auch positiv gewürdigt werden konnte. So entstand im Kaiserreich in bezug auf die Erinnerung an die Befreiungskriege allmählich eine gesamtnationale Synthese, die in der letzten Phase des Wilhelminismus, vor allem 1913 im Rahmen der Jubiläumsfeierlichkeiten (→Hoher Meißner), ihren Höhepunkt erreichte.

In diesem Jahr fand auch die Einweihung des Leipziger Völkerschlachtdenkmals statt. Die Planungen hatten bereits 1894, die Bauarbeiten 1898 begonnen; Bauherr war nicht der Staat, sondern der »Deutsche Patriotenbund zur Errichtung eines Völkerschlacht-Nationaldenkmals«, der sich über Spenden finanzierte. Als Architekten gewann man mit Bruno Schmitz einen ausgewiesenen Spezialisten, der schon das →Kyffhäuserdenkmal entworfen hatte. Es entstand ein 91 Meter hoher Monumentalbau, in dessen Innerem sich eine Ruhmeshalle und eine Krypta befinden. Die zahlreichen steinernen Figuren, teilweise lebensgroß, teilweise deutlich größer, sind fast alle »anonym«, einzig die Figur am Eingang ist als Sankt Michael identifizierbar. Der Erzengel galt nicht nur als Schutzpatron der Soldaten, sondern auch des Heiligen Römischen Reiches Deutscher Nation insgesamt (→Lechfeld). Schon Schinkel – und mit ihm Friedrich Wilhelm IV. – hatte versucht, Sankt Michael wieder als deutschen Nationalheiligen zu etablieren; im Wilhelminismus fand dieser Versuch – besonders gefördert von Kaiser Wilhelm II. (→Doorn, Jerusalem) – seine größte Resonanz.

Abgesehen davon wies das Bildprogramm des Völkerschlachtdenkmals aber wenig Bezugspunkte zur dynastischen Deutung der Befreiungskriege auf; eher ging es bereits in die Richtung jener, die nach dem Zusammenbruch von 1918 als Nationalrevolutionäre ein »neues 1813« (Richard Scheringer) forderten, also eine neue Volkserhebung, die die neuen Besatzer aus dem Land jagen sollte. Die Machtübernahme der Nationalsozialisten wurde von manchen tatsächlich als eine solche Erhebung betrachtet; allerdings hat Hitler normalerweise den Bezug auf 1813 vermieden, weil ihm nicht nur die liberale Nationalbewegung, sondern auch schon die preußischen Reformer zu demokratisch waren und er sich selbst eher am Vorbild Napoleons als an dem seiner Gegner orientierte. Nur in der Endphase des Krieges versuchte Joseph Goebbels mit dem am 18. Oktober 1944 ausgerufenen »Volkssturm« und mit dem Film →*Kolberg* den Nationalmythos von 1813 für eine letzte Mobilisierung zu nutzen.

Den neuen Machthabern nach 1945 fiel der Umgang mit den Befreiungskriegen und dem Völkerschlachtdenkmal wesentlich leichter. Die DDR reklamierte die liberalnationale Tradition von 1813 für sich und konnte außerdem darauf verweisen, daß man hier ein direkt auf die gegenwärtige Situation übertragbares historisches Beispiel für deutsch-russische Waffenbrüderschaft gegen einen imperialistischen Feind im Westen habe. Es fanden daher auch regelmäßig Aufmärsche der NVA am Fuße des Denkmals und Gedenkfeiern zu den runden Jubiläen der Völkerschlacht statt. Die Bundesrepublik dagegen hat kein rechtes Verhältnis zur Tradition von 1813 gewinnen können.

Dieses Problem hat sich nach der Wiedervereinigung noch verstärkt. Positive Nationalmythen sind heute in Deutschland generell unerwünscht. Im Falle der Befreiungskriege ist das besonders deutlich; hier findet eine tendenzielle Umwertung statt, mit dem Tenor, daß es für die europäische Geschichte vielleicht besser gewesen wäre, wenn Napoleon (→Waterloo) gesiegt hätte. Das ist an sich schon erstaunlich nationalmasochistisch, ist aber nur die eine Seite der Medaille; die andere liegt darin, daß die historische Forschung längst von einem ganz anderen »Mythos vom Befreiungskrieg« (Ute Planert) spricht. Damit wiederum ist gemeint, daß alles Reden von nationaler Befreiung und allgemeiner Volkserhebung in bezug auf 1813 auf Täuschung beruhe. Tatsächlich, so die gängige Argumentation in einer Mischung aus Unverständnis und bösem Willen, handele es sich dabei um eine nationalistische »Konstruktion«, die die hohen Desertionsraten außer acht lasse und die nationale Motivation der Beteiligten überschätze.

Das ist auch der Grund dafür, warum das Jubiläumsjahr 2013 so sträflich ungenutzt blieb, es keine Großveranstaltungen gab, keine Gedenkstunden für Schill, Dörnberg, Körner oder wenigstens Eleonore Prochaska, keine Feiern für Arndt, Fichte oder Blücher und natürlich auch keine Fernseh- oder Kinoproduktion, die den Mythos wiederbeleben würde. Wie bei so vielem in der deutschen Geschichte ist auch hier der einzelne auf sich selbst zurückgeworfen, den Befreiungskriegen ein würdiges Andenken zu bewahren. Das Völkerschlachtdenkmal in Leipzig bleibt hierfür der gebotene Ort.

Literatur: Thomas Nipperdey: Nationalidee und Nationaldenkmal in Deutschland im 19. Jahrhundert, in: HZ 206 (1968), S. 529–585; Andreas Platthaus: *1813. Die Völkerschlacht und das Ende der alten Welt*, Berlin 2013; Kirstin Anne Schäfer: Die Völkerschlacht, in: Etienne François/Hagen Schulze (Hrsg.): *Deutsche Erinnerungsorte* II, München 2001, S. 187–201.

Martin Grundweg

Lettow-Vorbeck-Denkmal

Sambia, Nordprovinz, 80 km südlich von Kasama an der Brücke über den Sambesi

Mitten in Afrika, ungefähr auf halbem Weg zwischen Kasama und Mpika im nördlichen Sambia, steht eine deutsche Kanone. Daneben ein angedeuteter Obelisk, dessen englische Inschrift über den Grund dieses Reliktes Auskunft gibt. Sie lautet: »An dieser Stelle, um 7.30 Uhr am Donnerstag, dem 14. November 1918, hörte General von Lettow-Vorbeck, Kommandeur der deutschen Truppen in Ostafrika, von Herrn Hector Croad, Distriktvorsteher von Kasama, von der Unterzeichnung des Waffenstillstandes durch die deutsche Regierung, welcher die bedingungslose Evakuierung aller deutschen Truppen aus Ost-Afrika vorsah.« Im Anschluß mußte Lettow-Vorbeck mit seiner Truppe nach Abercorn (Mbala) marschieren, um dort am 25. November zu kapitulieren und seine Waffen abzugeben.

LETTOW-VORBECK-DENKMAL

Damit endete nicht nur der Erste Weltkrieg in Afrika, sondern auch das Kapitel des deutschen Kolonialreiches überhaupt. Dieses begann, von einigen kleineren Unternehmungen und Handelsniederlassungen abgesehen, erst mit der Reichseinigung von 1871 (→Versailles). Der Impuls kam in den 1880er Jahren nicht von staatlicher Seite (→Bismarck war zunächst kein Freund von Kolonien), sondern aus Teilen des Volkes, die Deutschlands Stellung als Großmacht nur durch den Besitz von Kolonien gewährleistet sahen. Die konkreten Schritte unternahmen einzelne Abenteurer wie Carl Peters (Deutsch-Ostafrika) und Adolf Lüderitz (Deutsch-Südwestafrika), die auf eigene Faust in Afrika Verträge mit den örtlichen Herrschern abschlossen und sich so großen Landbesitz sicherten. Schutzbriefe des Deutschen Reiches und Abkommen mit den konkurrierenden Kolonialmächten legitimierten die Bestrebungen nach und nach, so daß zwischen 1884 und 1899 ein ausgedehntes deutsches Kolonialreich in Afrika (neben den beiden bereits genannten noch Kamerun und Togo im Westen) und Asien (Deutsch-Neuguinea, Deutsch-Samoa und Kiautschou) entstand. Eine eigens aufgestellte Schutztruppe stellte die Sicherheit nach innen sicher. Wie alle Kolonialmächte hatte Deutschland vor Ort mit Aufständen, mit Korruption und Mißwirtschaft zu kämpfen, weshalb die Kolonien in Deutschland umstritten blieben.

Im Ersten Weltkrieg erwiesen sie sich für die Alliierten als leichte Beute. Bis Ende 1914 waren alle Kolonien, außer Deutsch-Südwest (Juli 1915), Kamerun (Februar 1916) und Deutsch-Ostafrika (DOA) verloren. Nur in letzterem wurde bis zum Schluß gekämpft, was vor allem dem Kommandeur der dortigen Schutztruppe, Paul von Lettow-Vorbeck, zu verdanken war. Am Ende waren es noch 155 Europäer, 1168 Askari und rund 3000 Träger, die nach dem 11. November 1918 fernab von Europa weiter Krieg gegen die Übermacht der Alliierten führten und schließlich kapitulierten.

Der Erste Weltkrieg begann in DOA mit der Beschießung der Hauptstadt Daressalam und der Errichtung einer Blockade durch die Engländer am 5. August 1914. Nachdem die Neutralitätsverhandlungen gemäß der Kongoakte von 1885 gescheitert waren, trat auch Belgien in den Krieg ein. Damit war DOA fast völlig von Feinden eingekreist, was den Kommandeur der Schutztruppe von DOA von der Verteidigung nicht abschreckte. Lettow-Vorbeck verfügte über Kolonialkriegserfahrung und war durch sein Pflichtgefühl ein unerbittlicher Truppenführer: »Wir haben Befehl, Krieg zu führen; wir hören nicht auf, bis Gegenbefehl erfolgt.« DOA selbst bot keine optimalen Voraussetzungen für die Kriegführung: die Kolonie war in hohem Maße von Importen abhängig und wenig erschlossen. Die Schutztruppe war für einen Krieg gegen äußere Feinde nicht gerüstet und umfaßte nach der Zusammenlegung mit der Polizei ca. 300 Deutsche und 4500 Askari. Die maximale Kopfstärke betrug Anfang 1916 insgesamt ca. 15000, davon 3500 Weiße. Durch den Ausbau der Schutztruppe und die Umstellung auf Selbstversorgung konnte DOA bis zum Februar 1916 im wesentlichen gehalten werden. In zwei großen Gefechten, Tanga und Jassini, wurden britische Expeditionskorps abgewehrt. Nach der Kapitulation der deutschen Truppen in Deutsch-Südwestafrika begannen die Alliierten im März/April 1916 mit einer Großoffensive gegen DOA. Es gelang nicht, die Schutztruppe, die z.B. das Gefecht von Mahiwa am 14./18. Oktober 1917 für sich entscheiden konnte, zu besiegen, wenn auch DOA seit Ende 1917 vollständig vom Feind besetzt war. Lettow-Vorbeck überschritt aus diesem Grund mit seinen Truppen die Südgrenze nach Portugiesisch-Mosambik, durchkreuzte zehn Monate lang dessen Norden, kehrte am 28. September 1918 nach DOA zurück und marschierte einen Monat später nach Britisch-Nordrhodesien, wo er in »strategisch günstiger Lage« auf dem Durchmarsch nach Angola von der Kapitulation der Mittelmächte überrascht wurde.

Daß die Schutztruppe bis zum Kriegsende nicht kapitulierte und auch weiterkämpfte, als die Kolonie schon längst verloren war, ist bemerkenswert und nur durch die Zielstellung und Kriegführung Lettow-Vorbecks zu erklären. Sein Ziel bestand längerfristig darin, den europäischen Kriegsschauplatz durch die Bindung feindlicher Truppen in Afrika zu entlasten. Da der Gegner zahlenmäßig hoffnungslos überlegen war (mindestens 100 000 Soldaten mit modernster Ausrüstung), mußte die Kriegführung dementsprechend angepaßt werden. Lettow-Vorbeck setzte deshalb auf die Beweglichkeit und punktuelle Schlagkraft seiner Truppen, das heißt, er führte einen vorbildlichen Kleinkrieg. So wurde der Gegner durch ständige Patrouillen an seinen empfindlich langen Nachschubwegen gestört. Durch die zahlenmäßige Unterlegenheit konnte die Schutztruppe schnell weite Strecken zurücklegen, was dann entscheidend war, wenn die Deutschen sich knapp einer Einkreisung entzogen und den Gegner so zwangen, seine Truppen mit großem Organisationsaufwand zu verlegen. Entscheidungsgefechte wurden möglichst vermieden, kleinere Treffen hingegen gesucht, um die Versorgung mit Waffen und Munition sicherzustellen. Bei den übergebenen Waffen vom 25. November 1918 handelte es sich fast ausschließlich um Beutestücke.

Lettow-Vorbeck und die Reste der Schutztruppe kehrten nach Deutschland zurück und wurden bei ihrem Einzug in Berlin am 2. März 1919 als »moralische Sieger« und »wahrlich im Feld unbesiegt« gefeiert. Deutschland verlor durch den →Versailler Vertrag alle seine Kolonien und überseeischen Rechtsansprüche an die Siegermächte, die diesen Raub »im Namen der Moral« vollzogen und die Beute unter sich aufteilten. Auch wenn das von den Deutschen als ungerecht empfunden wurde und es immer Bestrebungen gab, den Kolonialgedanken im deutschen Volk wachzuhalten, blieb das kurze Kapitel deutscher Kolonialpolitik Episode. Von ihm zeugen lediglich einige repräsentative Bauten in den ehemaligen Kolonien, in Deutschland einige Straßennamen (die zunehmend getilgt werden), die Erinnerungen der Eingeborenen, die angesichts dessen, was folgte, dazu neigen, die Zeit unter den Deutschen zu glorifizieren, und das Lettow-Vorbeck-Denkmal, das am 14. November 1953 im damaligen Nordrhodesien aufgestellt wurde.

Literatur: Ludwig Boell: Der Waffenstillstand 1918 und die ostafrikanische Schutztruppe, in: *Wehrwissenschaftliche Rundschau* 14 (1969), S. 324–336; Byron Farwell: *The Great War in Africa 1914–1918*, New York/London 1986; Paul von Lettow-Vorbeck: *Meine Erinnerungen aus Ostafrika*, Leipzig 1920; Michael Pesek: *Das Ende eines Kolonialreiches. Ostafrika im Ersten Weltkrieg*, Frankfurt a. M./New York 2010.

Erik Lehnert

Leuthen

(poln. Lutynia) Niederschlesien, 20 km westlich von Breslau

Die Ortschaft Leuthen liegt abseits der Straße von Breslau nach Liegnitz. Heute gruppieren sich die Häuser des Örtchens um die von einer starken Mauer umschlossene, geradezu befestigte, Kirche, die 1757 eher frei stand. Im Umgriff des Kirchhofs erinnern heute Tafeln in deutscher und polnischer Sprache an jenes Geschehen vom 5. Dezember 1757: die Schlacht bei Leuthen. In dieser schlug Friedrich (→Oderbruch, Potsdam), der preußische *roi connétable*, die doppelt so starke österreichische Armee unter dem Kommando des Prinzen Karl von Lothringen, dem Schwager Maria Theresias, dem wohlweislich mit Feldmarschall Daun ein Berufssoldat zur Seite gestellt war. Doch waren beide in ihren Entschlüssen nicht so frei wie der König, der als sein eigener Kronfeldherr niemandem über sein Handeln Rechenschaft schuldete, während andere militärische Führer stets verpflichtet blieben, etwaige Niederlagen zu verantworten. Wie bekannt, ging gerade Friedrich mit erfolglosen Generalen wenig zimperlich um, das Beispiel seines 1757 in Ungnade gefallenen Bruders, August Wilhelm, steht hier vor Augen.

So konnte es nur Friedrich wagen, mit gerade 30 000 Mann den 60 000 Österreichern gegenüberzutreten. Sollte man es für übermütig halten, daß Friedrich aus solch numerischer Unterlegenheit heraus die Schlacht wagte? Was auf den ersten Blick tollkühn erscheint, relativiert der zweite: Denn nur einen Monat zuvor, am 5. November, hatte Friedrich bei Roßbach in Sachsen Franzosen und Reichsarmee in noch größerer Übermacht nachhaltig geschlagen, so nachhaltig, daß Frankreich als aktiver Gegner aus dem Siebenjährigen Kriege de facto ausschied. Der Nachhall der Niederlage von Roßbach wirkte in Frankreich dergestalt, daß die französische Öffentlichkeit den Sieg von Jena und Auerstedt (1806) allgemein als die berechtigte und ersehnte Revanche für Roßbach betrachtete.

Friedrich eröffnete im Jahre 1756 präventiv den Krieg gegen eine überlegene Koalition halb Europas mit dem Angriff auf Sachsen und griff im Jahre 1757 die Österreicher in Böhmen an. Doch mit der Niederlage von Kolin verlor er das Gesetz des Handelns, und den Nimbus des ewigen Siegers. Friedrichs Verluste des Jahres 1757 waren enorm, vor allem betrafen sie den Bestand vorzüglich ausgebildeter und bewährter Führer, wie des Generals Hans von Winterfeldt. Schon spät im Jahr ergriff er noch einmal die Initiative. Auf der »inneren Linie« fechtend, schlug er zuerst die Franzosen, dann bot er den Kaiserlichen in Schlesien die Stirn, die sich u. a. Breslaus und anderer wichtiger Oderfestungen bemächtigt hatten.

Am Vorabend der Schlacht versammelte Friedrich seine Generale und Stabsoffiziere in der Nähe der Ortschaft Parchwitz, wo er sie alle »beim Portépée« packte und in rhetorisch-psychologisch brillanter Weise auf die kommende Schlacht einschwor, daß keiner gewagt hätte, von der Fahne zu gehen. Noch heute können wir die Szene in Adolph von Menzels unfertigem Gemälde in der Nationalgalerie in Berlin bewundern – wenngleich der König in der Bildmitte nur unvollendet zu sehen ist. Am nächsten Morgen in der Früh um vier Uhr brach die preußische Armee auf, um sich – im gut erkundeten und bekannten Gelände – mit den Österreichern zu messen. Das folgende Geschehen ist vielfach beschrieben und soll hier nur kursorisch referiert werden. Karls *ordre de bataille* erstreckte sich rückwärts der Ortschaft Leuthen, die ungefähr die Mitte ihrer Stellung bildete, in zwei Treffen auf einer Länge von ca. neun Kilometern in nord-südlicher Richtung. Statt aber, nach dem zeitgenössischen Stand der Kriegskunst, frontal anzugreifen, was sich mit unterlegenen Kräften ohnehin verbot, vollzog Friedrich vielmehr ein komplexes und zeitaufwendiges Schwenkungsmanöver um die österreichische Stellung herum, an dessen Ende der

LEUTHEN

linke Flügel der Kaiserlichen schutzlos vor der gestaffelt, das heißt »schief« deployierten preußischen Armee lag. Dieses Manöver zuzulassen, ohne die schwächeren und damit in der Bewegung höchst verwundbaren Preußen anzugreifen, war der entscheidende Fehler Karls und Dauns an diesem Tage.

Damit konnte Friedrich die Österreicher mit all seinen Truppen in deren tiefer linker Flanke fassen, hatte aber vor allem die numerische Überlegenheit Karls neutralisiert, denn diesem war es unmöglich, seine Armee hinreichend schnell umzugruppieren. Sodann rollte Friedrich in dieser – nachmals berühmten, aber schon seit Leuktra (371 v. Chr.) bekannten – Bewegung die Stellung der Österreicher auf und fegte sie vom Schlachtfeld. Indes hatten die Österreicher zwischenzeitlich wieder Front machen können und hielten sich insbesondere im blutig umkämpften Kirchhof von Leuthen, wo das Reichsregiment Rot-Würzburg gegen das II. Garde-Bataillon Ehre für die so oft geschmähte Reichsarmee einlegte. Doch die Würfel waren gefallen. Als der Tag sank, hatte Friedrich nicht nur eine Schlacht gewonnen, sondern einen Mythos geschaffen: jenen von der »schiefen Schlachtordnung« und der durch diese bewirkten punktuellen Überlegenheit des Schwächeren.

Daß ihm dieses Meisterstück der Manöverkunst nie wieder in gleicher Perfektion gelang, schmälert die Leistung nicht. Doch zeigt Friedrichs Beharren auf dieser Form der Gefechtsführung bereits eine gewisse doktrinäre Starrheit, die ihm nicht zuletzt die verheerende Niederlage von Kunersdorf (1759) eintrug. Obgleich die erschöpften preußischen Truppen zur Verfolgung außerstande waren, darf Leuthen dennoch als überragender Sieg gelten, der dem König den Besitz Schlesiens und seiner Winterquartiere wie auch die Herrschaft über die Oder als wesentliche Verbindungs- und Versorgungslinie sicherte. Zum Rang einer Entscheidungsschlacht aber brachte es Leuthen nicht, mag auch die spätere Verklärung zu der Annahme verleiten. Unter den Toten und Sterbenden im bluteränkten Schnee stimmten die Preußen auf der Walstatt den Choral »Nun danket alle Gott« an, der damit späterhin zu einer Art demütiger preußischer Siegeshymne avancierte.

Ähnlich wie Hannibals Sieg bei Cannae (216 v. Chr.) mit der doppelten Überflügelung – sprich: Einschließung – des Gegners zu einer immer wieder idealisierten Figur militärischen Planens und Operierens geriet, so auch Friedrichs »schiefe Schlachtordnung«. Der Friedrich-Kult, den nicht zuletzt der Sieg von Leuthen entfachte, fand neben zahlreichen literarischen Hervorbringungen einen besonderen Niederschlag in den Fridericus-Filmen der zwanziger bis vierziger Jahre des 20. Jahrhunderts, die Hingabe und Aufopferungsbereitschaft der Truppe und die beharrliche Siegeszuversicht des Königs verherrlichten. Damit ist Leuthen nicht nur ein Ort auf der Landkarte, sondern zu einem besonderen Topos im Koordinatensystem der preußisch-deutschen Militärgeschichte bestimmt.

Einzuordnen ist der Sieg von Leuthen – mit seinen auch für das 18. Jahrhundert hohen Verlusten auf beiden Seiten – wie folgt: Mit Friedrich führte bei Leuthen die beherrschende Feldherrngestalt der Epoche, deren Strahlkraft zwar vom Prinzen Eugen und danach von Napoleon (→Waterloo) erreicht wurde, dem aber zu seiner Zeit kein kongenialer Gegner erwachsen war. Auf eine exzellente Truppe gestützt, die dem Feldherrn überhaupt derart anspruchsvolle Manöver erlaubte, zeigt Leuthen, was ein überragender militärischer Geist gegenüber der größeren Zahl zu leisten vermag. Zwar verlieh der Sieg von Leuthen Friedrich und seiner Armee eine unerhörte Gloriole, doch führte dies in der ferneren preußisch-deutschen Militärgeschichte zu der fehlgeleiteten Vorstellung, daß der Wille des militärischen Führers alle Widerstände zu überwinden vermöge. Nicht von ungefähr kommen daher die Rekurse auf Leuthen und das Mirakel des Hauses Brandenburg im Siebenjährigen Krieg in den Jahren 1944/45.

Literatur: *Die Kriege Friedrichs des Großen,* Teil 3: *Der Siebenjährige Krieg,* Bd. 6: *Leuthen,* hrsg. v. Großen Generalstab, Berlin 1904; Bernhard Kroener: Die Geburt eines Mythos – die »schiefe Schlachtordnung« Leuthen, 5. Dezember 1757, in: Stig Förster/Markus Pöhlmann/Dierk Walter: *Schlachten der Weltgeschichte,* München 2001, S. 169–183; Johannes Kunisch: *Friedrich der Große. Der König und seine Zeit,* München ⁵2005.

Dirk Reitz

Loreley
Rheinland-Pfalz, 40 km südlich von Koblenz

Zwischen St. Goarshausen und Oberwesel liegt in einer Rheinschleife der Loreleyfelsen. An dieser Stelle ist das Gebirge steil und der Fluß eng. Das Gestein ragt weit in das tief eingeschnittene Mittelrheintal hinein. Der Loreleyfelsen gehört zur markant gegliederten Terrassenlandschaft entlang der engen Talschlucht. Der Ort ist so bekannt wie kaum ein anderer in der Rheinregion.

Trotz häufiger Versuche der Erklärung des Namens, ist seine Deutung nicht vollständig aufgehellt. Das »lei« in »Lurley« oder »Lurlei« könnte für »Fels«, »Stein« oder »Schiefer« stehen, »lur« hingegen für »spähen«. Vom (männlichen) »Lurlei« hält man demnach Ausschau.

Aufgrund seiner günstigen Topographie wurde der legendenumwobene Berg von der Frühzeit an (Altstein- und Jungsteinzeit sowie späte Bronze- und Eisenzeit) besiedelt. In der römischen Kaiserzeit spielte diese Gegend ein wichtige Rolle, was sich in einem spürbaren Bevölkerungszuwachs niederschlug.

Auch in späteren Epochen übte das Zusammenspiel von Wasser und Gebirge eine eigenartige Faszination auf die Menschen aus. Im Mittelalter sorgte der »Ritter von der Loreley« für Aufsehen, ein minnereisender Held namens Werner Gutende.

Mit der Wende zur Neuzeit trat ein Wandel der Wahrnehmung von Naturdenkmälern ein. Religiöse Akzente verloren an Relevanz. Statt dessen veranstaltete die von den Humanisten begründete Wissenschaft der »Kosmographie« intensive Versuche der Weltbeschreibung. In diesem Kontext stellte man häufiger das Phänomen des besonderen Echos am Loreleyfelsen heraus, das eigentümlich stark hallt. Üblicherweise wird angenommen, daß der Schall in mehrere Felsengänge eindringt und aus jeder Höhle sich ein Widerhall bemerkbar macht.

Einen nachhaltigen Einschnitt für die Loreley-Rezeption stellt das Zeitalter der Romantik dar. Was vor 1800 wenig attraktiv war – als einförmig, ermüdend und gefährlich beschriebene Gegend –, wird kurz danach zu einem wirkmächtigen Mythos. Clemens Brentanos Roman *Godwi* enthält (in der Ballade »Zu Bacharach am Rheine«) die Frauengestalt der »Lore Lay«. Sie personifiziert eine die Männer ins Verderben stürzende, unglückliche und schöne »Zauberin«, die ins Kloster verbannt wird und sich auf dem Weg dorthin in den Rhein stürzt. Der bekannte Echo-Felsen mutiert zum Frauennamen. Wesentliche Bestandteile dieser Dichtung sind auf charakteristische Weise romantisch: vom antiken Echo-Mythos über die persönlich-schwärmerische Befindlichkeit dieser Gestalt bis

LORELEY

hin zur Wiederbelebung des Mittelalters am Rhein.

Nachdem Brentano die Grundlagen dafür gelegt hatte, war es nur ein kleiner Schritt zur poetischen Ausgestaltung der Loreley-Gestalt. Loreley-Figuren tauchen im Zeitalter der Romantik öfter und in vielen Varianten auf, etwa als »Hexe Lorelei« bei Joseph von Eichendorff. Die Loreley wurde im Zusammenwirken von Dichtung und zunehmender Touristik in die Rheingaue dezidiert zur männermordenden, auf dem Felsen thronenden Schönheit. So erstaunt es nicht, daß angesichts der größer werdenden Zahl von Reisenden der Schriftsteller Aloys Schreiber in seinem Landschaftsführer die kurze Zeit vorher neukreierte Erzählung zur historischen Wahrheit umfunktionierte. So erschien auf dem Lurley eine Jungfrau, die aus Liebesleid betörend sang, so daß nicht wenige Männer, die der modernen Sirenen-Sängerin lauschten, in den Strudeln des Flusses untergingen und ihre Schiffe an den Riffen zerschellten.

Mit Heinrich Heines Loreley-Gedicht begann 1823 die bald überall beachtete lyrische Verarbeitung des Stoffes. Der Text ist bis heute berühmt und enthält als erste von vier Strophen: »Ich weiß nicht, was soll es bedeuten, / Daß ich so traurig bin; / Ein Märchen aus alten Zeiten, / Das kommt mir nicht aus dem Sinn.« Besonders eindrucksvoll sind die von Heine geprägten Metaphern wie »Abendsonnenschein« und »goldenes Haar«. Trotz der herausragenden Bedeutung der Heine-Fassung hat die Germanistik diese auch als den Beginn des Abstiegs gesehen. Das Loreley-Motiv wurde im Anschluß an diese Poesie nur noch »wie eine abgegriffene Münze weitergegeben, die jeder verwenden und verwerten zu dürfen glaubte« (Rotraud Ehrenzeller-Favre). Nach Heine kam die Loreley-Dichtung nicht mehr zur Ruhe. Sie entfaltete eine lange Tradition und reicht bis zu Karl Valentin und Erich Kästner.

Auch in anderen Künsten wie der Musik fand dieser Mythos rege Aufnahme. Heines Dichtung wurde vertont von Friedrich Silcher, den man als zeitgenössischen Meister des Volksliedes verehrte. Im Laufe der Zeit entstanden weitere Vertonungen. Die Opernproduktionen, die sich um die Loreley drehen, reichen von Max Bruch bis zu William Vincent Wallace. Bekannt ist Paul Linckes Operette *Fräulein Loreley*, die 1900 in Berlin uraufgeführt wurde.

Als blonde Frau repräsentiert Loreley ein reizvolles Sujet für die malerische Umsetzung der Sagengestalt. Carl Joseph Begas' Gemälde »Lureley« entstand 1835. Carl Ferdinand Sohn stellte seine »Loreley« 1852/53 als »schönste Jungfrau« dar, Philipp von Foltz in den 1850er Jahren hingegen als eine »unsterbliche Wassernymphe«. Zur Zeit der Reichseinigung (→Versailles) wird die Figur zwar mehr und mehr politisiert. Sie erreicht jedoch, vor allem wegen des regionalen Bezuges, nicht jene nationale Akzentuierung, die der monumentalen Symbolfigur der »Germania« zukommt. Zudem fungierte sie in den Jahren unmittelbar vor 1871 nicht selten als Aktmodell, was eine Verbindung zu den politischen Geschehnissen schwieriger machte. So galt die Betörerin weithin als denkmalunfähig.

Die Loreley-Sage reicht bis in die Zeit des Nationalsozialismus hinein. Als in der Frühzeit des »Dritten Reiches« Thingstätten gefördert wurden, sollte eine solche auch oberhalb des berühmten Felsens errichtet werden. Nach fünf Jahren war die Anlage, deren Bau sich durch technische und finanzielle Schwierigkeiten länger als erwartet hingezogen hatte, fertiggestellt. Als die Amerikaner die Region 1945 eroberten, hißten sie symbolhaft dort die

Fahne, um die Einnahme des Rheinlandes anzuzeigen.

Nach 1945 stellte sich die Frage, was mit der nationalsozialistischen Thingstätte, die unzerstört geblieben war, geschehen soll. Unter dem Intendanten Karl Siebold begründete man Festspiele, die anfangs größere Erfolge verzeichneten. So erwies sich etwa die Aufführung *Die Nibelungen* als Kassenschlager. Freilich versiegte der Besucherstrom ab Mitte der 1950er Jahre. Klassische Aufführungen verloren an Attraktivität. Aus finanziellen Gründen verzichtete die Kommune St. Goarshausen bald auf Eigenproduktionen. Seit den 1960er Jahren finden dort regelmäßig Rockkonzerte statt.

Literatur: Rotraud Ehrenzeller-Favre: *Loreley. Entstehung und Wandlung einer Sage*, Flensburg 1948; Peter Lentwojt: *Die Loreley in ihrer Landschaft. Romantische Dichtungsallegorie und Klischee. Ein literarisches Sujet bei Brentano, Eichendorff, Heine und anderen*, Frankfurt a.M. et al. 1998; *Die Loreley. Ein Fels im Rhein. Ein deutscher Traum*, hrsg. v. Mario Kramp und Matthias Schmandt, Mainz 2004.

Felix Dirsch

Lüneburger Heide
Niedersachsen, zwischen Hamburg und Wolfsburg

Lila Erika, bleiche Sandwege, düstere Wacholderhaine, hin und wieder ein Hügelgrab und in der Ferne ein Schäfer mit seiner Heidschnuckenherde. So stellt man sich die Heide vor, und so haben weite Teile Norddeutschlands tatsächlich einmal ausgesehen. Heute muß man sich sein Stück Idealheide schon suchen; denn von der einst riesigen, mit Heidekraut bewachsenen Fläche ist nur wenig übriggeblieben. Doch in der Nordheide, am Wilseder Berg, gibt es von diesem ländlich-zeitentrückten Bild noch einiges zu bewundern. 1921 wurden hier 20 000 Hektar zum ersten deutschen Naturschutzgebiet erklärt und bilden seitdem das Herzstück der Lüneburger Heide.

Die Lüneburger Heide ist eine überwiegend flachwellige Heide-, Geest- und Waldlandschaft im Nordosten Niedersachsens. Benannt ist sie nach der Stadt Lüneburg. Auf dem sandigen und unfruchtbaren Boden entstanden bereits in der Jungsteinzeit, seit 3000 v. Chr., durch intensive Beweidung der damaligen Traubeneichenwälder größere offene Flächen, die sich mit einer auch Erika genannten Besenheide (*Calluna vulgaris*) bestockten. Während der Völkerwanderung nahm der Waldanteil des Gebietes allerdings wieder erheblich zu, und erst ab dem Jahr 1000 n. Chr. kam es erneut zu einer großflächigen Ausbreitung der im August und September lila aufblühenden Calluna-Heiden. Zurückgeführt wird dies vor allem auf die Umstellung von einer ortsungebundenen zu einer ortsgebundenen Landwirtschaft und die damit einhergehende Errichtung fester menschlicher Siedlungen.

Damit entstand auch die weit bis in das 19. Jahrhundert hinein betriebene typische Heidebauernwirtschaft: Aufgrund der unfruchtbaren Böden mußten die wenigen vorhandenen Nährstoffe eines großen Gebietes auf verhältnismäßig kleinen Äckern konzentriert werden, damit dort überhaupt etwas angebaut werden konnte. Das geschah durch die Abtragung des Heidebodens, der in Vermengung mit Stallmist als Dünger auf die zu bewirtschaftenden Felder aufgebracht wurde. Der größte Teil des Bodens gehörte allerdings der Heidschnucke, die den Bauern Fleisch, Wolle, Leder und Dünger brachte. Die Heidschnucken, eine uralte Schafrasse, sind völlig auf das Heidekraut als Hauptnahrung eingestellt. Die Schnuckenschafe knabbern das Heidekraut ab, das dann um so kräftiger nachwächst, reichlich blüht und durch diesen »Rasenmäher-Effekt« ständig verjüngt wird. Wenn die Heide sich selbst überlassen bleibt, genügt ein Vierteljahrhundert, bis sie verholzt ist, lückenhaft wird und schließlich von selbst abstirbt.

Die Heide ist also, mag sie dem Betrachter auf den ersten Blick noch so urtümlich und aus der Zeit herausgefallen erscheinen, keine Naturlandschaft, sondern eine erst durch Menscheneingriff entstandene Kulturlandschaft. Diese Landschaft, weit, sandig, unfruchtbar und aufgrund ihrer Unfruchtbarkeit auch nur dünn besiedelt, erschien den Reisenden früherer Jahrhunderte keineswegs als Ferienparadies, sondern als besonders öde Wüstenei. Die Beurteilung der Heide erinnert an die der Alpen, die bis zum Ende des 18. Jahrhunderts als bizarr, häßlich und nicht ganz geheuer galten – allerdings dauerte es bei der Lüneburger Heide länger, bis sie »entdeckt« wurde.

Erst als das Überleben der Heide bedroht war, erst als der Kunstdünger auch den unfruchtbaren Heideboden fruchtbar machte, erst als die Heidelandschaft mit Nadelwäldern aufgeforstet wurde und die einst gewaltigen Heidschnuckenbestände beängstigend zusammenschrumpften, erst da wurde die Schönheit der Heide »entdeckt«. Für diesen Wandel steht vor allem ein Name: Hermann Löns. Zwar war der »Heidedichter« nicht der einzige, der für das Überleben der Heide kämpfte – so erwarb sich etwa auch der »Heidepastor« Wilhelm Bode für deren Erhalt große Verdienste –, aber es war doch der mit seinen Gedichten, Erzählungen und Romanen sehr erfolgreiche Löns, der die Lüneburger Heide erst zum Sehnsuchtsort vieler Deutscher machte.

Löns, der lange Zeit als Redakteur in Hannover lebte, schrieb über seine Liebe zur Natur, zur Jagd und zur Heide: »Schließlich war die Jagd meine Rettung. Suche und Treibjagd langweilten mich; die heimliche Pirsch in Heide, Moor und Wald brachte mich wenigstens einige Stunden zum Nachdenken. Ich sah, während ich an Bock und Fuchs dachte, die Natur in ihren großen Umrissen; ich lernte, daß mir das Landvolk mehr bot als das der großen Stadt. Ganz urplötzlich entstand mitten zwischen den journalistischen Arbeiten ein Gedicht, das sich sehen lassen konnte, eine Skizze, die Form besaß; ein paar tüchtige Männer, hier ein Volksschullehrer, da ein Maler, die mir Freunde wurden, boten mir mehr als die flachen Salonbekanntschaften, aber die beste Lehrerin war mir doch die Heide. Ich durchstreifte sie, die Büchse über das Kreuz geschlagen, nach allen Richtungen, wohnte Wochen in der Jagdbude, lebte Monate unter Bauern, und wenn ich wieder im Stadttrubel war, formte sich, was mir der Wind, der über der Heide ging, erzählte, zu fester Gestalt.« – So wurde Löns der Dichter der Heide.

Es ging ihm dabei in seinen Heideerzählungen weniger um große Abenteuer oder um spannungsreiche Jagdgeschichten als vielmehr darum, den Zauber der Landschaft festzuhalten. Das erfolgte durch eine präzise Schilderung der Heidenatur mit allem Leben darin und dem Wechsel von Wetter, Tages- und Jahreszeit. Eine ganz ungewöhnliche Vertrautheit mit der Natur der Heide und aller Kreatur offenbart sich darin. Nicht ohne Grund nannte Ernst Jünger (→Wilflingen) Hermann Löns seinen »Augenöffner«. Löns war auch einer der ersten, der das Jagen von dem Nachgeschmack einer reinen Schießerei befreite, indem er den Gedanken einbrachte, daß der Jäger zuerst ein Heger und Pfleger von Natur und Kreatur zu sein habe. – Die Gebeine Hermann Löns', der 1914 in Frankreich als Kriegsfreiwilliger den Soldatentod starb, wurden am 2. August 1935, dem Jahrestag des Beginns des Ersten Weltkrieges, unter einem mächtigen Findling in der Heide bei Walsrode beigesetzt.

Die Heide ist beliebt bei den Deutschen. Über vier Millionen Menschen besuchen jährlich die einst so menschenleere und abgeschiedene Heide. Die Heide erfreut sich überdies einer besonderen Beliebtheit bei den Rechten. Was mögen die Gründe dafür sein? Da ist zunächst einmal Hermann Löns, der von der politischen Linken gern als trivialer Heimatdichter diffamiert wird. Mit seinem Bekenntnis zur Natur, zur Eigenart, zum ursprünglichen Leben, kann man ihn sicher nicht zu Unrecht als einen Vertreter rechter Naturverankerung bezeichnen, der ganz nebenbei deutlich macht, daß Naturschutz ein genuin rechtes Thema ist und nicht, wie heute oft fälschlich propagiert, ein linkes. Zudem ist der Name Löns auch mit dem *Wehrwolf* (1910) verbunden, so der Titel seines in der Heide angesiedelten Romans standhafter Heimatverteidigung, nach dem sich von 1923 bis 1933 ein Wehrverband und 1945 versprengt kämpfende Hitlerjungen (Werwolf) benannt haben. Und es ist nicht zuletzt die Heide selbst, zu der der Rechte eine Affinität zu haben scheint: zu ihrer Weite, ihren Gräbern aus grauer Vorzeit oder den alten Bauernhäusern, die noch an das germanische Langhaus erinnern. Möglicherweise sind es das Heidnische an der Heide und ihr mythisch zeitenthobener Charakter, die ihn in den Bann schlagen. Selbst das Millionenheer der Immen (Bienen), von denen die Heidebauern seit alters her Honig gewinnen, läßt die heidnische Vorwelt noch anklingen; denn aus ihm wird noch heute das Rauschgetränk der Germanen hergestellt: der Met.

Literatur: Hermann Cordes/Thomas Kaiser: *Naturschutzgebiet Lüneburger Heide. Geschichte, Ökologie, Naturschutz*, Bremen 1997; Hermann Knottnerus-Meyer: *Der unbekannte Löns*, Jena 1928; Richard Linde: *Die Lüneburger Heide*, Bielefeld/Leipzig 1904; Rolf Lüer: *Geschichte des Naturschutzes in der Lüneburger Heide*, Niederhaverbeck 1994; Konrad Maier: *Die Lüneburger Heide. Kunst und Kultur im ehemaligen Fürstentum Lüneburg*, München/Berlin 1978.

Norbert Borrmann

Marienburg · Monte Verità · Montségur · München: Feldherrnhalle, Schwabing

Marienburg
Westpreußen

Der Begriff der Ordnung findet wohl in keiner deutschen Landschaft stärker Ausdruck als im Gebiet des Ordensstaates Preußen, den späteren Provinzen Ost- und Westpreußen, zwischen unterer Weichsel und Memel. Die vom Deutschen Orden seit der Mitte des 13. Jahrhunderts geschaffene geistig-kulturelle Ordnung prägt aufgrund ihrer gotischen Backsteinbauten, Stadt- und Dorfgründungen noch heute das zwischen Polen, Rußland und Litauen geteilte Land, und kein Gebäude verkörpert mehr diese prägende Kraft als die Marienburg (→Frauenburg).

Das Land der Prußen und Litauer war das letzte heidnische in Europa. Als der Herzog von Masowien den Kampf gegen die nördlichen Nachbarn nicht mehr alleine fortsetzen konnte und sich daher im Winter 1225/26 an den Deutschen Orden wandte, da wurde dieser 1190 im Heiligen Land gegründete Ritterorden von dem für seine diplomatischen Fähigkeiten gerühmten Hochmeister von Salza geführt. Dieser wollte seine Ordenskämpfer nicht einfach als Söldner dem Herzog zur Eroberung des Prußenlandes zur Verfügung stellen, sondern behielt sein eigenes Ziel, die Gründung eines Staates, im Auge. Verhandlungen fanden ihren Abschluß im Kruschwitzer Vertrag von 1230, in dem der Orden seine Vorstellungen einer Herrschaftsbildung weitgehend durchsetzen konnte. Zur Absicherung durch die beiden höchsten Autoritäten des Abendlandes, Kaiser und Papst, hatte Salza im März 1226 Gespräche mit Kaiser Friedrich II. (→Castel del Monte, Kyffhäuser, Palermo) geführt. Doch eine erste Bestätigung für das Vorhaben erfolgte durch die 1234 ausgefertigte Bulle des Papstes, ehe im Sommer 1235 die Goldbulle des Kaisers rückdatiert auf 1226 ausgestellt wurde. Durch sie bekam der Deutsche Orden nicht allein die volle Landeshoheit über das zu erobernde Heidenland übertragen, sondern sollte in diesem außerhalb des Heiligen Römischen Reiches liegenden Gebiet auch alle einem Reichsfürsten zustehenden Rechte ausüben können.

Bald nach dem Kruschwitzer Vertrag hatten Ordensritter unter dem Zeichen des vom Kaiser verliehenen schwarzen Adlers, dem späteren Wappentier Brandenburg-Preußens, mit der Unterwerfung des Landes begonnen und an der Weichsel die Burgen Thorn (1231), Kulm (1231) und Marienwerder (1233) gegründet. Bis 1283 konnte der Orden alle Gaue der Prußen erobern und formte hier an der Ostsee, aufbauend auf dem Vorbild des arabisch-normannisch-staufischen Beamtenstaates Unteritaliens, das modernste Staatswesen des Mittelalters (Ulrich Matthée), dessen Zentrum 1309 die Marienburg wurde.

In jenem Jahr verlegte Hochmeister von Feuchtwangen seinen Sitz von Venedig an die Nogat. Zunächst erfolgte die Vollendung des vierflügeligen Hochschlosses, dann wurden aufgrund der ständig wachsenden Zahl an Ritter- und Priesterbrüdern und der zunehmenden Verwaltungsaufgaben weitere Bauten notwendig, so das Mittelschloß (1310–1340) und die Kirche (1331–1344), in deren Erdgeschoß die Grablege der Hochmeister eingerichtet wurde. Die rotleuchtende Backsteinburg zierten elegante Spitzbogenportale, auf schlanken Säulen ruhende Sterngewölbe, reichdekorierte Konsolsteine, Wandmalereien und nicht zuletzt als Höhepunkt die acht Meter hohe, nach Osten schauende und mit venezianischen Mosaiken besetzte Marienfigur. Zwischen 1385 und 1398 wurde an der Flußseite der neue Hochmeisterpalast angebaut – ein Meisterwerk der Gotik.

Doch von dieser Burg ging mehr aus als Eleganz. Sie wurde Mittelpunkt weiterer Burgen, die in ähnlicher Formschönheit errichtet wurden, bis hoch ins Baltikum (z. B. Riga, →Reval, Narwa), wo der livländische Zweig des Ordens seine Macht entfaltete. Sie wurde Mittelpunkt eines Staates, der ein Netz zahlreicher Städte und Dörfer aufbaute, dem Land Strukturen, geistige, rechtliche sowie künstlerische, gab, die auch da, wo sie wie im nördlichen Ostpreußen nach 1945 weitgehend ausgelöscht wurden, neben der Weite der Landschaft der Region ihren einzigartigen Ausdruck und Stil verleihen.

1410 hielt die Marienburg nach der Schlacht bei →Tannenberg der polnisch-litauischen Belagerung stand. Doch im Dreizehnjährigen Krieg (ab 1454) wurde sie von den zur Verteidigung eingesetzten böhmischen Söldnern dem polnischen König verkauft. Der Hochmeister floh 1457 nach →Königsberg. Im Friede zu Thorn 1466 fiel das westliche Preußenland als »Preußen königlichen Anteils« mit der Marienburg an die polnische Krone.

Mochte der Orden den kultivierteren und wohlhabenderen Teil seines Staatsgebietes – mit →Danzig – verloren haben, so war sein Wille zur Selbstbehauptung nicht gebrochen. Noch bis zur Umwandlung in ein weltliches Herzogtum 1525 prägte er durch seine Staatsführung, Kolonisation und Architektur einen weiten Raum. Hierbei war für die Zukunft von Bedeutung, daß der Orden mit jenen aus dem Reich stammenden, ihn im Krieg verteidigenden und danach mit Land entschädigten Söldnerführern einen neuen »preußischen« Adel gewann, der sein Werk in den folgenden Jahrhunderten noch über das Ende des Ordensstaates hinaus ebenso fortsetzte wie jene Herrscher, die auf den Hochmeister-Herzog Albrecht folgten: die brandenburgischen Kurfürsten und schließlich die preußischen Könige; erinnert sei an Friedrich Wilhelm I. (→Oderbruch), der Anfang des 18. Jahrhunderts mit neuen Stadtanlagen, Dörfern und Siedlern den ordenszeitlichen Willen zur Gestalt nochmals erweiterte.

Mit der Polnischen Teilung 1772 wurde das »Königliche Preußen« als Westpreußen Bestandteil des Staates Friedrichs des Großen (→Leuthen, Oderbruch, Potsdam). Für den künstlerischen Wert blind, wurden Teile der Marienburg reiner Nützlichkeit geopfert. Erst 1803 verfaßte der 19jährige Freiheitsdichter Max von Schenkendorf seinen Aufruf zur Rettung der Burg, und zugleich machten die publizierten Zeichnungen des jung verstorbenen, genialen Friedrich Gilly die Burg europaweit bekannt. 1804 stoppte König Friedrich Wilhelm III. (→Tauroggen) den Abbruch. Nun wurde ihre architektonische Wiederentdeckung und die sich über Jahrzehnte hinziehende Rekonstruktion zu einem nationalen Ereignis von hohem Rang, ähnlich dem Weiterbau des →Kölner Domes. Es genügt, einige der großen Namen zu nennen, die sich um die

Marienburg verdient gemacht haben: Eichendorff, Schinkel, Menzel oder Conrad Steinbrecht, »der zu den hervorragendsten Konservatoren des damaligen Europas gehörte« (Ryszard Rząd). Die Marienburg galt seither als ein deutsches Nationalheiligtum, in ihr verbanden sich die Ordenszeit mit den Erinnerungen an die siegreichen Befreiungskriege (→Leipzig, Schill-Gedenkstätten).

Die Restaurierung der gewaltigen Burganlage zog sich bis in die Zeit nach dem Ersten Weltkrieg. Schwere Zerstörungen Anfang 1945 vernichteten beinahe diese Aufbauleistung, bis ab 1960 nun von polnischen Restauratoren der Wiederaufbau erneut in Angriff genommen wurde. Seither ist die Burg des einstigen Feindes wohl der bedeutendste Touristenmagnet des Landes.

Literatur: Klaus Conrad: Der Deutsche Orden und sein Landesausbau in Preußen, in: Udo Arnold (Hrsg): *Deutscher Orden 1190-1990*, Lüneburg 1997, S. 83-106; Christofer Herrmann: *Mittelalterliche Architektur im Preußenland*, Petersberg 2007; Bernhart Jähnig: Herrschaftsverständnis und Herrschaftsverwirklichung beim Deutschen Orden in Preußen, in: Klaus Militzer (Hrsg.): *Herrschaft, Netzwerke, Brüder des Deutschen Ordens in Mittelalter und Neuzeit*, Weimar 2012, S. 67-92; Ulrich Matthée: Der Flug des Schwarzen Adlers von Apulien nach Preußen, in: Wulf D. Wagner: *Stationen einer Krönungsreise. Schlösser und Gutshäuser in Ostpreußen*, Berlin 2001, S. 10-16; Klaus Militzer: *Die Geschichte des Deutschen Ordens*, Stuttgart 2012; Ryszard Rząd: *Die Marienburg 1882-1945. Der Alltag des Wiederaufbaus*, Malbork/Marienburg 1996.

Wulf D. Wagner

Monte Verità
Schweiz, oberhalb von Ascona am Nordufer des Lago Maggiore

Nach Nietzsches (→Sils-Maria) Auffassung kommt der Mensch in Berlin »ausgelaugt und abgebrüht zur Welt«. Wer den Menschen finden wolle, wie er eigentlich sei, würde nur in »abgelegenen Gegenden, weniger bekannten Gebirgstälern« fündig. Diese Auffassung war bei Nietzsche im Zusammenhang mit der lehrreichen und charakterbildenden Möglichkeit des Reisens verbunden. Deshalb empfahl er die Reise zu den »sogenannten wilden und halbwilden Völkerschaften, namentlich dorthin, wo der Mensch das Kleid Europas ausgezogen oder noch nicht angezogen hat«. Es ging um den eigentlichen Menschen, der noch unverdorben von der Zivilisation sei. Der passive Charakter ist bei Nietzsche unübersehbar, und es fehlt noch einiges bis zu Rilkes Forderung: »Du mußt dein Leben ändern.« Doch aus beidem formte sich um die Jahrhundertwende eine radikale Variante der Lebensreformbewegung (→Dresden-Hellerau, Hoher Meißner), die man als Aussteiger oder auch Sezessionisten bezeichnen könnte.

Ihnen ging es nicht darum, das vorgefundene Leben zu verbessern und moderne Fehlentwicklungen zu korrigieren, sondern um den totalen Gegenentwurf. Im Gegensatz zu den Großideologien, die sich in dem Glauben wähnend, die richtige Idee zu haben, ganze Völker umkrempeln wollten, beschieden sich die Aussteiger mit sich selbst und den wenigen, die sich ihnen freiwillig anschlossen. Gerade in dieser Individualität lag aber auch die Gefahr, sich gegen die Gesellschaft nicht behaupten zu können. Deshalb ging diese Selbstformung des eigenen Ichs meist mit dem Auszug aus der Stadt oder gar der menschlichen Gemeinschaft überhaupt einher. Der neue Ort mußte klimatisch mild und vom Boden her möglichst fruchtbar sein, wenn man von der modernen Welt so unabhängig wie möglich sein wollte. Nicht nur Selbstversorgung stand auf dem Programm, sondern allen modernen Verstellungen des Menschen sollte abgeschworen werden. Die Palette reichte von Freikörperkultur, Reformkleidung, Vegetarismus bis zu den weniger praktischen Dingen wie Glaubensvorstellungen, die sehr heterogen ausgeprägt sein konnten.

Dementsprechend groß war die Vielfalt der Formen und Wege, welche die Aussteiger wählten. Der Franke August Engelhardt war der Überzeugung, daß nur die ausschließliche Ernährung mit Kokosnüssen (der Frucht, die der Sonne am nächsten ist) sicherstellen würde, daß er irgendwann allen leiblichen Bedürfnissen entsagen und so unsterblich würde. Deshalb wanderte er nach Deutsch-Neuguinea aus, erwarb eine Insel mit Kokosplantage und setzte seine Idee in die Tat um. Seine Anhängerschaft, um die er mittels Briefen in Deutschland warb, blieb überschaubar. Er selbst hatte mit Mangelerscheinungen zu kämpfen und verstarb nach dem Ersten Weltkrieg. Ein anderes Beispiel ist der Märker Gustav Nagel. Auch er ließ sich die Haare wachsen, trug im Winter keine Schuhe und im Sommer möglichst wenig Kleidung. Er zog durch die Lande, um eine naturverbundene Lebensweise zu predigen, errichtete in Arendsee (Mark) eine Heilanstalt mit Tempel, wurde kurzzeitig entmündigt, um dann seine Predigten fortzusetzen und nach dem Zweiten Weltkrieg in einer Nervenheilanstalt zu sterben. Auch diese Aussteiger hatten das Ziel, den Ort ihrer Unternehmung zum Ausgangspunkt und Zentrum der Erneuerung des Menschen zu machen. Daß dies nicht gelang, lag nicht nur an den esoterischen Inhalten, sondern auch an den menschlichen Unzulänglichkeiten, die bei einem so aussichtslosen Kampf zum Vorschein kommen. Aber auch die Anziehungskraft der gewählten Orte war begrenzt.

Daß ein Ort über konkrete Ideen und Personen hinaus zu einem Zentrum von verschiedensten Aussteigern werden konnte, zeigt der Monte Verità in Ascona. Dieser Berg hat schon immer Einsiedler und Aussteiger angezogen. Deshalb ist die lebensreformerische Zäsur für die Geschichte des Berges nur von untergeordneter Bedeutung. Aber immerhin rührt daher sein Name. Der Sohn eines Fabrikanten, Henri Oedenkoven, und seine Freundin, die Pianistin Ida Hofmann, erwarben 1900 den Berg, der damals noch Monte Monescia hieß. Sie benannten ihn um und errichteten auf dem Berg eine Naturheilanstalt, die sie 1902 eröffneten. Hintergrund war die Krankheit Oedenkovens, die dieser nur auf naturheilkundlichem Wege überstanden hatte. Daher rührte sein Impuls, dieses Verfahren weiterzuverbreiten. Die Anstalt sollte als »vegetabile Kommune« organisiert werden und als »Licht-Luft-Bad« vor allem Patienten und Erholungswillige anziehen. Zu den ersten Siedlern, die gemeinsam mit den Käufern auf dem Berg ankamen, gehörten die Brüder Gräser (→München: Schwabing) mit ihren Frauen, denen allerdings eher eine Kommune der freien Liebe vorschwebte, da sie in den unfreien Geschlechterverhältnissen die Wurzel allen Übels erblickten.

Die Wege trennten sich daher bald. Die Gräsers sonderten sich mit ihren Anhängern von der Hauptsiedlung ab, um ein Leben ganz im Einklang mit der Natur führen zu können. Von dieser Sezession ging letztlich der Impuls aus, der den Mythos des Monte Verità bis heute trägt. Die zentrale Gestalt dieser Sezession war der Siebenbürger Sachse Gusto Gräser, der durch den Landkommunarden und Maler Wilhelm Diefenbach geprägt wurde, einer der bekanntesten Wanderprediger dieser Epoche war und seine Spuren in vielen Werken hinterlassen hat. Hermann Hesse war sein Anhänger, und so gibt es zahlreiche an Gräser orientierte Weisheitsgestalten in seinem Werk, insbesondere der *Demian* (1919) ist zu nennen. Aber auch bei Gerhart Hauptmann (→Agnetendorf) finden sich Stellen, die an Gusto Gräser erinnern, so in seinem ersten Roman, *Narr in Christo Emanuel Quint* (1910). Aber auch Rudolf von Labans Ausdruckstanz ist von Gusto Gräsers Mitternachtstänzen inspiriert.

Ablehnung gab es natürlich auch. Nicht nur durch die alteingesessene Bevölkerung, die das Treiben auf dem Berg mißtrauisch verfolgte, sondern auch durch Gäste selbst. In der frühen Zeit war es z. B. der Anarchist Erich Mühsam, der sich auf dem Berg kurzzeitig ansiedelte, dann aber eine scharfe Abrechnung verfaßte und sich wieder der politischen Agitation zuwandte. Für die meisten Besucher blieb der Berg, unabhängig von der politischen Ausrichtung, Quelle der Inspiration. Max Weber hat in Ascona seine Charisma-Lehre entwickelt und Ernst Bloch den *Geist der Utopie* vollendet. Im Ersten Weltkrieg wurde der Ort zu einem Sammelpunkt für Kriegsdienstverweigerer und Pazifisten aus vielen europäischen Ländern.

Nach der Pleite des Projekts von Oedenkoven kaufte 1926 der Bankier Eduard von der Heydt den Berg, ließ ein noch heute existierendes Hotel im Bauhausstil errichten und konnte den Ort so noch einmal beleben. In den 1970er Jahren, als die wachsende Alternativszene nach historischen Vorbildern suchte und in diesem Zusammenhang die Geschichte der deutschen Lebensreformbewegung zu erforschen begann, wurde der Berg wiederentdeckt. Entscheidend war dabei die Ausstellung von Harald Szeemann, die in vielen deutschen Metropolen gezeigt wurde und dem Berg einen zweiten Sommer der Bekanntheit einbrachte. Im Haus der Gründer der Kolonie, der Casa Anatta, ist sie noch heute zu besichtigen.

Literatur: Kai Buchholz et al. (Hrsg.): *Die Lebensreform. Entwürfe zur Neugestaltung von Leben und Kunst um 1900*, Bd. 1, Darmstadt 2001; Martin Green: *Mountain of Truth. The Counterculture begins – Ascona, 1900-1920*, London 1986; Ulrich Linse: *Barfüßige Propheten. Erlöser der zwanziger Jahre*, Berlin 1983; Harald Szeemann (Hrsg.): *Monte Verità - Berg der Wahrheit. Lokale Anthropologie als Beitrag zur Wiederentdeckung einer neuzeitlichen sakralen Topographie*, Mailand 1978.

Erik Lehnert

Montségur
Ostrand der Pyrenäen, in der Nähe von Foix

Wenn man den Montségur, den geheimnisvollen Berg an der Nordflanke des Saint-Barthélémy-Massivs, am Rand der französischen Pyrenäen, besteigt, erreicht man in 1 200 Metern Höhe eine Burgruine. Deren mächtige Reste erheben sich über dem weißen, steil aufragenden Fels und scheinen wie mit ihm verwachsen. Montségur wird mit »sicherer Berg« übersetzt, und tatsächlich hat man das Gefühl von Uneinnehmbarkeit, wenn man die Festung betrachtet. In deren Innerem wird man wahrscheinlich auf eine bunte Schar von Wanderern, Bildungshungrigen, Neugierigen, Esoterikern und Jugendbewegten treffen, und der Anteil der Deutschen dürfte überraschend groß sein. Das hängt damit zusammen, daß der Montségur hierzulande in bestimmten Kreisen ungleich bekannter ist als in Frankreich, wo er erst durch den »Ketzertourismus« der 1980er Jahre wieder an Bedeutung gewann. Dieser Ketzertourismus hatte mit der letzten Welle des Okzitanismus zu tun, der die kulturelle – manchmal auch politische – Selbständigkeit des französischen Südens, Okzitaniens, forderte und sich dabei auch auf die Überlieferung der Katharer berief, deren Zentrum der Montségur war.

MONTSÉGUR

Die Katharer, auf die auch unser Begriff »Ketzer« zurückgeht, erhielten ihren Namen wohl nicht - wie man lange meinte - durch die Selbstbezeichnung als »Reine« (griechisch »katharoi«), sondern von dem Vorwurf der »Katzen-«, das heißt Teufelsanbetung. Im Gefolge der Kreuzzüge entstanden, vertraten sie eine in vielen Äußerlichkeiten christliche, in ihrem Kern aber manichäische Weltanschauung, die teilweise an den Buddhismus erinnert (konsequente Welt- und Leibverachtung, Seelenwanderung, Erlösung durch Auslöschung). Die Tatsache, daß die Kirche die Bewegung blutig unterdrückte und schließlich vernichtete, hätte wohl ihr Überleben in der kollektiven Erinnerung nicht gewährleistet. Aber die Konsequenz, mit der die Katharer auf ihren Auffassungen beharrten, unterschied sich doch deutlich von dem, was bei Häresien sonst der Fall war. 1244 fiel der Montségur als eine ihrer letzten Festungen. Die Verteidiger stellte man vor die Wahl, abzuschwören und das Leben zu behalten, oder einen am Fuß des Burgbergs errichteten Scheiterhaufen zu besteigen. Nach der Überlieferung zogen zweihundert Katharer singend in den Flammentod.

Man muß diesen Hintergrund kennen, um zu verstehen, warum der Katharismus und mit ihm der Montségur beim Erwachen des okzitanischen Bewußtseins im 19. Jahrhundert eine so wichtige Rolle spielten. Okzitanien verstand sich jetzt als Opfer des nordfranzösischen - Pariser - »Kolonialismus«, der sich erdreistete, eine in vielem ältere und höher stehende Kultur zu unterdrücken, zu deren besonderen Ausdrucksformen nicht nur die okzitanische Sprache, sondern auch die höfische Welt Aquitaniens und die musikalischen Schöpfungen der Minnesänger gehörten. In erster Linie war der Okzitanismus eine Angelegenheit der Gebildeten und speiste sich aus romantischen Impulsen, was auch erklärt, warum es zu einer Berührung mit der französischen Wagner-Begeisterung an der Jahrhundertwende einerseits, mit der ganz Europa erfassenden Welle des Okkultismus andererseits kommen konnte. Bezeichnend ist weiter, daß den Boden für die neue Verknüpfung von Katharismus und der Behauptung uralten Geheimwissens und christlicher Sonderoffenbarungen ein esoterischer Autor wie Joséphin Peladan mit seinem Buch *Le secret des troubadours* (1906) und der Dichter Pierre-Barthélemy Gheusi mit seinem Roman *Montsalvat* (1910) bereiteten. Beide behaupteten, der Montségur sei die Gralsburg Montsalvat, von der in Wagners (→Bayreuth) *Parsifal* und bei dessen Gewährsmann Wolfram von Eschenbach die Rede war, und daß die Katharer im Gral jene Reliquie bewahrten, in der die Engel das Blut Christi aufgefangen hatten.

Anfangs fanden solche Spekulationen nur Interesse in einschlägigen Kreisen. Das änderte sich nachhaltig, als ein junger Deutscher, Otto Rahn, 1933 ein Buch mit dem Titel *Kreuzzug gegen den Gral* veröffentlichte, in dem er die schon bekannten (und von seinem französischen Mentor Antonin Gadal weiter entfalteten) Thesen mit neuen Überlegungen verknüpfte und an die Vorstellung koppelte, daß die Verteidiger des Montségur den Gral vor der Kapitulation in den nahegelegenen Höhlen des Lombrives verbargen, wo er der Wiederentdeckung harre. Rahns Buch wird bis heute nachgedruckt und ist längst ins Französische, Englische, Italienische und Spanische übersetzt worden. Daß es Heinrich Himmler (→Quedlinburg) besonders beeindruckte, der den Verfasser ins »Ahnenerbe«, die Wissenschaftsorganisation der SS, holte, hat dem sowenig Abbruch getan wie Rahns frü-

139

her tragischer Tod; er endete 1939 durch Selbstmord, nachdem seine Homosexualität von der SS-Führung entdeckt worden war. Eher haben die merkwürdigen und zum Teil düsteren Umstände dazu beigetragen, den Montségur zu einem modernen Mythos zu machen, gibt es doch nicht nur eine Flut von Literatur, die sich mit dem ganzen Komplex befaßt, sondern auch immer neue Formen der Verklärung. Deren Spektrum reicht vom Keltenkreuz, das ein deutsches Jagdflugzeug am 16. März 1944 aus Anlaß des 700. Jahrestages der Niederlage über dem Montségur mit Kondensstreifen in den Himmel gezeichnet haben soll, bis zu Mutmaßungen über den Lichteinfall bei den Sonnenwenden; von der Annahme, Hitler sei ein »Eingeweihter« der katharischen Geheimlehren gewesen, bis zu der Behauptung, Otto Rahn habe unter dem Pseudonym Rudolf Rahn als deutscher Diplomat den Zweiten Weltkrieg überlebt.

Relativ nüchtern wirkt da, wie der Nerother Wandervogel sich der besonderen Aura des Berges im französischen Midi bedient. Seit 1965 wird eine Bank auf seiner Jugendburg am Rhein errichtet, deren Einfassung aus Steinen gemauert ist, die Bundesmitglieder vom Montségur gebracht haben. Wer die Fahrt macht und sich keiner fremden Hilfsmittel bedient, bekommt als besondere Auszeichnung das sogenannte »Katharerkreuz« verliehen.

Literatur: Mario Baudino: *Otto Rahn. Faux cathare et vrai nazi*, Toulouse 2004; Theodor Heinermann: Mythen um den Ort der Gralsburg, in: *Die Welt als Geschichte* 8 (1942), S. 164–168; Hans-Jürgen Lange: *Otto Rahn und die Suche nach dem Gral*, Engerda 1999; Ferdinand Niel: *Les Cathares de Montségur*, o. O. 1973; Karlheinz Weißmann: Der Gral in den Pyrenäen, in: ders.: *Mythen und Symbole*, Schnellroda 2002, S. 27–40.

Karlheinz Weißmann

München – Feldherrnhalle

Dem deutschgesinnten Bayernkönig Ludwig I. hat die Nachwelt zahlreiche herausragende Denkmäler zu verdanken: die →Walhalla in der Nähe von Regensburg, die Befreiungshalle bei Kehlheim oder die Ruhmeshalle mit der kolossalen Bronzefigur der Bavaria auf der Theresienwiese in München. Der wohl geschichtsträchtigste Denkmalbau Ludwigs steht ebenfalls in München: die Feldherrnhalle. Sie schließt die historische Altstadt zum Odeonsplatz ab. Der Platz selbst geht über in die nach dem König benannte Ludwigstraße, mit deren Gesamtplanung Ludwig 1816 zunächst Leo von Klenze, den Architekten der Walhalla, der Befreiungshalle und der Ruhmeshalle, beauftragt hatte und ab 1827 Friedrich von Gärtner, der auch die Feldherrnhalle baute. Die Ludwigstraße ist die monumentalste von Münchens Prachtstraßen. Sie verläuft vom Odeonsplatz schnurgerade in nordöstliche Richtung, weitet sich gegen Ende zu einem viereken Platz, der von den Gebäuden der Universität umschlossen wird, um nach etwa einem Kilometer an dem ebenfalls von Friedrich von Gärtner errichteten Siegestor zu enden. Feldherrnhalle, Odeonsplatz, Ludwigstraße und Siegestor bilden eine architektonische und stadtplanerische Einheit. Die Sichtachse von der Feldherrnhalle zum Siegestor wird seit 2004 allerdings durch die Hochhaustürme der »Highlight Towers« empfindlich gestört.

Die Grundsteinlegung zur Feldherrnhalle fand am 26. Jahrestag der Schlacht von →Waterloo, am 18. Juni 1841, in Anwesenheit des Königs statt. 1844 wurde der Bau, der genau wie das Siegestor aus Kehlheimer Sandstein besteht, fertiggestellt. Als Vorbild diente von Gärtner auf Wunsch des Königs die Loggia dei Lanzi in Florenz. Gewidmet ist die Feldherrnhalle dem bayerischen Heer, was sich auch in seinem Figurenprogramm widerspiegelt. Betritt man über die mittig vorgelagerte Freitreppe die sich zum Odeonsplatz mit drei Bögen öffnende Halle, befinden sich links und rechts die Standbilder von zwei Feldherren, nämlich des Grafen Tilly (u. a. 1629 Sieger über den Dänenkönig Christian IV.) und des Fürsten Wrede, der die bayerische Armee 1815 bis nach Paris führte. Die Figuren wurden nach den Entwürfen des von Ludwig besonders geschätzten Bildhauers Ludwig von Schwanthaler aus eingeschmolzenen Kanonen gegossen. 1892, während der Regierungszeit des Prinzregenten Luitpold, wurde das zentral aufgestellte, bronzene Armeedenkmal, das an den Deutsch-Französischen Krieg von 1870/71 (→Versailles) erinnert, nach einem Entwurf von Ferdinand von Miller hinzugefügt. Es zeigt eine antikisierende Gestalt mit erhobener Fahne, welche die Frauenfigur der Bavaria (mit Palmzweig) zu schützen scheint. Vor den beiden Figuren befindet sich ein liegender Löwe. Die neben der Freitreppe 1906 in schreitender Position beigefügten steinernen Löwen stammen von Wilhelm von Rümann.

Am 1. August 1914 wurde der Münchener Bevölkerung von der Feldherrnhalle aus die deutsche Kriegserklärung an Rußland bekanntgegeben, nachdem Rußland sich zuvor geweigert hatte, seine Generalmobilmachung einzustellen, was in der Folge zum Ersten Weltkrieg (→Langemarck, Tannenberg, Verdun) führte. Nach Kriegsausbruch zogen von dem Platz der Feldherrnhalle aus die bayerischen Regimenter ins Feld.

»Wir gingen in der Überzeugung, daß es das Ende war, so oder so«, äußerte sich Hitler in einer am 8. November 1935 gehaltenen Rede zu dem Ereignis, das die Feldherrnhalle zu einer Kultstätte der Nationalsozialisten gemacht hat: der Putschversuch vom 9. November 1923. Als damals der Zug der Umstürzler, angeführt

MÜNCHEN – FELDHERRNHALLE

u. a. von Hitler, General Erich Ludendorff und Hermann Göring, vom Bürgerbräukeller kommend, die schmale Residenzstraße passierte, um zum Odeonsplatz zu gelangen, kam es an der Feldherrnhalle zu einer kurzen, aber heftigen Schießerei zwischen Nationalsozialisten und der Bayerischen Landespolizei. Als erster Putschist stürzte Max Erwin von Scheubner-Richter tödlich getroffen zu Boden und riß dabei im Fallen Hitler mit, wobei er diesem einen Arm ausrenkte. Die Folgen des Zusammenstoßes: 16 tote Nationalsozialisten und vier tote Polizisten.

Nach der Machtergreifung 1933 wurde der »Marsch auf die Feldherrnhalle« mit Gedenkfeiern an der Feldherrnhalle alljährlich wiederholt. Einen besonderen Höhepunkt bildeten dabei die Feierlichkeiten 1935. In diesem Jahr waren die zwei »Ehrentempel« am Königsplatz fertiggestellt worden, in welche man die »Blutzeugen der Bewegung« überführte, damit sie dort in ihren ehernen Sarkophagen »ewige Wache« halten sollten. Nachdem man die sterblichen Überreste der gefallenen Putschisten aus ihren Gräbern geholt hatte, wurden sie am Vorabend des 9. November in der mit braunem Tuch ausgeschlagenen Feldherrnhalle aufgebahrt. An der rückwärtigen Wand der Feldherrnhalle ragten sechzehn mit Feuerschalen bekrönte rote Pylonen auf, an denen mit aufgelegten goldenen Lettern die Namen der Blutzeugen prangten. Unmittelbar davor lagen deren Sarkophage. Tags darauf wurden sie mit einem pomphaft-düsteren »Marsch des Schweigens« in die Ehrentempel gebracht. Genau vier Jahre später erfolgte eine weitere theatralische Totenfeier: Die bei dem mißlungenen Hitlerattentat von Johann Georg Elser im Bürgerbräukeller getöteten sieben »alten Kämpfer« wurden dort vor ihrer Beisetzung in mit Hakenkreuzfahnen überzogenen Särgen zur Schau gestellt.

Bereits am 9. November 1933, dem 10. Jahrestag des Putsches, hatte Hitler an der Feldherrnhalle das »Mahnmal für die 16 Gefallenen des 9. November 1923« enthüllt. Es stammte von dem Architekten Paul Ludwig Troost, der auch die Ehrentempel am Königsplatz entworfen hatte, und befand sich in dem zur Residenzstraße geöffneten Bogen der Feldherrnhalle. Auf einem gestuften Sockel wurde eine bronzene Tafel mit den Namen der Putschisten gesetzt. Bekrönt wurde das Mahnmal mit einem von dem Bildhauer Kurt Schmid-Ehmen geschaffenen Hoheitszeichen. Unter dem Mahnmal war – als Akt der Versöhnung gedacht – auch noch eine Gedenktafel für die beim Putschversuch getöteten Polizisten angebracht worden. Davor stand eine von zwei SS-Männern gebildete Ehrenwache. Jeder Passant mußte an dieser Stelle den »Deutschen Gruß« entbieten; wer das nicht tun wollte, nahm einen kurzen Umweg durch die benachbarte, als »Drückebergergasse« bezeichnete Viscardigasse. – Aufgrund des großen Symbolwertes, den die Nationalsozialisten der Feldherrnhalle beimaßen, erhielten mehrere Kampfverbände der Wehrmacht den Namenszusatz »Feldherrnhalle«.

Unmittelbar nach dem Einmarsch der Amerikaner wurde das Mahnmal entfernt, wobei man im Übereifer auch gleich die Gedenktafel für die getöteten Polizisten mit abschraubte. Im November 1994 wurde in den Boden vor der Feldherrnhalle eine neue Gedenkplatte für die Polizisten eingelassen. Allerdings lag sie dort – wegen zu geringer Beachtung – nur 16 Jahre. Seit dem November 2010 prangt nun eine abermals neue Gedenktafel an der der Feldherrnhalle gegenüberliegenden Westseite der Residenz.

Längst geht es betont zivil an der Feldherrnhalle zu. Ludwigstraße, Odeonsplatz sind Touristentreffpunkte, und besonders die Feldherrnhalle ist ein beliebtes Fotomotiv. Diese harmlos-heitere Welt erfuhr am 25. April 1995 eine empfindliche Störung. An diesem Tag verbrannte sich der damals 75jährige Diplom-Ingenieur, Heimatvertriebene und ehemalige Wehrmachtssoldat Reinhold Elstner auf den Stufen der Feldherrnhalle. In einem Abschiedsbrief schrieb er: »Mit meinen 75 Jahren kann ich nicht mehr viel tun, aber doch so viel, daß ich mit meinem Flammentode als Fanal ein sichtbares Zeichen der Besinnung setzen will.«

Doch ein Märtyrertod für Deutschland ist im gegenwärtigen Deutschland vollkommen unerwünscht. Politik und Medien bemühten sich daher, den tragischen Vorfall so schnell wie möglich vergessen zu machen. Als 2003 öffentlich an der Feldherrnhalle des Flammentodes von Reinhold Elstner gedacht wurde, löste dies sofort Abwehrreflexe seitens der Politik und Stadtverwaltung aus. Seitdem sorgt ein Verbot dafür, daß an dieses Ereignis an einem so »sensiblen« Erinnerungsort wie der Feldherrnhalle nicht mehr gedacht werden darf.

Literatur: Klaus Eggert: *Friedrich von Gaertner. Der Baumeister König Ludwigs I.*, München 1963; Georg Franz-Willing: *Putsch und Verbotszeit der Hitlerbewegung*, Preußisch Oldendorf 1977; Peter Köpf: *Der Königsplatz in München*, Berlin 2005.

Norbert Borrmann

München – Schwabing

Wo Wertvorstellungen ins Wanken und dadurch Zeitalter in Bewegung geraten, entstehen Zentren, in denen sich die Triebkräfte solcher Prozesse sammeln. Es sind die Inspirierten und die Suchenden, aus allen Teilen des Landes kommend, die,

MÜNCHEN – SCHWABING

Abenteurern gleich, unbekanntes Terrain erschließen wollen und dabei die Karten im großen Weltspiel der Lebensentwürfe neu zu mischen beginnen. Ein solches Zentrum bildete um 1900 der damals noch überschaubare Münchner Vorort Schwabing, die wohl am ergiebigsten sprudelnde Quelle der deutschen Kultur im sogenannten Fin de siècle. München »leuchtete« in jenen Jahren nicht nur, wie Thomas Mann metaphorisch bemerkte, der sich ebenfalls aufgemacht hatte, »um mit sonderbarer Sorglosigkeit das Wagnis eines Künstlerlebens einzugehen«, sondern München wuchs, und zwar in einem nie gekannten Ausmaß: Zählte die Stadt um 1850 noch 100 000 Einwohner, so stieg die Zahl um 1880 auf 230 000 und im Jahr 1900 auf fast 500 000 an. Ein Wachstum, das zum überwiegenden Teil aus Zuwanderung resultierte. Und so bestand die berühmte Boheme, die München »leuchten« ließ, fast durchweg aus Neu-Münchnern, zumeist protestantischen Preußen.

Die Geschichte kennt nur wenige Momente, in denen sich so viele und zugleich höchst unterschiedlich ausgerichtete Talente der Kunst und des Geistes an einem einzigen Ort zusammenfanden. Dadurch trafen die divergierendsten Weltbilder und Stilrichtungen aufeinander, die sich damals noch ganz frei von zivilgesellschaftlicher Selbstzensur entfalten konnten. Dennoch litt freilich auch die Münchner Boheme unter Zensur, die allerdings ausschließlich vom Staat ausging und sich zumeist nur dann einschaltete, nachdem Staat oder Kirche absichtsvoll gereizt worden waren, wodurch der Provokateur einen Skandal anregte und mit erhöhter Aufmerksamkeit rechnen durfte. So wurde Oskar Panizza wegen der Veröffentlichung seines berühmt-berüchtigten, antikatholischen Schauspiels *Das Liebeskonzil* 1895 zu einem Jahr Gefängnis verurteilt – die mit Abstand höchste jemals im Kaiserreich verhängte Strafe wegen eines Meinungsdelikts –, und auch Frank Wedekind oder der Karikaturist Thomas Theodor Heine büßten ihre »Majestätsbeleidigung« mit halbjähriger Festungshaft. Damit waren die Autoren aber keineswegs sozial oder künstlerisch erledigt, sondern gehörten weiterhin oder jetzt erst recht zur kulturellen Avantgarde, selbst wenn sie aus der Haft gebrochen hervorgingen wie der hochsensible Panizza.

Eine solche Vielfalt der Denkrichtungen und individuellen Charaktere wurde in Deutschland später nie wieder erreicht – und auch nie wieder geduldet. Schwabing war damals ein Biotop des freien Denkens, eine Werkstatt der experimentellen wie der reaktionären Kunst, wobei die Grenzen zwischen den konträren Visionen oft fließend waren. Man bezeichnete den Ort als die große »Kunstfabrik des Reiches«, in der nicht nur bereits um 1890 über 3 000 Maler und Bildhauer, sondern kaum weniger Literaten, Philosophen, Lebensreformer (→Dresden-Hellerau, Monte Verità) oder Sozial-Utopisten ihrem oft sehr eigenwilligen Schaffen nachgingen. Darunter so illustre Namen wie: Stefan George, Erich Mühsam, Wassily Kandinsky, Paul Klee, Franz Marc, Alfred Kubin, Franz von Stuck, Christian Morgenstern, Joachim Ringelnatz, Michael Georg Conrad, Franziska zu Reventlow, Marya Delvard, Albert Langen, Ludwig Thoma, Karl Wilhelm Diefenbach oder Gustav Gräser. Natürlich Thomas Mann, und später, ab 1915, auch Rainer Maria Rilke oder, ab 1911, Oswald Spengler, nachdem dieser bereits 1901 in München studiert hatte. Daneben wurden dort zahlreiche Verlage und bedeutende Zeitschriften gegründet wie der *Simplicissimus* oder die *Jugend*, die dem Jugendstil seinen Namen gab.

In ihrem 1913 erschienenen Roman

MÜNCHEN – SCHWABING

Herrn Dames Aufzeichnungen oder Begebenheiten aus einem merkwürdigen Stadtteil prägte Franziska zu Reventlow die Bezeichnung »Wahnmoching« für Schwabing und entzauberte damit gleichsam den legendären Ort, indem sie das oft Dekorativ-Aufgesetzte bis Grotesk-Lächerliche besonders des George-Kreises (→Palermo) karikierte. Denn »Wahnmoching« sei eigentlich gar kein Stadtteil, sondern ein Zustand, ein Lebensgefühl: »Wahnmoching ist eine geistige Bewegung, ein Niveau, eine Richtung, ein Protest, ein neuer Kult oder vielmehr der Versuch, aus uralten Kulten wieder neue religiöse Möglichkeiten zu gewinnen.« Als der Roman erschien, gingen die »goldenen Jahre« dieses Zustandes gerade zu Ende, und manche schwelgten bereits in Erinnerungen an die vergangene Größe jener Zeit. So beklagte sich Oswald Spengler über das seiner Meinung nach stark gesunkene Niveau der Kunstmetropole: »Der Literatendurchschnitt in München ist jammervoll. Was sich als Denker und Dichter breit macht, ist dumm, schmutzig und schäbig.« Und während er am *Der Untergang des Abendlandes* arbeitete, übertrug Spengler seinen Fatalismus auch auf München, dessen jüngste Vergangenheit er bereits nostalgisch zu verklären begann: »Mein München von 1900 schildern! Längst tot. Kunststadt, letzter Hauch von Ludwig I. Ewige Sehnsucht danach ... Es war eine Zeit der Kultur: man las und dachte (Reclam, Insel, Kunstwart), heute kennt man nur noch Fußball und Saalschlachten. Amerikanismus. Damit war ich der letzte einer Reihe. Eine neue fängt nicht mehr an.«

Tatsächlich ging der alte Glanz spätestens mit dem Krieg verloren, und München wurde, ähnlich wie Berlin, zu einer Stadt der ideologischen Grabenkämpfe und der Putschversuche (→München: Feldherrnhalle). Was blieb, war der Mythos eines Ortes, an dem sich individuell, »modern« oder »antimodern«, und frei von Gängelung durch politische oder moralische Repression denken, schaffen und leben lasse.

Literatur: Dirk Heißerer: *Wo die Geister wandern. Eine Topographie der Schwabinger Bohème um 1900*, München 1993; Wolfgang Martynkewicz: *Salon Deutschland. Geist und Macht 1900-1945*, Berlin 2009.

Frank Lisson

Nanga Parbat · Naumburg · Nebra und Goseck · Neuschwanstein · Nürnberg

Nanga Parbat
Pakistan, Westhimalaja

Am Anfang der Eroberungsgeschichte des »Schicksalsbergs der Deutschen« steht ein Brite. Im Sommer des Jahres 1895 leitet Albert Frederick Mummery, der als bester Bergsteiger seiner Zeit gilt, eine Expedition zum Nanga Parbat – der erste Versuch einer Achttausender-Besteigung überhaupt. »Wenn ich es skizzieren wollte: es übertrifft alles, was ich je gesehen: ungeheure Entfernungen, blaue Berge.« (Mummery, Brief an seine Frau, 10. Juli 1895)

Mit seinem Gurkha-Träger Raghobir gelingt ihm eine Besteigung an der Diamir-Seite des Berges auf eine Höhe von ungefähr 6 500 Meter. Am 24. August startet Mummery mit zwei Trägern den Versuch, die sogenannte Diama-Scharte ins Rakhiot-Tal zu überschreiten; die drei kehren nicht zurück und bleiben verschollen.

Allerdings gab es so etwas wie eine deutsche Vorgeschichte: Auf Empfehlung Alexander von Humboldts erforschen die Brüder Adolf und Robert Schlagintweit Mitte des 19. Jahrhunderts das westliche Himalaja und kartographieren die Gegend. 1856 stößt dabei Adolf Schlagintweit bis an den Fuß des Nanga Parbat vor.

Der Name Nanga Parbat bedeutet »nackter Berg«, abgeleitet von dem Sanskritbegriff »nagna-parvata«. Er befindet sich im westlichen Himalaja, im pakistanischen Teil Kaschmirs. Die dort lebenden Paschtunen nennen den Berg Diamir (»König der Berge«). Mit 8 125 Metern ist er der neunthöchste Berg und zudem die größte freistehende Massenerhebung der Erde. Seine Südwand, die sogenannte Rupal-Flanke, ist die höchste Gebirgswand der Erde.

Nach dem Ende des Ersten Weltkrieges wird das Interesse der deutschen Alpinisten verstärkt in Richtung Himalaja gelenkt. Der Alpenverein erhebt in seinen Nürnberger Leitsätzen von 1919 das Bergsteigen zur nationalen Aufgabe. Der Alpinismus, und zwar »in der Form bergsteigerischer Arbeit«, stelle dabei »eines der wichtigsten Mittel« dar, »um die sittliche Kraft des deutschen Volkes wiederherzustellen«.

Erster »deutscher« Gipfel im fernen Himalaja wird allerdings der Kangchendzönga, der dritthöchste Berg der Welt (die erste Expedition dorthin im Jahr 1905 führt Aleister Crowley an). 1929 wird unter Leitung von Paul Bauer ein Versuch gestartet, man gelangt auf 7 400 Meter. 1930 sind es Günter Dyhrenfurth und Ulrich Wieland, die eine deutsche Expedition leiten, 1931 erneut Paul Bauer. Die Versuche scheitern jeweils an der schlechten Witterung, an Stürmen und der Lawinengefahr.

Recht bald rückt der Nanga Parbat, der am westlichsten gelegene Achttausender, in den Fokus der deutschen Bergsteiger – und gilt schnell als »deutscher« Gipfel (neben »englischem« Mount Everest, »italienischem« K2 und »französischer«

Annapurna). Bereits 1930 plant Willo Welzenbach, einer der bekanntesten Kletterer im deutschen Sprachraum und Pionier der Eiskletterei, eine Expedition zur Westseite des Nanga Parbat. Die Anregung dafür erfährt er durch Walter Schmidkunz, einem Verleger von Alpinliteratur, der zuvor Einsicht in Briefe und Notizen Mummerys bekommen hat. Doch Welzenbach ist beruflich eingebunden und so übernimmt Willy Merkl die Leitung der deutsch-amerikanischen Expedition von 1932. Sein Versuch endet aufgrund des einsetzenden Monsuns auf etwa 7 000 Metern Höhe. Zwar übernimmt Merkl die Idee und die Planungen Welzenbachs, doch wählt er die Nordseite des Berges für den Aufstieg – »dilettantisch, aber recht erfolgreich« (Reinhold Messner).

1934 führt Merkl auch den zweiten deutschen Versuch (mit österreichischer Beteiligung) an. Die sogenannte Deutsche Himalaja-Expedition (DHE) und die ihr zukommende mediale Aufmerksamkeit werden schließlich den Mythos vom »Schicksalsberg«, vom »Gral des deutschen Alpinismus« begründen. Trotz der exzellent besetzten Mannschaft kommt es zur Katastrophe: Zwar erreichen Peter Aschenbrenner und Erwin Schneider über die Nordseite eine Höhe von 7 895 Metern, doch stirbt bereits beim Aufbau der Lager der Bergsteiger Alfred Drexel an einem Höhenlungenödem (fälschlicherweise als Lungenentzündung diagnostiziert). Bei einem Schneesturm, der über eine Woche anhält, kommen dann Uli Wieland, Willo Welzenbach, Willy Merkl sowie sechs Sherpas ums Leben. Die Gründe für das Scheitern liegen im fehlenden Wissen um die Schwere der Himalaja-Stürme sowie in der falschen Vorgehensweise Merkls. Statt mit einer möglichst kleinen Angriffsspitze der besten Kletterer die Besteigung anzugehen, will Merkl den Gipfelsieg erzwingen und mit mehr als einem Dutzend Leute dort ankommen. Nur die mitgereiste Gruppe von Wissenschaftlern kann Erfolge verbuchen und erarbeitet eine Karte des Nanga Parbat.

1936 wird die Deutsche Himalaja-Stiftung gegründet, deren Leiter wird Paul Bauer, ein wichtiger Kletterfunktionär und ehemaliger Intimfeind Willo Welzenbachs. Ein Jahr später startet die Deutsche Nanga-Parbat-Expedition, Leiter ist Karl Wien. Wieder geht es über die Nordseite. Das unter dem sogenannten Rakhiot Peak errichtete Hochlager IV (6 200 m) wird in der Nacht vom 14. auf den 15. Juni von einer Lawine erfaßt. Die gesamte Klettermannschaft und neun Sherpas sterben, nur die beiden Wissenschaftler Uli Luft und Carl Troll überleben. Paul Bauer organisiert daraufhin eine Bergungsexpedition. Nach dem schnellen Erreichen der Unfallstelle können zwischen dem 18. und 21. Juli die meisten Leichen geborgen werden.

Zwei Jahre später führt Paul Bauer eine starke Mannschaft zur Nordseite des Nanga Parbat; die Versorgung wird durch eine Ju 52 aus der Luft gesichert. Man erreicht nur eine Höhe von 7 300 Metern. Außerdem werden die Leichen Merkls und seines Sherpas Gay-Lay gefunden, der angeblich freiwillig an Merkls Seite blieb.

Die 1939 gestartete Erkundungsexpedition unter Leitung von Peter Aufschnaiter kommt in der Diamir-Flanke (Nordwestseite) an zwei Punkten auf 6 000 Meter. Zu den Teilnehmern gehört auch Heinrich Harrer. Der Zweite Weltkrieg bricht während der Rückreise des Teams aus: Man befindet sich in Indien, auf britischem Territorium; die Bergsteiger werden verhaftet und interniert. Harrer wird später seine und Aufschnaiters Flucht-Erlebnisse in dem Buch *Sieben Jahre in Tibet* festhalten.

Im Jahr 1953 gelingt dann endlich die erfolgreiche Besteigung des Nanga Parbat: Karl Maria Herrligkoffer und Peter Aschenbrenner, der schon 1934 dabei war, leiten die Expedition. Herrligkoffer, der jüngere Halbbruder Willy Merkls, ist Arzt und wird in den kommenden drei Jahrzehnten diverse Expeditionen im Himalaja leiten. Aufgrund seines autoritären Auftretens und wegen der von ihm beanspruchten Verwertungsrechte kommt es nach der Expedition und auch später immer wieder zu Zerwürfnissen und Rechtsstreitigkeiten zwischen ihm und einzelnen Teilnehmern.

Am 3. Juli 1953 erreicht der Tiroler Hermann Buhl den Gipfel. Eine Gruppe um Buhl hatte sich gegen die Anweisungen von Herrligkoffer und Aschenbrenner für den Gipfelgang entschieden. Um 2.30 Uhr bricht Buhl vom letzten Lager auf, ohne künstlichen Sauerstoff, und bewältigt bis zum Gipfel, den er gegen 19 Uhr mit letzter Kraft erreicht, 1 300 Höhenmeter; oben läßt er seinen Eispickel mit der pakistanischen Flagge zurück. Danach biwakiert er in 8 000 Metern Höhe ohne Ausrüstung. Doch er hat Glück, die Witterungsverhältnisse sind günstig, allerdings wird er durch Erfrierungen zwei Zehen verlieren. Nach 40 Stunden erreicht er total erschöpft und dehydriert das Höhenlager. Eine Pioniertat, die Buhl allerdings auch der Einnahme von Pervitin (ein im Zweiten Weltkrieg eingesetztes Aufputschmittel auf Methamphetamin-Basis) zu verdanken hat; zudem führt er Padutin, ein durchblutungsförderndes Mittel gegen Erfrierungen, mit sich.

1962 erreichen Toni Kinshofer, Anderl Mannhardt und Siegi Löw den Gipfel, dabei durchsteigen sie erstmals die Diamir-Flanke. Beim Abstieg stürzt Löw tödlich ab, Kinshofer und Mannhardt erleiden schwere Erfrierungen. Wieder ist Herrligkoffer Expeditionsleiter, der auch acht Jahre später die Siegi-Löw-Gedächtnisexpedition anführt, bei der die Brüder Günther und Reinhold Messner die Rupal-Wand (Südseite) durchsteigen. Sie erreichen, ebenso wie tags darauf Felix Kuen und Peter Scholz, den Gipfel. Beim erzwungenen Abstieg über die Westseite reißt eine Lawine Günther Messner in den Tod.

Reinhold Messner wird weitere acht Jahre später den Nanga Parbat im Alleingang, vom Wandfuß bis zum Gipfel, bezwingen, innerhalb von drei Tagen. Im Jahr 2005 erreichen über eine neue Route in der Rupal-Wand die US-Amerikaner Steve House und Vince Anderson den Gipfel im Alpinstil (ohne Zwischenlager und vorher präparierte Route, Ausrüstung und Verpflegung werden mitgeführt).

68 Menschenleben forderte bisher die Besteigung des Nanga Parbat (Stand 2011). Letztes Todesopfer war ein Südkoreaner, der am 11. Juli 2009 abstürzte. Der ersten acht Menschen auf dem Gipfel waren Deutsche: aus Deutschland, Österreich und Südtirol.

Literatur: Günter Oskar Dyhrenfurth: *Das Buch vom Nanga Parbat. Die Geschichte seiner Besteigung 1895-1953*, München 1954; Hans Hartmann: *Ziel Nanga Parbat. Tagebuchblätter einer Himalaja-Expedition*, Berlin 1942; Reinhold Messner: *Diamir – König der Berge. Schicksalsberg Nanga Parbat*, München 2008.

Erik Lehnert

Naumburg – Stifterfiguren im Dom
Sachsen-Anhalt

Bis in die 1970er Jahre gehörte zur selbstverständlichen Ausstattung eines (west-) deutschen Schulgeschichtsbuchs die Darstellung der Uta von Naumburg. Sie trat irgendwo im Zusammenhang von Rittertum und höfischer Kultur des Mittelalters auf. Dabei handelte es sich um einen jener

NAUMBURG – STIFTERFIGUREN IM DOM

Überhänge der Nationalpädagogik, die erst spät – am Übergang vom 19. zum 20. Jahrhundert – zur Geltung kam, aber bis in die Nachkriegszeit ihre Wirkung behielt. Vorher waren die Stifterfiguren im Naumburger Dom, zu denen die Uta gehört, kaum zur Kenntnis genommen worden. Der junge Nietzsche (→Sils-Maria), der als Pfortenser die Kirche häufiger besuchte, vermerkte nie irgend etwas über die zwölf gotischen, bemalten Sandsteinplastiken im Westchor, jenseits des Lettners.

Es handelt sich dabei um jeweils zwei Figuren an der Nord- und der Südwand, zwei Paare am Eingang der Apsis und je eine Skulptur an den vier Innenstreben des Chorraums. Aufgrund einer mittelalterlichen Quelle lassen sie sich folgenden Personen zuordnen (angefangen bei der Figur im Nordosten, endend bei der Figur im Südosten): Graf Konrad, Gepa oder Adelheid von Gernrode, Uta von Ballenstedt mit Ekkehard II. von Meißen, Thimo von Kistriz, Wilhelm von Camburg und Brehna, Sizzo von Kevernburg, Dietmar, Reglindis mit Hermann von Meißen (Bruder des Ekkehard), Dietrich von Brehna mit seiner Frau Gerburg. Es handelte sich um Adelige des mitteldeutschen Raums, die wesentlichen Einfluß auf die Errichtung des Doms genommen hatten, dessen Grundstein wohl 1029 gelegt wurde. Beeindruckend ist nicht nur die Dynamik der Figuren, die offenbar miteinander in Beziehung treten, sondern auch die Lebendigkeit von Gestik und Mimik, die Wesenszüge der einzelnen widerspiegeln soll, vielleicht sogar Hinweise auf deren Lebensschicksal liefert. Die Faszination, die dabei vor allem die Uta auslöst, erklärt sich unschwer aus der Schönheit ihres Gesichts und ihrer Gestalt, dem Ausdruck von Geheimnis und Stolz auf ihren Zügen, und der Eleganz, mit der sie den Kragen ihres Umhangs zu sich zieht.

Lange Zeit hat aber nichts davon Eindruck auf die Bildungsreisenden gemacht, die Naumburg besuchten, um den im 11. Jahrhundert errichteten Dom St. Peter und Paul zu sehen. Die Situation veränderte sich erst mit dem Aufschwung des Fremdenverkehrs im mitteldeutschen Raum und der Entwicklung der Fotografie. 1921 nahm Walter Hege in Naumburg seinen Wohnsitz und begann die Stifterfiguren aufzunehmen. Die Perspektiven und die Art der Lichtführung, die Hege gewählt hatte, machten sie – und vor allem die Uta – erst zu jenem Teil der deutschen Ikonographie, als der sie bekannt geworden sind. Hinzu kam noch, daß Hege für das 1925 zuerst erschienene und dann sehr verbreitete Buch *Der Naumburger Dom und seine Bildwerke* Wilhelm Pinders die Vorlagen für die Tafeln lieferte. Pinder gehörte zu den einflußreichsten Kunsthistorikern der Zwischenkriegszeit und hat ganz wesentlich zur Auffassung beigetragen, daß in den Stifterfiguren etwas spezifisch Deutsches oder Germanisches zum Ausdruck komme.

Selbstverständlich mußte das zusammen mit der Parteinahme Pinders für den Nationalsozialismus und dessen propagandistischen Zugriff auf die Uta zu einer Diskreditierung solcher Interpretationen führen. Hinzu kommt noch, daß die neuere Forschung einhellig die Bedeutung des Vorbildes französischer Plastik für den Schöpfer der Figuren – den Mann, den wir nur unter dem Namen »Naumburger Meister« kennen – betont. Aber im Grunde hätte es dieses Hinweises gar nicht bedurft, und es wäre jede verengende Deutung zu vermeiden gewesen, wäre man jener Interpretation gefolgt, die zu Recht auf den historischen und kulturellen Zeitrahmen der Entstehung hinwies. Denn daß die Stifterfiguren um 1250 angefertigt wurden und mithin Personen darstellen, die zu dem Zeitpunkt schon zweihundert

Jahre tot waren, daß ihre Idealisierung nicht auf Kosten einer lebensnahen Gestaltung und Individualität ging, war und ist unbestritten. Noch entscheidender wirkt aber, daß diese Werke in die Endphase der staufischen Herrschaft gehören, eine Epoche, die gekennzeichnet war von der Suche nach neuen Synthesen zwischen Nördlichem und Südlichem, Germanischem und Römischem, Freiheit und Staat. Ernst Kantorowicz hat in seinem Buch über Friedrich II. (→Castel del Monte, Kyffhäuser, Palermo) geschrieben, daß neben dem →Bamberger und dem Magdeburger Reiter die Naumburger Stifterfiguren zum erstenmal das »römisch-antike Deutsche« zur Darstellung gebracht hätten, die Möglichkeit »eines zugleich weltweiten und dennoch deutschen Wesens. Fast scheint es ein Wunder, wie aus der vollkommenen Verschmelzung des bewegten schwingenden und musikreichen Deutschen mit jenem zwiefachen kaiserlich-päpstlichen Rom ein bei aller Gebundenheit freier und gelöster, fast mittelmeerischer Germanentyp hervorgehen konnte«.

Literatur: Hartmut Krohm/Holger Kunde (Hrsg.): *Der Naumburger Meister. Bildhauer und Architekt im Europa der Kathedralen*, Katalog der gleichnamigen Ausstellung, 3 Bde., Petersberg 2012; Wilhelm Pinder/Walter Hege: *Der Naumburger Dom und seine Bildwerke*, Berlin 1925; Wolfgang Ullrich: *Uta von Naumburg. Eine deutsche Ikone*, Berlin 1998.

Karlheinz Weißmann

Nebra und Goseck
Sachsen-Anhalt

Vielleicht hat nichts so sehr das Bewußtsein für die Bedeutung der deutschen Vorgeschichte geschärft wie die Himmelsscheibe von Nebra. Sieht man von den an sich schon sensationellen Umständen des Fundes ab, der Raubgrabung, der abenteuerlichen Camouflage bei der Sicherung durch die staatlichen Stellen und dem fortdauernden Streit über Echtheit oder Fälschung, bleibt in erster Linie und unbestritten ein einmaliges Artefakt: mehr als dreieinhalb Jahrtausende alt, geschmiedet aus Bronze, kreisrund, 32 Zentimeter im Durchmesser, fast einen halben Zentimeter stark, darauf eingelegt kleinere und größere goldene Kreise, die Sterne – deutlich erkennbar das Sternbild der Pleiaden – und die Sonne darstellen, eine Mondsichel und zwei Kreissegmente, von denen eins die »Himmelsbarke« darstellen könnte.

Es besteht heute weitgehende Einigkeit, daß die Himmelsscheibe ursprünglich der Kalenderbestimmung diente, mehrfach verändert und schließlich zusammen mit einem Hort rituell bestattet wurde. Als wahrscheinlicher Grund dafür wird die Veränderung von religiösen Vorstellungen genannt, die möglicherweise mit Klimawandel und dem Ende der Blüte des Bronzezeitalters im mitteldeutschen Raum zusammenhingen. Fest steht jedenfalls, daß hier schon um 2000 v. Chr. ein außerordentliches zivilisatorisches Niveau erreicht war, dessen Reichtum sich vor allem in den sogenannten »Prachtgräbern« spiegelte. Daß damit nicht nur eine Differenzierung der Gesellschaft einherging, sondern auch die Zunahme von Kontakten zu anderen Zentren der Bronzezeit, vor allem an den Mittelmeerküsten, aber auch in Skandinavien, belegt die Himmelsscheibe auf einmalige Weise. Denn die Kontakte führten nicht nur zum Austausch von Handelsgütern, sondern auch von religiösen oder allgemeiner: geistigen Vorstellungen, was sich vor allem in der Entwicklung gemeinsamer Symbolsysteme niederschlug. Insofern ist die Himmelsscheibe ein weiterer Beleg dafür, daß Europa bereits in dieser Phase seiner Entwicklung mehr war als eine Art barbarisches Hinterland des Orients. Für die Himmelsscheibe gibt es jedenfalls keine Entsprechungen im Süden oder Osten, sie darf als das älteste Beispiel einer nicht nur sinnbildlichen Darstellung des Firmaments gelten.

Fährt man heute an den Fundort Nebra, einen kleinen Ort am Mittelberg in Sachsen-Anhalt, wird man durch zahllose Hinweisschilder nicht nur zur ehemaligen Ausgrabungsstelle geleitet, sondern auch an ein aufwendiges Besucherzentrum – die »Arche Nebra« – verwiesen, das man wegen seiner goldfarbenen Fassade und seiner futuristischen Gestaltung schon von weitem erkennt. Die Präsentation ist aufwendig, allerdings sehr dem Prinzip des Infotainment verpflichtet, und die Originalstücke sucht man vergebens. Die Himmelsscheibe mit den Beifunden liegt seit dem Abschluß der Restaurierung als zentrales Ausstellungsstück im Landesmuseum für Vorgeschichte in Halle an der Saale. Wer die Strecke dorthin nicht scheut, sollte auch die Gelegenheit nutzen, um das Sonnenheiligtum von Goseck vor den Toren von →Naumburg zu besuchen. Die mittlerweile rekonstruierte Kreisgraben- und Palisadenanlage auf einem Plateau oberhalb der Saale diente wahrscheinlich in erster Linie der Bestimmung und Feier der Wintersonnenwende (mit Hilfe der »Visiere« im Umfassungszaun) und ist schon wegen ihrer Ausdehnung – ein Durchmesser von fast 71 Metern – eindrucksvoll. Wahrscheinlich ist sie etwa 6 900 Jahre alt und wird damit dem Mittelneolithikum zugerechnet. Die Distanz zur Entstehungszeit der Himmelsscheibe ist groß, und sicher haben sich die Lebensumstände für die Menschen dieser Gegend im Lauf der Zeit deutlich verändert. Aber daneben, vielleicht sogar vorherrschend, gab es auch das Moment der Kontinuität: die Verehrung der Sonne als der Verkörperung der Lebenskraft, ihre Vergöttlichung und Feier an den regelmäßig wiederkehrenden Daten des Kalenders.

Entsprechende Vorstellungen sind auch dem modernen Menschen unmittelbar zugänglich, ohne daß er im einzelnen und genau verstehen könnte, was die früheren an Ideen hatten. Sicher bedarf es eines gewissen Quantums Imagination, um eine Vorstellung von dem zu gewinnen, was die Menschen der Vergangenheit bewegte, aber ganz verschlossen ist ihre Welt auch den Heutigen nicht.

Literatur: Andrea Bärnreuther (Hrsg.): *Sonne – Brennpunkt der Kulturen der Welt*, München 2009; Harald Meller: *Der geschmiedete Himmel. Die weite Welt im Herzen Europas vor 3 600 Jahren*, Darmstadt 2004.

Karlheinz Weißmann

Neuschwanstein – Schloß
Bayern, oberhalb von Hohenschwangau bei Füssen

Will man auf eine kurze Formel bringen, was Neuschwanstein für ein weltweites Publikum versinnbildlicht, so ließe sich sagen: »Es ist das Märchenschloß vom Märchenkönig.« Magisch zieht das imposant und zugleich »märchenhaft« gelegene Schloß die Touristenströme an. Während der Hochsaison kommen bis zu 10 000 Besucher täglich, jährlich sind es weit mehr als eine Million. Ein lukratives Geschäft für den Freistaat Bayern, denn die Eintrittspreise sind stattlich, zudem bringt der Menschenstrom klingende Münze in die umliegende Touristenbranche. Neuschwanstein ist neben dem Brandenburger Tor (→Berlin) das bekannteste deutsche Bauwerk in Europa, weltweit ist es sogar das bekannteste überhaupt. Es ist ein deutscher Exportschlager: vervielfacht auf unzähligen Abbildungen, Motiv für Briefmar-

NEUSCHWANSTEIN – SCHLOSS

ken und Münzen, begehrte Filmkulisse, Inspirationsquelle für Künstler wie z. B. Andy Warhol, der es zum Thema eines seiner Pop-Art-Bilder machte, und nicht zuletzt Vorbild für die Märchenschlösser in den Disney-Produktionen. Neuschwanstein – eine gebaute Märchenwelt für Abermillionen – wurde ersonnen von einem König, der als hochgradig menschenscheu galt und der das Schloß ganz allein für sich und einige vertraute Diener, aber ganz ohne Hofstaat, ganz ohne Gäste, geschweige denn Touristen geplant hatte und dessen Lebensmotto lautete:»Ein ewige Rätsel bleiben will ich mir und anderen.«

Von den drei Schlössern, die Ludwig II. von Bayern errichtet hat, ist Neuschwanstein das mit Abstand berühmteste. Die beiden anderen Schlösser, Linderhof und Herrenchiemsee, sind im Barock- und Rokokostil errichtet und spiegeln Ludwigs Bewunderung für das absolutistische Frankreich, besonders für den Sonnenkönig Ludwig XIV. (→Versailles), wider; denn der menschenscheue Bayernkönig, bei dem möglichst alles im verborgenen bleiben sollte, erblickte in dem machtbewußten Bourbonenkönig, bei dem nahezu alles öffentlich war, sein großes Vorbild. Doch das bei Füssen errichtete Neuschwanstein entführt uns in eine gänzlich andere Welt, in ein idealisiertes deutsches Mittelalter. So schrieb der junge König am 15. März 1868 an den von ihm schwärmerisch verehrten Richard Wagner (→Bayreuth):»Ich habe die Absicht, die alte Burgruine Hohenschwangau bei der Pöllatschlucht neu aufbauen zu lassen im echten Styl der alten deutschen Ritterburgen, und muß Ihnen gestehen, daß ich mich sehr darauf freue, dort einst ... zu hausen.«

Die Errichtung pseudomittelalterlicher Burgen war im 19. Jahrhundert nichts Ungewöhnliches: Die Hohenzollern erinnerten sich ihrer schwäbischen Herkunft und bauten von 1819 an die verfallene Stammburg wieder auf (→Hechingen), die Badener restaurierten Eberstein, die Herren von Sachsen-Coburg ließen die Feste Coburg wieder wohnbar machen, in Österreich wurde Anif neugotisch zurechtgemacht, der Erbgroßherzog Karl Alexander von Sachsen-Weimar ließ 1842 die →Wartburg wiederherstellen, und die Welfen erbauten im Kreis Hannover von 1857 bis 1866 die Marienburg. Das Besondere an Ludwigs Schloßbauten war allerdings, daß der Monarch weit mehr als andere Herrscher in die Planungen eingriff, sie immer wieder abänderte, am Ganzen wie am Detail Interesse zeigte, so daß die Schlösser, so wie sie heute vor uns stehen, nicht zuletzt auch seine eigenen Schöpfungen sind. Bauten und Bauherr verschmolzen hier gewissermaßen miteinander.

1869 wurde mit dem Bau von Neuschwanstein begonnen. Der Entwurf geht auf den Theatermaler Christian Jank zurück. Die Ausführung übernahmen nacheinander die Architekten Eduard Riedel, Georg von Dollmann und Julius Hofmann. Da die Wünsche und Ansprüche des Königs mit dem Bau wuchsen, mußten die Entwürfe mehrfach überarbeitet werden. Dadurch schnellten auch die Kosten in die Höhe, und die Fertigstellung, die ursprünglich bereits für 1872 geplant war, verzögerte sich immer wieder. Von 1869 bis 1873 wurde der Torbau fertiggestellt und eingerichtet, so daß Ludwig hier zeitweilig wohnen und die Bauarbeiten verfolgen konnte. Im Jahr 1880 war Richtfest für den Palas, der 1884 bezogen werden konnte. 1886, beim Tod des Königs, war das Schloß noch nicht vollendet. Man stellte die Bauarbeiten jedoch nicht sofort ein. Die Kemenate, ebenso wie das Ritterhaus, wurde – vereinfacht – ausgeführt. Ungebaut blieb das Kernstück der Schloßanlage: ein 90 Meter hoher Bergfried, eine dreischiffige Schloßkapelle, ein Verbindungsflügel zwischen Torhaus und Kemenate und der Burggarten. Von den Innenräumen wurde nur ein kleinerer Teil, gleichwohl der wichtigste, fertiggestellt: so die Prunkräume des Königs, der Sängersaal und der Thronsaal (allerdings ohne Thron).

Neuschwanstein ist auf einem Felsenrücken errichtet und besteht aus mehreren einzelnen Baukörpern, die sich auf eine Länge von rund 150 Metern erstrecken. Die langgezogene »Ritterburg« erhält mittels zahlreicher Türme, Ziertürmchen, Giebel, Balkone, Zinnen und Skulpturen ihren pittoresken Charakter. Stilistisch dominiert die Romanik, das Schlafzimmer des Königs ist, ebenso wie die geplante Schloßkapelle, neugotisch, der Thronsaal byzantinisch. Neuschwanstein darf gewissermaßen als eine bewohnbare Theaterkulisse gelten, bezeichnend dafür ist auch, daß die Entwürfe dazu nicht von einem Architekten, sondern von dem Theatermaler Christian Jank stammen. Besonders dem Werk Richard Wagners wird in Neuschwanstein gehuldigt. Die Wandmalereien greifen Themen aus dessen Musikdramen auf. Der Sängersaal nimmt nicht nur auf den Sängersaal in der Wartburg Bezug, sondern ebenso auf Wagners *Tannhäuser*. Selbst die Kemenate und das Ritterhaus, für die im Grunde kein Raumbedürfnis bestand, wurden einzig dazu errichtet, um das Motiv der »Burg aus Antwerpen« aus dem ersten Akt von *Lohengrin* zu zitieren.

Ludwig II. verbrachte bis zu seinem Tode 1886 lediglich 172 Tage auf Neuschwanstein, allerdings setzte hier auch sein tragisches Finale ein. Am 10. Juni 1886 erschien eine von der bayerischen Regierung berufene Kommission auf Neuschwanstein, um den König abzusetzen und zu entmündigen. Ludwig ließ die Regierungskommission zunächst im Torhaus einsperren, gab ihr jedoch kurz darauf ihre Freiheit zurück. Am nächsten Tag kam eine zweite Kommission unter der Leitung des Psychiaters Bernhard von Gudden und brachte den König mit dessen Einverständnis nach Schloß Berg am Starnberger See. Dort ertränkte sich Ludwig höchstwahrscheinlich selbst und riß von Gudden, der ihn vermutlich von der Tat abhalten wollte, mit in den Tod. – Bereits sechs Wochen nach dem Tod des Königs wurde Neuschwanstein für Besucher geöffnet. Mit den Eintrittsgeldern sollte ein Teil der Kredite bezahlt werden, die Ludwig aufgenommen hatte, um seine Schloßbauten zu finanzieren.

Von den Vertretern der etablierten Architektur- und Kunstgeschichte wurden die Schloßbauten Ludwigs II. lange Zeit geflissentlich ignoriert. Alles, was nicht in gerader Linie zur Moderne hinführte, galt ihnen als obsolet. Eine historistische »Ritterburg« wie Neuschwanstein konnte da bestenfalls belächelt werden. Dabei übersahen sie in ihrer intellektuellen Überheblichkeit jedoch, daß dieser Sehnsuchtsort von Millionen Menschen durchaus ein Novum darstellt: Die echten Ritterburgen hatten einen klaren, »harten«, nämlich fortifikatorischen Zweck zu erfüllen. Neuschwanstein hingegen ist der gebaute Traum eines Märchenkönigs und wurde damit zum Archetypus eines Märchenschlosses.

Literatur: Heinz Häfner: *Ein König wird beseitigt. Ludwig II. von Bayern*, München 2008; Rolf Linnenkamp: *Die Schlösser und Projekte Ludwigs II.*, München 1977; Michael Petzet: *Gebaute Träume. Die Schlösser Ludwigs II. von Bayern*, München 1995; Sigrid Russ: *Neuschwanstein. Der Traum eines Königs*, München 1983.

Norbert Borrmann

Nürnberg – Burg

Oberhalb der Altstadt Sankt Sebald steht auf einem Sandsteinrücken das Wahrzeichen der Stadt Nürnberg. Der Komplex aus Kaiserburg und Burggrafenburg zwischen dem Neutorgraben und dem Vestnertorgraben stammt wahrscheinlich aus dem frühen 11. Jahrhundert. Erstmals sicher erwähnt wird die Burg im Jahre 1105, als sie von König Heinrich V. belagert wurde. Kaiser Friedrich I. Barbarossa (→Kyffhäuser) nutzte den Trutzbau zwischen 1156 und 1188 für mehrere festliche Empfänge.

Die Burg Nürnberg war auch für alle nachfolgenden Könige häufig Residenzort, wo Hof- und Reichstage stattfanden und an dem sie immer wieder bauten. 1356 legte die »Goldene Bulle« von Kaiser Karl IV. (→Karlstein, Prag) fest, daß künftig jeder neue Herrscher seinen ersten Reichstag »in oppida Nuremberg« (in der Stadt Nürnberg) abzuhalten habe. Bis 1571 residierten alle Kaiser des Heiligen Römischen Reiches Deutscher Nation zeitweise auf der Burg.

Baugeschichtlich besteht die Anlage aus drei Teilen: 1. Die Reste der Hohenzollernschen Burggrafenburg mit dem Fünfeckturm in der Mitte und der Walburgiskapelle. 2. Die Kaiserburg mit dem auffälligen runden Sinwellturm, dem Tiefen Brunnen, der Doppelkapelle, der Kemenate und dem Palas (Hauptgebäude) im Westen. 3. Die städtischen Bauten wie die ehemalige Kaiserstallung von 1495 (heute Jugendherberge) und der Turm »Luginsland« im Norden und Osten.

Ein Kuriosum des Mittelalters stellt die »Freiung« bei der Walburgiskapelle aus dem 13. Jahrhundert dar. Sie trennte einst die Burggrafenburg von der Kaiserburg. Hier genossen Arme oder Verfolgte Asylrecht (Freiung). Unterschlupf konnten hier Menschen finden, die durch Unfall, Altersschwäche, Armut oder Krankheit benachteiligt waren. Das Privileg der »Freiung« konnte aber auch bedeuten, daß strafrechtlich Verfolgte innerhalb der Freiungsgrenzen Asyl bekamen. Dies sollte in erster Linie einer unkontrollierten Schnelljustiz, wie im Fehdewesen üblich, oder einer Blutrache durch Verwandte des Opfers vorbeugen.

Mit dem Bau der Kaiserburg durch Konrad III. ab 1140 wurde in Nürnberg ein Burggraf als Vertreter des Kaisers eingesetzt. Im Jahre 1191 erlangte der schwäbische Adlige Friedrich III. von Hohenzollern dieses Amt, das 1278 erblich wurde. In den folgenden Jahren trübte sich das Verhältnis zwischen den Burggrafen und der Stadt erheblich. Je größer und wirtschaftlich mächtiger Nürnberg wurde, desto mehr empfanden die Städter ihre anfangs durchaus begrüßte Symbiose mit den Hohenzollern (→Hechingen) als lästiges Hemmnis. Die zunehmenden Spannungen zwischen den Herren von Hohenzollern, welche eine eigene Burg auf der Osthälfte des Burgbergs besaßen, und der Stadt eskalierten im 14./15. Jahrhundert.

Nürnberg zählte um 1400 mit etwa 20 000 Einwohnern zu den drei größten Städten im Deutschen Reich, nur Köln und Lübeck besaßen eine größere Bevölkerung. Vom Kaiser hatte Nürnberg das Recht zum Prägen eigener Münzen erhalten und 1385 auch die eigenverantwortliche Gerichtsbarkeit. Die Stadt wurde von einem selbstbewußten Patriziat regiert, wobei die 42 Ratsstellen nur von ganzen 40 alteingesessenen Familien besetzt wurden. Diese stolzen Tucher, Imhof, Behaim, Holzschuher und Kreß sahen nicht ein, sich dem Kommando eines Burggrafen – sei es auch nur der Form halber – zu fügen. Immer öfter kam es zu Reibereien, 1387 sogar zu einer kurzzeitigen kriegerischen Auseinandersetzung.

NÜRNBERG – BURG

Um während einer jederzeit möglichen Belagerung ihre Wasserversorgung zu sichern, ließen die Hohenzollern am Fünfeckturm einen etwa 20 Meter tiefen Ziehbrunnen anlegen. Die Burggrafen wollten auf keinen Fall abhängig sein vom sogenannten Tiefen Brunnen, der bis 53 Meter abwärts reichte, aber auf dem Gebiet der benachbarten Kaiserburg lag.

Damit den Burggrafen ihr Aufenthalt in der Stadt möglichst für immer verleidet würde, bauten die Bürger 1377 innerhalb von rekordverdächtigen fünf Monaten einen großen viereckigen Turm nebst Ringmauer unmittelbar neben der Grafenburg. Sie nannten ihn »Luginsland«, wobei seine Besatzung weniger ins Land, als vielmehr in den Innenhof der Hohenzollernresidenz spähen sollte. Friedrich V. zog es daraufhin vor, Nürnberg den Rücken zu kehren und seine Residenzen in Franken auf der Cadolzburg und der Plassenburg auszubauen.

Der Einfluß der Burggrafen in Nürnberg beschränkte sich mehr und mehr auf ihren eigenen Burgenteil und endete, als nach dessen Zerstörung durch bayerische Truppen der letzte Burggraf, Friedrich VI. (bekannter als Friedrich I., erster Kurfürst von Brandenburg aus dem Haus Hohenzollern), seine städtischen Besitztümer 1427 an den Rat der Stadt Nürnberg verkaufte. Jahrhunderte blieb die Burg im Besitz der Stadt und ging dann 1806 im Zuge der Enteignung aller ehemaligen deutschen Reichsstädte in das Eigentum des Königreiches Bayern über.

Nach einer bis zum Sommer 2013 dauernden Generalsanierung sind von der Kaiserburg heute zu besichtigen: das Hauptgebäude (der Palas) mit seinen reichausgestatteten Kaiserzimmern, die romanische Doppelkapelle, der Tiefe Brunnen und der Sinwellturm sowie eine umfangreiche Sammlung von Waffen und Rüstungen.

Literatur: Erich Bachmann: *Kaiserburg Nürnberg. Amtlicher Führer,* Nürnberg 1994; Birgit Friedel: *Die Nürnberger Burg. Geschichte, Baugeschichte und Archäologie,* Petersberg 2007.

Jan von Flocken

Oderbruch

Oderbruch
Brandenburg, östlich von Berlin

»Die Triebkraft des jungfräulichen Bodens berührte hier das Herz mit einer dankgestimmten Freude, wie sie die Patriarchen empfunden haben mochten, wenn sie, inmitten menschenleerer Gegenden, den gottgeschenkten Segen ihres Hauses und ihrer Herden zählten.«
   Theodor Fontanes Worte aus dem Roman *Vor dem Sturm* sind Teil der Beschreibung einer jungen, nach Einschätzung des britischen Historikers David Blackbourn: einer »deutschen Landschaft«. Bis in die Mitte des 18. Jahrhunderts mäandert hier die Oder durch ein Binnendelta, eine Urstromtalniederung, eine Fluß- und Sumpflandschaft von Oderberg im Nordwesten bis Lebus im Südosten, geschaffen durch die Weichseleiszeit vor rund 10 000 Jahren, am ehesten noch vergleichbar mit dem Spreewald: Die wenigen Familien, die hier leben, sind vor allem Fischer; es gibt reiche Bestände an Barschen, Karpfen, Aalen, Hechten, Lampreten, Quappen und Flußkrebsen. Eine Welt großer Artenvielfalt, aber auch eine unwirtliche Gegend: vereinzelte Dörfer und Höfe auf Anhöhen gebaut, dazwischen ein labyrinthisches Netz aus kleinen Wasserwegen, Tümpeln und Morast. Gras und Schilf, Erlen und dichtes Unterholz bestimmen die Vegetation. Zweimal im Jahr, im Frühling zur Schneeschmelze und im Sommer durch Unwetter und Zuflüsse, steht das Oderbruch unter Wasser – mit nur zwei bis fünf Metern über dem Meeresspiegel das am niedrigsten gelegene Gebiet der Mark Brandenburg. Mit flachen Kähnen bewegt man sich fort. Neue Nebenarme des Flusses bilden sich, häufig steht Nebel über dem Land. Es ist ein Malariagebiet, die Menschen sind anfällig für Erkrankungen wie Anämie, Lungenentzündung oder Darminfektionen. Dort, wo der Wasserpegel niedriger ist, hält man ein wenig Weidevieh. Der Kuhmist wird zusammen mit Astwerk für den Bau von kleinen Wällen, auf denen man Gemüse pflanzt, gegen das Wasser genutzt.
   Die ersten Versuche, das Sumpfland zu kultivieren, unternahmen die Deutschordensritter und Zisterzienser, später fortgeführt von den Hohenzollern (→Hechingen). Doch das Absperren von Nebenarmen der Oder, die Errichtung von Deichen und die Melioration des Bodens bezog sich vor allem auf die Gegend um die Festung Küstrin, das südliche Oderbruch, das etwas höher liegt als der nördliche Teil, das sogenannte Niedere Oderbruch, und wo die Oder nicht ganz so wild das Land zerschnitt.
   Während des großen Überschwemmungsjahres 1736 sieht König Friedrich Wilhelm I., welche Verheerungen das Wasser anrichtet; das neugewonnene Land im südlichen Oderbruch wird durch Rückstau aus dem Niederen Oderbruch überschwemmt. Anderseits erfährt der König

ODERBRUCH

auch, daß geschickt eingedeichte Besitzungen gar nicht oder nur gering betroffen sind. Er beauftragt daraufhin den Wasserbauingenieur und Oberdeichinspektor Simon Leonhard von Haerlem, ein Gutachten zur Trockenlegung des Oderbruchs zu erstellen. Dessen Fazit: möglich, aber mühsam und teuer. Der König weiß um die Wichtigkeit des Projekts, doch: »Ich bin schon zu alt und will es meinem Sohn überlassen.«

1740 besteigt Friedrich II. den preußischen Thron – er kennt die Probleme des Oderbruchs noch aus seiner Zeit, als er auf Geheiß des Vaters in der Küstriner Verwaltung arbeiten mußte. Doch das Unternehmen kann erst nach Ende der ersten beiden Schlesischen Kriege in Angriff genommen werden. Die drei Verantwortlichen für die Ausarbeitung des Plans: Haerlem, der Beamte Heinrich Wilhelm von Schmettau und Leonhard Euler, der berühmte Mathematiker, der bereits an der Planung des Aquädukts in Sanssouci (→Potsdam) und am Bau des Plaueschen Kanals beteiligt war. Am 8. und 9. Juli 1747 besichtigen die drei das Gebiet und geben dem König Bericht: Ein rund 18 Kilometer langer Kanal soll die Oder begradigen und ihren Lauf um ca. 24 Kilometer verkürzen; zusammen mit der Eindeichung des Flusses würde dies die Trockenlegung des Landes, durch das sich der Fluß schlängelt, erleichtern und zudem die Fließgeschwindigkeit erhöhen.

Am 17. Juli 1747 wird mit den Arbeiten begonnen; sieben Jahre ziehen sie sich hin: Krankheiten, fehlende Arbeitskräfte und Materialien, Widerstand durch Alteingesessene behindern den Fortgang des Projekts. Friedrich stellt schließlich Oberst von Retzow und Hauptmann Petri für die Leitung ab, Soldaten kommen nun zur Durchführung und Überwachung der Arbeiten zum Einsatz. Am 7. Juli 1753 kann der neue Flußlauf der Oder geflutet werden, und durch die Trockenlegung mittels eines Systems von Abzugsgräben gewinnt man alsbald ca. 32 500 Hektar fruchtbaren Bodens. – »Es war eine Heldentat. Es gibt keinen besseren Ausdruck dafür« (David Blackbourn). Und es ist der Markstein der friderizianischen Trockenlegungs- und »Peuplierungspolitk«.

Schon während der Arbeiten beginnt die Besiedlung des Landes, Preußen lockt die Kolonisten mit diversen Vergünstigungen. Ein Teil der neuen Bewohner stammt aus umliegenden Regionen wie der östlich der Oder gelegenen Neumark oder Mecklenburg. Doch wird in vielen Teilen des Heiligen Römischen Reiches um Kolonisten geworben: Es sind vor allem religiös verfolgte Protestanten sowie Bauern und Handwerker aus übervölkerten Gebieten, die dem Ruf des Königs folgen; sie kommen aus Niederösterreich, Hessen-Darmstadt, Sachsen, Württemberg, aus dem Salzburger Land und dem Schweizer Kanton Neuenburg – insgesamt 1 300 Kolonistenfamilien.

Der Anfang ist schwer. Die Siedler müssen inmitten von Schlamm, Krankheiten und organisatorischem Wirrwarr nicht nur die neuen Böden entwässern und aufbereiten, sondern auch eine Infrastruktur schaffen: Häuser, Straßen, Dörfer; sie roden, pflanzen und vernichten wilde Tiere, alles erschwert durch den Siebenjährigen Krieg (→Leuthen), bis das Oderbruch schließlich zur Kornkammer Preußens und zur »Speisekammer« Berlins wird. Kolonisten-Sprichwort: »Die ersten haben den Tod, die zweiten die Not, die dritten das Brot.«

Not und Tod sollen schließlich knapp zweihundert Jahre später mit neuer, ungeahnter Wucht und Vernichtungskraft zurückkehren: In den frühen Morgenstunden des 16. April 1945 eröffnete das wohl größte Trommelfeuer der Geschichte die Schlacht um Berlin. Die 1. Weißrussische Front unter Marschall Schukow ging zum Angriff auf die deutsche Verteidigungslinie über, die sich auf die →Seelower Höhen konzentrierte. Dazwischen lag das Oderbruch, das aufgrund des Frühjahrshochwassers und durch deutsche Pioniere, die ein Reservoir flußaufwärts geöffnet hatten, in ein Sumpfland verwandelt wurde. Am 19. April gelang der sowjetischen Übermacht der Durchbruch, der Weg nach Berlin war frei. Im Bereich der Seelower Höhen und des östlich vorgelagerten Oderbruchs fielen über 45 000 Soldaten an diesen vier Tagen. Entsprechend findet man heute sowjetische Ehrenmale wie etwa den T-34 in Kienitz und Soldatenfriedhöfe wie in Letschin, die zu DDR-Zeiten errichtet wurden.

Ebenfalls in Letschin – der heimlichen Hauptstadt des Oderbruchs – ist das Denkmal für Friedrich den Großen aus dem Jahr 1905 zu besichtigen. Als dieser 1763 das Gebiet besichtigte, verkündete er: »Hier habe ich im Frieden eine Provinz erobert!« Der Zusatz »im Frieden« wird heute zum Teil angezweifelt. Angesichts der stets wiederkehrenden Hochwasser und Überschwemmungen und der Vernichtung des Artenreichtums betrachtet man die »Heldentat« der Urbarmachung ambivalenter. Es gibt Renaturierungsideen und eine Initiative, das Oderbruch auf die Liste des UNESCO-Weltkulturerbes zu setzen. Daneben bestimmen der anhaltende Bevölkerungsschwund, die EU-Osterweiterung und landwirtschaftliche Monokulturen das Land.

Literatur: David Blackbourn: *Die Eroberung der Natur. Eine Geschichte der deutschen Landschaft*, München 2007, S. 33–96; Theodor Fontane: Das Oderbruch, in: ders.: *Sämtlich Werke X. Wanderungen durch die Mark Brandenburg. Zweiter Band: Das Oderland. Barnim-Lebus*, München 1960, S. 20–43; Tony Le Tissier: *Durchbruch an der Oder. Der Vormarsch der Roten Armee 1945*, Berlin 1995.

Konrad Roenne

Palermo · Potsdam · Prag

Palermo – Grab Friedrichs II.
Italien, Nordküste Siziliens, Dom zu Palermo

Friedrich II. (→Castel del Monte) hat das merkwürdige Schicksal, trotz seines außergewöhnlichen Rangs als Mensch wie als Herrscher, leicht verwechselbar zu sein. Schon unmittelbar nach seinem Tod, als sich die Mythen von einem Fortleben im Inneren des Vulkans Ätna oder eines Berges verbreiteten, schob sich vor seine Figur die des Großvaters: Friedrich Barbarossa. Volkstümlich sind deshalb bis heute die Erzählungen vom Barbarossa im →Kyffhäuser oder im Untersberg, wenngleich sich deren Vitalität eindeutig daraus erklärt, daß sie ursprünglich entstanden, als Friedrich II. 1250 starb und die »schreckliche, die kaiserlose Zeit« begann. Und dann ist da noch die Verwechslung zwischen ihm und jenem anderen Friedrich II., genannt »der Große«, König von Preußen fünf Jahrhunderte später (→Leuthen, Oderbruch, Potsdam). Ohne Zweifel haben beide gewisse auffällige Gemeinsamkeiten: den Zug ins Rationale, die Skepsis, wenn nicht den Spott gegenüber der Religion, den literarischen Ehrgeiz, die Rücksichtslosigkeit im Umgang mit Menschen, den Willen zum Muster- und Zwangsstaat und vor allem die Entschlossenheit zur Durchsetzung der ins Auge gefaßten Ziele. Aber sonst waren der römisch-deutsche Kaiser aus dem Haus der Staufer und der preußische König aus dem Haus der Hohenzollern (→Hechingen) denkbar verschieden, was die Größe des Wirkungskreises betraf und die Art der Gegnerschaften und was die Möglichkeiten anging, überhaupt als Individuum zur Geltung zu kommen, der eine im Mittelalter, der andere im Zeitalter der Aufklärung.

Als Friedrich heranwuchs, der kleine Sohn des frühverstorbenen, zu höchsten Erwartungen Anlaß gebenden Heinrich VI., kannte man ihn in Deutschland nicht, oder nur als »kint von pulle«. »Pulle« stand für Apulien, also die Hauptlandschaft im süditalienischen Königreich, das dem Staufer blieb, nachdem die Krone im Reich an die Welfen verloren war. Der Legende nach hatte der kleine Federico eine wilde Jugend in Palermo, der Hauptstadt des Königreichs Sizilien, wo er anfangs ganz unbeachtet heranwuchs, bis sich der Papst seiner entsann und ihn als Figur im diplomatischen Schach zu nutzen dachte. Eine Rolle spielte dabei natürlich auch Friedrichs Mutter Konstanze, die Tochter des letzten Normannenkönigs, der das Inselreich beherrschte.

Die Spuren der Normannenherrschaft sind bis heute im Stadtbild Palermos erkennbar, ob es nun um das prächtige Kloster Monreale am westlichen Rand geht oder das zierliche Lustschloß Zisa oder den Palast im Zentrum. Allen diesen Hinterlassenschaften ist eigen, daß sie Synthesen bilden aus bestimmten architektonischen wie weltanschaulichen Elementen, die die neuen Herren aus ihrer nordisch-französischen Heimat mitgebracht hatten, dem antiken Erbe, dem massiven Einfluß des byzantinischen Ostens und der arabischen Welt. Der Wille, der hinter diesen Synthesen stand, muß erstaunlich stark und kontinuierlich gewesen sein und nahm schon vieles vorweg von dem, was dann die Herrschaft Friedrichs im Ästhetischen wie Politischen kennzeichnen sollte. Jedenfalls erklärt aus der frühen Beheimatung sicher auch, warum er sich in Sizilien und in Italien überhaupt immer so sehr viel wohler fühlte als in Deutschland, das er mehr oder weniger sich selbst – will sagen der fürstlichen Willkür – überließ. Und es erscheint insofern auch folgerichtig, daß Friedrich befahl, seinen Leichnam in Palermo zu bestatten, in der prächtigen Kathedrale, die die Normannenkönige zu ihrer Grablege bestimmt hatten.

Dort steht sein Sarkophag bis heute, unter einem Baldachin. Er unterscheidet sich kaum von denen seiner Vorgänger, die ihn umgeben, darunter auch der seiner Mutter Konstanze – der letzten aus der »normannischen Linie«, wie eine Inschrift besagt. Alle sind aus rotem Porphyr gefertigt, nach dem Vorbild byzantinischer Kaisersarkophage; der Friedrichs unterscheidet sich nur durch die besonders sorgfältige Ausführung. Das beherrschende Motiv ist der Löwe, das Wappentier der Staufer, vor allem aber das Machtsymbol der Normannen. Die Doppellöwen, die den Sarkophag tragen und zwischen deren Klauen Menschen kauern oder zu entfliehen suchen, entsprechen jedenfalls mit ihrem Symbolgehalt den imperialen Adlern, vor denen eine geschlagene Beute liegt, die Friedrich gleichfalls von seinen Vorgängern übernommen hatte und die wie nichts sonst seinen absoluten Herrschaftsanspruch zum Ausdruck bringen.

Merkwürdig ist, daß sich trotz der Fremdheit Friedrichs, trotz seiner erklärten Zurücksetzung des deutschen Reichs, soviel Interesse, aber auch soviel Verehrung von Deutschen an seine Person geheftet hat. Am deutlichsten war das ohne Zweifel im Fall des George-Kreises (→München: Schwabing), zu dessen berühmtesten Werken das Buch *Kaiser Friedrich der Zweite* von Ernst Kantorowicz gehört. Hier war man sich besonders bewußt, daß in dem Staufer etwas zur Erscheinung gekommen war, was den Deutschen aufgrund ihres im Germanischen wurzelnden Eigensinns und ihres Mangels an »In-Form-Sein« (Spengler dixit) abging, denn unter den Staufern wurde »sowohl germanisches Heldentum als christlicher Ritterdienst ... durch das Imperium in ein römisch Festes, Sicheres und Geformtes, in ein körperhaft Plastisches gezwungen, das Deutschland bis heute nicht wiederfand«. Daher auch die wunderbare Geste, mit der einige Angehörige des Kreises im Mai 1924 vor dem Grab Friedrichs II. in Palermo einen Kranz niederlegten, daran eine Schleife, darauf die Worte: »Seinen Kaisern und Helden – Das geheime Deutschland.«

Literatur: Eckhart Grünewald: *Ernst Kantorowicz und Stefan George. Beiträge zur Biographie des Historikers bis zum Jahre 1938 und zu seinem Jugendwerk »Kaiser Friedrich der Zweite«*, Wiesbaden 1982; Ernst Kantorowicz: *Kaiser Friedrich der Zweite*, Berlin 1927; Karlheinz Weißmann: Das »Geheime Deutschland«. Kantorowicz und sein Buch über den Staufer Friedrich II., in: ders.: *Alles, was recht(s) ist. Ideen, Köpfe und Perspektiven der politischen Rechten*, Graz/Stuttgart 2000, S. 73–77.

Karlheinz Weißmann

Potsdam – Sanssouci

Wer um die Abendzeit eines Sommertages, wenn sich die Touristenströme aus Potsdam verzogen haben, Stille in den königlichen Gärten eingekehrt ist und der Himmel noch blau und wolkenlos über der Stadt steht, auf die obere Terrasse vor Sanssouci tritt, der erkennt, daß im preußischen Staat noch etwas anderes angelegt ist als Pflicht und Dienst, als alles durchdringende Bürokratie oder Soldatentum. Hier tritt das Ideal dieses Staates in überschwenglicher Schönheit, Heiterkeit und Friede auf uns zu: Der Wille, nicht nur standzuhalten im Mächtespiel der europäischen Staaten, sondern auch kulturell in Europa nicht allein mitzuhalten, sondern Stile und Ideen umzuprägen, etwas Eigenes zu schaffen, das die Welt um ein unvergleichliches Element, einen neuen Geist erweitert.

Dieses bescheidene Schlößchen, 1745 bis 1747 nach Skizzen Friedrichs des Großen (→Leuthen, Oderbruch) durch seinen Baumeister von Knobelsdorff errichtet, zeigt uns in seiner verspielten, weintrunkenen Fassade, in seiner Fülle der Rocaillen, den lieblichen Bildern eines Watteau, legendären Flötenkonzerten, philosophischen Gesprächen und seiner runden, in Zedernholz und Gold ausgekleideten Bibliothek, wonach Preußen strebte. Dies hier hat es sich hart erkämpft. Keine hundert Jahre zuvor war diese Gegend, war Brandenburg im Dreißigjährigen Krieg (→Schweidnitz) verwüstet worden, hatte der östliche Part Brandenburg-Preußens seinen Tribut an den mächtigen Nachbarn Polen-Litauen zu entrichten, lag danieder, mußte Wege der Sicherung, der Haltung, der Erhaltung finden. Das Umgebensein von Mächtigeren – auch im Norden: Schweden – forderte zur Härte, also zum Aufbau des Heeres, zur Ordnung der Verwaltung, zur Bändigung der auseinanderstrebenden Stände, bis hin zur Köpfung jenes Ostpreußen von Kalckstein (1672), der des eigenen Vorteils wegen durch seinen Gang zum polnischen König Hochverrat beging und damit Erinnerungen an die ständische Erhebung gegen den Landesherrn über 200 Jahre zuvor wachrufen mußte. Disziplin und Strenge waren notwendig, zu Schutz und Formung, auch beim eigenen Sohn.

Doch hier – vor Sanssouci – steht etwas auf, das anderer Begriffe bedarf, andere Sichtweisen, andere Geschichtsinterpretationen eröffnet: Hier ist von der Heiterkeit Preußens zu sprechen, von der Sehnsucht seiner Herrscher, das unwirtliche Land »südlich-sonniger« umzuformen, also italienische und französische Ideale in Eigenes umzuwandeln, geistige Räume zu erweitern, und damit von dem eigentlichen Ziel des Königs, des Staates: durch Kunst und Bildung nicht nur sich, sondern jeden Bürger trotz äußerer und innerer Zwänge zu befreien. Dies alles nicht erst bei Friedrich dem Großen, sondern schon zuvor: etwa unter dem Ururgroßvater Georg Wilhelm, der mit Blick auf den berühmten →Heidelberger Hortus Palatinus in Königsberg einen prächtigen Lustgarten gestalten ließ, dem Urgroßvater Friedrich Wilhelm, der mit dem Ausbau der Residenz Potsdam begann, dem Großvater Friedrich I., der das Berliner Schloß mit höchstem Anspruch umbaute, die Baukunst in Preußen auf römisches Niveau hob. Und dann beim Vater, dem gern seiner vermeintlichen Kulturlosigkeit wegen Gescholtenen. Zu Unrecht. Dieser wahre König Preußens schuf, wo es ihm die Rekultivierung des durch die Pest verwüsteten (Ost-)Preußens, der Aufbau des Schulwesens, die Schaffung eines gerechteren Steuersystems, der Umbau des Heeres zur Sicherung der unsicheren Grenzen erlaubte, mit zahlreichen Kirchen, darunter der eleganten Garnisonkirche zu Potsdam, sowie den Stadterweiterungen Potsdams und Berlins eine schlicht-formvollendete Kunst, die dem Wesen seines Staates gemäß war.

Der Sohn, Friedrich II., jener König, von dem gesagt wurde, daß »alle seine Einzelhandlungen ... ideenreich, geistvoll und sinnerfüllt waren« (Egon Friedell), konnte sich dann in außergewöhnlichem Maße der Kunst zuwenden, nicht nur in seinem Sommerschlößchen. Denn Sanssouci steht nicht für sich allein. Wer von seiner Höhe hinübersieht zur Neuen Kammer und Bildergalerie, wer die Terrassenanlage hinabsteigt und durch die weite Achse dem Neuen Palais entgegenblickt, dem wird das Wesen dieses Königs bewußt, der die Welt um sich wohlgestaltet sehen wollte, auch die Oper in Berlin, das Palais seines Bruders Heinrich (heute Humboldt-Universität zu Berlin), die große Bibliothek, die Bürgerhäuser beider Residenzstädte. Und wiederum verbinden sich diese Werke mit den Schöpfungen all der Nachfolger Friedrichs des Großen: mit Friedrich Wilhelms II. Neuem Garten mit Marmorpalais und Blick über die weite Havellandschaft zur Pfaueninsel oder dem Brandenburger Tor (→Berlin), mit Friedrich Wilhelm IV., der Preußen mit Italien verband, das gedankenreiche Schlößchen Charlottenhof schuf, die weitausgreifende Orangerie, und dessen Vorbild zahlreiche Bürger mit ihren Villen folgten, die bis heute auf einzigartige Weise zumindest noch Potsdam prägen. Schließlich fügte sich noch kurz vor dem Ersten Weltkrieg das kronprinzliche Schloß Cecilienhof – in wohlgemerkt englischem Stil – dem Formenreichtum Preußens ein: jenes Schloß, in dem die Alliierten 1945 glaubten, Aufteilung und Ende Preußens besiegeln zu können.

Es gibt viele Rokokoschlößchen, zahllose prächtigere Schloßanlagen, hier aber verbindet sich ein besonderer Geist, eine Haltung mit den Bauwerken. Geschaffen von einem Staat, der ständig gegen innere Unbilden oder äußere Bedrohungen ankämpfte, der achtsam bleiben mußte, um nicht unterzugehen – wie etwa der östliche Nachbar schließlich unterging –, der seine sozialen Aufgaben nicht über Prunk-sucht vergaß, dem keine Rohstoffe zur Verfügung standen, kein Welthandel, und der weder seine Untertanen noch Kolonien ausbeutete, und dem es dennoch gelang, aus der Sandbüchse des Reiches eine der reichsten Kulturlandschaften Europas zu formen. In jeder Notzeit erneut. Noch in den schwersten Lagen blieb ungebrochen der Wille zum Wiederaufbau, zu Schönheit und nicht zuletzt zu heute nutzlos erachteter geistiger Bildung, so als in den Schlesischen Kriegen mit den Planungen für die Anlage Sanssoucis begonnen wurde, unter der napoleonischen Besatzung die Gründung der Berliner Universität erfolgte (1810) oder im Ersten Weltkrieg der Wiederaufbau Ostpreußens eine ganze Landschaft neu formte (→Tannenberg).

Sanssouci ist Preußens geistige Krone, es ist das heitere, sommerliche Ideal Preußens, hier vereinigen sich Staats- und Verwaltungskunst, Bildhauerei, Malerei, Philosophie, Musik in einer einzigen Person, in einem einzigen Bauwerk, hier zeigt sich, zu welcher Schönheit und Höhe sich ein geordneter Staat aufschwingen kann.

Literatur: Johannes Bronisch: *Der Kampf um Kronprinz Friedrich*, Berlin 2011; Hans-Joachim Giersberg: *Schloß Sanssouci. Die Sommerresidenz Friedrichs des Großen*, Berlin 2005; Hans-Joachim Kadatz: *Knobelsdorff. Baumeister Friedrichs des Großen*, Leipzig 1998; Friedrich Mielke: *Potsdamer Baukunst – Das klassische Potsdam*, Frankfurt a. M./Berlin 1991.

Wulf D. Wagner

Prag – Universität

Die Prager Universität, »Alma Mater Carolina«, war die erste Bildungsstätte dieser Art in Mitteleuropa und im deutschen Sprachraum. Am 7. April 1348 wurde sie vom römisch-deutschen König (Kaiser ab 1355) Karl IV. (→Karlstein) ins Leben gerufen. Dieser Herrscher aus dem Geschlecht der Luxemburger nannte in seiner Stiftungsurkunde als Begründung: »Damit unsere getreuen Untertanen, welche es nach der Frucht der Wissenschaft unaufhörlich hungert, im eigenen Lande den gedeckten Tisch finden und es für überflüssig halten, Wissenschaft suchend den Erdkreis zu umwandern, fremde Völker aufzusuchen, oder in auswärtigen Ländern zu betteln.«

Das Gebäude am heutigen Ovocný trh (Obstmarkt) beherbergte bald eine der renommiertesten Universitäten Europas. Die Eintracht unter den Studenten und Professoren wurde jedoch durch die in Böhmen grassierende Bewegung der Hussiten geschädigt. Der Theologe Jan Hus, seit 1409 Rektor der Prager Universität, wetterte gegen den weltlichen Besitz der Kirche, die Habsucht vieler Priester und das Lasterleben mancher Päpste. Auch forderte er eine strenge, asketische Lebensweise und eiferte gegen jedweden Luxus wie etwa die Kleidermode. Besonders befremdlich wirkte, daß Hus seine Vorträge nicht in der üblichen Gelehrtensprache Latein, sondern auf tschechisch hielt.

Der Eifer des Jan Hus richtete sich aber nicht nur gegen die römisch-katholische Kirche, sondern besaß auch einen starken nationalen Aspekt. In Böhmen bestand die Oberschicht fast ausschließlich aus Deutschen, die dank ihres Unternehmergeistes in den Städten das Patriziat und die Zünfte dominierten, den Handel beherrschten, die Verwaltung, die Bildungsstätten. Diese deutschen Menschen brandmarkte Hus als landfremde Eindringlinge und Unterdrücker. Damit fand er sowohl beim tschechischen Frühproletariat Anklang als auch beim Kleinadel Böhmens, der um den Verlust seiner politischen und ökonomischen Vorrechte bangte.

Die nationalistischen Haßpredigten von Hus beeinflußten zeitweise auch König Wenzel von Böhmen. Er griff 1409 in die Autonomie der Prager Universität ein. Bisher hatten vier *nationes* (Sachsen, Bayern, Polen und Tschechen) gleichberechtigt den Rektor gewählt; nun sollte dieses Privileg zu drei Vierteln den wenigen tschechischen Studenten zustehen. Daraufhin verließen am 16. Mai 1409 nahezu 2000 Professoren und Studenten die Universität und nahmen unter den Hohngesängen der tschechischen Volksmenge ihren Weg nach Leipzig, Heidelberg und Erfurt.

Die Hussiten wurden 1415 vom Papst und vom Konzil in Konstanz zu Ketzern erklärt. Die Prager Universität aber hatte 1417 offiziell das hussitische Bekenntnis angenommen. Dies führte im Laufe des 15. Jahrhunderts zu einer weitgehenden Isolierung der Universität von der übrigen europäischen Bildungslandschaft, und ihre Bedeutung sank. In Prag studierten und lehrten fortan nur mehr böhmische Hussiten. Selbst einheimische Katholiken gingen zum Studium ins Ausland.

Im Jahre 1654 wurde die Universität zu Ehren Kaiser Ferdinands III. in Karl-Ferdinands-Universität umbenannt. Die Unterrichtssprache blieb über Jahrhunderte Latein. Erst der Philosophieprofessor und spätere Rektor Karl Heinrich Seibt begann 1764, Vorlesungen in Prag auf deutsch zu halten. Schon 20 Jahre später wurde dann die lateinische Unterrichtssprache offiziell durch die deutsche ersetzt. 1848 erreichten die Studenten mit der Aufnahme des Tschechischen als Lehrsprache die Zweisprachigkeit.

1882 gab Österreichs Kaiser Franz Joseph I. (→Königgrätz) den Forderungen der nationalistischen Tschechen nach und teilte die Universität in eine deutsche und eine tschechische Lehranstalt. Somit existierten in Prag zwei unabhängige Hochschulen mit sämtlichen Fakultäten.

Nach Gründung der Tschecho-Slowakei 1918 als selbständiger Staat begann eine zunehmende Diskriminierung der deutschen Nachfolge-Universität. 1920 wurde durch die »Lex Mareš« (benannt nach ihrem Initiator, dem Philosophieprofessor František Mareš) die tschechische Universität zur alleinigen Rechtsnachfolgerin der Karls-Universität erklärt und in »Univerzita Karlova« zurückbenannt unter Verzicht auf den Namen des Habsburger Kaisers. Die deutsche hielt am Namen Karl-Ferdinands-Universität fest. Schon 1921 gab es Überlegungen, diese Bildungsstätte ins Sudetenland nach Reichenberg (heute Liberec) zu verlegen.

1934 kam es zum sogenannten Insignienstreit. Das tschecho-slowakische Ministerium für Schulwesen forderte von den Deutschen die Auslieferung der Universitätsinsignien. Dabei handelte es sich um das mit Edelsteinen besetzte Zepter des Rektors, dessen wertvolle Amtskette, die zwölf goldenen Zepter der einzelnen Fakultäten sowie die Gründungsurkunde mit dem königlichen Siegel. Dieses Ansinnen führte zu erregten Protesten der deutschen Studenten. Dennoch mußten die Insignien am 25. November 1934 abgegeben werden. Dieser Insignienstreit belastete das Verhältnis beider Hochschulen erheblich.

Am 2. August 1939, fünf Monate nach der Errichtung des »Reichsprotektorats Böhmen und Mähren«, wurde die deutsche Universität zu Prag in Reichsverwaltung genommen. Die tschechische Karls-Universität blieb zunächst bestehen, wurde aber im November 1939 nach studentischen Unruhen für drei Jahre geschlossen.

Als im Frühjahr 1945 die Rote Armee immer näher heranrückte, sollten die Insignien der Universität am 16. April nach Deutschland in Sicherheit gebracht werden. 26 Kisten verließen an diesem Tag den Prager Hauptbahnhof Richtung Westen. In der Nacht zum 17. April fiel der Waggon im Rangierbahnhof von Pilsen einem Luftangriff der Royal Air Force zum Opfer.

Das Dekret Nr. 112 des tschechoslowakischen Präsidenten Edvard Beneš vom 18. Oktober 1945 verfügte die Auflösung der deutschen Universität zu Prag. Dies solle »auf ewig« gelten, denn eine deutsche Universität sei »eine dem tschechischen Volk feindliche Einrichtung.«

Literatur: Renate Dix: *Die Frühgeschichte der Prager Universität*, Bonn 1988; Frank Rexroth: *Deutsche Universitätsstiftungen von Prag bis Köln*, Weimar/Wien 1992.

Jan von Flocken

Quedlinburg · Questenberg

Quedlinburg
Sachsen-Anhalt, nördlich des Harzes, an der Bode

Wer heute am Finkenherd in Quedlinburg steht und an einer Stadtführung teilnimmt, wird fast zwangsläufig zu hören bekommen, daß dieser Ort wenig mit der Erhebung Heinrichs von Sachsen zum deutschen König zu tun habe. Und es genügt dem dekonstruktivistischen Zeitgeist nicht, den Inhalt der einstmals berühmten Ballade »Herr Heinrich saß am Vogelherd« von Johann Nepomuk Vogl in Zweifel zu ziehen, man wird gleich auch noch darauf hingewiesen, daß es Anfang des 10. Jahrhunderts gar keine »Deutschen« und mithin kein »Deutsches Reich« gegeben habe und daß überhaupt die Vorstellung von Nationen im Mittelalter anachronistisch sei.

Nun ist tatsächlich eine gewisse Skepsis gegenüber der Historizität der Szene angebracht, in der die Abgesandten des sterbenden, glücklosen Konrad Herzog Heinrich die Königswürde antrugen und ihn ausgerechnet bei seiner Lieblingsbeschäftigung – der Vogeljagd – trafen. Aber unbestreitbar ist die Bedeutung, die Quedlinburg unter seiner Herrschaft als wichtigster Königssitz gewann. Für zwei Jahrhunderte feierte der Hof hier jedes Jahr das Osterfest. Quedlinburg war einer der zentralen Orte ottonischer und salischer Herrschaft. Die heute auf dem Schloßberg stehende Kirche St. Servatius gehört zu den wichtigsten hochromanischen Bauten Deutschlands. Allerdings sind nur in der Krypta Reste jenes Vorgängerbaus erhalten, der auf Anweisung Mathildes, der Frau Heinrichs, errichtet wurde. Aber trotz der fast vollständigen Erneuerung im 11. Jahrhundert und der späteren Erweiterungen und Umbauten atmet die Basilika bis heute den Geist einer romanischen Königskirche. Das gilt nicht zuletzt für die archaische Ornamentik der Pfeiler, Säulen und Friese, an denen vor allem die Adlerfiguren auffallen.

Heinrich hatte verfügt, daß er in Quedlinburg bestattet sein wollte. Unmittelbar nach seinem Tod im Jahr 936 wurde der Leichnam des Königs von Memleben nach Quedlinburg überführt. Damals standen auf dem Burgberg schon Klostergebäude, wahrscheinlich von erheblicher Größe und Repräsentativität, um den Hofstaat aufnehmen zu können, und in der Gruft der Pfalzkirche wurde der König beigesetzt. Die Witwe, Königin Mathilde, ließ sich von ihrem Sohn Otto I. (→Aachen, Lechfeld) die Gründung eines Damenstifts genehmigen, dessen Aufgabe das Totengedenken für den verstorbenen König, aber auch die Fürbitte für König, dann Kaiser, und Reich war. 968 setzte man sie neben ihrem Mann bei.

Erst nach dem Ende der sächsischen Dynastie verlor Quedlinburg an Bedeutung, spielte aber durch das der Stadt verliehene Markt-, Münz- und Zollrecht noch eine gewisse, wenngleich regional begrenzte Rolle. Von dem ursprünglichen Glanz hat sich indes wenig erhalten, und ein neues – patriotisch gefärbtes Interesse – fand Quedlinburg erst wieder im 19. Jahrhundert. Die eingangs erwähnte Dichtung Vogls ist schon getragen von diesem Geist und der Neigung, in Heinrich I. einen Vorkämpfer des nationalen Interesses zu sehen, das sich auf den Osten und nicht wie in der staufischen Zeit auf den Süden richtete.

Eine Vorstellung, die in der NS-Zeit eine Zuspitzung und spezifische Umdeutung erlebte, die sich vor allem aus dem Kult erklärt, den die SS um Heinrich I. betrieb, der abwechselnd als »Volkskönig« und als »Slawenbezwinger« gefeiert wurde. Manches spricht für die Annahme, daß Himmler sich als dessen Reinkarnation betrachtete und jedenfalls alles tat, um die Stiftskirche und die Wipertikrypta mit den Gebeinen des Königs unter seine Kontrolle zu bringen. Tatsächlich ließ er Krypta und Kirche (ähnlich wie den Braunschweiger Dom) in eine »Weihestätte« der SS umformen, alle christlichen Elemente entfernen und auch gewisse bauliche Veränderungen vornehmen. Bis zum Sommer 1944 erschien der »Reichsführer SS« persönlich bei den jährlichen Feiern zum Todestag des Königs – dem 2. Juli – in Quedlinburg.

Es ist allerdings darauf hinzuweisen, daß nicht einmal in der NS-Zeit solcher Zugriff ohne Widerspruch blieb. Schon 1934, zwei Jahre vor der von Himmler mit großem Aufwand inszenierten Feier aus Anlaß von Heinrichs 1000. Todestag, hatte der Dichter Reinhold Schneider in den monarchistischen *Weißen Blättern* einen Aufsatz mit dem Titel »Quedlinburg« veröffentlicht, in dem er die Deutschen aufforderte, die Stiftskirche als Symbol für die Einheit von Reichsgedanken und christlichem Glauben anzusehen und bis auf weiteres in der »Krypta des Reiches« zu überdauern, eine Anspielung darauf, daß mit der Wipertikrypta der älteste Teil des romanischen Baus erhalten blieb, während sich die äußere Gestalt der Stiftskirche fortwährend veränderte.

Entgegen einer Wahrnehmung, welche die historischen Zentren Deutschlands vor allem im Westen oder im Osten sucht, ist darauf hinzuweisen, daß ursprünglich das Kernland des Reiches in der Mitte lag. Das erklärt auch, warum auf dem Gebiet des Harzes und seiner Ränder (→Kyffhäuser) bis heute eine Reihe historischer Stätten zu finden ist, die – auch durch die Teilung – fast vollständig in Vergessenheit gerieten, obwohl sie eine entscheidende Rolle für die nationale Geschichte gespielt haben. Wenn Quedlinburg seit 1994 zum »Weltkulturerbe« der UNESCO gehört, darf man das auch als Anerkennung dieses Sachverhalts betrachten. Jedenfalls erschöpft sich seine Bedeutung nicht darin, ein touristisch anziehendes pittoreskes Fachwerkstädtchen mit Kopfsteinpflaster und erhaltener Stadtmauer zu sein.

Literatur: Reinhold Schneider: Quedlinburg, in: *Weiße Blätter* 2 (1934), S. 241–246, wieder abgedruckt in: Reinhold Schneider: *Gesammelte Werke*, Bd. 7, Frankfurt a. M. 1980; Klaus Voigtländer: *Die Stiftskirche zu Quedlinburg*, Berlin (Ost) 1989.

Karlheinz Weißmann

Questenberg
Sachsen-Anhalt, Südharz

Der kleine Ort Questenberg liegt am südlichen Rand des Harzes. Den Namen gibt es im thüringisch-hessischen Gebiet mehrfach, aber nur in Questenberg hat sich ein als »Queste« bezeichnetes Symbol erhalten, dessen archaischer Charakter auf jeden Betrachter faszinierend wirkt.

QUESTENBERG

Oberhalb des Dorfes, am Rand einer steil aufragenden Felswand, steht der Questenbaum, ein geschälter, mit Holzkeilen im Boden befestigter Eichenstamm mit Querstab, an dem ein aus Birkenreisig geflochtener Kranz aufgehängt wird, darüber ein »Büschel«, links und rechts verziert mit zusammengebundenen Zweigen, den sogenannten »Questen«. Allerdings ist der Begriff Queste längst auf das ganze Gebilde übergegangen.

Jedes Jahr zu Pfingsten wird die alte Queste abgerissen und verbrannt und durch eine neue ersetzt. Die Ähnlichkeit mit den skandinavischen Mittsommerbäumen ist offensichtlich und Bezüge zu Sonnenverehrung und Fruchtbarkeitskult wahrscheinlich, wenngleich es bis heute keine präzise Klärung der Frage gibt, welchen Ursprung die Questenverehrung vor Ort hat. Eine Ursache dafür liegt in der Tatsache, daß die früheste sichere Überlieferung auf das 18. Jahrhundert zurückgeht und eine ältere Stufe der Entwicklung nicht mehr rekonstruierbar ist.

Traditionell wird der Brauch mit einer Sage erklärt, die davon handelt, daß der Herr der nahegelegenen Questenburg – Ritter Knut – eine Tochter mit Namen Jutta hatte. Die verirrte sich eines Tages im Wald und mußte von den Leuten des Ritters gesucht werden. Nach drei Tagen fanden sie das Kind im Wald vor einer Köhlerhütte, wo es Blumen gesammelt, zu einem Kranz gewunden, auf ein Holzkreuz gesteckt und mit zwei Questen versehen hatte. Das Gebilde reichte Jutta ihrem Vater voller Freude, der aus Dankbarkeit die große Queste machen und auf dem dann so genannten Questenberg aufstellen ließ. Die Einwohner des benachbarten Rotha aber, die bei der Suche nicht geholfen hatten, verpflichtete Ritter Knut, den Questenbergern in der Nacht vom ersten zum zweiten Pfingsttag ein Brot und zwei Käselaibe zu geben. Sie wurden dann von den Questenbergern bewirtet, mußten den Ort aber vor Sonnenaufgang verlassen haben. Wenn nicht, hatten die Questenberger das Recht, sich die schönste Kuh von der Weide in Rotha zu holen.

Zu den überlieferten Sitten des Questenfestes gehörte, daß schon am Himmelfahrtstag alle nötigen Bäume geschlagen wurden. Am ersten Pfingsttag holten die jungen Männer mit Beilen und Pferdewagen aus dem Wald dann die etwa zwölf Meter hohe »Setzmaie« und dazu zwanzig junge Birken. Die Setzmaie stellten sie auf dem Dorfplatz auf und errichteten eine provisorische Hütte – die »Lauerhütte« –, um sie zu bewachen und das Kommen der Rothaer abzuwarten. Am zweiten Feiertag wurde um die Maie getanzt, in der folgenden Nacht der Stamm schweigend und feierlich auf den Questenberg getragen, die alte Queste in genau festgelegter Folge abgerissen und in einem großen Feuer verbrannt. Die ganze Festgemeinschaft wartete gemeinsam auf den nächsten Morgen. Sobald sich die Sonne zeigte, stimmte man das »Questenlied« an, einen alten Choral auf die Melodie von »Wie schön leuchtet der Morgenstern«:

Dich seh ich wieder, Morgenlicht,
und freue mich der edlen Pflicht,
dem Höchsten Lob zu singen,
will, entbrannt von Dankbegier,
o mildester Erbarmer, dir
mit heil'gem Mut lobsingen:
Schöpfer, Vater, deine Treue
rührt aufs neue mein Gemüte!
Froh empfind' ich deine Güte.

Danach ging man wieder ins Tal hinab und suchte etwas Ruhe zu finden, bevor der Gottesdienst begann, zu dem die Männer mit Waffen und Fahnen erschienen. Im Anschluß zog die Gemeinde mit zahlreichen Gästen auf den Berg hinauf, und die Alten fertigten den neuen Kranz, der zur Mittagszeit – wenn die Sonne ihren höchsten Stand hatte – am Stamm befestigt wurde. Es folgte ein ausgelassenes Fest mit Pfingstbier und Tanz, das bis zum vierten Pfingsttag andauerte.

Das Questenfest war seit dem 19. Jahrhundert ein Ereignis von deutlich über den Ort hinausreichender Bedeutung. Dabei spielte ab einem nicht mehr klärbaren Zeitpunkt auch die romantische und völkische Idee eine Rolle, daß man es mit einer alten germanischen Überlieferung zu tun habe. Herman Wirth fand sogar erhebliche Resonanz mit seiner Behauptung, die Queste sei ein Überlieferungsrest der altnordischen Vorstellung vom Weltenbaum. Es lag insofern nahe, daß es in der NS-Zeit erhebliche Anstrengungen gab, das Fest ideologisch zu vereinnahmen. Um so überraschender wirkt, daß es trotzdem unter den Bedingungen der DDR überleben konnte und bis heute – wenn auch in deutlich reduzierter Form – weiterbegangen wird und sich die Queste nach wie vor weithin sichtbar auf dem Questenberg erhebt.

Literatur: *Questenberg und sein Questenfest*, Querfurt o. J.; Rat der Gemeinde Questenberg (Hrsg.): *Das Questenfest – Gegenwart und Vergangenheit*, Questenberg 1990; Karlheinz Weißmann: *Irminsul* (= *Kleine Schriften zur politischen Symbolkunde*, 4), Göttingen 2012.

Karlheinz Weißmann

Ravenna · Reval

Ravenna – Grabmal des Theoderich
Norditalien

In einer Zeit, in der man nach einer authentisch deutschen oder germanischen Bauweise suchte, an der Wende vom 19. zum 20. Jahrhundert, war der Rückgriff auf das Grabmal des Theoderich in Ravenna verbreitet. So berühmte Architekten wie Wilhelm Kreis oder Bruno Schmitz (→Kyffhäuser) orientierten sich an diesem Vorbild, auffällig sind die Einflüsse an zahlreichen →Bismarcktürmen und -säulen, aber auch am Völkerschlachtdenkmal in →Leipzig. Das Massive, Lastend-Monumentale der Architektur schien dem gewünschten Effekt besonders nahe zu kommen.

Heute wird darauf hingewiesen, daß das Mausoleum vor allem spätantike und syrische Einflüsse zeige, und lediglich das umlaufende Friesornament erklärt man unter Verweis auf germanische Goldschmiedekunst. Wichtiger als das ist aber der Tatbestand, daß es sich bei dem Bau um einen einzigartigen Überrest der Völkerwanderungszeit handelt, auf zehneckigem Grundriß mit zwei Stockwerken errichtet, überwölbt von einer flachen, kronenartigen Kuppel.

Das erste Stockwerk des Grabmals diente als Gruftraum, der Sarkophag Theoderichs wurde allerdings schon zwanzig Jahre nach seinem Tod, 540, durch den byzantinischen Feldherrn Belisar zerstört. Grund dafür war das arianische Bekenntnis Theoderichs, aus katholischer Sicht ein »fluchwürdiger Ketzer«, aber ohne Zweifel spielte auch eine Rolle, daß er als Verräter am oströmischen Kaiser galt, in dessen Auftrag er nach Italien zog, dann die Eroberung aber nicht seinem Herrn übergab, sondern ein germanisches Königreich mit sich selbst an der Spitze errichtete. Schon in der Endphase seiner Herrschaft ließ Theoderich die Errichtung des Mausoleums beginnen, das gleichzeitig als Grablege seiner Dynastie dienen sollte. Dazu ist es nicht gekommen. Das hing mit der Kurzlebigkeit des Ostgotenreiches wie aller Schöpfungen der Völkerwanderungszeit zusammen. Im Laufe der Zeit hat das Gebäude zahlreiche Plünderungen – nicht zuletzt durch Karl den Großen, der Bauteile und eine vergoldete Reiterstatue für den Dom in →Aachen abtransportieren ließ – und Umwidmungen erleben müssen. Über den längsten Zeitraum wurde es als Kirche genutzt. Erst mit dem Erwachen des Nationalbewußtseins und dem zunehmenden Interesse an der germanischen Geschichte tauchte es aus dem Vergessen auf.

Damit ist es längst wieder vorbei. Seitdem Felix Dahns *Ein Kampf um Rom* kaum mehr gelesen wird und die Heldensagen soviel von ihrer Anziehungskraft verloren haben, ist auch dieser Bezug verlorengegangen. Das Grabmal erscheint so fremd wie ehedem und nur da und dort hat sich die Erinnerung an Theoderichs mythische Verwandlung erhalten, in die Gestalt Dietrich von Berns.

Literatur: Hans Gerhard Evers: *Tod, Macht und Raum als Bereiche der Architektur*, München 1939; Robert Heidenreich/Heinz Johannes: *Das Grabmal Theoderichs zu Ravenna*, Wiesbaden 1971.

Karlheinz Weißmann

Reval
Estland

Die estnische Hauptstadt Tallin, einst Reval, ist ohne Zweifel eine Reise wert. Wenn man den Weg an die östlichste Ostseeküste Europas auf sich nimmt, wird man mit zahlreichen Eindrücken von einer Stadt belohnt, die auf den ersten Blick nur wenig Osteuropäisches an sich hat. Schon die Menschen haben kaum slawische Züge, sondern sehen eher wie Skandinavier aus, und das Stadtbild deutet sehr stark darauf hin, daß man es hier – wie im Grunde in →Prag oder →Königsberg auch – mit einer deutschen Stadt zu tun hat. Das hängt damit zusammen, daß Reval seit dem 13. Jahrhundert zwar abwechselnd unter dänischer, schwedischer und schließlich russischer Herrschaft stand, aber doch durchgehend von Deutschen verwaltet und kulturell geprägt worden ist. Ein Großteil der markanten Bauwerke Revals – vom gotischen Rathaus über die Stadtmauer bis zur Burg auf dem Domberg – entstand bzw. wurde vollendet unter der Ägide der Deutschbalten.

Mit diesem Begriff bezeichnet man die Nachfahren derjenigen deutschen, meist westfälischen und niedersächsischen, Auswanderer, die sich seit dem 13. Jahrhundert im Siedlungsgebiet der Prußen – dem heutigen Baltikum – niederließen. Während die deutsche Ostsiedlung seit dem 12. Jahrhundert normalerweise friedlich verlief und von den Slawen aufgrund des hohen zivilisatorischen Standes der Aussiedler oftmals sogar als Entwicklungshilfe begrüßt wurde, war das Baltikum ein Gegenstand militärischer Eroberung. Zuständig dafür war der Deutsche Orden, der nach dem Ende der Kreuzzüge auf der Suche nach einem neuen Betätigungsfeld war und dem der staufische Kaiser Friedrich II. (→Castel del Monte, Kyffhäuser, Palermo) 1226 in der Goldbulle von Rimini das von den heidnischen Prußen bewohnte Gebiet zu Lehen gab. Dieses Datum markiert nicht nur den symbolischen Beginn der Geschichte Preußens, das seinen Namen von den Prußen erhalten hat, sondern auch den der baltischen als einem Teil der deutschen Geschichte.

Reval wurde als deutsche Stadt 1230 gegründet und war von Anfang an ein wichtiger Handelsplatz, zuerst von Gotland aus, ab 1346 als Teil der deutschen Hanse. In jenem Jahr verkaufte der dänische König, dem Estland seit 1238 gehört hatte, Reval an den Deutschen Orden. Bis ins 16. Jahrhundert erlebte die Stadt eine wirtschaftliche Blüte, da alle Waren aus Rußland über Reval geleitet werden mußten. Als das Zarenreich allmählich zur politischen Bedrohung wurde, stellte sich das Herzogtum Estland unter den Schutz des Schwedischen Reiches. In Reval erhielten die Deutschbalten umfangreiche Privilegien, so daß die deutsche Selbstverwaltung gewahrt blieb. Erst 1710 fielen Estland und Livland infolge des Nordischen Krieges an Rußland. Dank Peter dem Großen blieb aber auch jetzt noch eine weitgehende deutschbaltische Verwaltungsautonomie bestehen.

Schon 1523 wurde Reval evangelisch. Das Luthertum ist seither im Baltikum fest verankert gewesen; noch gegen Ende des 19. Jahrhunderts, als in Deutschland längst erste Säkularisierungserscheinungen bemerkbar waren und die liberale Theologie sukzessive an Einfluß gewann, bekannte sich in Estland nahezu jeder, vor allem jeder Pfarrer, zu einem konservativen Luthertum. Das hatte seine Ursache sicher auch darin, daß die Deutschbalten eine – wenn auch herrschende – ethnische Minderheit waren, und die lutherische Lehre gehörte längst zum Kernbestand der eigenen kulturellen Identität. Die war allerdings alles andere als selbstbezogen; vielmehr war der Einfluß der Deutschbalten auf die gesamtdeutsche Kultur besonders im 19. Jahrhundert außerordentlich groß. Bekannte Gelehrte und Diplomaten wie Adolf Harnack, Julius von Eckardt, Alexander Graf Keyserling, Jakob Johann von Uexküll und Nicolai Hartmann kamen aus dem Baltikum, blieben aber nicht dort, sondern wirkten vornehmlich in Deutschland. Auch die Universität im livländischen Dorpat hatte durchaus einen gewissen Rang unter den deutschen Hochschulen.

Das hohe kulturelle Selbstbewußtsein der Deutschbalten führte dazu, daß sie die in der zweiten Hälfte des 19. Jahrhunderts an Fahrt gewinnende Russifizierungspolitik des Russischen Reiches als besonders hart empfanden. Das Bestreben der russischen Führung insbesondere unter Alexander III. und Nikolaus II., die Verwaltung und die Bildung konsequent zu zentralisieren, wozu vor allem die verpflichtende Einführung der russischen Amts- und Unterrichtssprache gehörte, traf im Baltikum auf eine alteingesessene, mit Selbstverwaltungsprivilegien ausgestattete deutsche Oberschicht, die davon überzeugt war, nicht nur den Esten und Letten vor Ort, sondern auch den Russen kulturell überlegen zu sein. Tatsächlich kann alles heutige Gerede von deutschbaltischer »Russophobie« (Gert von Pistohlkors) und einer im Hintergrund stehenden nationalistischen »Kulturträgertheorie« (Wolfgang Wippermann) nicht darüber hinwegtäuschen, daß das deutschbaltische Überlegenheitsbewußtsein sehr gute Gründe hatte.

Bis zur Russischen Revolution von 1905 waren alle Reste des politischen Einflusses der Deutschbalten beseitigt worden; 1904 übernahmen die Esten die Verwaltung Revals. Während des Ersten Weltkriegs stand Estland zeitweise unter deutscher Besatzung, was sogar zu Überlegungen führte, das ganze Baltikum in das Deutsche Reich einzugliedern. Die Niederlage von 1918 machte diese Pläne zunichte, und die 1919 aufgestellten baltischen Freikorps konnten wenig gegen die Herrschaft der Bolschewiki ausrichten, die 1920 mit umfangreichen Enteignungen viele der übriggebliebenen Deutschbalten zur Auswanderung bewogen. Als Deutschland 1939 im Zusammenhang mit dem Hitler-Stalin-Pakt einen Umsiedlungsvertrag mit Estland abschloß und bis 1941 über 20000 Deutsche aus Estland in die Reichsgebiete umgesiedelt wurden, war die deutsche Prägung Revals zu Ende. Schon 1918 war die Stadt offiziell in »Tallin« umbenannt worden, wie sie noch heute heißt.

Im Baltikum wurde der Aufstand gegen die Sowjetunion Ende der 1980er Jahre von einer »singenden Revolution« begleitet. Schon daran ist erkennbar, welch hohe Bedeutung die Musik, vor allem der Gesang, für die nationale Identität Estlands hat. Interessanterweise ergibt sich genau an dieser Stelle ein möglicher Anknüpfungspunkt für den deutsch-estnischen Austausch, der lange unter dem

Vorbehalt der »Unterdrückung« der Esten durch die lange deutschbaltische Vorherrschaft stand. Jedenfalls gibt es in der jüngeren Generation Estlands gewisse Anzeichen für ein ehrliches Interesse an der eigenen Geschichte und am Austausch gerade mit Deutschland, dessen prägende Wirkung insbesondere auf musikalischem Gebiet unbestreitbar ist.

Literatur: Norbert Angermann/Wilhelm Lenz (Hrsg.): *Reval. Handel und Wandel vom 13. bis zum 20. Jahrhundert*, Lüneburg 1997; Reinhard Wittram: *Baltische Geschichte. Die Ostseelande Livland, Estland, Kurland 1180-1918. Grundzüge und Durchblicke*, München 1954.

Martin Grundweg

Saaleck · Schill-Gedenkstätten · Schweidnitz · Seelower Höhen · Sils-Maria · Stalingrad

Saaleck – Burg
Sachsen-Anhalt, südwestlich von Naumburg (Saale)

> *Die Saaleck liegt so traurig*
> *dort oben im oeden Gestein.*
> *Wenn ich sie sehe, so schauert's*
> *mir tief in die Seele hinein.*

So düster klingt es in Friedrich Nietzsches (→Sils-Maria) Jugendgedicht »Saaleck« (1859). Das Dorf Saaleck wird auch heute noch von der Burg gleichen Namens überragt. Der kleine Ort, mit gerade über 200 Einwohnern, gehört ebenso wie das nahegelegene Bad Kösen seit der Gemeindeneugründung 2010 zur Stadt →Naumburg. Der durchschnittlich geschichtskundige Betrachter, der den an landschaftlich herausragender, unmittelbar über der Saale gelegenen Ort durchwandert, wird ihn wahrscheinlich zuerst mit »Burgenromantik« in Verbindung setzen. Dazu bietet nicht nur die Ruine der Burg Saaleck Anlaß, deren ältesten Teile aus dem 12. Jahrhundert stammen, sondern auch die nur wenige hundert Meter, stromaufwärts der Saale, oberhalb von Bad Kösen gelegene Rudelsburg. Bei dieser Burg, deren Kern ebenfalls aus dem 12. Jahrhundert stammt, stößt der Besucher zugleich unweigerlich auf die Geschichte der Deutschen Burschenschaften (→Wartburg).

1848 trafen sich hier 500 Corpsstudenten, um die Gründung eines gemeinsamen Dachverbandes in die Wege zu leiten. Seit 1849 tagt – mit Unterbrechungen während der Ära des Dritten Reiches und der DDR – dieser älteste Dachverband deutscher Studentenverbindungen in Kösen unter dem Namen Kösener Senioren-Convents-Verband (KSCV). Die Rudelsburg dient ihm sowohl für Arbeitssitzungen als auch Festveranstaltungen. Im 19. Jahrhundert erfolgte ein Teilwiederaufbau der Burg. 1863 schrieb der Dichter, Reiseschriftsteller und Kulturhistoriker Hermann Allmers das Studentenlied »Dort Saaleck, hier Rudelsburg«. Schon 1826 hatte der damalige Berliner Student und spätere bekannte Kunsthistoriker und Historiker Franz Kugler auf der Rudelsburg das berühmte Lied »An der Saale hellem Strande« gedichtet. Der erste Kongreß des KSCV nach dem Zweiten Weltkrieg fand 1995 statt, seitdem ist die Rudelsburg wieder fester Veranstaltungsort der Burschenschaftler.

Nordöstlich der Rudelsburg, in Richtung Bad Kösen, hat der KSCV vier Denkmäler errichtet: Die Gefallenensäule des KSCV (1872), dessen Oberschaft mitsamt Reichsadler aufgrund fehlender Instandsetzung zu Beginn der 1950er Jahre umstürzte und heute fehlt, einen Kaiser-Wilhelm-Obelisk (1890), ein →Bismarck-Denkmal (1895/96), dessen sitzende Bronzefigur des noch jungen Bismarck zu DDR-Zeiten zerstört wurde, aber 2006 in vereinfachter Form wiederhergestellt werden konnte und, als beeindruckenstes, das »Löwen-Denkmal« (1926), ein von Hermann Hösaus geschaffenes Toten-Ehrenmal für die im Ersten Weltkrieg gefallenen Mitglieder des KSCV. Berücksichtigt man das nahegelegene Schulpforta, die Eckartsburg oder den Naumburger Dom mit seinen Stifterfiguren, so wird einem bewußt, daß Saaleck inmitten einer geschichtsmythisch herausragenden Landschaft liegt.

Kulturpolitische Bedeutung erlangte Saaleck, als sich dort kurz nach 1900 der aus Naumburg stammende Maler, Lebensreformer, Architekt und Publizist Paul Schultze-Naumburg niederließ. Schultze-Naumburg schrieb zu seiner Wahl: »Hier (also in Saaleck) drängen sich die Talränder der Saale zu einer engen Paßstelle zusammen, so daß steilere Abstürze und Höhenwände entstehen als die, die sonst die Ufer des Flusses begleiten. So kommt in die oft so liebliche Saalelandschaft ein Zug von Herbheit und Größe, welche diese Gegend besonders anziehend macht.« Schultze-Naumburg kaufte ein umfangreiches Gelände, zu dem ein eigener Wald gehörte. Das Grundstück liegt unmittelbar über dem Dorf, hoch auf einem Felsen über der Saale, von wo aus der Blick nach allen Richtungen frei ist. Darauf errichtete Schultze-Naumburg ein repräsentatives Wohnhaus, das aber nur den Auftakt zu einer umfangreichen Anlage bildete. Es entstanden Pförtnerei, Gärtnerei, Dienstgebäude, Garagen und nicht zuletzt die Ateliergebäude der »Saalecker Werkstätten«.

Schultze-Naumburg war von seiner Ausbildung Maler. Im Rahmen seiner umfangreichen publizistischen Tätigkeit beschäftigte er sich jedoch immer mehr mit Architekturfragen. Insbesondere seine neunbändigen Kulturarbeiten (1901–17) machten ihn für das breitere Publikum als Architekturexperten bekannt. Schultze-Naumburg wandte sich in seinen Schriften gegen die »Schnörkelarchitektur« der Gründerzeit, aber auch gegen die allgemeine Verhäßlichung infolge der Industrialisierung. Da bis zum Ende der Goethezeit alles Gebaute schön und zweckmäßig war, unabhängig ob Palast oder Hütte, mußte nach Schultze-Naumburg jede Architekturreform dort wieder ansetzen, wo der Faden der traditionellen Überlieferung abgerissen war. In der Praxis beinhaltete das eine Neubelebung von Klassizismus und Heimatstil. Die Saalecker Werkstätten dienten nicht zuletzt dazu, die Richtigkeit von Schultze-Naumburgs Lehre zu veranschaulichen.

Das Unternehmen lief überraschend gut an und machte Schultze-Naumburg zu einem der gefragtesten Architekten in der Zeit vor dem Ersten Weltkrieg. Bald arbeiteten in Saaleck über 70 Architekten und Bautechniker unter Schultze-Naumburgs Federführung. Tischlerwerkstätten im Umland wurden mit der Möbelproduktion betraut. Nach kurzer Zeit besaßen die Saalecker Werkstätten Zweigniederlassungen in Berlin, Köln und Essen. Insbesondere die Berliner Niederlassung im Tiergartenviertel entwickelte sich zu einem umfangreichen Kunstgewerbehaus mit drei Geschossen und mit insgesamt 37 Schauräumen.

Saaleck war aber nicht nur Wohnsitz Schultze-Naumburgs und Sitz der Saalecker Werkstätten. Schultze-Naumburg liebte es, Freunde und Bekannte um sich zu haben. Saaleck wurde somit auch Treffpunkt, und das große, herrschaftliche Anwesen mit seinen vielen Nebengebäuden, mit Garten und Park, bot Gästen ausreichend Platz. Unter seinen Gästen waren etwa die Architekten Paul Bonatz, Otto Bartning, Werner March oder Paul Schmitthenner, der Heimatschützer Ernst Rudorff, die bildenden Künstler Ludwig Bartning, Hermann Obrist, Raffael Schuster-Woldan oder Ludwig von Hofmann, die Schriftsteller Börries von Münchhausen, Werner Hegemann, Ludwig Finckh, Wilhelm von Scholz oder Hans Heyck. Eduard Stucken schrieb in Saaleck seinen Welterfolg *Die weißen Götter* (4 Bde., 1918–22). In Saaleck wurde 1928 auch die konservative Architektenvereinigung »Der Block« gegründet, die ein Gegengewicht zu der Architektenvereinigung der Moderne, »Der Ring«, bilden sollte.

Im Zuge von Schultze-Naumburgs zunehmender Politisierung wurde Saaleck ab der zweiten Hälfte der 1920er Jahre Versammlungsort von Vertretern der völkischen Bewegung und führender Nationalsozialisten, dem sogenannten »Saalecker Kreis«. Lediglich auf »Stippvisite« kamen Hitler (→München: Feldherrnhalle), Göring, Goebbels, Himmler (→Quedlinburg) und Alfred Rosenberg. Häufige und länger weilende Gäste waren Wilhelm Frick, Richard Walther Darré, Hans F. K. Günther, Hanno Konopacki-Konopath, Schriftleiter von *Die Sonne. Monatsschrift für nordische Weltanschauung und Lebensgestaltung*, und Hans Severus Ziegler, Generalintendant des Weimarer Nationaltheaters. Nach dem großen Erfolg der NSDAP bei den Landtagswahlen in Thüringen wurde Frick 1930 zum Innen- und Bildungsminister ernannt. In dieser Position sorgte er dafür, daß Schultze-Naumburg zum Direktor der Weimarer Kunsthochschule berufen wurde.

1930 mußten die Saalecker Werkstätten infolge der Weltwirtschaftskrise aufgelöst werden. Drei Jahre später gab Schultze-Naumburg, wegen seiner Direktion in Weimar, aber auch weil ihn das große Anwesen finanziell belastete, Saaleck auf. Zur DDR-Zeit befand sich ein Altersheim auf dem Gelände. Nach der Wende wurde das Haupthaus zunächst von der »Öko Werkstatt An der Finne e.V.« und später von der »Stiftung Saalecker Werkstätten« für kulturelle Veranstaltungen genutzt. 2008 folgte die Auflösung der Stiftung. Das Anwesen fand einen privaten Käufer, wird von diesem aber nicht bewohnt.

Unmittelbar über dem einstigen Anwesen Schultze-Naumburgs liegt die Burg Saaleck. 1912 oder 1915, hier variieren die Angaben, bezog der Jurist, Dichter und Urkundenfälscher Hans Wilhelm Stein, der sich nach seinem Wohnort Stein-Saaleck nannte und sich auch gerne als »Burgherr auf Saaleck« titulieren ließ, das ruinöse Gemäuer. Unter der Leitung des Architekten August Pfisterer, Bürochef von Schultze-Naumburgs Saalecker Werkstätten, baute Stein-Saaleck, soweit seine finanziellen Mittel dazu ausreichten, Teile der Burg wieder auf. Trotz dieser Zusammenarbeit und der engen Nachbarschaft lassen sich aber keine persönlichen Beziehungen zwischen Stein-Saaleck und Schultze-Naumburg nachweisen.

Der »Burgherr auf Saaleck« wäre heute sicherlich längst vergessen, wenn sich nicht die beiden Attentäter des Reichsaußenministers Walther Rathenau, Hermann Fischer und Erwin Kern, auf Burg Saaleck versteckt hätten. Als die Polizei am 17. Juli 1922 die Burg stürmte, starb Kern durch Kopfschuß, woraufhin Fischer Selbstmord beging. Stein-Saaleck, der zu diesem Zeitpunkt nicht auf der Burg war, machte vor Gericht geltend, daß sich die Attentäter illegal Zutritt zur Burg verschafft hätten. Eine Lüge, mit der er allerdings vor Gericht durchkam. Nach 1933 jedoch pflegte Stein-Saaleck sich mit seiner Helferrolle bei der fehlgeschlagenen Flucht der Rathenau-Attentäter zu brüsten. Bereits in seiner 1927 erschienenen epischen Dichtung, *Die Geister der Burg Saaleck,* hatte er den vermeintlich deutschen Geist beschworen, der in der Burg Saaleck seit den Tagen des sagenhaften Gründers der Burg, dem Frankenkaiser Karl dem Großen, bis zu den zwei

Rathenau-Attentätern seinen Platz gefunden habe. Sich selbst sah Stein-Saaleck in der Rolle des getreuen Hüters dieses »steinernen« nationalen Vermächtnisses. Fischer und Kern wurden auf dem Saalecker Friedhof beigesetzt. 1933 stiftete Adolf Hitler einen neuen Grabstein. Nach 1945 wurde die Inschrift des Grabsteins sowie der auf dem Grabstein befindliche Stahlhelm samt Hakenkreuz und Eichenlaub entfernt. Der Grabstein selbst blieb während der DDR-Ära unangetastet. Erst nach der Wende, im Jahr 2000, wurde er auf Betreiben der ortsansässigen Pastorin und mit tatkräftiger Unterstützung einer Bundeswehreinheit entfernt. Der »Antifaschismus« war fester Bestandteil der DDR-Staatsideologie – aber offensichtlich war er weniger unduldsam-ausmerzend als derjenige der Bundesrepublik.

Literatur: Norbert Borrmann: *Paul Schultze-Naumburg 1869–1949. Maler, Publizist, Architekt. Vom Kulturreformer der Jahrhundertwende zum Kulturpolitiker im Dritten Reich*, Essen 1989; Heimatbund Thüringen e. V./Landesheimatbund Sachsen-Anhalt e. V. (Hrsg.): *Deutsche Erinnerungslandschaften: Rudelsburg-Saaleck-Kyffhäuser*, Halle 2004; Günter Neliba: Wilhelm Frick und Thüringen als Experimentierfeld für die nationalsozialistische Machtergreifung, in: Detlev Heiden/Gunther Mai (Hrsg.): *Thüringen auf dem Weg ins »Dritte Reich«*, Erfurt 1995; Martin Sabrow: *Der Rathenaumord. Rekonstruktion einer Verschwörung gegen die Republik von Weimar*, München 1994.

Norbert Borrmann

Schill-Gedenkstätten
Braunschweig, Stralsund, Wesel

Zu den mentalen Merkwürdigkeiten der Teilung gehörte die Rührung des westdeutschen Patrioten angesichts der wohlerhaltenen Denkmäler nationaler Größe in der DDR. Das hatte natürlich damit zu tun, daß jenseits der Grenze viel Deutsches konserviert wurde, was diesseits längst der Modernisierung zum Opfer gefallen war. Außerdem wirkten die →Wartburg oder Sanssouci (→Potsdam) in manchem so abgeschnitten wie die →Marienburg oder die Altstadt von Breslau. Aber eine Ursache lag auch darin, daß sich die SED-Führung je länger je mehr darum bemühte, eine »Erbepolitik« in Szene zu setzen, die von einem betont positiven Verhältnis zu bestimmten Aspekten deutscher Geschichte ausging.

Natürlich spielten ideologische Vorgabe trotzdem eine Rolle, was auch bedeutete, daß vieles gar nicht auftauchte oder nur in grotesker Verzerrung, aber in bezug auf eine Schlüsselepoche – die napoleonische Zeit und die Ära der Befreiungskriege (→Leipzig, Waterloo) – konnte man sich im großen und ganzen darauf verlassen, daß die Dinge präsentiert wurden, wie es angemessen war. Das galt für die Sorgfalt, mit der die Denkmäler von Scharnhorst, Gneisenau (→Kolberg) und Boyen gegenüber der Neuen Wache in Berlin gepflegt wurden, genauso wie für den Aufwand, den man bei der Erhaltung des Arndt-Hauses auf Rügen oder der Anlage des Ehrengrabs für Clausewitz (→Tauroggen) in Magdeburg trieb, und dasselbe wird man auch für die Schill-Gedenkstätten in Stralsund sagen können. Bei jeder Stadtführung bekam man das bekannte, 1909 zum 100. Todestag errichtete Denkmal gezeigt und die Platte im Pflaster, die die Stelle markiert, an der er im Straßenkampf gefallen war.

Für die DDR war der Aufstandsversuch Schills ein Paradebeispiel für den »Volkskrieg«. Eine nicht ganz falsche Auffassung, wie man auch deshalb zugeben muß, weil sich die preußische Obrigkeit mit dem Ungehorsam und dem Handeln auf eigene Faust des Husarenmajors aus prinzipiellen Gründen nicht einverstanden erklärte (das Desertionsverfahren wurde nur unter Hinweis auf seinen Tod niedergeschlagen, das Vermögen wie bei allen Fahnenflüchtigen beschlagnahmt) und die Bewertung Schills wie der Befreiungskriege überhaupt im 19. Jahrhundert lange umstritten war. Andererseits ist zu betonen, daß Schills Aktion von vornherein keine Aussicht auf Erfolg hatte. Seine Vorstellung, man könne in Norddeutschland wie in Spanien oder Tirol einen Flächenbrand gegen die Fremdherrschaft entzünden, beruhte auf zu vielen falschen Voraussetzungen.

Wenn auf dem ersten Denkmal für Schill in Stralsund der Satz aus Vergils *Aeneis* steht »Großes gewollt zu haben ist groß« und dieses Wort oft wiederholt wurde, um sein Handeln zu rechtfertigen, so bleibt doch die Tatsache, daß nicht nur Schill sein Leben verlor, sondern auch, daß viele der Männer, die ihm gefolgt waren, ein sehr bitteres Schicksal erlitten und dem Vergessen anheimfielen. Das gilt für die Mannschaftsdienstgrade und Unteroffiziere, die Napoleon zu Galeerensklaven seiner Mittelmeerflotte machte, weniger für jene elf Offiziere, die man auf seinen Befehl am 16. September 1809 in Wesel erschießen ließ. Das eindrucksvolle Gemälde von Adolf Hering hält jenen Augenblick fest, nachdem die Männer ein letztes Hoch auf ihren König ausgebracht und selbst den Befehl zum Feuern gegeben hatten; nur Albert von Wedell war verfehlt worden, stand weiter aufrecht, gekettet an seine toten Kameraden, und wies auf sein Herz mit dem Ruf »Hierher Grenadiere!«, bevor auch er fiel.

An das Schicksal der Schillschen Offiziere erinnert neben der (allerdings auf unerfreuliche Weise mit dem Gedenken an das KZ-Außenlager Schillstraße verquickten) Gedenkstätte in Braunschweig, wo man die Gefangenen des Korps vorübergehend inhaftiert hatte, in Wesel der schöne, von Schinkel (→Berlin: Brandenburger Tor) entworfene Gedenkstein und die »Schill-Kasematte«. Diese gehört heute ohne Zweifel zu den eindrucksvollsten Museen zur Geschichte der Befreiungskriege und ihrer Vorbereitung auf deutschem Boden. Bei der Wiedereinweihung im Jahr 1959 hatte es in einer Rede geheißen, daß die Männer Schills in einer Linie stünden mit den Revolutionären von 1848 wie den Verschwörern des 20. Juli 1944, den Arbeitern des 17. Juni 1953 und den ungarischen Freiheitskämpfern von 1956. Sie alle scheiterten, ohne daß das irgend etwas gegen den Wert ihres Tuns besagt.

Literatur: Rudolf Bartsch: *Die Schill'schen Offiziere. Das Kriegsjahr 1809 in Einzeldarstellungen*, Bd. VII, Wien/Leipzig 1909; Helmut Bock: *Schill – Rebellenzug 1809*, Berlin (Ost) ⁴1988; Felix Richard: *Das Schicksal der 11 Schill'schen Offiziere. Ein Gedenkbuch*, Wesel ²1964; Veit Veltzke (Hrsg.): *Für die Freiheit – gegen Napoleon. Ferdinand von Schill, Preußen und die deutsche Nation*, Köln/Weimar/Wien 2009.

Karlheinz Weißmann

Schweidnitz – Friedenskirche
Niederschlesien, 50 km südwestlich von Breslau, heute: Swidnica

Zweimal in seiner Geschichte war Deutschland völlig am Ende: 1648 und 1945. Die Urkatastrophe überhaupt dürfte der Dreißigjährige Krieg gewesen sein, in dem Deutschland entvölkert, geplündert und zerstört wurde. Die Zustände müssen teilweise apokalyptische Ausmaße angenommen haben, so daß es an ein Wunder grenzt, daß sich daraus in weniger als drei Generationen wieder ein Staat herausbilden konnte, der die Potenz zu einer europäischen Großmacht hatte. Wenn heute über die Ereignisse zwischen 1914 und 1945 in Analogie als zweiter Dreißigjähriger Krieg gesprochen wird, so soll damit

SCHWEIDNITZ – FRIEDENSKIRCHE

nicht nur zum Ausdruck gebracht werden, daß in den Jahren zwischen 1918 und 1939 der Kriegszustand anhielt, sondern vor allem, daß die verheerenden Folgen ähnlich waren. Für diese Folgen steht die Tatsache der verlorenen Ostgebiete insgesamt. Auch wenn vielerorts Wiederaufbauarbeit geleistet wurde, bleibt doch der Eindruck einer gewissen Trostlosigkeit. Das war nach dem ersten Dreißigjährigen Krieg offenbar anders.

Das läßt sich nirgends so gut erahnen wie in der kleinen Stadt Schweidnitz, die heute etwa 60 000 Einwohner hat. Sie ist von Breslau aus günstig zu erreichen, allerdings läßt es ihre Lage zwischen dem Eulen- und Zobtengebirge zu, daß man sie bereits von Ferne in Augenschein nehmen kann. Da die Stadt im Zweiten Weltkrieg kaum zerstört wurde, ein lohnender Anblick – mit dem mit 104 Meter höchsten Kirchturm von Schlesien, der die Stadtpfarrkirche St. Stanislaus und St. Wenzel (1325–1488 im spätgotischen Stil erbaut) bekrönt. Daß sich Schweidnitz eine solche Kirche bauen konnte, lag an dem Aufschwung, den die Stadt (1243 erstmals erwähnt) im 14. Jahrhundert als Handelsplatz und als Zentrum der Bierbrauerei erlebte. Um 1550 war Schweidnitz ähnlich groß wie Breslau und stand wirtschaftlich hinter diesem an zweiter Stelle in Schlesien. Der Dreißigjährige Krieg zerstörte das alles, von 5 000 Einwohnern sollen nur noch 200 übrig gewesen sein.

In Schweidnitz waren die religiösen Gegensätze besonders deutlich ausgeprägt gewesen. Luthers (→Wartburg, Wittenberg) Lehre setzte sich hier schnell durch, so daß auch in der Stadtpfarrkirche bald evangelisch gepredigt wurde. Die Gegenreformation und schließlich der Dreißigjährige Krieg führte zur Vertreibung der Protestanten, die unter schwedischem Schutz zurückkehren konnten und schließlich, nach der schwedischen Kapitulation 1644, wieder vertrieben wurden, weil die Katholiken die Kirchen der Stadt wieder übernahmen. Immerhin wurde im Westfälischen Frieden festgeschrieben, daß Kaiser Ferdinand II. den schlesischen Protestanten den Bau von drei Friedenskirchen, in Glogau, Jauer und Schweidnitz, gestatten mußte.

Allerdings waren die Auflagen hart. Die Kirchen mußten außerhalb der Stadt liegen, sie durften nur aus Holz und Lehm bestehen und sollten binnen eines Jahres fertiggestellt werden. Außerdem war ihnen weder Turm noch Glocke gestattet. Eine fast unlösbare Aufgabe, die nur durch die Unterstützung von Protestanten aus ganz Deutschland gelöst werden konnte, so daß schließlich alle drei Kirchen gebaut wurden. Der Friedenskirche von Glogau war kein Glück beschieden, 1654 stürzte sie ein und wurde wieder aufgebaut, um schließlich 1758 einem großen Brand zum Opfer zu fallen. Die Friedenskirchen von Jauer und Schweidnitz existieren bis heute, wobei Schweidnitz, die Friedenskirche Zur heiligen Dreifaltigkeit, die größere der beiden ist. Sie ist heute die größte Fachwerkkirche Europas, wenn nicht der Welt.

Auf einer Grundfläche von knapp 1 100 Quadratmetern wurde vom 23. August 1656 bis zum 25. Juni 1657 eine Kirche errichtet, die Platz für bis zu 7 500 Gläubige bietet. Von außen wirkt die Kirche auch heute wie ein schlichter Nutzbau, der nur durch den kreuzförmigen Grundriß seine Bestimmung erahnen läßt. Im Innern dauerte es noch ungefähr einhundert Jahre, bis die Kirche so ausgestattet war, wie sie heute im wesentlichen erhalten ist. Direkt nach dem Bau war auch dort alles sehr einfach gehalten, weil es vor allem darum ging, den Bau zu vollenden. Das ganze Gebäude wird von mächtigen, verkleideten Eichenpfeilern getragen, an den Seiten sieht man zweigeschossige Emporen, die den Platz des Innenraums optimal ausnutzen. Dieser Eindruck wird durch die zahlreichen (wertvoll ausgestatteten) Logen und Chöre zwischen den Emporen noch verstärkt. Diese wurden im Laufe der Jahre ergänzt. Weiterhin kamen hinzu: Kanzel, Taufstein, Orgel. Ende des 17. Jahrhunderts wurde der Altar ersetzt und die Decke der Kirche aufwendig bemalt und 1708 durfte neben der Kirche ein Glockenturm errichtet werden.

Neben der Kirche befindet sich auch einer der letzten erhaltenen evangelischen Friedhöfe in Schlesien, der allerdings, im Gegensatz zur Kirche, bis heute nicht restauriert wurde. Wer die mutwillig zerstörten deutschen Friedhöfe in Polen kennt, wird dankbar sein, daß dieser überhaupt noch existiert. Allerdings wird er das nur tun, solange sich Deutsche für ihn interessieren. Denn sonst sind die meisten Hinweise auf Deutsche im Stadtbild verschwunden. Immerhin hat Schweidnitz eine lange Tradition als Garnisonstadt und Festung gehabt. Und auch der erfolgreichste Jagdflieger des Ersten Weltkriegs, Manfred von Richthofen (→Berlin: Invalidenfriedhof), war hier zu Hause. Die Denkmäler und Straßennamen, die an ihn erinnerten, sind abgeräumt. Nur in der Kirche selbst gibt es, in einer unzugänglichen Ecke, eine Holztafel mit den Gefallenen des Ersten Weltkriegs, die auch seinen Namen verzeichnet. Doch auch diese Tatsache kann nicht davon ablenken, daß Schweidnitz aus dem deutschen Gedächtnis verschwunden ist und der ab 1945 vollzogene Kulturaustausch total ist.

Literatur: Hellmuth Bunzel: *Die Friedenskirche zu Schweidnitz. Geschichte einer Friedenskirche von ihrem Entstehen bis zu ihrem Versinken ins Museumsdasein*, Ulm 1958; Theo Johannes Mann: *Geschichte der Stadt Schweidnitz. Ein Gang durch 700 Jahre deutsche Kultur in Schlesien*, Reutlingen 1985; Ludwig Worthmann: *Führer durch die Friedenskirche zu Schweidnitz*, Schweidnitz 1929.

Erik Lehnert

Seelower Höhen
Brandenburg, 70 km östlich vom Berliner Stadtzentrum

Der Wehrmachtbericht vom 18. April 1945 meldete: »Auf 100 Kilometer Breite schlugen unsere tapferen Divisionen ... die an Menschen und Material weit überlegenen Bolschewisten ab. Feindliche Einbrüche südlich Frankfurt, beiderseits Seelow und südlich Wriezen wurden in Gegenangriffen abgeriegelt.« Einen Tag später hieß es: »Die beiderseits Seelow bis östlich Müncheberg vorgedrungenen Bolschewisten wurden durch sofortige Gegenstöße abgeriegelt. Südlich Wriezen brachten unsere Panzer den angreifenden Gegner nach harten Kämpfen zum Stehen.«

Tatsächlich hatte am 16. April 1945 um 5 Uhr früh die größte Schlacht auf deutschem Boden begonnen, genannt »Berliner Operation«. Die sowjetische 1. Belorussische Front unter Marschall Georgi Schukow war an der Oder angetreten, um den Sturm auf die feindliche Hauptstadt vorzubereiten. Zentraler Kriegsschauplatz waren dabei die Seelower Höhen. Dieser auf der Ostbrandenburgischen Platte sich bis zu 90 Meter über dem Odertal (→Oderbruch) erhebende Höhenzug bildete den II. Verteidigungsstreifen der deutschen Wehrmacht, die »Wotan-Stellung«, vor Berlin. Diese Linie zog sich über Angermünde, Bad Freienwalde und Wriezen bis zum märkischen Städtchen Seelow hin. Sie lag 15 bis 20 Kilometer hinter der ersten Linie und bestand aus Panzerabwehrgräben, Pak-Stellungen sowie einem ausgedehnten Netz von Gräben und Bunkern. Die strategische Bedeutung des Raumes um Seelow lag vor allem darin, daß in ihm alle Zugänge zur deutschen Hauptstadt lagen.

Die Verteidiger der Höhen, vorrangig die 9. Armee unter General Theodor Busse, das LVI. Panzerkorps unter General Helmuth

SEELOWER HÖHEN

Weidling sowie das XI. SS-Panzerkorps unter Obergruppenführer Matthias Kleinheisterkamp, waren den Angreifern zahlenmäßig weit unterlegen. Die Sowjets konnten eine Million Soldaten gegen 100 000 aufbieten; 3 155 Panzer standen gegen 512 und 16 935 Geschütze gegen 844. Trotzdem erreichte Schukow nicht die erwarteten Fortschritte. Mit einem derart zähen Widerstand der Deutschen hatte niemand gerechnet. Der Marschall griff zu seiner üblichen Holzhammermethode und setzte schon am 17. April alle beiden Panzerarmeen ein, die in dem ungünstigen Gelände mit Steigungen bis zu 35 Grad horrende Verluste erlitten. Ursprünglich sollten die Panzerverbände erst nach dem Durchbruch der deutschen Verteidigung eine schnelle zangenförmige Umfassung Berlins vornehmen. Schukows Front verlor innerhalb von zwei Tagen 727 Panzer, das entsprach 23 Prozent der einsatzfähigen Fahrzeuge.

Am 19. April gelang der sowjetischen 8. Gardearmee ein Vorstoß durch die Wotan-Linie bei Müncheberg. Während der viertägigen Schlacht um die Seelower Höhen waren 33 000 Rotarmisten ums Leben gekommen. Die Deutschen hatten etwa 12 000 Gefallene zu beklagen.

Unmittelbar nach der Eroberung Berlins erteilte Marschall Schukow den Befehl, zur Erinnerung »an den ruhmvollen Weg unserer Truppen« mehrere Denkmale auf deutschem Boden zu errichten. In Seelow wurde ein solches Denkmal am 27. November 1945 eingeweiht; verbunden war es mit einem sowjetischen Soldatenfriedhof für 66 Gefallene. Ein Jahr später wurde eine bronzene, vier Meter hohe Plastik des Bildhauers Lew Kerbel aufgestellt. Die notwendigen Erdarbeiten führten von den sowjetischen Besatzern aufgestellte Arbeitskommandos durch, in denen bis zu 80 deutsche Frauen und Männer ohne Bezahlung arbeiten mußten.

Am 27. Dezember 1972 fand unter großem propagandistischen Aufwand die Einweihung der »Gedenkstätte der Befreiung auf den Seelower Höhen« statt. Laut offiziellem Programm sollte sie künden »von den heldenhaften Opfern, welche die Erstürmung der Seelower Höhen im Frühjahr 1945 kostete«. Opfer wohlgemerkt der Sowjets. Das deutsche Volk wurde in der Ausstellung entweder als anonymer »Faschist«, als kommunistischer Widerstandskämpfer oder als irrgeleiteter Söldner hingestellt. Für die Angehörigen der Wehrmacht fand man kein Wort des Gedenkens.

Das Museum ist noch heute innen wie außen jenem Bunker im Oder-Städtchen Reitwein nachempfunden, vom dem aus Marschall Schukow 1945 seine Armeen führte. Auf einer 80 Quadratmeter großen Fläche illustrierten Informationstafeln, Modelle, Waffen, Uniformen und Dokumente die Schlacht und deren Folgen. Das Geschehen wurde nur aus sowjetischer Perspektive betrachtet. Ein Großdiorama mit ausschließlich deutschen zerstörten Waffen sollte den Kampfverlauf darstellen.

Als im April 1985 eine neugestaltete und baulich erweiterte Gedenkstätte der Öffentlichkeit präsentiert wurde, blieb der politische Auftrag unverändert. Die Exposition stellte den Helden der Sowjetunion weiterhin die Deutschen als Gefolgsleute einer verbrecherischen Führung gegenüber. Einerseits wurde die Rote Armee glorifiziert, andererseits die Bewohner der DDR von jeder Schuld am Nationalsozialismus freigesprochen.

Die Neueröffnung der Ausstellung im Museum 1995 zeigt ein Bemühen um mehr Objektivität. Eine Gedenktafel informiert über die Lage der Truppen am 16. April 1945, und ein kleines Schild nennt die Zahl der getöteten Soldaten der Roten Armee und der deutschen Wehrmacht. Das Gräber-

SILS-MARIA

feld besteht nach wie vor nur aus den 1945 beigesetzten 66 Rotarmisten sowie einem durch Umbettung entstandenen Teil. Auf dem Plateau befinden sich die Überreste von insgesamt 198 Sowjetsoldaten.

Jährlich besuchen Angehörige der ehemaligen 20. Panzergrenadierdivision, die Seelow und das Vorfeld verteidigten, den deutschen Soldatenfriedhof in Lietzen. Sie legen nicht nur dort einen Kranz nieder, sondern auch einen am Ehrenmal im benachbarten Seelow. Auf der linken Kranzschleife steht traditionell: »Unserem ehemaligen tapferen militärischen Gegner.«

Literatur: *Gedenkstätte Seelower Höhen. Vom Schlachtfeld zum Erinnerungsort. Offizieller Führer*, Seelow 2013; Gerd-Ulrich Herrmann: *Das Kriegsende 1945. Berichte, Ereignisse und Aufzeichnungen von den Kämpfen um die Seelower Höhen*, Berlin 2010.

Jan von Flocken

Sils-Maria
Schweiz, Oberengadin

Es gibt prominente Orte, von denen ein bestimmter Zauber ausgeht; und man weiß nicht, ob dieser Zauber ebenso mächtig wirkte, wenn sein Ort nicht prominent gemacht worden wäre, wenn der Ort also nicht bereits seine Weihe von namhaften Autoritäten erfahren hätte, bevor man ihn selber besuchte.

Für Sils-Maria gilt das nicht. Den enormen landschaftlichen Reizen der Gegend zwischen St. Moritz und Maloja hätte sich wohl auch dann kaum jemand entziehen können, wenn Nietzsche dort nie gewesen wäre. Doch freilich hat Nietzsche das beschauliche Dorf im Oberengadin berühmt gemacht. Man könnte ihn sogar für dessen »Entdecker« halten, obwohl es auf der 1812 Meter über dem Meeresspiegel gelegenen Hochebene und um die beiden Seen, Lej da Segl und Lej da Silvaplauna, herum schon Tourismus gab, bevor Nietzsche im Jahre 1881 seinen ersten Sommer dort verbrachte und den Ort von da an bis zu seinem letzten Aufenthalt, 1888, zumeist überschwenglich lobte: »Die Wege, Wälder, Seen, Wiesen sind wie für mich gemacht.« Dabei war Nietzsche eher zufällig dorthin gelangt, nämlich nachdem er bereits 1879 St. Moritz besucht hatte und von einem Einheimischen auf den nahegelegenen Ort hingewiesen wurde, als der Philosoph nach einem noch ruhigeren Plätzchen suchte.

In dem bald rauhen, bald lieblichen Klima des Hochgebirges, »wo Italien und Finnland zum Bunde zusammen gekommen sind«, »6 000 Fuß über dem Meere und viel höher über allen menschlichen Dingen«, hat Nietzsche, »in dieser beständigen sonnigen Octoberluft«, u. a. auch den größten Teil seiner philosophischen Dichtung *Also sprach Zarathustra* verfaßt. Tatsächlich scheint das ungewöhnlich erhabene, massive Bergpanorama von seltener Schönheit, das den Ort umschließt, überaus geeignet dafür zu sein, den Adler des Genius in eisige Höhen aufsteigen zu lassen und Gedanken zu fassen, denen es im Flachland vielleicht an Motivation und Authentizität gefehlt hätte. Nietzsche erkannte in dieser Landschaft eine »Doppelgängerei der Natur. – In mancher Natur-Gegend entdecken wir uns selber wieder, mit angenehmem Grausen; ... in dem gesammten anmuthig ernsten Hügel-, Seen- und Wald-Charakter dieser Hochebene, welche sich ohne Furcht neben die Schrecknisse des ewigen Schnees hingelagert hat ... – wie glücklich Der, welcher sagen kann: ›es giebt gewiss viel Grösseres und Schöneres in der Natur, diess aber ist mir innig und vertraut, blutsverwandt, ja noch mehr.‹«

So waren es besonders die Künstler, ja die Artisten unter den Denkern und Literaten, die sich fortan von diesem Ort magisch angezogen fühlten. Ab 1900 wurde Sils-Maria geradezu zum Wallfahrtsort für die vielen Verehrer des Philosophen. Man reiste allein, um sich ganz der Aura des Ortes hinzugeben, oder man traf sich zum gemeinsamen Wandern oder zum Wintersport, oder nutzte die Hochebene als Treffpunkt zum geistigen Austausch. Seitdem fanden sich zahllose Künstler und Intellektuelle dort ein, um sich von der besonderen Atmosphäre inspirieren zu lassen oder privat oder auf Symposien zu diskutieren. Thomas Mann (→München: Schwabing) hielt das Oberengadin für den »schönsten Aufenthalt der Welt«, und Hermann Hesse (→Monte Verità) sprach begeistert von dieser Landschaft als einer ihm »schicksalhaft zugedachten«, die von allen Landschaften am stärksten auf ihn gewirkt habe. Gottfried Benn, obwohl nie in Sils-Maria gewesen, brachte die melancholisch-trotzige Stimmung, die für so viele von diesem Ort ausging, in seinem Gedicht »Dennoch die Schwerter halten« auf den Punkt:

Der soziologische Nenner,
der hinter Jahrtausenden schlief,
heißt: ein paar große Männer
und die litten tief.

Heißt: ein paar schweigende Stunden
in Sils-Maria Wind,
Erfüllung ist schwer von Wunden,
wenn es Erfüllungen sind.

Zuvor hatte sich Nietzsche ganz anders und doch auf ähnliche Weise lyrisch über die fatalistische Kraft der Landschaft geäußert. In seinem Gedicht »Sils-Maria« heißt es:

Hier sass ich, wartend, wartend, -
doch auf Nichts,
Jenseits von Gut und Böse, bald des Lichts
Geniessend, bald des Schattens,
ganz nur Spiel,
Ganz See, ganz Mittag, ganz Zeit ohne Ziel.

Noch heute wirbt der Ort mit der eigentümlichen »Kraft«, die er spende. Auch mit der Ruhe, die man dort vorfinde. Doch eben jene Popularität hat inzwischen dafür gesorgt, daß Ruhe oder gar Stille kaum mehr anzutreffen sind. Bei gutem Wetter überfluten Massen an Tagestouristen die Hochebene, dazu werden jährlich mehr als 350 000 Übernachtungen verbucht, wodurch, umgerechnet auf seine 750 Einwohner, der Ort laut Gaststättenstatistik der touristisch am meisten ausgelastete der gesamten Schweiz ist, wie die Gemeinde stolz bemerkt. Doch damit nicht genug: Es vergeht keine Saison ohne dauernden Baulärm, denn im »Kultur- und Kraftort« Sils-Maria nimmt die Urbanisierung kein Ende.

Dessen ungeachtet hat die Berglandschaft aber natürlich nichts von ihren beeindruckenden Reizen verloren. Und die Aura überhöhten, freien, einsamen wie heroischen Denkens ist angesichts des unvergänglichen Panoramas auch noch spürbar. Tatsächlich liegt die Bedeutung des Ortes in der Kombination dieser beiden »Ereignisse«, die einander zu bedingen scheinen: Verführt die Hochebene zu gewagten Gedankenflügen, oder muß man bereits von der Art des Adlers sein, um sich in dieser zwar bisweilen farbenprächtigen, aber auch kargen, rauhen Gegend heimisch fühlen zu können? Die Geistesmenschen von einst reizten gewiß das Schicksal und der Lebensstil des »Einsiedlers von Sils-Maria«, der sich selber gern als »Höhlenbär« bezeichnete, aber auch das Gleichnis des Adlers auf sich anwandte, welcher in eisigen Höhen einsam seine Kreise zieht. Dieser Typus hat in den letzten fünfzig Jahren jedoch deutlich an Attraktivität verloren, weshalb Nietzsche und das Denken Nietzsches inzwischen auch im Oberengadin mehr einen folkloristischen Status genießen. Dafür sind andere ein paar Plätze nach vorne gerückt, die dem heute gewünschten Typus eher entsprechen; etwa Annemarie Schwarzenbach: als Frau, Homosexuelle und belanglose Autorin, aber engagierte Journalistin, verkörpert sie jene Eigenschaften, mit denen sich der kulturell geläuterte Europäer des 21. Jahrhunderts viel leichter identifizieren kann.

So steht Sils-Maria auch für den Wertewandel und Typenwechsel der turbulenten letzten Jahrhunderte – wovon die prächtigen Berge in ihrer steinernen Ewigkeit jedoch völlig unbeeindruckt geblieben sind.

Literatur: Peter André Bloch: *Nietzsche-Haus in Sils-Maria*, Sils-Maria ⁴2010; Iso Carmatin: *Von Sils-Maria aus betrachtet. Ausblicke vom Dach Europas*, Frankfurt a. M. 1991; Paul Raabe: *Spaziergänge durch Nietzsches Sils-Maria*, Zürich/Hamburg ³1996.

Frank Lisson

Stalingrad
Rußland, heute: Wolgograd

Auf etwa 40 Kilometern Länge und einer Tiefe von zehn Kilometern erstreckt sich die Millionenstadt Wolgograd am westlichen Ufer des Flusses, südlich des Wolgaknies, wo der Strom seinen Lauf Richtung Südosten, dem Kaspischen Meer zu, ändert. Hier am Hochufer liegt jene Stadt, die unter dem Namen Stalingrad blutige Geschichte schrieb. Dem heutigen Besucher vermittelt Wolgograd, wie die Stadt seit 1961 heißt, den Eindruck einer normalen (sowjet-)russischen Großstadt, in der es an Gedenkstätten für den Großen Vaterländischen Krieg, die an den entschlossenen Abwehrkampf der Heldenstadt Stalingrad erinnern, nicht mangelt. Deren bekannteste krönt die überragende Figur der schwertbewehrten »Mutter Heimat« (russ. »Rodina-Mat'«), die sich mit gut 70 Metern Höhe herrisch auf dem Mamajew-Hügel in den Himmel reckt. Sie gemahnt des Opfers und des Sieges, dessen 70. Jahrestag Rußland im Januar 2013 feierlich beging. Ihr zu Füßen liegt eine Gedenkstätte, die in sowjetischer Beton-Monumentalität an die Kämpfe der Jahre 1942/43 erinnert.

Vom Mamajew-Hügel, der »Höhe 102«, aus genießt der Besucher heute eine glänzende Aussicht über die Kraftwerke, Schlote, Brücken und Industrieanlagen, die das Wolgaufer säumen. In jener Landschaft aus Hochöfen und Fabriken, die nach Westen hin in die baum- und strauchlose Steppe übergeht, verlor sich ab dem September 1942 die deutsche 6. Armee, die mit dem Auftrag am Don aufgebrochen war, die Metropole an der Wolga »unter die Wirkung unserer schweren Waffen« (Weisung Nr. 41) zu bringen, um sie als Industriestandort und Verkehrsknoten auszuschalten und damit den Nachschub über die Wolga abzuschnüren. Befohlen war die Einnahme der Stadt nicht.

Während die Wehrmacht im Sommer 1941 mit drei kampfkräftigen Heeresgruppen (Nord, Mitte und Süd) die Ziele Leningrad, Moskau und die Don-Linie angriff, waren die Verluste des Winters 1941/42 derart gravierend und unersetzlich gewesen, daß im Sommer 1942 nur noch eine angriffsfähige Heeresgruppe ins Feld zog. Diese Heeresgruppe Süd unter Generalfeldmarschall von Weichs soll-

STALINGRAD

te den Kaukasus erreichen und die Ölfelder am Kaspischen Meer nehmen. Allein: Auftrag und Mittel standen nicht in Einklang, zumal die Herausforderungen des Raumes unzutreffend beurteilt worden waren. Erschwerend kam hinzu, daß die Sowjets die Fehler des vorangegangenen Sommerfeldzugs vermieden, das heißt, sie entzogen sich der Umfassung in die Tiefe des Raumes, so daß deutscherseits weder der russische Widerstand nachhaltig gebrochen noch die vorgegeben Ziele erreicht werden konnten.

Während ab dem Spätsommer 1942 nur ein dünner Schleier die überdehnte linke Flanke der Heeresgruppe Süd sicherte, verbiß sich die 6. Armee immer stärker im Kampf um die Ortschaft Stalingrad, der zwischen Walzstraßen und Hochöfen, in den Mietskasernen von Stockwerk zu Stockwerk und in der Kanalisation erbittert tobte. Jedoch war die ursprünglich panzerstarke Armee für diese Form des Gefechts im bebauten Gelände weder ausgerüstet noch im besonderen Maße ausgebildet, so daß das Ringen um Stalingrad die Kampfkraft der Armee aufzehrte. Schon in den Sommermonaten zeigte das deutsche Material, wie wenig es den besonderen Beanspruchungen des russischen Klimas widerstand, weniger noch im herbstlichen Schlamm und im winterlichen Frost. Zudem offenbarten sich die Verbindungslinien der 6. Armee als überdehnt und zu schwach, um die ausreichende Versorgung der Armee zu gewährleisten. Entsprechend ging keine ausgeruhte und nach Kriegsstärkenachweisung umfassend für die kalte Jahreszeit ausgerüstete und verpflegte Truppe in den winterlichen Kampf um Stalingrad, sondern eine strapazierte Armee, der es aber nicht an Moral und Kampfgeist mangelte. Seit Januar 1942 führte mit dem General der Panzertruppen Paulus ein Offizier den Oberbefehl, der sich zwar in Stabsverwendungen und als Lehrer an der Kriegsschule bewährt hatte, bisher jedoch nicht als Truppenführer.

Während Hitler (→München: Feldherrnhalle) schon im August wähnte, Stalingrad sei »quasi« genommen, erwies sich diese Behauptung angesichts des hartnäckigen sowjetischen Widerstands, als haltlos. Vielmehr absorbierte die Stalingrad-Front zunehmend Kräfte.

Die Schlacht um Stalingrad ist immer in den Kontext der Operationen der Heeresgruppe Süd (später A und B/Kaukasus) eingebettet zu betrachten, nur vor dieser Folie findet man zumindest eine Antwort für den Verbleib der Armee im Raum Stalingrad nach Beginn der sowjetischen Offensive am 19. November 1942: nämlich um gegnerische Kräfte zu binden.

Mit jener Offensive zielte die Rote Armee auf den unteren Don und die Stadt Rostow, um die rund 1,2 Millionen Mann, die bis zum Kaukasus zerstreut waren, abzuschneiden und zu vernichten. Die Operation gegen die 6. Armee ist nur ein Teilaspekt dieses gigantischen Ringens. Indem am 23. November die Spitzen der beiden Stoßarmeen bei Kalatsch, etwa 100 Kilometer westlich Stalingrads zusammentrafen, war die 6. Armee eingeschlossen. Den Antrag von 6. Armee und Heeresgruppe, der eingekesselten Armee Handlungsfreiheit zu gewähren, um den Ausbruch gegebenenfalls nach eigener Lagebeurteilung durchführen zu können, beschied Hitler abschlägig, nachdem Göring und die Luftwaffe beteuert hatten, daß die Luftversorgung (der 6. Armee) möglich sei. Jedoch, die Luftwaffe vermochte an keinem Tag das erforderliche Minimum an Verpflegung, Pferdefutter, Betriebsstoffen und Munition für die Versorgung von 250 000 Mann und zigtausend Pferden einzufliegen. Während

STALINGRAD

nun die zernierten Truppen in den Trümmern der Stadt oder in der öden Steppe um ihr Leben rangen, unternahm Feldmarschall von Manstein einen Entsatzangriff – Operation »Wintergewitter« der nicht bis zu den Eingeschlossenen durchdrang und am 23. Dezember abgebrochen werden mußte. Dies besiegelte das Geschick der Truppen im Kessel. Seitdem schritt die Auszehrung der Eingeschlossenen bei strengstem Frost und minimaler Verpflegung rasant fort. Ungezählte Soldaten erfroren oder starben an Entkräftung, Verwundete verendeten unbehandelt, unverpflegt.

Zum Ausbruch war die Armee mangels Betriebsstoffs ebenso unfähig wie zum Durchhalten. Demgemäß lag nach Weihnachten 1942 die Frage der Kapitulation auf der Hand, doch hatte bisher kein Großverband der deutschen Wehrmacht jemals kapituliert – undenkbar also.

Das Ende ist bekannt: Nachdem schließlich im Januar die Flugplätze verloren waren und keine Versorgung mehr stattfand, starb die Armee bis zur Kapitulation am 3. Februar dahin. Feldmarschall Paulus ergab sich bereits persönlich mit seinem Stab Tage zuvor am 31. Januar im Keller des Kaufhauses »Univermag«, wo heute ein Museum an das Ereignis erinnert. Jenen, die entkräftet in die Gefangenschaft marschierten, war ein härteres Los beschieden als Paulus, nur wenige überlebten.

Rund 100 000 Namen gefallener deutscher Soldaten tragen die Steinquader des deutschen Soldatenfriedhofs von Rossoschka, 40 Kilometer westlich Wolgograds. In unmittelbarer Nähe ruhen die russischen Gefallenen auf einem der wenigen russischen Friedhöfe auf dem Territorium der Russischen Föderation, ließ doch Stalin alle Kriegsgräber einebnen, um die ungeheuren Verluste gegenüber der Bevölkerung zu verschleiern. Hier stößt der Besucher heute auf eine der Hinterlassenschaften der Schlacht um die Wolgametropole, die der 6. Armee zum Grab geworden war. Wie viele Tote – Deutsche und Sowjets – im Boden Stalingrads ihre letzte Ruhe fanden, bleibt offen, oder eine Frage der Berechnung. Nimmt man die in Gefangenschaft verstorbenen Kämpfer der 6. Armee hinzu, so mögen es 250 000 Mann blutige Verluste gewesen sein. Eine enorme Zahl, zumal sich hinter jedem Gefallenen ein Schicksal, Mütter, Angehörige verbergen, und dennoch nur ein Bruchteil jener Millionen von Toten, die der Zweite Weltkrieg hinterließ.

Was macht Stalingrad zu einem so bedeutungsschweren Ort? Gemeinhin gilt die Niederlage an der Wolga als Wendepunkt des Krieges – weit gefehlt, denn den Kulminationspunkt des Ostfeldzugs markiert jener 5. Dezember 1941, als der deutsche Angriffsschwung nicht mehr ausreichte, um Moskau zu nehmen. Von Stund an schlug das Pendel des Geschehens unerbittlich zurück. Und dennoch verfolgt uns der mythische Name Stalingrads bis zum heutigen Tage. Zahllose Sachbücher, Romane – *Hunde, wollt ihr ewig Leben?* (1957) – und Kinofilme, wie Vilsmaiers *Stalingrad* (1992) behandeln das Sujet. Stalingrad ist und bleibt damit der Schicksalsort der Ostfront. Während die Verluste des ersten Rußlandwinters nur in das Bewußtsein der verantwortlichen Militärs drangen, stilisierte der NS-Staat den Opfertod der 6. Armee mit unendlichem Pathos. Erstmals war nicht mehr von Frontverkürzungen oder dergleichen die Rede, sondern vom Untergang einer ganzen Armee, die allerdings, ihrem Eid getreu, bis zuletzt heldenhaft gekämpft hatte.

Ähnlich wie der Name →Verduns für den Ersten Weltkrieg, gewann der Name

Stalingrads für den Zweiten eine Wirkungsmacht, die über die tatsächliche Bedeutung des militärischen Geschehens weit hinausgeht. Stalingrad wurde in der Memoria zum Synonym für die deutsche Niederlage im Osten und damit den Wendepunkt des Krieges.

Schicksal allerdings war diese Niederlage nicht, vielmehr stellt sie das Ergebnis zahlreicher Lagefehlbeurteilungen und gravierender Führungsfehler dar.

Literatur: Jürgen Förster: Zähe Legenden. Stalingrad, 23. August 1942 bis 2. Februar 1943, in: Stig Förster/Markus Pöhlmann/Dierk Walter: *Schlachten der Weltgeschichte*, München 2001, S. 325–337; *Truppendienst* 330 (6/2012) hrsg. v. (österr.) Bundesministerium für Landesverteidigung; Franz Uhle-Wettler: *Höhe- und Wendepunkte deutscher Militärgeschichte*, Graz 2006, S. 249–278; Bernd Wegner: Der Krieg gegen die Sowjetunion 1942/43, in: MGFA (Hrsg.): *Das Deutsche Reich und der Zweite Weltkrieg*, Bd. 6: *Der globale Krieg. Die Ausweitung zum Weltkrieg und der Wechsel der Initiative 1941-1943*, München 1990, insb. S. 997–1212.

Dirk Reitz

Tannenberg · Tauroggen · Teutoburger Wald · Triest · Trifels · Tübingen

Tannenberg
Ostpreußen

Fünf Jahrhunderte liegen zwischen jenen beiden Schlachten, die aus der polnisch-litauischen, deutschen und russischen Erinnerungskultur nicht wegzudenken sind.
Die erste wurde 1410 geschlagen. Im gesamten 14. Jahrhundert hatte der Deutsche Orden (→Frauenburg, Königsberg) seine Aufgabe im Kampf gegen die heidnischen Litauer gesehen, ebenso lange schwelte der Konflikt mit Polen. Doch erst nachdem beide Länder sich 1386 verbanden, erwuchs dem Ordensstaat ein ernstzunehmender Gegner, und so standen sich schließlich in der Sommerhitze des 15. Juli das Heer des Deutschen Ordens und die zahlenmäßig weit überlegene polnisch-litauische Streitmacht nahe den Dörfern Tannenberg und Grünfelde gegenüber. Der Hochmeister und die Elite der Ordensritter fielen im Kampf. Gegen Abend hatten der polnische König und der litauische Großfürst einen glänzenden Sieg errungen.
Allein, es war nur eine Schlacht gewonnen, der Krieg jedoch nicht. Die polnische Belagerung der →Marienburg mußte aufgrund der Verteidigung unter Leitung Heinrich von Plauens aufgegeben werden, und zügig gelang dem Orden die Rückeroberung seines Landes. Der 1411 geschlossene Friede zeigte die tatsächlichen Machtverhältnisse: Der Orden konnte sein Staatsgebiet wahren. Erst die innerstaatlichen Konflikte führten zum Machtverlust, der Niederlage im Dreizehnjährigen Krieg (1454-1466) sowie daraus folgend 1525 zur Umwandlung des Ordensstaates in ein Herzogtum unter polnischer Lehnshoheit – über hundert Jahre nach der Tannenbergschlacht.

Die zweite Schlacht wurde zu Beginn des Ersten Weltkrieges 1914 geschlagen. Rußland hatte schneller mobil gemacht und rückte mit zwei Armeen über die Grenzen Ostpreußens. Ein Großteil der Bevölkerung floh. Zwei Drittel der Provinz waren bereits vom Feind besetzt, als General Paul von Hindenburg und sein Stabschef Erich Ludendorff hier den Befehl übernahmen. In einer Umfassungsschlacht (26.-30. 8.) gelang ein glänzender Sieg über die im Südwesten stehende 2. russische Armee. Mit Hinweis auf den nahen Schlachtort von 1410 gab man ihr denselben Namen. Die folgenden Kämpfe an den Masurischen Seen (6.-14. 9.) gegen die 1. russische Armee brachten die Befreiung Ostpreußens. Aber das Land war verwüstet, Hunderte Orte lagen in Trümmern, und wie der ersten Tannenbergschlacht folgte auch der zweiten kein endgültiger Sieg, sondern die Niederlage des Deutschen Reiches 1918.

Dem durch →»Versailles« vom Reich abgetrennten Ostpreußen schenkte die Weimarer Republik das vielleicht komplexeste

TANNENBERG

Kunstwerk der europäischen Gedenklandschaft: das 1924–27 errichtete Tannenbergdenkmal (seit 1935 Reichsehrenmal). Nur in Zeiten, da es zum Vergessen, ja zur Verhöhnung der eigenen Gefallenen (→Halbe, Laboe, Seelower Höhen) sowie zum Abriß der ihnen gewidmeten Denkmäler kommt, kann verwirren, daß die künstlerische Auseinandersetzung mit dem Krieg zu den faszinierendsten Themen der 1920er Jahre gehörte. Von den klagenden Plastiken Barlachs, den Heldendenkmälern Kolbes, den sich still in die Landschaft einfügenden Kriegerhainen reichte das Gedenken – bis zu jenem in der weiten Ebene liegenden, mächtigen rot-backsteinernen Achteck bei Tannenberg. Hohe Mauern umgaben den Hof mit dem in der Mitte ruhenden »unbekannten Soldaten«, acht kantige Türme dienten als Erinnerungsräume und als Museum. Die wehrhafte Form war Zeichen für die bedrängte Lage der Provinz. Darüber hinaus barg seine expressive Schlichtheit freie Möglichkeiten der Weiterformung, nicht zuletzt 1934/35, als Reichspräsident Paul von Hindenburg hier seine vermeintlich letzte Ruhe fand. Bei Kriegsende 1945 teils gesprengt, schien es nur folgerichtig, daß Polen nach der Aneignung Ostpreußens dieses Denkmal vollständig abriß und mit einem neuen seines Sieges von 1410 gedenkt, eines Sieges, dessen Mythen durch sachliche Forschungen der letzten Jahrzehnte verblassen.

Warum bleibt dieser Ort von Bedeutung? Von der Niederlage 1410 bleibt das bewegende Bild der im Kampf fallenden Ordensführung, der adligen Elite eines der herausragendsten mittelalterlichen Staatsgebilde; es bleibt die tapfere Haltung eines einzelnen Mannes, dem im Moment des Untergangs nochmals die Wende gelang. Dem deutschen Sieg von 1914 gegen eine Übermacht und der taktischen Leistung Erich Ludendorffs und Max Hoffmanns bleibt ein sicherer Platz in jeder Kriegsgeschichte, während die russische Niederlage durch Solschenizyns *August vierzehn* in die Weltliteratur einging.

Doch etwas anderes weist über Niederlage und Sieg hinaus: ein schöpferischer Wiederaufbauwille, der beiden folgte. Denn nicht allein die ordenszeitliche Architektur auch noch des 15. Jahrhunderts gibt bis heute der Landschaft ihre eigene Gestalt, sondern ebenso die schlichte Architektur des nach der Befreiung 1914 begonnenen Wiederaufbaus. Sofort setzten im Reich Hilfsmaßnahmen für die notleidende Bevölkerung ein, und die breit diskutierte Idee eines »Gesamtkunstwerks Ostpreußen« wurde durch die neugeschaffene Bauverwaltung zügig umgesetzt. Aus dem Geist der Lebensreform-Bewegung (→Dresden: Hellerau), im Stil des »Heimatschutzes«, jener traditionellen Moderne, die an die Formensprache der Zeit »um 1800« und vorindustriell heimischen Bautraditionen anknüpfte, erhielten die zerstörten Orte ein einheitliches und doch im Detail vielgestaltiges Gesicht. Daß es in höchster Not gelang, sich dieser nicht allein sozialen und organisatorischen, sondern auch künstlerischen Aufgabe anzunehmen, hing unmittelbar mit dem frühen Sieg von Tannenberg zusammen. Bei einer erst späteren Rückgewinnung Ostpreußens wäre dieses anspruchsvolle Werk aufgrund der finanziellen und gesellschaftlichen Bedingungen nicht möglich gewesen. Der bis Kriegsende nahezu abgeschlossene Wiederaufbau ist die letzte große Kulturleistung des kaiserlichen Deutschen Reiches. Die damals geschaffenen Bilder einer harmonischen Kulturlandschaft weisen vorbildhaft in die Zukunft, für die sie mit Blick auf das heutige uneinheitlich-formlose Bauen auf der »grünen Wiese« in Deutschland wie in Masuren zum Umdenken ermahnen.

TAUROGGEN

Literatur: Sven Ekdahl: Tannenberg/Grunwald – Ein politisches Symbol in Deutschland und Polen, in: Udo Arnold (Hrsg.): *Deutscher Orden 1190-1990*, Lüneburg 1997, S. 241-302; Werner Paravicini (Hrsg.): *Tannenberg - Grunwald - Žalgiris 1410. Krieg und Frieden im späten Mittelalter*, Wiesbaden 2012; Jan Salm: *Ostpreußische Städte im Ersten Weltkrieg. Wiederaufbau und Neuerfindung*, München 2012; Siegfried Scharfe (Hrsg.): *Deutschland über Alles. Ehrenmale des Weltkrieges*, Königstein i.T./Leipzig 1938; *Tannenberg. Deutsches Schicksal - deutsche Aufgabe*, hrsg. vom Kuratorium für das Reichsehrenmal Tannenberg, Berlin 1935.

Wulf D. Wagner

Tauroggen
Litauen, heute: Taurage

Wer hätte gedacht, daß das litauische Städtchen Tauroggen, nördlich Ostpreußens, nachdem es 1687/88 an Brandenburg-Preußen gefallen und 1793 von König Friedrich Wilhelm II. an die Republik Polen abgetreten worden war, noch einmal in der preußischen Geschichte eine Rolle spielen würde?

Nach dem Sieg Napoleons über Preußen in der Schlacht bei Friedland in Ostpreußen mußte König Friedrich Wilhelm III. Anfang Juli 1807 in Tilsit den Friedensvertrag unterzeichnen. Er verlor rund die Hälfte seines Staatsgebietes. Und Ostpreußen und →Königsberg, wo das Königspaar seither residierte, mußten in den Jahren französischer Besatzung empfindliche wirtschaftliche Opfer hinnehmen, ungeheure Naturallieferungen wurden aus dem Land herausgepreßt. Schließlich rüstete Napoleon 1812 hier zu seinem Waffengang gegen Rußland.

Da Preußen seit dem Tilsiter Frieden gezwungen war, an der Seite Frankreichs zu kämpfen, mußte es ein Hilfskorps aufstellen. Im Juni 1812 überschritt die Grande Armée die russische Grenze. Die Preußen zogen unter Kommando des Generalleutnants Johann David Ludwig von Yorck unter dem französischen Marschall Macdonald in das damals zur russischen Krone gehörende, einst dem Deutschen Orden (→Frauenburg, Marienburg, Tannenberg) unterstehende Kurland.

Aber der französische Feldzug endete im russischen Winter. In Eilmärschen zogen sich die Reste der Grande Armée zurück, auch in Kurland. Aufgrund des beschwerlichen Rückmarsches auf verschneiten Straßen kam Yorck zwei Tagesmärsche vom französischen Marschall ab. Der russische General Hans Karl von Diebitsch, in dessen Gefolge sich der preußische Major Carl von Clausewitz befand, nahm, um weiteres Blutvergießen zu vermeiden, mit den Preußen Verbindung auf. Er wollte einen Neutralitätsvertrag eingehen. Während erster Verhandlungen, zu denen die russische Seite Clausewitz entsandte, zog Yorck weiter Richtung Ostpreußen. So kam er am 29. Dezember 1812 nach Tauroggen.

Um diese Zeit fühlte sich sein König noch an die Verträge mit Napoleon (→Waterloo) gebunden, eine Entscheidung war von ihm nicht zu erwarten, jeder Wechsel auf die andere Seite mußte somit noch als Hochverrat angesehen werden. Bevor Yorck Clausewitz zu Diebitsch zurücksandte, vergewisserte er sich daher der Stimmung unter seinen Offizieren und erkannte, daß auch diese dem Augenblick der Befreiung entgegenfieberten.

Am 30. Dezember 1812 trafen sich die beiden Generäle bei der Poscheruner Mühle nahe Tauroggen. Sie unterzeichneten einen Waffenstillstand, der das preußische Hilfskorps aus der Allianz mit Frankreich löste. Bei den Soldaten wurde die Konvention von Tauroggen mit Enthusiasmus aufgenommen.

In der Nacht vom 4. auf den 5. Januar 1813 verließen die Franzosen eilig Königsberg. Wenige Stunden später zogen die Russen in die Stadt ein, und am 8. Januar erreichte sie Yorck unter dem Jubel der Bevölkerung. Hier erfuhr er von der Reaktion Friedrich Wilhelms III.: In der *Berliner Zeitung* vom 19. Januar 1813 wurde Yorck durch die Stellungnahme des Königs für abgesetzt erklärt; in seiner Gegenerklärung teilte er mit, daß bisher kein General seine Befehle durch Zeitungen erhalten habe.

Der Zustimmung der Ostpreußen und Königsberger konnte sich Yorck hingegen gewiß sein. Zum 5. Februar wurde ein Landtag ausgeschrieben, an dem 64 Abgeordnete teilnahmen. Da die Verteidigung des Landes nur dann von Erfolg gekrönt sein würde, wenn man sich mit der Militärbehörde beriet, wurde General Yorck durch eine Deputation feierlich eingeholt. Ein gewagter Schritt der Ständeversammlung, denn auch in Königsberg hatte man gehört, daß der General beim König in Ungnade gefallen war. Ludwig von Yorck hielt eine flammende Ansprache, welche die Versammlung zum Handeln gegen den Feind ermutigen sollte und ihre Wirkung nicht verfehlte. Er schloß mit den Worten:»Ich rechne hierbei auf die kräftige Teilnahme aller Einwohner. Ist die Übermacht zu groß, nun, so werden wir ruhmvoll zu sterben wissen.« Daher wurde noch am Abend über den von Carl von Clausewitz nach Anregungen Gerhard von Scharnhorsts gefertigten Entwurf zur Bildung einer Landwehr beraten. Nicht nur die Armee sollte kämpfen, sondern die Bevölkerung selbst sollte sich gegen die Besatzung erheben, weitgehend alle Männer unabhängig von ihrem Stand und ihrer Religion. Eine Abordnung reiste nach Breslau zu Friedrich Wilhelm III., und dieser konnte nun seine Genehmigung nicht verweigern.

Während man in Ostpreußen zum Befreiungskampf rüstete, unterzeichnete der König am 17. März 1813 ein Gesetz über die Errichtung der Landwehr. Und am selben Tag unterschrieb er den von dem Ostpreußen Theodor Gottlieb von Hippel verfaßten berühmten Aufruf »An mein Volk«. Mit der Veröffentlichung am 20. März zunächst in Breslau, Tage später auch in Berliner Zeitungen rief Friedrich Wilhelm III. dazu auf, sich gegen die Franzosen zu erheben. Nun folgte der König dem Weg General Yorcks und trat auf die Seite der Russen.

Aufgrund des schnellen Aufbaus war es die ostpreußische Landwehr, die als einzige schon für die Kämpfe im Frühjahr 1813 bereitstand und schließlich auch an der Schlacht bei Wartenburg – aufgrund dieses Sieges erhielt General Yorck 1814 bei seiner Erhebung in den Grafenstand den Namenszusatz »von Wartenburg« – und im Oktober 1813 an der für Preußen und Russen siegreichen →Leipziger Völkerschlacht teilnahm. Am 14. April 1814 konnten reitende Postillione in Königsberg den Sieg über Napoleon und die Einnahme von Paris verkünden. Nach fast acht Jahren französischer Besatzung und Krieg war Preußen wieder frei.

Hundert Jahre später, am 30. Dezember 1912, wurde in Tauroggen ein Gedenkstein eingeweiht. Mitglieder der Familien Yorck und Diebitsch, russische Vertreter der Militär- und Zivilbehörden und ebenso der ostpreußischen Seite waren zugegen. Der Würfel aus sechs Platten, der auf vier Bronzekugeln ruhte, zeigte deutsche und russische Inschriften. Graf Yorck von Wartenburgs Rede »klang aus in ein Hoch auf den Kaiser von Rußland.« General von Rennenkampf »antwortete mit einem Hoch auf den Deutschen Kaiser.« Zwei Jahre später standen beide Länder erstmals nach hundert Jahren – nunmehr gegeneinander – im Krieg.

TEUTOBURGER WALD

Tauroggen steht nicht nur für das eigenverantwortliche Handeln des preußischen Soldaten und Bürgers, sondern wurde zum bleibenden Symbol preußisch-russischer Freundschaft für mehr als hundert Jahre. Zwar wurde das Denkmal 1944 von der Roten Armee gesprengt, doch 2012 konnte es auf Initiative des litauischen Unternehmers Sigitas Mičiulis rekonstruiert werden; daß man sich von deutscher Seite daran beteiligte, war nicht zu hören.

Literatur: Michael Fröhlich: *Tauroggen 1812. Eine Konvention im Spannungsfeld von Krieg, Diplomatie und Tradition*, Bonn 2011; Die Convention von Poscherun am 30. December 1812, in: *Preußische Provinzial-Blätter*, 24. Band, Königsberg 1840, S. 30–53.

Wulf D. Wagner

Teutoburger Wald
Nordrhein-Westfalen, zwischen Bielefeld und Detmold

»An dieser Schlacht im Teutoburger Walde hing das Schicksal der Welt.« Es war kein geringerer als der Freiheitsdichter Ernst Moritz Arndt, der 1813 zu dieser ultimativen Bewertung der Ereignisse im Jahre neun nach Christus kam. In den germanischen Wäldern hatte der Cheruskerfürst drei Legionen des römischen Feldherrn Publius Quinctilius Varus aufgerieben und damit etwa ein Zehntel der gesamten Streitkräfte des Römischen Reiches vernichtet. In Rom ließ Kaiser Augustus dem Geschichtsschreiber Sueton zufolge seiner Wut freien Lauf, brüllte seine zum geflügelten Wort gewordene Tirade hinaus – »Varus, Varus, gib mir meine Legionen wieder!« – und soll sich aus Gram eine Zeitlang Haare und Bart nicht mehr schneiden lassen haben.

Im Deutschland des Jahres 1813 rückte die weltpolitische Dimension der militärischen Niederlage Roms naturgemäß ganz besonders in den Blick, war man doch selbst soeben mit der Völkerschlacht bei →Leipzig und dem Sieg über die napoleonischen Besatzungstruppen Zeuge eines Erlebnisses der nationalen Sammlung geworden. Der Umstand, daß sich mit der Varusschlacht die Ausdehnung des römischen Weltreichs und damit mittelbar die Verbreitung der christlich-römischen Kultur um acht Jahrhunderte verzögerte und vorerst weiterhin der Rhein – und nicht die Elbe – die Grenze zwischen »Rom« und »Barbaren« bildete, ist in seiner historischen Dimension evident. Unmittelbar nach den erfolgreichen Befreiungskriegen wirkte die Sensorik für die Erhebungen der Vorfahren und jegliche Kohärenz der nationalen Bewegungen mithin um so mehr.

Im Jahr 1813 hatte Ernst Moritz Arndt mit seinem Gedicht »Des Deutschen Vaterland« der allgemeinen Stimmungslage prägnanten Ausdruck verliehen. Bereits 1805 hatte er Napoleon (→Waterloo) mit den Feldherren des alten Rom verglichen und einen »neuen Hermann« als Heilsbringer gefordert. Auch nahmen Johann Gottlieb Fichte und Heinrich von Kleist (*Die Hermannschlacht*) in ihrem Freiheitsdrang Bezug auf Arminius, ebenso Friedrich Ludwig Jahn, der das Datum der Varusschlacht gar als Nationalfeiertag etablieren wollte und mit einer fiktiven »Rede des Arminius an die Deutschen vor der Teutoburger Schlacht« zum Waffengang gegen die Franzosen aufrief. Auch die Historienmalerei griff das Thema der Varusschlacht vom 19. Jahrhundert an verstärkt auf. Hatte es bereits im 18. Jahrhundert, etwa bei Friedrich Gottlieb Klopstock, vereinzelt literarische Rückgriffe auf den Cherusker gegeben, so brach sich die nationale Symbolik in der Phase

TEUTOBURGER WALD

unmittelbar nach den Befreiungskriegen vollends ihre Bahn.

Während man bei Regensburg mit der →Walhalla (auch hier ist die Varusschlacht im Fries des Nordgiebels verewigt worden) Nationalität und Klassizismus vereinte und in →Köln mit dem fortgesetzten Dombau ein Zeichen für die Einbindung des Nationalen in die christliche Vorstellungswelt setzte, ließen auf dem Platz der früheren Grotenburg auf dem Teutberg im Teutoburger Wald der Bildhauer Joseph Ernst von Bandel und der Publizist und Politiker Moritz Leopold Petri dem Arndtschen Weckruf seit 1838 Taten folgen. In ganz Deutschland konstituierten sich vaterländische Fördervereine, die selbst in Heinrich Heine (→Loreley) einen Unterstützer fanden: »Zu Detmold ein Monument gesetzt; hab selber subskribieret«, heißt es in seinem Werk *Deutschland, ein Wintermärchen*. Obwohl die Zeremonie zur Grundsteinlegung des Hermannsdenkmals in der Literatur als »rituell« umschrieben wird, ließ die Euphorie rund um den Bau offenbar bald nach. Es kam zu Finanzierungsproblemen, angesichts derer Bildhauer von Bandel sein gesamtes Privatvermögen einsetzte. Es bedurfte mit dem Sieg über Frankreich und der Gründung des Deutschen Kaiserreiches (→Versailles) erst eines weiteren nationalen Erweckungserlebnisses, damit es zur Fertigstellung kommen konnte. Kaiser Wilhelm I. (→Kyffhäuser) selbst hatte gemeinsam mit dem Reichstag die fehlende Summe bereitgestellt und ließ es sich nicht nehmen, am 16. August 1875 gemeinsam mit 30 000 Zuschauern der feierlichen Einweihung beizuwohnen. Für Ernst von Bandel, der während der Arbeiten zeitweise in einem eigens errichteten Blockhaus am Fuße des Denkmals gewohnt hatte, bedeutete es die Vollendung eines Lebensprojekts.

Entkräftet starb er im Jahr darauf nach einem viermonatigen Kuraufenthalt, den ihm der Kaiser bezahlt hatte.

Das insgesamt 53 Meter hohe und in einer Mischung aus gotischem und romanischem Stil gehaltene Denkmal gliedert sich in einen etwa 27 Meter hohen Unterbau von rundem Grundriß, auf dem die knapp 27 Meter hohe und 42 Tonnen schwere Figur des Hermann steht, gekleidet mit Rüstung und Flügelhelm. Der rechte Arm reckt ein sieben Meter langes Schwert senkrecht und siegesgewiß in die Höhe. Die Inschrift des Schwertes lautet: »Deutsche: Einigkeit: Meine: Staerke. Meine: Staerke: Deutschlands: Macht«. Der linke Arm ruht auf einem bauchhohen Schild mit der Aufschrift »Treufest«. Zu den Füßen liegen ein Adler und ein Rutenbündel.

Fast eineinhalb Jahrhunderte, bis 1945, galt die Schlacht im Teutoburger Wald gemeinhin als der Grundstein der deutschen Geschichte – ein Postulat, das später von Historikern wie Felix Dahn (»Siegesgesang nach der Varusschlacht«) und Theodor Mommsen gestützt wurde. Auch der politischen Rückgriffe gab es reichlich: So bediente man sich im Kulturkampf des Denkmals ebenso wie bei den zahlreichen Anlässen, die sich in der ersten Hälfte des 20. Jahrhunderts zur nationalen Selbstvergewisserung boten – bis hin zu Anlehnungen durch die Nationalsozialisten. In einem Wandteppich für die Neue Reichskanzlei stellte etwa der Künstler Werner Peiner die Varusschlacht dar. Gleichwohl gilt die Wertschätzung der Nationalsozialisten für den in der römischen Armee ausgebildeten Arminius gemeinhin als überschaubar.

In der Geschichtsschreibung hingegen wurde die Schlacht im Teutoburger Wald lange Zeit einhellig als jener »Wendepunkt der Weltgeschichte« bewertet, als den Theodor Mommsen sie einst bezeichnet hatte. Tendenzen zur Relativierung und Entpolitisierung setzten sich unter Althistorikern erst in jüngster Zeit durch, während die Tourismusindustrie der Interpretation des Denkmals einen ausdrücklich folkloristischen Zungenschlag verlieh; insbesondere die Interpretation als Entscheidungsschlacht eines »nationalen Befreiungskampfs« gilt gemeinhin als überkommen. Dazu paßt, daß sich die Historiographie zuletzt vor allem auf die Frage kaprizierte, ob die knapp 20 000 römischen Soldaten nicht vielmehr nahe Kalkriese bei Bramsche nördlich von Osnabrück den Tod fanden. In der Tat hatte schon Theodor Mommsen 1885 einen Zusammenhang zwischen Münzfunden in der Kalkrieser-Niewedder Senke und der Varusschlacht hergeleitet. Einhundert Jahre später fand dann ein englischer Offizier mit einem Metalldetektor 162 römische Dinare, womit der Startschuß für ein Heer von Archäologen gegeben war, den vermeintlich wahren Ort der Varusschlacht zu untersuchen. Dem widerspricht die These, es könnte sich auch um Überreste des späteren Rachefeldzugs des Germanicus handeln. Zwar hat sich die Wissenschaft inzwischen mit dem Ausgrabungsort Kalkriese arrangiert, wissenschaftlich unstrittig ist die Sachlage gleichwohl nicht. Trotz teilweise spektakulärer Funde, einer breitangelegten Vermarktungsstrategie und zahlreicher Meldungen, die Varusschlacht sei nun »eindeutig lokalisiert«, konnte das Geheimnis jedoch bis heute nicht zweifellos geklärt werden.

Literatur: Ernst Baltrusch (Hrsg.): *2000 Jahre Varusschlacht. Geschichte - Archäologie - Legenden*, Berlin 2012; Hans Jürgen Koch: *Wallfahrtsstätten der Nation. Zwischen Brandenburg und Bayern*, Frankfurt a.M. 1986; Reinhard Wolters: *Die Schlacht im Teutoburger Wald. Arminius, Varus und das römische Germanien*, München 2008.

Gerald Franz

Triest
Norditalien

Die norditalienische Küstenstadt Triest an der Adria, Hauptstadt der autonomen Region Friaul-Julisch Venetien, fast gänzlich von slowenischem Staatsgebiet ummantelt, war vor 1918 der bedeutendste Handels- und Kriegshafen des habsburgischen Imperiums. Die Habsburger haben in einer fünfeinhalb Jahrhunderte währenden, nur gelegentlich unterbrochenen Herrschaft, die 1382 begann, unverkennbare Spuren hinterlassen.

Das berühmteste königlich-kaiserliche Bauwerk, das eigenartige und hochromantische Schloß Miramare aus weißem Kalkstein, errichtet in den Jahren 1856-60 für Erzherzog Ferdinand Maximilian, dem späteren kurzlebigen »Kaiser von Mexiko«, befindet sich wenige Kilometer außerhalb der Stadt, in der Bucht von Grigano. In Triest selbst trifft man häufig auf das Emblem des Doppeladlers sowie auf Bauten und Straßenzüge, die an die Ringstraße in →Wien, an Brünn, →Prag oder Budapest erinnern. Maria Theresia von Österreich (→Leuthen) und ihr Sohn Kaiser Joseph II. ließen hier Stadtviertel errichten, deren Namen noch heute an ihre Erbauer erinnern: den Borgo Teresiano und Borgo Giuseppino. Auf dem Hauptplatz erhebt sich eine Säule Kaiser Karls VI., dessen Hand auf seine große Stiftung, den Freihafen, weist. Der Platz trägt heute allerdings den Namen Piazza dell'Unità d'Italia, »Platz der italienischen Einheit«, und letztere war gerade in Triest eine eher gefährdete und problematische Sache. Als typische Grenz- und Knotenpunktstadt vereinte Triest in sich alle Reize und Spannungen eines »multikulturellen« Gebildes. Hier trafen romanische, slawische und germanische Einflüsse aufeinander und bildeten eine einzigartige Mischung.

In seiner wirtschaftlichen und kulturellen Blütezeit, in den drei Jahrzehnten vor dem Ersten Weltkrieg, zählte Triest etwa 225 000 Einwohner, darunter 120 000 Italiener, 60 000 Slowenen, 12 000 Deutsch-Österreicher, 2 500 Kroaten sowie 30 000 Ausländer aus aller Welt: Griechen, Armenier, Türken oder Engländer. Dazu kam eine nicht unbedeutende jüdische Bevölkerungsschicht, deren berühmtester Sproß der »italienische Joyce« Italo Svevo ist, Autor des Jahrhundertromans *Zenos Gewissen*. Im 19. Jahrhundert kam es in Triest zu einem wahren Boom des Fortschritts: Josef Ressel entwickelte dort 1827 die Schiffsschraube, 1831 wurde die Generali-Versicherung, 1833 der Österreichische Lloyd gegründet, 1857 unter der Leitung von Carl Ritter von Ghega die Bahnlinie Wien-Triest eröffnet, und ab 1870 gab es gar eine direkte Verbindung nach Bombay.

Gleichzeitig mit dem wirtschaftlichen Aufstieg unter österreichischer Herrschaft wuchs der »Irredentismus« der Italiener, der insbesondere nach der Einigung Italiens zunehmend an Sprengkraft gewann. Wobei sich die italienischen Nationalisten in einer paradoxen Lage befanden, die der Triester Schriftsteller Scipio Slataper, der sich als »Slawe, Deutscher und Italiener« zugleich sah, so beschrieb: »Alles, was dem Handel dient, bedeutet Vergewaltigung der Italianità – und was diese wirklich fördert, schadet jenem.« Dazu paßt auch die Ironie, daß der Märtyrer der Nationalbewegung, Guglielmo Oberdan, als Wilhelm Oberdank und Sohn einer Slowenin und eines Österreichers geboren wurde. 1909 beschrieb Herrmann Bahr das Dilemma, an dem die Monarchie bald insgesamt scheitern sollte: »Irredentisten« würden aus dem Gefühl der Fremdheit heraus gezüchtet, man müsse ihnen eine Heimat geben, um sie, wie man heute sagen würde, zu »integrieren«: »Ihr treibt jeden Italiener aus Österreich heraus, dem ihr die Wahl stellt, ein Italiener oder Österreicher zu sein! Es muß ihm möglich werden, als Italiener ein Österreicher zu sein. Wie denn unser ganzes österreichisches Problem dies ist, daß es uns möglich werden muß, Österreicher deutscher oder slawischer oder italienischer Nation zu sein.« Nach dem Ersten Weltkrieg wurde Triest an Italien angeschlossen. Die Umstellung fand nur langsam statt. 1925 verzeichnete Franz Werfel in seinem Tagebuch, Triest sei »immer noch österreichisch. Die Rasse stark austrifiziert. Nicht zum Vorteil.« Unter der faschistischen Herrschaft folgte eine zum Teil äußerst brutale »Italianisierung« der slowenischen Bevölkerung, ein Drama, das im Laufe der folgenden Jahrzehnte eskalierte und am Ende des Zweiten Weltkriegs auch die Karsthöhlen bei Triest mit Massengräbern von Italienern, Deutschen und Kroaten füllte. Nach dem Krieg wurde Triest zum Freistaat unter Aufsicht der Vereinten Nationen erklärt. 1954 wurde die Stadt endgültig italienisch, während Istrien Jugoslawien zugesprochen wurde. Die Wunden zwischen Italienern und Slowenen sind seither allerdings nie ganz verheilt. Dagegen ist heute die Erinnerung an die Tage der Habsburgermonarchie überwiegend positiv, trotz all des vergossenen Blutes der italienischen Freiheitskämpfer.

Die deutsche Kultur hatte in Triest zwar stets eine gewisse Rolle gespielt, jedoch nie eine richtige Heimat gefunden. »Es gibt hier kein deutsches Publikum«, schrieb 1855 der Dichter Robert Hamerling: »Ich bin der einzige Deutsche in Triest«. Ähnlich wie bei dem jungen Iren James Joyce, der ein Jahrzehnt in der Stadt verbrachte, war es eher der Reiz des Exils und des Fremden, der deutschsprachige Dichter und Künstler beflügelte. Triest war eine Pforte der alten deutschen Sehnsucht nach dem Süden. Hier sah Adalbert Stifter sein »Sehnen seit vielen Jahren in Erfüllung gegangen«, denn er erblickte zum erstenmal das Meer, hier malte Egon Schiele Hafenszenerien und Fischerboote, hier wurde Franz Grillparzer fasziniert vom »Gewimmel von Menschen aller Kleidung und Sprache«, und Rainer Maria Rilke schrieb auf dem nahegelegenen Schloß Duino seine berühmten *Duineser Elegien*. Theodor Däubler, der Dichter des *Nordlichts*, verklärte seine Heimatstadt Triest als »das Land, wo alle Wesen traumhaft schauen, an einem blauen Wundermeer«. Die Strahlkraft dieses Zaubers und des »paneuropäischen« Erbes ist trotz der Erschütterungen des 20. Jahrhunderts noch heute spürbar. »Es gibt Tage und Orte, an denen Triest nur eine seiner Facetten hervorkehrt, nur venezianisch oder nur slawisch erscheint, nur österreichisch oder nur ungarisch, aber auch, unter gewissen Umständen, nur jüdisch, nur griechisch, levantinisch, oder sogar französisch«, schrieb die österreichische Schriftstellerin Hilde Spiel noch 1980 über die »vielgesichtige Stadt«.

Literatur: John Morrissey/Franz M. Rinner/Claudia Strafner: *Triest-Trst-Trieste*, Mödling/Wien 1992; Claudio Magris/Angelo Ara: *Triest. Eine literarische Hauptstadt in Mitteleuropa*, München 2005; Scipio Slataper: *Mein Karst*, Klagenfurt 2000.

Martin Lichtmesz

Trifels – Reichsburg
Rheinland-Pfalz, oberhalb von Annweiler

Egal aus welcher Himmelsrichtung man sich dem Trifels nähert, schon von weitem sieht man die Burg auf dem Felsenriff des 500 Meter hohen Sonnenberges thronen. Durch je einen Bergsattel getrennt erheben sich zwei weitere Bergkegel, die durch die Burgen Anebos und Scharfeneck bewehrt sind. Dieser Schutzverbund machte den Trifels zu einer der sichersten Burgen des Reiches. Dieser topographischen Dreiteilung verdankt die Burg auch ihren Namen.

Die weitere Annäherung über die enge und kurvenreiche Panoramastraße erlaubt immer wieder neue Sichtachsen auf das imposante Baumonument. Die letzten Höhenmeter müssen in steilem Anstieg zu Fuß bewältigt werden. Der Aufstieg führt um den Burgfelsen herum. Dabei fällt unser Blick neben den Resten der salischen Burgenanlage aus dem 11. und 12. Jahrhundert auf Halbschalentürme der Frühen Neuzeit. Die Hauptburg betreten wir durch das neuzeitliche Tor, um das Auge auf das moderne Wachhaus und den modernen Pallas zu werfen.

Der Trifels als die staufische Reichsburg, die mit der Blüte des Hochmittelalters gleichgesetzt wird, besteht in ihren zentralen Aufbauten aus moderner Architektur. Damit ist diese Burg ein Paradebeispiel für die historische Asynchronität von Perzeption und realer Bausubstanz. Denn die Architektur entspricht ausschließlich den Bedürfnissen nationalsozialistischer Erinnerungskultur. Sie ist der freien Phantasie weitaus näher als der mittelalterlichen Bausubstanz des Trifels.

Wie konnte es dazu kommen? Die Bedeutung des mittelalterlichen Trifels basiert auf drei Aspekten: seiner Funktion als Gefängnis und Schatztruhe des Reiches sowie seiner großen Nähe zum Staufergeschlecht.

Bereits unter den Saliern wird die Burg als Gefängnis genutzt. Der Mainzer Erzbischof Adelbert saß 1113 bis 1115 als Gefangener auf dem Trifels. Der bekannteste Gefangene aber war der englische König Richard Löwenherz. Während des dritten Kreuzzuges hatte Löwenherz den österreichischen Herzog Leopold bei der Belagerung von Akkon schwer beleidigt. Auf seinem Rückweg vom Heiligen Land wurde er in Österreich festgesetzt. Kaiser Heinrich VI. erzwang von Leopold die Auslieferung des königlichen Häftlings, der sich als Gefangener im Frühjahr 1193 kurzzeitig auf der Burg befand. Mit der Begleichung von 23 Tonnen Silber erhielt der englische König seine Freiheit wieder. Diese enorme Summe an Geld ermöglichte dem Staufer, seine Erbansprüche an das Königreich Sizilien durchzusetzen. 1194 eroberte er das normannische Süditalien. Sein Widersacher Tankred von Lecce wurde ebenfalls auf dem Trifels inhaftiert.

Seit 1125 war der Trifels neben anderen Aufbewahrungsorten auch Schatztruhe der Reichskleinodien. Neben ihrem materiellen Wert lag ihre eigentliche Bedeutung jedoch in ihrer symbolischen Natur. Sie waren die Insignien der rechtmäßigen Herrschaft und zugleich sakrale Legitimation der von Gott verliehenen Autorität. Während des Interregnums von 1250 bis 1273 wurde er zum herausragenden Hort der Reichsinsignien (→Karlstein). In dieser Zeit des Machtvakuums materialisierten sie den Reichsgedanken. 1194 wurde auch der erbeutete Normannenschatz hier untergebracht.

Und nicht zuletzt betrieb das Staufergeschlecht eine Herrschaftskonzentration mit und um den Trifels. 1125 übergab Kaiser Heinrich V. die Reichskleinodien dem staufischen Herzog Friedrich von Schwaben zur Aufbewahrung auf dem Trifels. Dieser symbolische Akt prägt die Rolle des Trifels im Selbstverständnis der Stauferdynastie. Die 1214 erfolgte Verleihung der Stadtrechte und des Memorialprivilegs an Annweiler am Fuß des Trifels sind beredte Zeugnisse hiervon.

Mit dem im Spätmittelalter einsetzenden Bedeutungsverlust des Königtums verlor auch der Trifels seine reichsgeschichtliche Stellung. An der Bausubstanz nagte der Zahn der Zeit, bis die Nationalsozialisten in den 1930er Jahren die Ruine für ihre politischen Inszenierungen entdeckten. Mit der Umgestaltung sollte durch die Architektur des Neubaus die Verbundenheit des Dritten Reiches mit dem Ersten dargestellt werden. Alle Aspekte dieses Planes hatten nur ein Ziel: Der Trifels sollte zu einer nationalen Weihestätte werden. So erhielt der Aufbau ein himmelwärts aufstrebendes Schema, mit drei geplanten Punkten. Im Turm sollten zwei Weiheräume übereinander liegen. Die Kapelle als Raum des Alten Reiches und ein symbolischer Weiheraum als Raum des Dritten Reiches. Beide Geschosse sollten durch den repräsentativen doppelgeschossigen Pallassaal verbunden werden. Den Abschluß dieses Ensembles hätte das sogenannte Führerhaus gebildet – etwas modifiziert entstand es ab 1954 als östliches Wachhaus.

Aber nicht nur die Bautätigkeit blieb in der jungen Bundesrepublik virulent, sondern auch die seit dem Ende des 19. Jahrhunderts aufgekommene Idee, die Burg wieder als Hort des Reichsschatzes zu rekonstruieren. Dazu wurde eine Auswahl der Reichskleinodien erstellt. Seit 1989 beherbergt die Kapelle Nachbildungen von Krone, Zepter, Reichsapfel, Schwert und Kreuz. Im Rahmen der 2010 eröffneten Ausstellung »Reichsburg Trifels – Macht und Mythos« fand die Neupräsentation der Schatzkammer ihren bisherigen Abschluß.

Literatur: *Beiträge zur Trifelsgeschichte*, Mainz-Gonsenheim 1996ff; Fabian Link: *Burgen und Burgenforschung im Nationalsozialismus. Wissenschaft und Weltanschauung 1933-1945*, Köln 2014; Bernhard Meyer/Sigmar Fitting: *Burg Trifels*, Mainz 1997.

Alexander Dauenhauer

Tübingen – Stift

Eine nachhaltig säkulare Leistung der Reformation (→Wartburg, Wittenberg)in Deutschland war überall die Modernisierung der allgemeinen Bildung. In Württemberg waren es Johannes Brenz und Philipp Melanchthon, die das Hochschulstudium ganz neu strukturierten. Die Studentenschaft hatte sich künftig aus der Breite des Landes herzuleiten, die dann auch personelle Basis für eine institutionell dichte Volksbildung sein sollte. Dazu wurde an der Universität Tübingen ein »Stipendium« eingerichtet (um 1537/38), mit dem begabte und geprüfte Landeskinder aller Schichten zu höherer – zumal geistlicher – Bildung geführt werden konnten. Die Stipendiaten bekamen dann (um 1550) im alten Augustinerkloster auf der Neckarhalde Wohn- und Studienräume zugewiesen, die bis in die heutige Zeit der angestammte Platz des Stifts blieben.

Das Tübinger Stift gehörte seither zu den bedeutendsten Bildungsorten im protestantischen Deutschland, wie die Klosterschule Maulbronn, die Hohe Carlsschule auf der Solitude (bei Stuttgart), die Fürsten- und Landesschule zu St. Afra (bei Meißen), die Klosterschule zu Denkendorf, die Lateinschule St. Augustin Grimma oder Schulpforta (bei →Naumburg).

Am großen geistig-kulturellen Umschwung um 1800 war das Tübinger Stift maßgeblich beteiligt. Hier wurde unter Christian Friedrich Schnurrers Ephorat von dem Repetenten Carl Immanuel Diez die philosophische Ausbildung ganz auf die Neue Kritische Philosophie Immanuel Kants (→Königsberg) umgestellt. Und es waren die Stipendiaten Friedrich Hölderlin (seit 1790), Georg Friedrich Wilhelm Hegel (seit 1790) und Friedrich Wilhelm Joseph Schelling (seit 1792), die mit den von hier ausgehenden neuen geistigen Impulsen literarisch und philosophisch ganz neue Horizonte entfalteten. »Von Kantschen System und dessen höchster Vollendung«, so schreibt im Frühjahr 1795 Hegel an Schelling, »erwarte ich eine Revolution in Deutschland, die von Prinzipien ausgehen wird, die vorhanden sind und nur nötig haben, allgemein bearbeitet, auf alles bisherige Wissen angewendet zu werden.« – Die Geburt des klassischen Deutschen Idealismus mit ihrer Losung »Das A und O aller Philosophie ist Freiheit« (Schelling 1795) ist also mit dem Tübinger Stift verbunden. – Und aus dem Stift kam schließlich auch ein veritabler Minister der Französischen Republik – Karl Friedrich Reinhard, Stifts-Primus seines Jahrgangs 1778–1783, seit 1791 im Dienste Frankreichs, 1799 gar Minister für äußere Angelegenheiten und immer wieder Gesandter in der Schweiz, in Hamburg, Dresden und Weimar.

Auch später rekrutieren sich immer wieder namhafte deutsche Dichter, Philosophen und Wissenschaftler aus dem Kreis der Tübinger Stiftler: Wilhelm Hauff (seit 1820), Eduard Mörike und Wilhelm Waiblinger (seit 1822), David Friedrich Strauß und Friedrich Theodor Vischer (seit 1825) und der spätere Begründer der Zeitschrift Kant-Studien (1895ff), Hans Vaihinger (seit 1870).

Als über die Zeiten bedeutender Ephorus (1987–2005) des Tübinger Stifts verkörperte namentlich Eberhard Jüngel (Jg. 1934) die Blüte der evangelisch-theologischen Wissenschaft der Gegenwart. Sein Nachfolger in diesem Amt wurde der Theologe und Kirchenhistoriker Volker Henning Drecoll.

Literatur: R. Julius Hartmann: *Das Tübinger Stift*, Stuttgart 1918; *In Wahrheit und Freiheit. 450 Jahre Evangelisches Stift in Tübingen*, hrsg. v. Friedrich Hertel, Stuttgart 1986; Martin Leube: *Die Geschichte des Tübinger Stifts*, 3 Bde., Stuttgart 1921–1936; Georg Schmidgall: Die Französische Revolution im Stift und die Tübinger Studentenschaft, in: *Tübinger Blätter* 35 (1946–1947), S. 37–48.

Steffen Dietzsch

Verdun · Versailles · Vogelsang

Verdun
Nordostfrankreich

Die Festungsstadt Verdun (dt. Wirten) an der Maas liegt ungefähr halben Wegs zwischen Paris und der deutschen Grenze. Die ostwärts der Stadt aufstrebenden Höhen überragt seit den zwanziger Jahren der weitum sichtbare weiße Turm des Beinhauses auf dem Douaumont.

Vor jenem Beinhaus erstrecken sich heute die unübersehbaren Grabreihen der französischen Gefallenen der Schlacht mit ihren hellen Kreuzen. Von dort schweift der Blick nach Osten über die zertrümmerten Anlagen der Forts Douaumont und Vaux in Richtung Étain und in die Woëvre-Ebene, während sich rückwärts des eigenen Standorts im tiefeingeschnittenen Tal der Maas die Stadt Verdun, mit ihren heute knapp 20 000 Einwohnern, den Augen des Betrachters entzieht. Weiter westlich erstreckt sich ein eher flaches Gelände mit Wiesen und Feldern in Richtung Paris. Nur die eingewachsenen Kuppen der kleinen Hügel auf dem linken Maasufer lassen noch daran denken, daß sich darunter die Forts der Befestigungen westlich der Maas befinden.

Von den Höhen der »Côtes Lorraines« aus erfaßt selbst der militärisch ungebildete Betrachter die herausragende Bedeutung jenes Geländes im Augenblick. Als im Frühjahr und Sommer 1916 deutsche und französische Truppen um jeden Fußbreit dieses Bodens rangen, trat Verdun erneut ins historische Rampenlicht, das die Stadt letztmalig im Jahre 843 beschienen hatte.

Verdun rückt mindestens dreimal in den historischen Fokus: 843 – mit dem Vertrag von Verdun, 1916 als Operationsgebiet einer der blutigsten Schlachten des Ersten Weltkriegs und 1984 als Ort der symbolträchtigen »réconciliation par-dessus les tombes« zwischen Deutschen und Franzosen, zwischen Kohl und Mitterrand.

Es schlossen die Enkel Karls des Großen im Jahre 843 in der Bischofsstadt an der Maas den Vertrag von Verdun, der fürderhin die Machtbereiche der fränkischen Teilreiche voneinander schied und von dem die Eigenständigkeit nachmals deutscher und französischer Geschichte einen Ausgang nahm. Bald 600 Jahre lag die Stadt in Lothringen im Halbschatten der Geschichte, bevor sie 1552 mit dem Vertrag von Chambord und mit den Bestimmungen des Westfälischen Friedens von 1648 endgültig französisch wurde. Indes eine französische Grenzstadt, deren Geschichte immer zugleich die der Festung war. Schon 1552 begann der Ausbau der Zitadelle, die noch heute das Zentrum der Stadt bildet und deren urbane Entwicklung eher hemmt als fördert. Ihr verlieh Vauban Gestalt, bevor sie, zwischenzeitlich marginalisiert, nach den Grenzveränderungen von 1870 und dem Verlust der Festung Metz für Frankreich wieder strategische Bedeutung erlangte. Séré de Rivières erweiterte sie über den engen Be-

VERDUN

reich des Maastals hinaus und machte sie zu einer modernen Gürtelfestung, die mit ihren mehr als 20 Außenforts und 40 Zwischenwerken (Ouvrages) fortan dem deutschen Angreifer den Weg nach Paris verlegen sollte.

Die Namen der Forts Douaumont und Vaux, der »Höhe 304« oder des »Toten Mannes« avancierten später zu wesentlichen Topoi der deutschen (und französischen) Erinnerungsliteratur nach dem Weltkrieg. Zahlreiche Buchtitel der Zwischenkriegszeit nehmen auf diese Ortsnamen Bezug – *Gespenster am Toten Mann* von Paul Ettighoffer sei hier nur als ein Beispiel genannt.

Aber welches sind die wesentlichen Ereignisse des Jahres 1916? Nachdem der Bewegungskrieg schon im Herbst 1914 zum Erliegen gekommen und eine durchlaufende Frontlinie von Flandern bis zur Schweizer Grenze entstanden war, sank der Wert der Festungen. Die Beispiele von Manonviller oder Lüttich belegten vermeintlich, daß Festungen den Anforderungen des modernen Kriegs nicht mehr entsprachen, so desarmierte man sie zum Teil und zog große Teile der Truppen und Geschützausstattung ab – auch in Verdun.

Im Jahre 1915 stellte die deutsche Oberste Heeresleitung Überlegungen an, wie Frankreich zu schlagen sei. Diese fanden papierenen Niederschlag in der – von den Historikern kontrovers diskutierten – »Weihnachtsdenkschrift« des Chefs der Obersten Heeresleitung (OHL), Generals Erich von Falkenhayn, der forderte, man müsse Frankreich an einer Stelle angreifen, wo es sich um jeden Preis bis zum »Ausbluten« verteidigen werde. Falkenhayn nannte dies die »Offensive in der Defensive«; dieser lag der Gedanke zugrunde, Frankreich ein Schlüsselgelände zu nehmen, das zurückzugewinnen Frankreich personell derart fordern werde, daß seine militärische Kraft erlahme. Falkenhayn unterstellte ein Verhältnis der Verluste von 3:5, bei dem der gewünschte Effekt eintreten könne. Die Wahl des geeigneten Operationsgebiets fiel auf die Festungsregion Verdun. Diese bildete einen exponierten Frontvorsprung und einen der Dreh- und Angelpunkte der französischen Ostfront, der also um jeden Preis gehalten werden mußte.

Die Dimension des gedeckten Aufmarschs, die Wirkung der mörderischen Artillerievorbereitung, der verlustreiche Kampf um jeden Meter Bodens, das stille Heldentum und der schweigende Tod im Niemandsland können hier nicht geschildert werden. Mit wachsender Intensität absorbierte Verdun immer größere Ressourcen des deutschen Heeres, was dennoch nicht verhinderte, daß der Vormarsch auf die Festung nach wenigen Tagen bereits stockte und bis in den Sommer hinein – trotz des Einsatzes aller erdenklicher Kampfmittel – nicht mehr in Gang kam.

Doch der Mechanismus der Blutpumpe funktionierte. Auf den Höhen um Verdun kletterten die Verlustziffern beider Seiten schließlich auf rund 500 000 Mann, wobei unter Verlusten nicht nur Gefallene zu verstehen sind.

Auf französischer Seite war es General Pétain, der als der Sieger von Verdun galt, nachdem in der zweiten Hälfte des Jahres 1916 die ursprünglichen deutschen Geländegewinne wieder verlorengegangen waren und Frankreich am 15. Dezember 1916 das Ende der Schlacht erklärte.

Verdun war daher im Jahre 1984 zum symbolträchtigen Ort der deutsch-französischen Aussöhnung auserkoren, als Helmut Kohl und François Mitterrand sich über einem mit den Fahnen beider Länder bedeckten Sarg die Hände reichten.

Falkenhayns Leitgedanke, »Frankreich

auszubluten«, markiert, ähnlich wie das britische Massaker an der Somme, einen Tiefpunkt des operativen Denkens im Ersten Weltkrieg. Er ist zugleich der Offenbarungseid einer militärischen Führungskunst, der das raumgreifende Operieren zugunsten des frontalen Abringens im gesichtslosen und industriellen Massenkrieg abhanden gekommen war. Falkenhayns Gleichung ging schließlich nicht auf. Es blieb der Mythos vom Kreuzweg einer Generation vor Verdun, gepflegt von den Veteranen beider Seiten.

Wie sehr schon die Zeitgenossen Verdun als etwas Außerordentliches betrachteten, illustrieren Bezeichnungen wie die »Blutmühle an der Maas« oder die »Blutpumpe«, die dem Sprachgebrauch des Grabens beider Seiten entstammen. Im Gegensatz zur französischen Seite, die ihre Truppen in relativ kurzen Intervallen aus dem Feuer nahm und auffrischte, brannten die deutschen Divisionen im Einsatz zumeist völlig aus. Die Folgen für die Moral der Truppe waren immens, denn es zerbrach im deutschen Heer nicht nur das Zutrauen in die eigene Kraft und Leistungsfähigkeit, sondern zudem das bisher unerschütterte Vertrauen in die eigene Führung. Für Frankreich hingegen verkörperten Schlacht und Ort den Geist des ungebrochenen nationalen Widerstandswillens im Kriege.

Trotz des Sieges an der Maas im Jahre 1916 geriet Verdun zum Fatum Frankreichs im Zweiten Weltkrieg, denn es war u. a. der Sieger von Verdun, Marschall Pétain, und seine Generation, zu der auch der spätere Kriegsminister Maginot – ebenfalls ein Verdun-Kämpfer – gehörte, die aus dem mythisch überhöhten Sieg von Verdun die falschen Lehren zogen. Während in Deutschland aufgrund der Niederlage ein personelles und intellektuelles Revirement stattfand, verharrte Frankreich im operativen Denken, das vor Verdun so erfolgreich war. Und so schuf Frankreich mit der »Maginot-Linie« sein Über-Verdun, mit dem es sich ein für allemal gegen den Angriff aus dem Osten gewappnet glaubte. Doch überwand der operative Geist des Jahres 1940 die betonierte Erstarrung Frankreichs, als mit dem Panzerstoß durch die Ardennen und dem Maasübergang bei Sedan Frankreichs Defensiv-Kalkül zerbarst.

Mit dem Mémorial von Fleury, dem Beinhaus auf dem Douaumont, den Resten der Forts Douaumont und Vaux und schließlich der Citadelle Souterrain in der Stadt selbst, bietet Verdun reichliche Zeugnisse seiner belebten Geschichte, die dem Besucher einen nachvollziehbaren Eindruck vom seinerzeitigen Geschehen vermitteln. Noch heute trägt die Landschaft ostwärts der Maas die Narben des Krieges, zeugen die Namen der zerstörten Dörfer »villages détruits«, allen voran Fleury-devant-Douaumont, in der »zone rouge« von der Gewalt der Materialschlacht – entsprechend behauptet Verdun im Gedenkkalender Frankreichs seinen hohen Rang, in Deutschland ist dies deutlich weniger der Fall.

Verdun, die Blutmühle an der Maas, fand 30 Jahre später ein Pendant an der Wolga, und der Name →Stalingrad hinterließ nicht minder tiefe Furchen im kollektiven Gedächtnis der Deutschen nach dem Zweiten Weltkrieg als Verdun infolge des Ersten.

Literatur: Holger Afflerbach: *Falkenhayn*, München 1994, S. 351–457; Gerd Krumeich: Der Mensch als Material – Verdun 21. Februar bis 9. September 1916, in: Stig Förster/Markus Pöhlmann/Dierk Walter (Hrsg.): *Schlachten der Weltgeschichte*, München 2001, S. 295–305; Horst Rhode/Robert Ostrowsky: *Militärgeschichtlicher Reiseführer Verdun*, Herford/Bonn 1992; Herrmann Wendt: *Verdun 1916. Der Angriff Falkenhayns auf das Maasgebiet als strategisches Problem*, Berlin 1931; German Werth: *Verdun. Die Schlacht und ihr Mythos*, Bergisch Gladbach ²1984.

VERSAILLES

Dirk Reitz

Versailles
Frankreich, westlich von Paris

Fällt heute der Name Versailles, denken wir vorrangig an den Ort höfischer Prachtentfaltung der absoluten Monarchie Ludwigs XIV. Nach dem Ersten Weltkrieg jedoch war »Versailles« für alle Deutschen, welcher politischen Couleur auch immer, zum verhaßten Synonym für die als erniedrigend empfundene Friedensordnung des Systems der Pariser Vorortverträge geworden, das im Jahre 1919 den Verlierern – Deutschland, Österreich, Ungarn und der Türkei – eher auferlegt, die Zeitgenossen sagten »diktiert«, als mit diesen ausgehandelt worden war.

Der heutige Pariser Vorort fand spätestens seit der Errichtung des klassizistischbarocken Schlosses Ludwigs XIV. ab 1661 allgemeines Interesse. Doch aus der deutschen Perspektive blieb Versailles stets mit ambivalenten Wahrnehmungen behaftet. So imitierten Deutschlands Fürsten einerseits die herrschaftliche Prachtentfaltung des Sonnenkönigs, mit der Folge, daß wir noch heute manches Klein-Versailles auf deutschem Boden finden – Herrenchiemsee als Quasi-Kopie in erster Linie (→Neuschwanstein). Andererseits galt Versailles als der Inbegriff französischer Dekadenz des Ancien régime, und dies schon seit den Schilderungen der berühmten Schwägerin des Sonnenkönigs, Liselotte von der Pfalz.

Zum deutschen Ort wird Versailles aber durch die räumliche Bindung des →Bismarck-Reichs an den Spiegelsaal (frz. galerie des glaces) des Schlosses, in dem sich Gründung und Ende des Reiches räumlich, wenn auch zeitlich um 48 Jahre versetzt, verdichten. Die Daten des 18. Januar 1871 und des 28. Juni 1919 haften dem Spiegelsaal untrennbar an.

Proklamiert wurde Wilhelm I. (→Kyffhäuser) zum deutschen Kaiser an jenem 18. Januar, dem preußischen Krönungstag von 1701 (→Königsberg). Es ist damit vor allem ein preußisches Datum, dem allerdings keine staats- oder verfassungsrechtliche Bedeutung innewohnte, denn das Deutsche Reich war bereits als Völkerrechtssubjekt zum 1. Januar 1871 ins Leben getreten. Die Zeremonie selbst war kurz und militärisch geprägt, wie es der Lage der Dinge entsprach, denn das Schloß zu Versailles, vor den Toren der belagerten Hauptstadt Paris, aber außerhalb der Reichweite französischer Artillerie gelegen, diente seit Anfang Oktober 1870 der preußischen Armee als Hauptquartier – und dies vor allem aus militärisch-praktischen Gründen, denn die schon lange nicht mehr zu repräsentativen Zwecken genutzte Anlage bot die für ein Armeehauptquartier erforderliche Infrastruktur. Über eine besondere Absicht, Frankreich zu erniedrigen, schweigen die Quellen, obgleich der Kontrast zum Bildprogramm des Schlosses, das die Siege Ludwigs XIV. verherrlicht, zum vorherrschenden Preußischblau und den orangefarbenen Schärpen des Schwarzen Adlerordens den Beteiligten und der Nachwelt nicht entging und den Gestus des Triumphierens nicht verleugnen kann. Fürsten und Militärs hoben Wilhelm I. auf den Schild, und für die Selbstwahrnehmung und fernere -darstellung des neuen Reiches wirkte diese Szene – ohne Zivilpersonen – präfigurierend. Der Maler Anton von Werner charakterisierte die Zeremonie als prunklos und kurz. Erst die Rezeption durch die französische und deutsche Nationalgeschichtsschreibung akzentuiert die symbolische Erniedrigung Frankreichs immer deutlicher.

Anders verhielt es sich 48 Jahre später, als Frankreich das Schloß sehr bewußt zum Ort des Friedenskongresses bestimmte, der, nunmehr zum Tribunal ausgestaltet, die Unterlegenen nicht mehr als gleichberechtigte Gegner anerkannte, wie dies der Tradition europäischer Friedensschlüsse seit 1648 entsprochen hätte. Nicht von ungefähr begann der Kongreß am 18. Januar 1919 und selbst dem Datum der Unterzeichnung wohnte Symbolkraft inne, denn es war jener 28. Juni, an dem vier Jahre zuvor der Weltkrieg mit dem Mord von Sarajevo seinen Ausgang genommen hatte. Anders als beim Wiener Kongreß 1814/15 stand in Versailles nicht mehr das Prinzip des Interessenausgleichs Pate, sondern die Schuld der Besiegten, die im berüchtigten Artikel 231 anzuerkennen war. Es nahm demgemäß keine deutsche Delegation an den Verhandlungen teil, sie wurde erst zur Verkündung der Bedingungen herbeizitiert, um diese, ultimativ durch die Wiederaufnahme der Feindseligkeiten bedroht, nach Abstimmung in der Nationalversammlung (23. Juni 1919) anzuerkennen.

Zwar verdorrte nicht die Hand (Scheidemann), die jenen Vertrag unterschrieb, doch mit den Pariser Vorortverträgen war Europa eben keine tragfähige und auf Dauer gestellte Friedensordnung gestiftet worden, sondern nur ein »Waffenstillstand« im europäischen Bürgerkrieg. Heute läßt sich sagen, daß die Bedingungen des Friedens von Versailles, der erst am 10. Januar 1920 in Kraft trat, zwar hart, aber nicht hart genug waren, um Deutschland dauerhaft niederzuhalten, was allerdings den schmählichen Charakter der Niederlage für die Zeitgenossen nicht milderte. Mit dem Waffenstillstand von Compiègne vom 11. November 1918 und dem Frieden von Versailles war der jungen deutschen Republik bereits jene Hypothek aufgebürdet, unter der sie 14 Jahre später zu Boden ging. Nicht zuletzt Versailles erleichterte es ihren Feinden, deren Repräsentanten mit der »Dolchstoßlegende« und den Kampfbegriffen des »Novemberverbrechers« und des »Erfüllungspolitikers« zu diskreditieren. Allerdings war der Kampf gegen Versailles und für dessen Revision ein Grundmotiv aller deutschen Politik in der Zwischenkriegszeit, das nicht alleine auf Hitler (München: Feldherrnhalle) und die Nationalsozialisten verengt werden darf.

Verewigt ist die Erinnerung an die beiden kontrapunktischen Ereignisse durch das monumentale Gemälde Anton von Werners von 1877, das die Kaiserproklamation als einen militärisch geprägten Staatsakt illustriert, und das Bild »The Signing of Peace in the Hall of Mirrors« William Orpens von 1919, das die deutschen Bevollmächtigten, Hermann Müller (SPD) und Johannes Bell (Zentrum), gebeugt und weitgehend durch die Lehne eines Stuhls verdeckt, in einer Szene größter Demütigung zeigt.

Anzumerken bleibt, daß die Liste wechselseitiger symbolischer Erniedrigungen 1940 eine Fortsetzung fand, als Hitler die französische Waffenstillstandsdelegation in jenen Salonwagen einbestellte, der einst, im November 1918, Marschall Foch gedient hatte, um die deutschen Unterhändler zu empfangen.

Weitere Gesten dieser Art blieben der deutsch-französischen Geschichte nach 1945 erspart. Hier dominierte seitdem eine bewußt auf Versöhnung ausgerichtete Haltung: Es begann mit dem gemeinsamen Besuch der Messe in der Kathedrale zu Reims durch Adenauer und de Gaulle (1962) und fand mit dem Zusammentreffen Kohls und Mitterrands auf dem Douaumont bei →Verdun einen Höhepunkt (1984). Seit dem Jahre 1989 fallen die Zeichen freundschaftlicher Verbundenheit spärlicher aus.

Literatur: Michael Fischer/Christian Senkel/Klaus Tanner (Hrsg.): *Reichsgründung 1871. Ereignis - Beschreibung - Inszenierung*, Münster 2010; Robert Lansing: *Die Versailler Friedensverhandlungen*, Berlin

1920; Viktor Schiff: *So war es in Versailles*, Berlin 1929; Hagen Schulze: Versailles, in: Etienne Francois/Hagen Schulze (Hrsg.): *Deutsche Erinnerungsorte*, Bd. I., München 2009, S. 421; Thomas W. Gaethgens (Hrsg.): *Anton von Werner. Die Proklamierung des Deutschen Kaiserreiches. Ein Historienbild im Wandel preußischer Politik*, Frankfurt a. M. 1990.

Dirk Reitz

Vogelsang – Ordensburg
Nordrhein-Westfalen, Eifel

Es ist eine jener wenigen Gelegenheiten zu einer weitgehend authentischen Zeitreise in die dreißiger Jahre, die sich in der Eifel knapp sieben Jahrzehnte nach dem Ende des Nationalsozialismus in Deutschland bietet. Wer den aufwendigen Weg zur Ordensburg Vogelsang unweit des Eifelstädtchens Gemünd hinter sich gebracht hat, den begrüßen am Ende einer etwa zwei Kilometer langen Zufahrt durch den Wald zwei gewaltige Reiterreliefs als Torwachen mit Fackel und Schwert. Bereits die Bauten im Eingangsbereich, die sich an die beiden Türme mit den Reliefs anschließen, geben eine Ahnung von den Ausmaßen der gesamten Anlage, die hier in gerade einmal drei Jahren, zwischen 1934 und 1936, hoch oberhalb der Urfttalsperre terrassenförmig in den Fels geschlagen wurde. Auf dem 100 Hektar großen Gelände verteilen sich Gebäudekomplexe mit einer Nutzfläche von insgesamt 70 000 Quadratmetern. Und noch etwas wird schnell deutlich: Über jenes halbe Jahrhundert, da die Burg Vogelsang in der Obhut des belgischen Militärs gewesen ist, sind Gebäudestruktur und Bausubstanz, bis hin zu zahlreichen Details, im Original konserviert worden.

Insgesamt drei Ordensburgen wurden unter Federführung der Deutschen Arbeitsfront (DAF) im Olympiajahr 1936 in Dienst gestellt: Sonthofen im Allgäu (heute von der Bundeswehr genutzt), Crössinsee nahe Falkenburg in Hinterpommern (heute von der polnischen Armee genutzt) und eben Vogelsang in der nördlichen Eifel (heute Besucherzentrum des Nationalparks Eifel), in einer guten Stunde mit dem Auto von Köln oder Bonn zu erreichen. Gemeinsam war allen drei Ordensburgen ihre Zweckbestimmung: die Auslese und Erziehung des Führernachwuchses der NSDAP. Und bei allen drei Burgen handelte es sich um Neubauten. Historisch war einzig die Terminologie, welche an die mittelalterlichen Deutschordensburgen als Mischung aus Burg, Kaserne und Kloster angelehnt war. Die zunächst geplante Errichtung einer vierten Ordensburg, die auf dem Gelände der mittelalterlichen →Marienburg nahe Danzig vorgesehen war, wurde nicht mehr umgesetzt. Auch für die Burg Vogelsang sind noch weitaus mehr und weitaus größere Bauabschnitte letztlich in der Schublade liegengeblieben.

Fertiggestellt wurden auf Vogelsang beispielsweise der Eingangsbereich mit Tor und Türmen und der 48 Meter hohe Bergfried. In seinem 20 Meter hohen Kultraum stand einst eine überlebensgroße, athletische Holzfigur. An der Wand dahinter waren die Namen der Nationalsozialisten angebracht, die beim Putsch 1923 das Leben ließen (→München: Feldherrnhalle). Gut zu erkennen ist bis heute das in den Steinboden eingearbeitete Hakenkreuz. Verwirklicht und zumeist bis heute erhalten wurden auch das Gemeinschaftshaus mit Adlerhof, die Burgschänke als Speisesaal, zehn Kameradschaftshäuser als Unterkunft für je 50 Absolventen, vier Hundertschaftshäuser, der Thingplatz, Sportanlagen mit Tribüne, Turn- und Schwimmhalle, das Haus der weiblichen Angestellten und das Denkmal »Fackelträger«. Nicht mehr zur Ausführung kam hingegen kriegsbe-

VOGELSANG – ORDENSBURG

dingt das »Haus des Wissens«, das als Bibliothek mit einer Grundfläche von 100 mal 300 Metern die anderen Gebäude weit überragt hätte; sein 100 Meter hoher Turm wäre bis Köln zu sehen gewesen. Geplant war überdies ein »Kraft durch Freude«-Hotel mit 2 000 Betten. Auch sollte Vogelsang die größte Sportstätte Europas beherbergen, doch wurden die teilweise begonnenen Arbeiten zu Kriegsbeginn eingestellt. Gearbeitet wurde in der Eifel mit Stahlbeton, den man dann außen mit Grauwacke verkleidete. Der Naturstein mit Regionalbezug – Bruchstein ist im Rheinland als Baustoff weit verbreitet – tut seine Wirkung. Eine harmonische Gesamtanmutung von Standort und Gebäudeform ist der Anlage nicht abzusprechen.

Die Ordensburg Vogelsang war die einjährige Station eines insgesamt auf dreieinhalb Jahre angelegten Schulungsverlaufs. Die Lehrgangsteilnehmer, genannt Junker, kamen aus ganz Deutschland, waren im Durchschnitt um die 25 Jahre alt und wurden auf Vorschlag der Gauleitungen von DAF-Chef Robert Ley ausgewählt. Voraussetzung waren erste Bewährung in der Parteiarbeit, völlige körperliche Gesundheit, Arbeits- und Militärdienst sowie ein Abstammungsnachweis. Auch sollten die Bewerber verheiratet sein, schulische Leistungen indes spielten beim Aufnahmeverfahren keine Rolle. Der Stundenplan sah vor: 6 Uhr Frühsport, 7 Uhr Fahnenappell, 8 bis 10 Uhr Arbeitsgemeinschaften, 10 bis 12 Uhr Vortrag im großen Hörsaal durch Gast- oder Hauptlehrer, nachmittags Sport, 17 bis 18.30 Uhr Arbeitsgemeinschaften, 22 Uhr Zapfenstreich.

»Ihr seid die Fackelträger der Nation. Ihr tragt das Licht des Geistes voran im Kampfe für Adolf Hitler«, so lautet noch heute die teilweise zerstörte Inschrift auf dem Steinblock des fünf Meter hohen Fackelträgers am Sonnwendplatz. Die in den drei-

ßiger Jahren typischen, klassischen und zugleich strengen Züge der dargestellten Athleten finden sich auch im Sportlerrelief an der Ehrentribüne über dem Sportplatz wieder. Die meisten Plastiken stammen von dem Bildhauer Willy Meller, der zudem mehrere Teppichzyklen beisteuerte. Erhalten ist auch das Marmorputzmosaik des Künstlers Ernst Zoberbier in der Schwimmhalle. Die dargestellten archaischen Ruderer bilden heute die Kulisse für private Besucher und die örtlichen Schulklassen, die das Hallenbad aus den dreißiger Jahren in Ermangelung einer Alternative rege als Trainings- und Freizeitstätte nutzen – was in dieser unbefangenen und unkommentierten Form nicht jedem gefällt. Zu rudimentär erscheint manchem engagierten Beobachter an dem historisch belasteten »Täterort« bislang die Informations- und Aufklärungsarbeit, so daß entsprechende Bedenken in der Öffentlichkeit regelmäßig aufs neue diskutiert werden.

Während somit der eine oder andere steinerne Reichsadler heute, wohl mehr zu Dokumentations- denn zu Dekorationszwecken, zwischen den Gebäuden drapiert ist, sind die von Ferdinand Liebermann geschaffene Hitler-Bronzebüste, ein Intarsienbild des Kölner Bildhauers Josef Pabst und ein Gobelin von Peter Hecker, »Siegfrieds Tod« und »Der Kampf in Etzels Saal« darstellend, nicht mehr erhalten. Viele der auf Vogelsang vertretenen Künstler wiesen eine Verbindung zu dem Maler Werner Peiner auf. Dieser hatte, protegiert von Hermann Göring, im nahegelegenen Eifelörtchen Kronenburg eine (nach Göring benannte) Meisterschule für Malerei ins Leben gerufen, deren Schüler beispielsweise Willi Sitte war, der später in der DDR reüssierte. Eine vielbeachtete Werner-Peiner-Werkschau in Gemünd rief im Sommer 2012 den – vergeblichen – Protest von Antifa-Gruppen hervor.

VOGELSANG – ORDENSBURG

Anders als Kronenburg, das bis heute eine Anziehungskraft auf zahlreiche Künstler ausübt, geriet die Ordensburg Vogelsang als militärisches Sperrgebiet über viele Jahre in Vergessenheit, zumal sie im Jahr 2006 überhaupt erstmals in ihrer 70jährigen Geschichte der Öffentlichkeit zugänglich war. Zunächst hatten die Wehrmacht (1939–41), eine Adolf-Hitler-Schule (ab 1941) und die Hitler-Jugend (1944) das Gelände genutzt. Im Februar 1945 fiel Vogelsang in die Hände der vorrückenden Alliierten. Die Gebäude standen leer und wurden von der notleidenden Bevölkerung der Umgebung geplündert, um den Restbestand der Bibliothek in einem Umfang von 22 000 Bänden stritten sich nach dem Krieg die zerstörten Universitäten in Köln und Bonn. 1950 übernahmen dann die belgischen Streitkräfte den Standort – den sie um ein schickes, heute gut erhaltenes Truppenkino bereicherten – und gaben ihm den Namen »Camp Vogelsang«. Zum 31. Dezember 2005 wurde er aufgegeben. Inzwischen heißt die Burg Vogelsang offiziell »Vogelsang ip – internationaler Platz im Nationalpark Eifel« und dient als dessen Besucherzentrum und Verwaltung. Ein Großteil der Gebäude wird zur Zeit aufwendig saniert, die konkrete Umsetzung sorgt regelmäßig für Streit in der nordrhein-westfälischen Landespolitik. Langfristig soll das Nationalpark-Zentrum um eine NS-Dokumentationsstätte und Räume für Wechselausstellungen erweitert werden. Der ehemalige Landeskonservator Udo Mainzer sagte anläßlich seines Abschieds im September 2011: Daß es gegen viele Widerstände gelang, die Ordensburg Vogelsang zu retten, sei ein echter Glücksfall gewesen.

Literatur: Hans-Dieter Arntz: *Ordensburg Vogelsang im Wandel der Zeiten*, Aachen 2007; ders.: *Vogelsang. Geschichte der ehemaligen Ordensburg*, Aachen 2010; Franz Albert Heinen: *Vogelsang. Im Herzen des Nationalparks Eifel*, Düsseldorf 2006.

Gerald Franz

Walhalla · Wartburg · Waterloo ·
Weimar · Wien: Hofburg, Stephansdom ·
Wilflingen · Wittenberg

Walhalla
Bayern, Donaustauf bei Regensburg

»Mögen so wie diese Steine sich zusammenfügen, alle Deutschen kräftig zusammenhalten.« Diesen Wunsch hatte der Bauherr, Ludwig I. von Bayern (→München: Feldherrnhalle), bei der Grundsteinlegung der Walhalla am 18. Oktober 1830, dem 17. Jahrestag der Völkerschlacht von →Leipzig, ausgesprochen. Genau zwölf Jahre später, wieder am Jahrestag des Befreiungskampfes gegen Napoleon, anläßlich der feierlichen Einweihung, fügte er seinem ursprünglichen Wunsch noch hinzu: »Möchte Walhalla förderlich sein der Erstarkung und Vermehrung Deutschen Sinnes! Möchten alle Deutschen, welchen Stammes sie auch seien, immer fühlen, daß sie ein gemeinsames Vaterland haben, ein Vaterland, auf das sie stolz sein können, und jeder trage bei, soviel er vermag, zu dessen Verherrlichung.«

Im Jahr 1807, in einer Zeit der tiefsten Erniedrigung Deutschlands durch Napoleon (→Waterloo), hatte der damalige Kronprinz Ludwig den Plan zur Errichtung einer Gedenkstätte gefaßt, einer Walhalla (nach Walhall, Halle der Gefallenen), in der die Bildnisse der »rühmlich ausgezeichneten Teutschen« aufgestellt werden sollten. Während Ludwigs Vater, Max Joseph I., ähnlich wie andere deutsche Fürsten und Könige dem korsischen Eroberer huldigten, verwandte der nationalgesinnte Wittelsbacherprinz seine Gelder dazu, von den namhaftesten deutschen Bildhauern seiner Zeit, so von Gottfried Schadow (→Berlin: Brandenburger Tor), Christian Daniel Rauch, Christian Friedrich Tieck oder Johann Heinrich von Dannecker, Büsten herausragender Deutscher anfertigen zu lassen. Bei der Auswahl ließ sich der Kronprinz von dem Historiker Johannes von Müller beraten, wobei – dies gilt auch heute noch – grundsätzlich jedwede Persönlichkeit in die Walhalla aufgenommen werden kann, welche »teutscher Zunge sey« und bereits seit mindestens zwanzig Jahren tot ist. 1814, nach der Niederringung Napoleons, erließ Ludwig einen Aufruf an die deutschen Architekten, Entwürfe für eine Walhalla einzureichen. Doch keine Arbeit überzeugte. Von 1821 an schuf dann der aus Hildesheim stammende und nach München berufene Leo von Klenze in Einzelberatungen mit Ludwig seinen Entwurf. Doch erst 1825, nach der Krönung Ludwigs, waren auch die finanziellen Mittel zur Errichtung des Ehrentempels gegeben.

Der im dorischen Stil gehaltene Außenbau atmet eine erhabene klassische Strenge. Vorbild war der Parthenontempel in Athen. Die Walhalla ruht auf einem mächtigen, mehrfach gestaffelten Unterbau. Die Länge des Bauwerkes beträgt 66,7, die Breite 31,6, die Höhe 20 Meter. Die Gesamtanlage mit Unterbau mißt 125 Meter Länge und 55 Meter Höhe. Die Innenmaße haben eine Länge von 48,5, eine Breite von 14 und eine Höhe von 15,5 Meter. Als Standort wurde der etwa 100 Meter hohe Breuberg bei Donaustauf in der Nähe von Regensburg gewählt, nachdem zuvor einige andere Bauplätze, u. a. in München, verworfen worden waren. Der Langbau der Walhalla lehnt sich dabei dem langgestreckten Bergrücken an und erhebt sich imposant über die hier besonders breite Donauebene. Das vordere und hintere Giebelfeld des Bauwerkes ist mit Marmorbildern des Bildhauers Ludwig von Schwanthaler ausgestattet. Auf der Nordseite ist die Schlacht im →Teutoburger Wald dargestellt und auf der Südseite huldigen die deutschen Bundesstaaten nach der Befreiung von der napoleonischen Fremdherrschaft der in der Mitte thronenden Germania.

In das Innere der Walhalla gelangt man durch die wuchtigen Torflügel der riesigen Eingangspforte. Im oberen Teil der Halle tragen Karyatiden das Gebälk. Der darunterliegende, umlaufende Innenfries wurde von Martin von Wagner geschaffen und zeigt die Frühgeschichte der Germanen. In den Senkgiebeln der Dachbinder sind Figurengruppen aus der germanischen Göttersage angebracht. Zwischen den im unteren Teil der Halle aufgestellten Büsten befinden sich insgesamt sechs von Christian Daniel Rauch gefertigte Walküren – sie haben gewissermaßen die toten Helden nach Walhall, sprich in die Walhalla, zu leiten.

Bei der Eröffnung 1842 wurden 160 Personen mit 96 Büsten und 64 Gedenktafeln geehrt, wobei man die Tafeln in Fällen fehlender authentischer bzw. halbwegs authentischer Vorlagen oder zum Gedenken besonderer Handlungen, wie dem Rütlischwur, wählte. Büsten und Tafeln sind in der Reihe des Todesdatums (d. h. des Eingangs in Walhall), im Uhrzeigersinn, ausgehend von der Eingangstür, aufgestellt. Dabei sind sie jeweils in zwei Reihen (die Büsten mitunter auch in drei Reihen) übereinander angeordnet. Die oberhalb des Frieses angebrachten Gedenktafeln beginnen in der ersten Reihe mit Arminius, dem Sieger über Rom, und enden mit dem Geschichtsschreiber Eginhard; die untere Reihe fängt mit dem Bischof und Gelehrten Rhabanus Maurus an und schließt mit Peter Henlein, dem Erfinder der Taschenuhr. Die Büsten der oberen Reihen wurden mit einzelnen Tragsteinen über Kopfhöhe an der Wand angebracht, beginnend mit König Heinrich I. (→Quedlinburg) und endend mit der Kaiserin Maria Theresia (→Leuthen). Die der unteren Reihe stehen weniger exponiert nebeneinander auf Podesten und beginnen mit Lessing. 1847, fünf Jahre nach der Eröffnung, wurde mit Martin Luther (→Wartburg, Wittenberg) der erste Neuzugang gewählt. In der Zeit von 1847 bis 2013 sind insgesamt 33 Büsten hinzugekommen, im Schnitt alle fünf Jahre eine. Ausnahme in der Reihenfolge und Ausführung bildet das große Standbild des Stifters König Ludwig I., das 1890 freistehend an der Stirnseite der Halle, direkt in der Blickachse der Eingangspforte, aufgestellt wurde.

Die Auswahl der Büsten stellt natürlich immer auch ein Politikum dar bzw. geht stets mit dem herrschenden Zeitgeist einher. Wer gehört zu den Großen und Edlen und wer nicht? Es gibt Namen, die stehen außerhalb jeden Zweifels: Dürer, Johannes Kepler, Kant (→Königsberg), Goethe (→Weimar), Mozart, Beethoven oder →Bismarck. Daneben gibt es aber auch Namen von Herrschern, Kirchenfürsten, Militärs oder Künstlern, die überbewertet erscheinen und die heute weitgehend vergessen sind. Wer kennt z. B. noch Julius Echter von Mespelbrunn, seinerzeit Erzbischof von Würzburg und Streiter für die Gegenreformation? Oder Anton Raphael Mengs? Zu Lebzeiten und bis in das 19. Jahrhundert hinein als Malergenie gefeiert, wird er seitdem kunsthistorisch weit niedriger gehängt. Daneben fehlen wichtige Namen! Wo bleibt Schopenhauer? Wo bleibt Nietzsche? Oder auch, wo bleibt Max Planck?

Gleichwohl ist das Bemühen erkennbar, grobe Fehlgriffe zu meiden. Auch wird der Widerstreit innerhalb einer Epoche nicht übergangen – vorausgesetzt, auf beiden Seiten befanden sich Persönlichkeiten. Friedrich der Große (→Leuthen, Oderbruch, Potsdam) ist z. B. ebenso präsent wie seine beiden großen Gegenspielerinnen, die deutschstämmige Zarin Katharina II. und die deutsch-römische Kaiserin Maria Theresia. In der Zeit des Dritten Reiches wurde nur eine Büste aufgestellt: die des Komponisten Anton Bruckner.

Seit den 1990er Jahren macht sich die Tendenz bemerkbar, die Neuzugänge verstärkt nach den Gesichtspunkten der politischen Korrektheit auszuwählen. Konkret bedeutet dies, daß eine Art Frauenquote gilt (Karolina Gerhardinger, Sophie Scholl, Edith Stein) und daß verstärkt Menschen jüdischer Abstammung (Albert Einstein, Edith Stein, Heinrich Heine) oder Personen, die Widerstand im Dritten Reich leisteten bzw. Opfer nationalsozialistischer Gewalt wurden (Edith Stein, Sophie Scholl), Aufnahme finden.

Persönlichkeiten, die in irgendeiner Weise, und sei sie auch noch so rudimentär, einen Bezug zum Nationalsozialismus aufweisen, kommen hingegen für eine Auswahl nicht mehr in Frage, wie z. B. der bis zu seinem Tode (1977) überschwenglich gefeierte Raketenforscher Wernher von Braun, der Komponist Hans Pfitzner, der Kulturphilosoph Oswald Spengler – selbst einem Nietzsche erscheint unter diesem Aspekt eine Aufnahme langfristig verwehrt. Mit der 2003 aufgestellten Büste Sophie Scholls hat es überdies eine besondere Bewandtnis: Ihr wurde der prominente letzte Platz neben der Eingangspforte dauerhaft reserviert. Neuzugänge dürfen an dieser Stelle nicht mehr aufgestellt werden, so daß die bis dahin eingehaltene Chronologie dadurch gesprengt ist. Außerdem wurde unterhalb ihrer Büste eine Gedenktafel – die man im Gegensatz zu den übrigen Tafeln ebenfalls bevorzugt positioniert hat – angebracht, die an sämtliche Widerständler im Dritten Reich erinnert: »Im Gedenken an alle, die gegen Unrecht, Gewalt und Terror des ›Dritten Reiches‹ mutig Widerstand leisteten.« Dadurch erhalten die Widerständler des Dritten Reiches – etwa im Gegensatz zu denen des Kommunismus – einen Sonderstatus, der jedem Gegner des Nationalsozialismus eine historische Größe zuspricht, die ihn zur Aufnahme in die Ruhmeshalle berechtigt. – Offensichtlich regiert selbst in Walhall mittlerweile der Antifaschismus.

Literatur: Horst Hanske/Jörg Traeger: *Walhalla – Ruhmestempel an der Donau. Ein Bilderband.* Regensburg 1992; André Rank: *Die Walhalla im Zeitalter des romantischen Nationalismus*, o. O. 2008; Staatliches Bauamt Regensburg (Hrsg.): *Walhalla. Amtlicher Führer*, Regensburg 2011; Ruprecht Stolz: *Die Walhalla. Ein Beitrag zum Denkmalsgedanken des 19. Jahrhunderts*, Diss. Univ. Köln 1977.

Norbert Borrmann

Wartburg
Thüringen, Eisenach

Die ersten Akademien des Instituts für Staatspolitik (IfS) fanden am Burschenschaftsdenkmal in Eisenach statt, in Sichtweite der Wartburg. Dieser Ort paßt so gut zu einer nationalen Traditionskompanie, daß man an einen Zufall bei der Ortswahl nicht glauben mag. Denn die Wartburg ist ein Symbol sowohl für die Einheit der deutschen Nation als auch für ihre in-

WARTBURG

nere Zerrissenheit; sie steht damit für den permanenten Kampf um die eigenen geistigen Grundlagen, dem das IfS seine ganze Arbeitskraft gewidmet hat. Mittelalter und Neuzeit, Liberalismus und Konservatismus, ideologische Vereinnahmung von rechts und von links sowie schließlich das lebendige Begräbnis unter dem Label »UNESCO-Weltkulturerbe« bündeln sich in der Wartburg in einzigartiger Weise.

Die Burg wurde im 11. Jahrhundert gegründet und gilt als herausragendes Beispiel romanischer Architektur. 1206/07 soll hier der sagenhafte Sängerkrieg stattgefunden haben, in dem u. a. Walther von der Vogelweide und Wolfram von Eschenbach gegeneinander antraten. Tatsächlich verkehrten die beiden berühmtesten Minnesänger des Mittelalters am thüringischen Hof und sind dabei wohl auch der Landgräfin Elisabeth von Thüringen begegnet, jener populären Heiligen, deren Leben heute noch mit der Wartburg verbunden wird.

Die eigentliche Bedeutung der Wartburg für die Geschichte der deutschen Nation liegt aber später, nämlich 1521/22, als Martin Luther sich ein Jahr lang auf der Burg versteckte. Nachdem er aufgrund seiner religiösen Reformschriften exkommuniziert und infolge seines unbeugsamen Auftretens gegenüber dem Kaiser auf dem Wormser Reichstag mit der Reichsacht belegt worden war, ließ ihn sein Landesherr, Kurfürst Friedrich der Weise von Sachsen, zu seiner eigenen Sicherheit auf die Wartburg entführen. Dort vollbrachte Luther, inkognito als »Junker Jörg«, eine Tat, deren unschätzbare Bedeutung für die deutsche Geschichte unbestritten ist: Er übersetzte das Neue Testament ins Deutsche und schuf damit ein religiös-literarisches Meisterwerk, das die deutsche Kultur maßgeblich geprägt hat. Daß Deutschland eine evangelische Nation ist, und zwar auch in den Teilen, die am katholischen Bekenntnis festgehalten haben, hat hier eine wesentliche Ursache.

Weil somit auf der Wartburg ein Ereignis von weltgeschichtlicher Bedeutung stattgefunden hatte, wurde sie in den beiden folgenden Jahrhunderten häufig besucht; bald tauchte auch der berühmte Tintenfleck an der Wand von Luthers Studierstube auf, den er bei seinem permanenten Ringen mit dem Teufel durch einen Wurf nach diesem mit dem Tintenfaß verursacht haben soll. Gleichzeitig aber verfiel die Burg allmählich zur Ruine. Das war sie auch im Oktober 1817 noch, als die neue, liberale Nationalbewegung unter der Führung der Burschenschaften eine Großveranstaltung auf der Wartburg abhielt. Den Zeitpunkt hatte man ganz bewußt gewählt: Dreihundert Jahre nach dem Thesenanschlag Luthers (→Wittenberg), der die Reformation ausgelöst hatte, und vier Jahre nach der →Leipziger Völkerschlacht. Das Ziel der Feier war es, daran zu erinnern, daß die Befreiungskriege gegen Napoleon 1813–1815 (→Waterloo) mit einer Erhebung der deutschen Nation verbunden waren, daß Arndt, Fichte, Jahn und Körner nicht nur für die Befreiung von französischer Fremdherrschaft gekämpft hatten, sondern auch für einen freiheitlichen deutschen Nationalstaat. Man wandte sich damit aggressiv gegen die staatlicherseits durchgesetzte Deutung der Befreiungskriege als Kampf für den preußischen König und gegen die konservative Restauration. An Luther erinnerte man als Vorkämpfer der deutschen Freiheitstradition.

Doch auch die Romantik entdeckte das in der Natur gelegene romanische Bauwerk im 19. Jahrhundert für sich. Hier spielte ebenfalls der reformatorische Anknüpfungspunkt eine Rolle; mindestens genauso wichtig war aber das Mittelalter, vor allem der »Sängerkrieg«, den E.T.A. Hoffmann und Friedrich de la Motte Fouqués literarisch, Richard Wagner (→Bayreuth)mit seinem *Tannhäuser* musikalisch verewigten. Die Restaurierung der Wartburg unter Großherzog Carl Alexander von Sachsen-Weimar-Eisenach und seinem Architekten Hugo von Ritgen fand unter diesem romantischen und damit eher konservativen Vorzeichen statt. Es wurde der Versuch unternommen, den Bau historisch möglichst korrekt wiederherzustellen; in der inneren Ausstattung und der künstlerischen Ausgestaltung wurde versucht, die ganze Fülle deutscher Kulturtradition wiederzugeben, mit besonderer Betonung des Mittelalters sowie der Luther-Episode.

Bei Abschluß der wesentlichen Restaurierungsarbeiten 1867 war die liberale Inanspruchnahme der Wartburg deutlich in den Hintergrund getreten. Das Wilhelminische Kaiserreich sorgte hier allerdings für einen gewissen Ausgleich der politischen Gegensätze im Namen einer nationalen Synthese: 1902 wurde das gegenüber der Burg errichtete Burschenschaftsdenkmal eingeweiht, das allerdings im Stil weniger altliberalen als vielmehr nationalrevolutionären Vorstellungen entsprach. In der Zwischenkriegszeit wurde auch die Wartburg selbst immer stärker zu einem deutschnationalen Erinnerungsort, was zu einer verstärkten politischen Polarisierung führte. Der Einfluß der kulturkonservativen Deutung des 19. Jahrhunderts blieb aber bestehen und verhinderte allzu grobe Stilbrüche. Beispielsweise mußte ein 1938 an der Spitze der Burg angebrachtes goldenes Hakenkreuz nach massiven Protesten wieder abgenommen und das alte christliche Kreuz reinstalliert werden.

Nach dem Zusammenbruch von 1945 kehrte kaum Ruhe ein: Die DDR machte die Wartburg nicht nur zu einem Markennamen für ein Automobil, sondern nutzte auch die geschichtspolitischen Anknüpfungsmöglichkeiten für ihre »Erbepolitik« (→Schill-Gedenkstätten). Diese bemühte sich um ein positives Verhältnis zur Nationalgeschichte, indem sie die »progressiven« Traditionen der deutschen Geschichte beschwor: die Reformation als Ausdruck einer »frühbürgerlichen Revolution«, der Vormärz als revolutionäres Aufbegehren gegen den fürstlichen Obrigkeitsstaat. Die Wartburg war da ein besonders geeignetes Objekt, weil sie beide Traditionen gemeinsam beherbergte.

Wenn die Wartburg auch nach der Wiedervereinigung weiterhin einigermaßen zahlreich die Besucher anlockt, dann hängt das im wesentlichen mit dem üblichen Kulturtourismus zusammen. Der nationalen Bedeutung der Wartburg hat die Ernennung zum Weltkulturerbe 1999 jedenfalls eher geschadet als genutzt; wird doch alles versucht, um den Ort geschichtspolitisch EU-kompatibel zu machen. Das ist um so bedauerlicher, als die Wartburg besonders geeignet wäre, den protestantischen Charakter der deutschen Nation zu verdeutlichen. Diejenigen, die genug Empfindung besitzen, sich vom Genius loci affizieren zu lassen, können aber auch heute noch auf der Wartburg einen Eindruck davon gewinnen.

Literatur: Etienne François: Die Wartburg, in: ders./Hagen Schulze (Hrsg.): *Deutsche Erinnerungsorte*, Bd. II, München 2001, S. 154–170; Hans Ferdinand Massmann: *Kurze und wahrhaftige Beschreibung des großen Burschenfestes auf der Wartburg bei Eisenach. Nebst Reden und Liedern*, hrsg. v. Raimund Steinert, Leipzig 1817; Gerhard Ritter: *Luther. Gestalt und Symbol*, München 1925.

Martin Grundweg

WATERLOO

Waterloo
Belgien, 15 km südlich von Brüssel

Der Durchschnittsdeutsche redet von »Woterluu«. So eng verknüpft ist der Name dieses Schlachtfelds mit dem Sieg des britischen Oberkommandierenden Wellington, daß man ihn auch hierzulande englisch ausspricht. Kaum jemand weiß, daß der Entscheidungskampf gegen Napoleon vor den Toren Brüssels stattfand und das Dörfchen gut flämisch Waterloo, etwa »Land am Wasser«, hieß. Vergessen ist in Deutschland auch, daß man den eigenen Anteil am Sieg früher markierte, indem man nicht von der Schlacht bei Waterloo, sondern der bei Belle-Alliance sprach, so benannt nach dem Gasthaus »Belle Alliance«, an dem Wellington und der Führer der preußischen Truppen, Blücher, zusammentrafen.

Erst nach 1945 wurde die britische Auffassung endgültig akzeptiert, als die Deutschen lernten, Kriegsruhm, auch und gerade ihren eigenen, geringzuschätzen. Dabei bestand das Heer des »Iron Duke« nur zu einem guten Drittel aus Briten, fast die Hälfte seiner Truppen waren Deutsche (vor allem Niedersachsen), und sicher wäre Wellington ohne die Preußen geschlagen worden, er hatte seinen Rückzug an die Kanalküste sogar schon vorbereitet. Aber wie auch immer: Waterloo besiegelte das Schicksal Napoleons, es war seine letzte Schlacht, und es bereitete die Neuordnung Europas vor, die fast einhundert Jahre – länger als jede andere – Bestand haben sollte.

Die Zeitgenossen der Schlacht am 18. Juni 1815 wußten, daß die Niederlage Napoleons keine Selbstverständlichkeit war, obwohl er einer mächtigen Koalition aus Großbritannien, Rußland, den Niederlanden, Schweden, Preußen, Österreich und der Mehrzahl der deutschen Staaten gegenüberstand, die ihn schon einmal besiegt hatte. Jetzt war er gerade von seinem Verbannungsort Elba zurückgekehrt und in Frankreich wie ein Messias begrüßt worden, konnte die Macht an sich reißen, in aller Eile neue Truppen ausheben und den Bestand seiner Veteranen mobilisieren. Vor allem den erprobten Gardeeinheiten und der – indes geschwächten – Kavallerie kam erhebliches Gewicht zu. Allerdings standen Napoleon nur noch wenige seiner alten Marschälle zur Verfügung, und er selbst hatte zwar nicht sein kriegerisches Genie, aber viel von seiner Kaltblütigkeit verloren. Das erklärt wahrscheinlich auch, warum es ihm nicht gelang, die bei Ligny zum Kampf gestellten Preußen vernichtend zu schlagen und dann die eigene Überlegenheit am Vortag der Schlacht bei Waterloo zu nutzen. Immerhin gelang es ihm, die Initiative zu behalten, die Briten mit immer neuen Angriffswellen in Bedrängnis zu bringen, die schließlich mehr als die Hälfte ihrer Männer verloren hatten, so daß Wellington nichts blieb als das verzweifelte »I want night or Blucher«.

Tatsächlich erklärt sich der Sieg der Alliierten letztlich daraus, daß Gneisenau, der Generalstabschef der preußischen Armee, die Entschlußkraft besaß, anstelle des verwundeten Blücher die preußischen Truppen zu sammeln und nach der Niederlage von Ligny in eine weitere Schlacht zu führen. Durch die Preußen entstand ein massives Übergewicht zugunsten der Alliierten, das letztlich den Ausgang des Kampfes bestimmte. Am Abend des 18. Juni, gegen 21 Uhr, trafen Wellington und Blücher bei Belle-Alliance zusammen. Da war längst der Schreckensruf »Die Garde weicht!« durch die französischen Reihen gegangen, die sich zu regelloser Flucht wendeten, verfolgt von ihren siegreichen Feinden. Der Kaiser selbst suchte das Weite, Gneisenau erbeutete seinen Wagen mit

WATERLOO

Hut und Degen. Auf der Walstatt lagen am Abend die Leichen von mehr als 50 000 Gefallenen und 10 000 Pferden.

Wahrscheinlich ist das Schlachtfeld von Waterloo das aus den napoleonischen Kriegen, das seinen Charakter am wenigsten verändert hat. Selbstverständlich führen heute moderne Straßen über die Ebene, die Bebauung und intensive landwirtschaftliche Nutzung lassen nichts mehr erkennen von der Anstrengung, mit der sich die Truppen in dem tonigen Boden und dem Morast abmühten, der im Juni 1815 durch Regenfälle entstanden war. Wer sich einen Überblick verschaffen will, kann das unschwer, Schlachtfeldtourismus hat in Waterloo eine lange Tradition. Aber wer dem berühmten Löwenhügel und dem Panorama daneben nur eine kurze Visite gönnt, wird daneben noch eindrucksvolle Gedenkstätten entdecken: angefangen bei den Gedenktafeln, die die Wände der Kirche von Waterloo bedecken und brüderlich vereint die Namen Gefallener aller beteiligten Heere aufführen, über die Monumente, die einzelnen Truppenteilen errichtet wurden, bis zum Denkmal des »Aigle Blessé« – des »Verwundeten Adlers« – an der Stelle, an der sich der letzte Rest der Garde Napoleons hielt. Für den deutschen Besucher dürfte aber vor allem das Gehöft von La Haye Sainte wichtig sein, an dessen Außenmauer zwei Tafeln zu sehen sind, die an den »hannöverschen Heldenmuth« erinnern.

Unmittelbar nach der Annexion Hannovers durch Napoleon im Jahr 1803 bzw. 1807 hatte man auf der Insel Freiwilligenverbände wie die »King's German Legion« – »Des Königs deutsche Legion« – gebildet. Während der Schlacht bei Waterloo spielte das 2. Leichte Bataillon der Legion eine besondere Rolle, weil es die stark umkämpfte La Haye Sainte verbissen gegen eine vielfache Übermacht hielt und erst räumte, als die von ursprünglich 360 Mann verbliebenen 42 keine Munition mehr hatten und sich zurückziehen mußten, nur um kurz darauf mit den Männern des 1. Leichten Bataillons wieder in den Kampf einzugreifen. Selbst britische Militärhistoriker erkennen die außerordentliche militärische Leistung der deutschen Verbände während dieser »Schlacht in der Schlacht« (John Keegan) an.

Aufgrund der engen Verbindung in der Zeit der Personalunion zwischen Großbritannien und Hannover spielte Waterloo als Erinnerungsort vor allem eine Rolle für das welfische Deutschland. Natürlich gibt es nichts, was dem Wellington- und Waterloo-Kult auf der Insel vergleichbar wäre (wo man noch den zivilen Sieg auf dem Feld technischer Entwicklung durch eine Waterloo-Eisenbahnendstation in London krönte). Aber immerhin besitzt Hannover mit der Waterloo-Säule auf dem Waterlooplatz, Osnabrück mit dem Waterloo-Tor die größten Denkmäler überhaupt, die Bezug auf die Schlacht nehmen und die beide auf dem Gebiet des alten Kurfürstentums bzw. Königreichs Hannover liegen. Im übrigen findet man bis heute eine ganze Reihe von Belle-Alliance-Straßen oder -Plätzen; und Berlin hat beides: eine Belle-Alliance-Straße (heute: Mehringdamm) und ein Waterloo-Ufer.

Literatur: John Keegan: *Das Antlitz des Krieges. Die Schlachten von Azincourt 1415, Waterloo 1815 und an der Somme 1916*, zuletzt Frankfurt a. M. 2007; Josef Johannes Schmid (Hrsg.): *Waterloo – 18. Juni 1815. Vorgeschichte, Verlauf und Folgen einer europäischen Schlacht*, Bonn 2008; Franz Uhle-Wettler: *Höhe- und Wendepunkte deutscher Militärgeschichte*, zuletzt Graz 2006; Stefan Zweig: *Sternstunden der Menschheit*, zuletzt Frankfurt a. M. 2012.

Karlheinz Weißmann

WEIMAR

Weimar

Weimar ist in kultureller und verfassungshistorischer Perspektive die Schicksalsstadt der Deutschen schlechthin. Ihr verdanken wir die mentalen Erkennungszeichen als Deutsche in der Welt. – Sie, die kleine – seit der Reformation (→Wartburg, Wittenberg) – kursächsische Residenz der Herzöge von Sachsen-Weimar, ist der Inbegriff Deutscher Klassik.

Es war dem scharfen Emigrantenverstand der Anne Germaine de Staël zu verdanken, daß erstmals (1813) europaweit verbreitet wurde, das mit Weimar »Deutschland eine literarisch-gelehrte Hauptstadt« aufzuweisen habe. Und als Goethe Johann Peter Eckermann für sein Haus am Frauenplan zu gewinnen hoffte, da macht er ihm (am 15. September 1823) die Stadt so schmackhaft: »Es ist in Weimar noch viel Gutes beisammen, und Sie werden nach und nach in den höhren Kreisen eine Gesellschaft finden, die den besten aller großen Städte gleichkommt.« Die Stadt an der Ilm ist, wie Goethe sie sieht:

> *Wie Bethlehem in Juda, klein und groß.*
> *Bald wegen Geist und Witz beruft dich weit*
> *Europens Mund, bald wegen Albernheit.*
> *Der stille Weise schaut und sieht geschwind,*
> *Wie zwei Extreme nah verschwistert sind.*

Mit dieser so erfahrenen Denk- und Lebensform von Weimar wird neu das Klassische als eine Kultur des Offenen, Nichtabgeschlossenen und Paradoxen erfaßbar; es ist nicht mehr länger ein normatives Abstraktum »nachahmender Hörigkeit« (Ernst Bertram). Damit wird die Differenz von lebendiger Deutscher Klassik und abstraktem Klassizismus (gleich welcher Couleur) konzeptualisierbar. Während Deutsche Klassik die facettenreiche Passionsnatur des Menschen als Unabschließbares und Tragisches, damit Hochwidersprüchliches thematisiert, hält Klassizismus dem Menschen ein »ewiges« Maß des »Guten«, »Wahren« und »Schönen« vor.

Aber es wird so mit Weimar nicht nur neu das Klassische, sondern auch neu das Deutsche als ein Ganzes, als ein Gründendes emblematisch begreifbar – und zwar jenseits regionalkundlicher, politischer und zeithistorischer Befunde oder Eigenarten, die sich als empirische keinem Allgemeinbegriff bequemen würden. Das ist verbunden mit der durch die Weimarer Klassik entwickelten Idee von Weltliteratur. Dies wird hier zudem noch von Wielands Weltbürgertum und von Herders Menschheitsglaube formbestimmend flankiert. Damit wird nicht mehr länger eine besondere (»moderne«, womöglich europäische) Nationalliteratur normsetzend protegiert, aber auch kein »übervölkisches Seelenreich« (Friedrich Gundolf) imaginiert. Damit kann neu das Deutsche – wie der Goethesche Dämon – jetzt begriffen werden als »geprägte Form, die lebend sich entwickelt«.

Deutsch-Sein wird von nun an, von Weimar her, nicht mehr so sehr limitierend als »völkisches« Attribut verstanden, sondern gewissermaßen »katalytisch«, als Ermöglichungsbedingung, als – gut kantianisch – das Transzendentale, mit dem Erweiterungen, Kreationen, Gründungen, Verschmelzungen (denkerisch, künstlerisch, religiös, politisch) nach allen Seiten hin als Vernünftiges, Zumutbares, Ausgewogenes praktisch werden können. – Kurzum: Wenn Goethe also sagt, »bin Weltbewohner, bin Weimaraner«, so wird exemplarisch hier eine urbane Besonderheit als geistige identifizierbar, die sozusagen synthetisierend – wie sonst nur noch →Königsberg – in vorbildlicher Weise allgemein »sowohl der Erweiterung der Menschenkenntniß als auch der Weltkenntniß« (Immanuel Kant) förderlich ist.

Weimar verkörpert damit als seelische Landschaft des Deutschen dessen integrative Potenzen als etwas Besonderes seines Nationalcharakters. Als Name verbürgt sich Weimar dann sozusagen als symbolische Form des Geheimen Deutschland (Stefan George). Gerade darauf gründet sich eine zentrale spirituelle Normativität, gegen die jede zufällige, empirisch-historische Faktizität (etwa aus der Weimarer Zeitgeschichte) als Bestimmungsgrund von Weimar, gar des Deutschen, zufällig und asymmetrisch bliebe.

Und es ist in diesem Sinne wahrscheinlich eine originär Weimar-deutsche Zukunftsaufgabe, jenes – seit Goethe bedachten – Verhältnis von Nationalem und Übernationalem denkerisch wie politisch neu ausbalancieren, ja sogar eine ganz andere, alle bisherigen Paradigmen hinter sich lassende – »weltbürgerliche« – Form dafür konstruieren zu müssen. Mithin nicht auf das eine oder das andere zu setzen, sich nicht mehr der schmerzlichen Diskontinuität deutscher Geschichte ohne weiteres anheimzugeben, sondern begreifen zu lernen, daß »das Vaterland nirgends und überall« (Goethe) ist. So sollten wir Deutsche – weimarverbunden – überlegen (das geben uns schon die *Xenien* zu bedenken), wie aus (vordergründiger) nationaler Not eine antipolitische Tugend zu machen wäre, denn:

Zur Nation euch zu bilden, ihr hofft es,
Deutsche, vergebens;
Bildet, ihr könnt es,
dafür freier zu Menschen euch aus.

Damit sind wir durch Weimar aufgefordert, als Bürger den Gedanken der je (natürlich) besonderen Zugehörigkeit als Selbstverständlichkeit vorausgesetzt, darauf aufbauend und weiterdenkend, aber als Menschen – ohne von ihrer Herkunft zu lassen – zu einer neuen geistigen Einstellung zu gelangen, die – wie uns mitten im Weltbürgerkrieg Ernst Jünger (→Wilflingen) zu bedenken gab – darin bestehen könnte, das »Feuer in sich selbst zu löschen und sich zunächst im Eigenen vom Haß und seiner Spaltung zu lösen«.

Schon daran wäre erkennbar: Weimar ist natürlich nicht, wie der Euphemismus Ilm-Athen vermuten lassen könnte, als ein geschichtsenthobener Parnaß oder als »Kein Reich von dieser Welt« mißzuverstehen, sondern, da alles »was gross ist im Sinn der Cultur ... selbst antipolitisch ist« (Friedrich Nietzsche), es werden mit Weimar im Hier und Heute, als Forderung des Tages, ganz neue Denk- und Geselligkeitsperspektiven eröffnet. Insofern ist Weimar, wie Goethe selber (1823 im Gespräch mit Graf A. G. Stroganoff) bekundete, ein Triumph des Reinmenschlichen.

Literatur: Ernst Bertram: *Das Zedernzimmer. Weimarer Erinnerungen*, Wiesbaden 1957; *Die große Stadt. Das kulturhistorische Archiv von Weimar-Jena*, Vierteljahrsschrift, Jena 2008ff; Erwin Guido Kolbenheyer: Goethes Weltbürgertum und die internationale Geistigkeit. Weimarer Rede zum 100. Todestag Goethes 1932, in: *Goethe. N.F. des Jahrbuchs*, 3 (1938), S. 226f; Joseph Rückert: *Bemerkungen über Weimar 1799*, hrsg. v. Eberhard Haufe, Weimar 1969; Adelheid von Schorn: *Das nachklassische Weimar*, Weimar 1911; Rudolf Wustmann: *Weimar und Deutschland 1815–1915*, Weimar 1915.

Steffen Dietzsch

Wien – Hofburg

Mit der Wiener Hofburg verbindet der Durchschnittsösterreicher heute wohl vor allem rauschende Ballnächte, Strauß- und Mozart-Konzerte – insbesondere zu Neujahr –, Lipizzanershows, einen Touristikmoloch mit »Sisi-Shop« und die Tatsache, daß dort der direkt vom Volk gewählte Bundespräsident residiert. Wer sich den Luxus leisten kann, hat die Möglichkeit, einzelne Räume für festliche Gelegenheiten zu mieten – zu diesem Zweck werden kostengünstige Gala-, Weihnachts- und Hochzeits-»Packages« angeboten. Der österreichische Präsident thront in einem wahren Palast, dessen repräsentative Wucht in keinem Verhältnis mehr zum Repräsentierten steht und um den ihn die Oberhäupter anderer kleiner Republiken nur beneiden können. So hat es die Demokratisierung mit sich gebracht, daß heute auch Zwerge auf Kaiserthronen sitzen dürfen, allerdings nur so lange, bis in der nächsten Amtsperiode ein anderer Zwerg an der Reihe ist.

Dagegen haben wohl nur mehr wenige Österreicher ein Bewußtsein davon, daß es sich bei der Hofburg um eines der bedeutendsten Zentren der europäischen Geschichte überhaupt handelt. Im Reichskanzleitrakt, der 1723-30 u. a. nach Entwürfen des Architekten der Karlskirche, Joseph Fischer von Erlach, erbaut und 1889-93 erweitert wurde, amtierte einst der Reichshofrat, die wichtigste Behörde des Heiligen Römischen Reiches Deutscher Nation. Die Hofburg war seit 1278 Residenz der Habsburger, die von österreichischen Landesherren zu deutschen Königen und römischen Kaisern aufstiegen und damit eine entscheidende Rolle im Schicksal Europas spielten. Parallel dazu ist sie im Laufe der Jahrhunderte zu einem vielgestaltigen Gebäudekomplex herangewachsen. An dessen ausdehnungsmäßig größtem Teil, der »Neuen Hofburg«, wurde ab 1881 nach Plänen von Gottfried Semper als Teil eines unvollendet gebliebenen »Kaiserforums« gebaut; vor ihr erstreckt sich der geräumige Heldenplatz mit den aus den 1860er Jahren stammenden Reiterdenkmälern der »Helden« Prinz Eugen und Erzherzog Karl. Von der Ringstraßenseite her gelangt man durch das fünfbogige Burgtor oder »Heldentor« auf den Platz, das in großen goldenen Lettern die weithin sichtbare Aufschrift »FRANCISCUS I. IMPERATOR AUSTRIAE MDCCCXXIV« (Franz I., Kaiser von Österreich, 1824) trägt. In den Jahren 1933/34 wurde das Tor zu einem Denkmal für die Gefallenen des Ersten Weltkriegs umgearbeitet und eine Krypta eingerichtet. Damit bekam der Platz einen militärischen und patriotischen Akzent, an dessen Stachel sich bis heute regelmäßig »politisch korrekte« Politiker reiben. Die alljährlich am 8. Mai vom rechtskonservativen Milieu veranstalteten »Heldengedenken« werden immer wieder zum Politikum skandalisiert und zum Anlaß für »antifaschistische« Empörung genommen.

Weitere wesentliche Bestandteile der Hofburg sind die Nationalbibliothek mit dem imposanten barocken Prunksaal, die Winterreitschule der Spanischen Hofreitschule, die »Stallburg« des späteren Kaisers Maximilian II. (seit 1558), der Leopoldinische Trakt (1660-66) und die von Rudolf II. in Auftrage gegebene Amalienburg im Stil der Spätrenaissance (ab 1575). Nicht zu vergessen: der an den Heldenplatz anschließende Burggarten, der erst in den zwanziger Jahren der Öffentlichkeit zugänglich gemacht wurde.

Die ersten Bauten entstanden bereits unter den Babenbergern; es handelte sich um eine einfache gotische Befestigungsanlage, deren Spuren (wie etwa Reste eines Burggrabens) zum Teil heute noch zu sehen sind, insbesondere um den ältesten Teil der Hofburg herum, den im 18. Jahrhundert so benannten »Schweizerhof«, an den die Burgkapelle (1447-49) anschließt. Den Eingang bildet das prachtvolle »Schweizertor«, das 1552/53 erbaut wurde und von den Farben Schwarz, Rot und Gold dominiert wird. Das Adlerwappen mit den kleineren Länderwappen, unter dem auch das Widderfellabzeichen des »Ordens vom Goldenen Vlies« zu sehen ist, und die lateinische Inschrift über dem Tor formulieren den universalen, sich weit über Europa erstreckenden Herrschaftsanspruch der Habsburger. Als Erbauer wird Ferdinand I. (1503–1564) genannt: »König der Römer, Deutschlands, Ungarns, Böhmens etc., Infant von Spanien, Erzherzog von Österreich, Herzog von Burgund etc.«

Im Innenhof gelangt man zur berühmten Kaiserlichen Schatzkammer, die einzigartige weltliche und geistliche Wertgegenstände aus der Sammlung des Hauses Habsburg-Lothringen enthält. Das Herzstück der Sammlung sind die Reichsinsignien des römischen Kaisers (→Karlstein, Trifels). Von der Reichskrone wurde gesagt, sie sei neben der Dornenkrone Christi die bedeutendste Krone der Menschheitsgeschichte gewesen. Ein Gemälde von Albrecht Dürer zeigt sie auf dem Haupte Karls des Großen (→Aachen); wahrscheinlich wurde sie aber frühestens für Otto den Großen (912–973) angefertigt. Der letzte Kaiser, der mit ihr gekrönt wurde, war Franz II., seit 1804 Franz I., Kaiser von Österreich. Die achteckige, reichlich mit Edelsteinen bestückte Bügelkrone beherbergt eine Theologie der Königswürde: Das an der Frontplatte aufgesteckte Kreuz zeigt auf der Rückseite den gekreuzigten Heiland, den König, dessen Reich »nicht von dieser Welt« ist; auf vier Emailplatten sind David und Salomo, die beispielhaften Könige der biblischen Überlieferung, zu sehen, sowie Ezechias, dem der Prophet Jesaja die Botschaft eines langen Lebens überbringt, und schließlich Christus als König aller Könige, von dem alle irdische Macht verliehen wird. Die sakrale Dimension wird durch hochwertige Reliquien untermauert: Zu den wertvollsten zählen u. a. das mit Perlen und Edelsteinen besetzte Reichskreuz (um 1030), das einen angeblichen Splitter des Kreuzes von Golgatha enthält; die ursprünglich in seinem Querarm aufbewahrte, sagenumwobene »Heilige Lanze« (auch bekannt als »Speer des Longinus«), in deren Speerblatt Metall der Kreuznägel verarbeitet sein soll; sowie die karolingische »Stephansbursa«, ein Reliquiar, das der Legende nach die mit dem Blut des heiligen Stephan getränkte Erde aufbewahrt. Eine erstaunliche Brücke zur Welt des Orients bildet der 1133/34, »im Jahre 528 der Hedschra«, in →Palermo angefertige Krönungsmantel, eine sarazenisch-normannische, goldbestickte Arbeit aus roter Samit-Seide mit morgenländischen Motiven (zwei spiegelbildliche Löwen, die ein Kamel schlagen) und altarabischer Inschrift.

Wer aus den abgedunkelten Räumen des unterirdisch gelegenen Museums wieder ans Tageslicht der Gegenwart steigt und Geschichte, Sinn und Form seiner Schätze in sich aufgenommen hat, wird ein deutlicheres und tieferes Bild davon gewonnen haben, was einmal »christliches Abendland« in seiner Einheit und Vielfalt bedeutete. »Welch ein geheimnisvoller Zauber webt um diese Reichsinsignien!« schrieb der österreichische Schriftsteller Bruno Brehm. »Welch ein Lied aus vielen Ländern, welch ein Schmuck von vielen Völkern, welche Macht von vielen Kaisern, welcher Segen vieler Glauben, welche Träume großer Reiche!«

Literatur: Hermann Fillitz: *Die Insignien und Kleinodien des Heiligen Römischen Reiches*, Wien/München 1954; Ernst Kubin: *Die Reichskleinodien. Ihr tausendjähriger Weg*, Wien/München 1991; Georg Schreiber: *Die Hofburg und ihre Bewohner*, Wien 1993; Thomas Trenkler: *Die Hofburg Wien. Geschichte – Gebäude – Sehenswürdigkeiten*, Wien 2004.

Martin Lichtmesz

Wien – Stephansdom

Wenn es so etwas wie ein sakrales Herz von Österreich und ein Symbol seiner Kontinuität gibt, dann ist das wohl der Stephansdom zu Wien (amtlich korrekt: Domkirche St. Stephan zu Wien), der von den Wienern liebevoll »Steffl« genannt wird. Seine typische Silhouette ist augenblicklich und jedermann erkennbar, und sei es nur deswegen, weil sie als Emblem für die seit vielen Generationen beliebten »Manner-Schnitten« dient. Auf alten Stichen, Holzschnitten und Gemälden von Wien ist der Stephansdom, der beinah genau in der Stadtmitte liegt, ein über die Jahrhunderte hinweg beständiges und herausstechendes Erkennungsmerkmal. U.a. ist er bereits deutlich in seiner heutigen Form im um 1470 entstandenen Gemälde »Die Flucht nach Ägypten« des Meisters des Wiener Schottenaltars zu erkennen. Er gilt als das bedeutendste und schönste gotische Bauwerk Österreichs.

Die erste Kirche am Ort des heutigen Stephansdomes wurde 1147 fertiggestellt. Zwischen 1230 und 1245 entstand das heute noch erhaltene romanische Westwerk mit den beiden »Heidentürmen« und dem rundbogigen, reich mit Bildschmuck verzierten »Riesentor«. Nach einem Brand im Jahre 1258 folgten nach und nach die gotischen Zubauten. Die verschiedenen Teile werden durch das enorme, mit bunten Ziegeln im Zickzackmuster belegte Dach zusammengefaßt, das auf der Südseite den Doppeladler, auf der Nordseite die Wappen Wiens und der Republik zeigt. Der 136 Meter hohe, dem Kirchenschiff als separater Teil beigestellte Südturm wurde 1433 vollendet, der Bau am Nordturm (auch »Adlerturm«) dagegen bereits 1511 eingestellt.

Das Innere des Doms verbindet ein eher nüchtern gehaltenes Langhaus mit der majestätischen Kathedralgotik des Chors: eine Synthese aus dem Stil der Könige und dem Stil der Bettlerorden. Der Hochaltar (1640–47) mit seinen vier Heiligenstatuen aus Marmor stammt aus dem Frühbarock, das Altarbild zeigt die Steinigung des hl. Stephan, des ersten Märtyrers der Kirche. Das berühmteste Bildwerk ist die sechseckige, spätgotische, figurenreiche Domkanzel (1510–15) des aus Brünn stammenden Meisters Anton Pilgram, der sich vermutlich am unteren Teil der Treppe in einem Selbstporträt verewigt hat (sein Bildnis taucht ein weiteres Mal am Orgelfuß auf; ob Pilgram allerdings tatsächlich auch die Kanzel verantwortet hat, wird heute vielfach bezweifelt). Der »Fenstergucker«, eigentlich nur eine Art abschließende Signatur des Künstlers, ist die bekannteste und beliebteste Gestalt der Kanzel, reproduziert auf unzähligen Nachbildungen und Souvenirs. Den Kanzelkorb umgeben die vier detailreich und ausdrucksstark gearbeiteten Figuren, die die Kirchenväter Augustinus, Hieronymus, Papst Gregor den Großen und Ambrosius von Mailand darstellen. Reinhold Schneider sah im Antlitz dieser Figuren die Zeichen eines geistigen Ringens: Sie seien nicht nur Büßer, sondern auch Zweifler. Kröten und Eidechsen zieren in verspielter Weise das Geländer der Kanzel – die Sünde und die Versuchung sind auch im Haus des Herrn ständig auf der Lauer.

Andere bedeutende Bildwerke sind ein »Zahnwehherrgott« genannter gotischer Schmerzensmann (einmal im Original in der Nordturmhalle, einmal als Kopie an der Außenseite des Mittelchors zu sehen), die von volkstümlichen Sagen umwobene »Dienstbotenmuttergottes« und der Monumentalsarkophag Kaiser Friedrichs III. Auch Rudolf der Stifter, einer der wichtigsten frühen Herrscher Österreichs aus dem Hause Habsburg, hat hier seine letzte Ruhestätte gefunden. In der

Savoyenkapelle findet sich das Grabmal des »Retters von Wien«, Prinz Eugens von Savoyen. Ein Widerstandsmythos jüngeren Datums rankt sich um das denkmalgeschützte Zeichen »O5« neben dem Riesentor. Ursprünglich mit weißer Farbe aufgemalt, später aus Erhaltungsgründen eingeritzt, war dies die Erkennungschiffre der österreichischen Widerstandsbewegung während der NS-Herrschaft. »5« steht für »E«, den fünften Buchstaben im Alphabet, »O5« = »Oe« = »Österreich« (im Gegensatz zur politischen Bezeichnung »Ostmark«).

Im Zweiten Weltkrieg ist der Stephansdom trotz Bombenangriffen und Artilleriebeschuß weitgehend intakt geblieben. In der Nacht zum 11. April 1945 brannten Teile des Südturms aus, was den Sturz seiner größten Glocke, der »Pummerin«, zufolge hatte. Diese war 1711 aus den Kanonen der zweiten Türkenbelagerung gegossen worden. Nach Kriegsende war die Wiederherstellung des Stephansdoms und insbesondere des Glockenturms und der »Pummerin« eine der dringlichsten Angelegenheiten. »An seinem Wiederaufbau beteiligten sich nicht nur alle Schichten der österreichischen Bevölkerung, sondern auch viele einzelne Gemeinden, alle Bundesländer, ja selbst der Staat«, schrieb der österreichische Schriftsteller Willy Lorenz. »Der Dom ist im wahren Sinn des Wortes ein gesamtösterreichisches Gesamtkunstwerk, eine Kirche, die ganz Österreich gehört.« Am 27. April 1952 wurde die neue Glocke, die drittgrößte West- und Mitteleuropas, zum erstenmal geläutet. Seither erklingt ihr dunkler, schicksalsschwerer Ton pünktlich zur Mitternacht des Jahreswechsels im österreichischen Radio, gefolgt vom Donauwalzer des Johann Strauss.

Literatur: 850 Jahre St. Stephan. Symbol und Mitte in Wien 1147-1997, Wien 1997; Karin Domany/Johann Hisch (Hrsg.): Der Stephansdom. Orientierung und Symbolik, Wien 2010; Kurt Klaudy: Das Werden Wiens und seines Stephansdoms. Neues Licht zur historischen Wissenschaft, Frankfurt a. M. 2004.

Martin Lichtmesz

Wilflingen – Oberförsterei
Baden-Württemberg, Schwäbische Alb

Dieser oberschwäbische Ort ist seit 1469 der Wohnsitz der Schenken von Stauffenberg. Franz Wilhelm Karl Maria Gabriel Schenk Freiherr von Stauffenberg überließ 1950 seine alte Oberförsterei, ein Barockbau aus dem Jahr 1728, Ernst Jünger als Wohn- und Arbeitsstätte. Es war der Ort, an dem der größere Teil seines Werkes (nach den *Strahlungen*) entstand. Daran arbeitete er hier im Haus über die Jahre mit verschiedenen Vertrauten, zwischen 1950 und 1953 mit Armin Mohler, ab März 1955, in dessen Semesterferien – als »Feriensekretär« –, mit Albert von Schirnding, zwischen Frühjahr 1961 und Sommer 1964 mit Heinz Ludwig Arnold und dann nach 1990 mit Georg Knapp; er ist gegenwärtig Vorsitzender des Freundeskreis der Brüder Ernst und Friedrich Georg Jünger e.V.

Das Leben Ernst Jüngers in der Wilflinger »Rauten-Klause« (als Erinnerung an *Auf den Marmor-Klippen*) – Ort von Rückzug und Sammlung – wurde von zwei bemerkenswerten Frauen geprägt. Im ersten Wilflinger Jahrzehnt war es Gretha von Jeinsen, des geliebten »Ernstel« (der 1944 gefallene erste Sohn Jüngers) Mutter, die hier den komplizierten Alltag meisterte. Schließlich war es dann ab 1962 Liselotte Jünger, ehemals Archivarin im Marbacher Literaturmuseum, die seinem Werk Gestalt und Übersicht verschaffte.

Wilflingen wurde zum Ort singulärer intellektueller, historischer Begegnungen – so im Herbst 1953, als Ernst von Salomon (Jüngers hatten ihn seit 1929 nicht mehr gesehen) zu Gast war: »Sein berühmter Zynismus«, so erkannte Gretha sehr schön, sei nichts anderes »als die einzig natürliche Reaktion gegen die Außenwelt, die ihn eine Kenn-Nummer einbrannte und niemals nach dem Menschen forschte, der sich dahinter verbarg«. Am 27. Oktober 1982 »hatten wir die Freude und Ehre«, so notierte sich Jünger in sein Tagebuch, »Jorge Luis Borges hier zu bewirten – die Begegnung mit einem Dichter ist fast so selten geworden wie jene mit einem beinahe ausgestorbenen oder sogar mythischen Tier, dem Einhorn etwa … Die Unterhaltung zwischen uns Fünfen, die wir in der Bibliothek saßen, war polyglott; deutsche, spanische, französische und englische Sätze durchkreuzten sich. Borges rezitierte auf deutsch Angelus Silesius; dabei wurde seine Sprache deutlicher, als ob er auf seine Jugend zurückgriffe«.

Und natürlich, als am 20. Juli 1993 der französische Staatspräsident François Mitterrand und Bundeskanzler Helmut Kohl (→Verdun) hier im Stauffenbergschen Forsthaus in Wilflingen zu Besuch waren. An seinem 100. Geburtstag, am 29. März 1995, schließlich konnte er Bundespräsident Roman Herzog in Wilflingen willkommen heißen.

Am 21. Februar 1998 verließ Ernst Jünger im Sarg sein Altes Forsthaus; oben im alten Dorffriedhof liegt er begraben, neben seinen beiden Söhnen und seinen beiden Frauen. Am Wilflinger Weiher wurde zum Palmsonntag 2007 ein von Gerold Jäggle gestaltetes Jünger-Denkmal errichtet. Schon im März 1960 wurde Ernst Jünger Ehrenbürger der Gemeinde Wilflingen: »Die Schwaben sind seit jeher als unser musischer Stamm bezeichnet worden; der Autor wird also hier gut aufgehoben sein.«

1999 wurde das Gebäude in Verbindung mit der Arbeitsstelle für literarische Museen, Archive und Gedenkstätten in Baden-Württemberg, Marbach am Neckar, als Museum und Gedenkstätte eingerichtet und der Öffentlichkeit zugänglich gemacht.

Literatur: Heinz Ludwig Arnold: *Wilflinger Erinnerungen. Mit Briefen von Ernst Jünger*, Göttingen 2012; *Briefwechsel Gretha Jünger/Carl Schmitt (1934-1953)*, hrsg. v. Ingeborg Villinger u. Alexander Jaser, Berlin 2007; Bernd E. Fischer: *Ernst Jünger in Wilflingen*, Berlin 2007; Edith Mohler: In Wilflingen 1950 – 1953, in: Armin Mohler: *Ravensburger Tagebuch*, Wien/Leipzig 1999, S. 90–109; Albert von Schirnding: *Begegnung mit Ernst Jünger*, Tübingen 2002.

Steffen Dietzsch

Wittenberg – Schloßkirche
Sachsen-Anhalt

1489 ließ Sachsens Kurfürst Friedrich der Weise das alte Askanierschloß in seiner Residenz Wittenberg vollständig abreißen. An seine Stelle trat ein neuer Grundbau des Schlosses, dessen Errichtung der Werkmeister Hans von Torgau bis 1496 leitete. Die zum Wohnschloß gehörende Kirche erwies sich in ihrer Urform allerdings als so wenig bausicher, daß bis 1506 eine völlige Umgestaltung erfolgen mußte. Diese noch nicht überwölbte Schloßkirche wurde am 17. Januar 1503 »Allen Heiligen« geweiht, weil sich an jener Stelle im 14. Jahrhundert eine Kapelle gleichen Namens befunden hatte.

Heute prägt der 88 Meter hohe Schloßkirchturm am westlichen Ende der Altstadt die Silhouette von Wittenberg in markanter Weise. Man erkennt schon aus der Ferne die filigran anmutende neugotische Turmhaube, unter der sich ein aus Mosaiksteinen gefertigtes Spruchband befindet. In metergroßen Buchstaben ist hier der Beginn von Martin Luthers (→Wartburg)Kirchenlied »Ein feste Burg ist unser Gott, ein gute Wehr und Waffen« (1529) zu lesen.

Die Schloßkirche diente aber nicht nur als reiner Sakralbau, sondern sollte vor allem als politischer Ort Geschichte machen. Nach Gründung der Wittenberger Universität »Leucorea« (griechisch für »weißer Berg« als Synonym des Stadtnamens) im Jahre 1502 wurde die Kirche fünf Jahre später dieser Bildungsstätte beigeordnet und entwickelte sich zu einem akademischen Weiheort. In dem Gotteshaus erhielten die Studenten ihre Promotionsurkunden, Dozenten wie der berühmte Reformator Philipp Melanchthon (→Tübingen)hielten hier ihre Antrittsreden und die wichtigsten Würdenträger der Universität fanden im Chorraum ihre letzte Ruhestätte.

Das hölzerne Hauptportal der Schloßkirche diente der Universität Anfang des 16. Jahrhunderts gleichsam als »Schwarzes Brett«, vor allem für Diskussionsbeiträge. Daraus entstand die Legende, der Theologieprofessor Dr. Martin Luther habe am 31. Oktober 1517 seine 95 Thesen mit lauten Hammerschlägen an diese Tür geheftet, um zur Disputation über den Zustand der Kirche aufzufordern. Mit dieser Tat begann die Reformation.

Doch die erste schriftliche Darstellung des berühmten Thesenanschlags stammt von dem Theologen und Luther-Assistenten Georg Rörer, genannt Rorarius. Er hatte 1541 notiert: »Im Jahr 1517, am Vorabend von Allerheiligen, sind in Wittenberg an den Türen der Kirchen die Thesen über den Ablaß von Doktor Martin Luther vorgestellt worden.« Allerdings war Rörer kein Augenzeuge, denn er kam erst 1522 von der Universität Leipzig nach Wittenberg. Gleiches gilt für die Darstellung von Philipp Melanchthon aus dem Jahre 1546, der ebenfalls kein Augenzeuge gewesen sein konnte, da er erst 1518 als Professor an die Wittenberger Universität berufen wurde. Sicher erwiesen ist, daß Luther seine 95 Leitsätze in Wittenberg verfaßt hat und zwar in der damals üblichen Gelehrtensprache Latein als »Disputatio pro declarationi virtutis indulgentiarum« (Diskussion zur Erläuterung der Tugend und der Gnaden). Wahrscheinlich wurden diese Thesen noch vor Weihnachten 1517 durch den Nürnberger Ratsherrn Kaspar Nützel von Sundersbühl erstmals ins Deutsche übersetzt. Nachweislich hatte Martin Luther seine brisanten Thesen am 31. Oktober 1517, nebst einem Brief an den vorgesetzten Kirchenfürsten, Kardinal Albrecht von Brandenburg, Erzbischof von Magdeburg und Mainz gesandt.

Die Geschichte vom Thesenanschlag war aber bald im Volksglauben dermaßen präsent, daß im 16. Jahrhundert die Holztür der Schloßkirche mit den 95 Leitsätzen, diesmal in deutsch, versehen wurde. An die Stelle des 1760 verbrannten Holzportals ließ König Friedrich Wilhelm IV. von Preußen 1858 eine Bronzetür mit den lateinischen 95 Thesen setzen. Darüber sieht man ein Gemälde, das links Luther mit der deutschen Bibel kniend vor dem Kruzifix, rechts Melanchthon mit der Augsburger Konfession und im Hintergrund Wittenberg zeigt. Das Bild des Kirchenportals und seiner Thesen bleibt bis heute unlösbar verbunden mit dem dramatischen Verlauf der Reformation, welcher hier seinen Ausgang genommen hat. Auch in neuen Verfilmungen wird der Thesenanschlag unbeirrt dargestellt – so etwa auch im Spielfilm *Luther* aus dem Jahr 2003, in dem Joseph Fiennes den Reformator spielt.

Die nach dem Brand bis 1770 wieder restaurierte Kirche wurde erneut geweiht und der einstige Schloßturm zum Kirchturm umgebaut. Ihr heutiges Erscheinungsbild verdankt die Schloßkirche einer Erneuerung im Stil der Neugotik während der Jahre 1883 bis 1892 durch den preußischen Baurat Friedrich Adler. Dabei wurde ihr innerer Kern weitestgehend nach historischen Aufzeichnungen gestaltet und der Schloßkirchturm neu errichtet. Am 31. Oktober 1892 fand die feierliche Wiedereinweihung der umgestalteten Kirche statt.

Bemerkenswertestes Ausstattungsstück ist das von Peter Vischer dem Jüngeren aus Nürnberg 1527 geschaffene Bronzegrabmal für Kurfürst Friedrich den Weisen, den Gönner und Beschützer Martin Luthers. Anläßlich der 500-Jahr-Feier des Luther-Geburtstages 1983 wurden hier zwölf Glasfenster mit den Porträts der dreizehn wichtigsten Reformationsschüler Luthers eingeweiht. Die Schloßkirche ist heute Bestandteil des UNESCO-Weltkulturerbes und soll bis zum 500. Jubiläum der Reformation 2017 umfassend restauriert werden.

Literatur: Hanna Kasparick: *Die Evangelische Schloßkirche Lutherstadt Wittenberg*, Wittenberg 2013; Wolfgang Landgraf: *Martin Luther. Reformator und Rebell*, Berlin 1982.

Jan von Flocken

Xanten

Xanten
Nordrhein-Westfalen, 40 km nordwestlich von Duisburg

Als die nahe der niederländischen Grenze gelegene Niederrheinstadt Xanten 1978 ihr 750. Stadtjubiläum feierte, spielte der bekannteste Sohn Xantens, Siegfried, nur eine untergeordnete Rolle. Man konzentrierte sich statt dessen auf die wirtschaftliche und politische Bedeutung Xantens im Mittelalter, die – für das heutige Stadtbild glücklicherweise – im 16. Jahrhundert relativ abrupt endete. Gleichzeitig betonte man die lange Vorgeschichte der Stadt, die mindestens bis in die römische Zeit zurückgeht.

Ende des ersten vorchristlichen Jahrhunderts wurde südlich des heutigen Xantens ein römisches Militärlager errichtet. Von hier wie von anderen am Niederrhein gelegenen Lagern aus unternahmen die Römer Feldzüge gegen die Germanen, denen es allerdings 70 n. Chr. gelang, das Lager anzugreifen und zu zerstören. Ein kleinerer römischer Neuaufbau diente anschließend in erster Linie der Verteidigung des Gebietes. Um 100 n. Chr. errichtete man in Lagernähe eine Siedlung, die – am Rhein gelegen – bald zu einem wichtigen Handelsplatz wurde. Die Siedlung hielt sich bis ins 5. Jahrhundert und verfiel, als das römische Reich selbst seinem Niedergang entgegenging.

Die Frage der Siedlungskontinuität ist für die Folgezeit umstritten; jedenfalls gehörte der Xantener Raum seit dem Ende des 6. Jahrhunderts zum fränkischen Reich. Das zwischen mehreren Stämmen und anfangs auch verschiedenen Religionen gelegene Gebiet gewann bald große strategische Bedeutung und wurde seit karolingischer Zeit zu einem Zentrum des Niederrheins. Mit Xanten wurden die Heiligen Viktor – dessen Gebeine in dem ihm geweihten Xantener Dom aufbewahrt werden – und Gereon aus spätrömischer Zeit in Verbindung gebracht, und auch der Stifter des Prämonstratenserordens, Norbert von Xanten, verschaffte der Stadt eine gewisse Popularität. Das führte u. a. dazu, daß der Verfasser des Nibelungenliedes im 12. Jahrhundert in Xanten den Königshof Siegfrieds verortete, des Drachentöters, der – fast unverwundbar – durch die Hand des »grimmen Hagen« mit einem Speer in den Rücken getötet wird. Auch im Falle des etwas früher entstandenen Rolandsliedes glauben manche, mit dem dort erwähnten Ort »Seinz« könnte Xanten gemeint sein.

Infolge der Verlagerung des Rheinbettes von der Stadt weg verlor Xanten seit der Mitte des 16. Jahrhunderts rasch an Relevanz. Die Stadt gehörte fortan zur rheinisch-katholischen Provinz, spielte eine – bescheidene – Rolle Ende des 19. Jahrhunderts im Kulturkampf zwischen dem (politischen) Katholizismus und dem von Preußen geschaffenen »heiligen evangelischen Reich deutscher Nation«, gewann aber niemals die Bedeutung zurück, die es im hohen Mittelalter gehabt hatte. Die Wiederentdeckung des Nibelungenliedes 1755 und die Germanenbegeisterung des 19. Jahrhunderts rückten Xanten zwar auch nicht unbedingt ins Zentrum der Aufmerksamkeit, sicherten der »Siegfriedstadt« aber doch ein gewisses Interesse.

Dessen Höhepunkt liegt in den 1930er Jahren, als die Suche nach historischen Spuren des Nibelungenliedes umfangreiche archäologische Ausgrabungen in und um Xanten ermöglichte und man dadurch genauere Kenntnis von der römischen Besiedlung des Gebietes gewann. Tatsächlich war der »Nibelungenmythos« des NS-Regimes ein wesentlich auf Siegfried bezogener. Zuvor waren es eher die Figur Hagens von Tronje und die »Nibelungentreue« in Etzels Halle gewesen, die als besondere Ausdrücke deutschen Wesens galten. Hitler (→München: Feldherrnhalle) allerdings gefiel der strahlende Held Siegfried besser, dessen Tod durch einen hinterrücks erfolgten »Dolchstoß« auch nahtloser in die politische Propaganda paßte als der heroische Untergang der Burgunden.

Die Fokussierung der NS-Führung auf Siegfried wird der Hauptgrund dafür gewesen sein, daß Xanten sich nach 1945 mit diesem Teil des Stadterbes schwertat. Im Rahmen des eingangs erwähnten 750. Stadtjubiläums wurde die weitgehende Aussparung Siegfrieds und des Nibelungenliedes allen Ernstes mit fehlenden archäologischen Funden erklärt; in Wirklichkeit dürften ideologische Gründe die Hauptrolle gespielt haben. Erst nachdem seit den 1980er Jahren ein neues Interesse am Nibelungenlied bemerkbar wurde, ist auch Xanten wieder dazu übergegangen, sich nicht mehr nur als »Römer- und Domstadt«, sondern eben auch als »Siegfriedstadt« zu präsentieren. Dazu hat man u. a. eine Gedenktafel an der Xantener »Kriemhild-Mühle« angebracht; auch einen »Nibelungen-Ring« für besondere Verdienste gibt es mittlerweile. 2010 wurde außerdem ein Siegfried-Museum eröffnet, das sich vor allem der Rezeptionsgeschichte des Nibelungenliedes widmet. Auch hier ist man allerdings etwas gehemmt durch die Angst, das Museum könnte zu einem »Wallfahrtsort« für »Rechte« werden, weshalb man vorsorglich mit besonderem Nachdruck auf den nationalsozialistischen »Mißbrauch« des Nibelungenliedes hinweist. Inwiefern aber Bugs Bunnys *Ring der Niegelungen* oder der Erotikstreifen *Siegfried und das sagenhafte Liebesleben der Nibelungen* den Originalstoff weniger mißbrauchen, leuchtet nicht unmittelbar ein. Immerhin stellt das Museum auch eine Rekonstruktion von Siegfrieds Schwert »Balmung« aus und ist bemüht, die ganze Breite des »Nibelungenmythos« abzubilden.

Literatur: Arndt Kleesiek: *»Siegfrieds Edelsitz«. Der Nibelungen-Mythos und die »Siegfriedstadt« Xanten im Nationalsozialismus*; Münster 1998; Ingo Runde: *Xanten im frühen und hohen Mittelalter. Sagentradition – Stiftsgeschichte – Stadtwerdung*, Köln et al. 2003; Holger Schmenk: *Xanten im 19. Jahrhundert. Eine rheinische Stadt zwischen Tradition und Moderne*, Köln et al. 2008.

Martin Grundweg

Staatspolitisches Handbuch

Herausgegeben von Erik Lehnert und Karlheinz Weißmann

Staatspolitisches Handbuch

Band 1 Leitbegriffe

Herausgegeben
von Erik Lehnert
und Karlheinz Weißmann

Edition Antaios

Staatspolitisches Handbuch

Band 2 Schlüsselwerke

Herausgegeben
von Erik Lehnert
und Karlheinz Weißmann

Edition Antaios

Band 1
Leitbegriffe

Rund 100 Begriffe aus konservativer Sicht, von *Abendland* bis *Zyklus*.

176 Seiten, mit Register, 15 €
ISBN: 978-3-935063-54-8

Verlag Antaios 2009

Band 2
Schlüsselwerke

164 Werke der konservativen Tradition, vom *Abenteuerlichen Herzen* bis zur *Zukunft des Krieges*.

263 Seiten, mit Register, 15 €
ISBN: 978-3-935063-55-5

Verlag Antaios 2010

Verlag Antaios

Rittergut Schnellroda – 06268 Steigra
www.antaios.de

Staatspolitisches Handbuch

Herausgegeben von Erik Lehnert und Karlheinz Weißmann

Band 3
Vordenker

Über 120 Autorenporträts von *Arndt* bis *Zitelmann*, von *Diwald* bis *Willms* – mit Literaturhinweisen und Zitaten.

253 Seiten, 15 €
ISBN: 978-3-935063-56-2

Verlag Antaios 2012

Verlag Antaios

Rittergut Schnellroda – 06268 Steigra
www.antaios.de

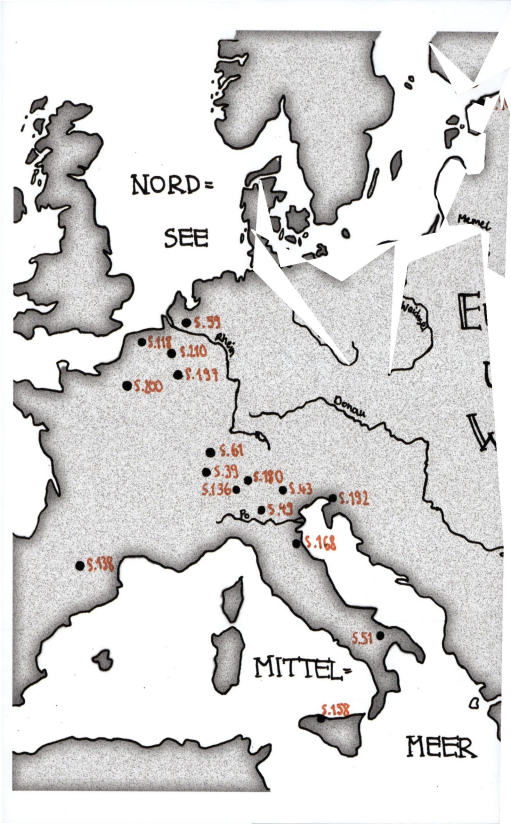